Les nouvelles personnalités difficiles

François Lelord
Christophe André

Les nouvelles personnalités difficiles

Comment les comprendre
Comment les accepter
Comment les gérer

Odile Jacob

15, rue Soufflot, 75005 Paris

www.odilejacob.fr

ISBN : 978-2-7381-5301-2

Avant-propos

Pourquoi à nouveau un livre consacré aux personnalités difficiles ?

Elles n'ont guère changé, dira-t-on : elles font partie de la diversité de la nature humaine, on en trouve des portraits dans des textes aussi anciens que l'*Odyssée* ou la Bible, et bien des personnages historiques mériteraient un tel diagnostic.

Mais en deux décennies, la compréhension s'en est améliorée, ainsi que notre expérience de ces personnalités – que l'on ne rencontre pas seulement en consultation de psychiatrie.

Par ailleurs certaines personnalités sont mieux reconnues qu'auparavant, en particulier les personnalités borderline et les personnalités à tendance psychopathe, qui, même en col blanc, font souvent l'actualité. Nous leur consacrons deux nouveaux chapitres.

Quant aux personnalités narcissiques, leur fréquence semble augmenter d'après de nombreuses études. L'autorité traditionnelle, en particulier dans l'éducation, avait tendance à écraser les tempéraments à l'estime de soi fragile, et trop enclins au sentiment de culpabilité. Le recul de l'autorité leur permet aujourd'hui de mieux s'épanouir, mais a libéré un peu plus les personnalités qui avaient déjà tendance à enfreindre les règles de la vie en société, que ce soit en famille, au travail, dans la rue, ou aux urgences.

Enfin, de nouveaux films, ainsi que le foisonnement d'excellentes séries télévisées nous ont fourni de nouveaux personnages et de nouveaux visages pour illustrer notre palette de personnalités, car un bon exemple vaut souvent mieux qu'un long discours.

Introduction

S'il fallait définir la « personnalité » en peu de mots, on pourrait dire qu'elle est synonyme de ce que nous appelons dans le langage courant le « caractère », c'est-à-dire les manières habituelles de réagir à une situation donnée.

Quand nous parlons du caractère de quelqu'un, en disant par exemple : « Marie est autoritaire », nous sous-entendons que, dans des situations variées et à différentes époques de sa vie, Marie a montré à plusieurs reprises une tendance à vouloir diriger les autres et à leur donner des ordres.

En évoquant son caractère, nous voulons dire qu'il existe chez Marie une certaine tendance à se comporter face aux autres qui reste habituelle chez elle au fil du temps.

Marie ne perçoit peut-être pas que son autoritarisme est comme trait constant de son caractère. Au contraire, elle doit trouver qu'elle réagit différemment en fonction de la situation. Elle n'est pas la seule à se croire d'humeur plus variable qu'elle ne l'est : nous percevons souvent mieux les traits de caractère des autres que les nôtres.

Il nous est à tous arrivé de raconter à un ami qui nous connaît bien une situation à laquelle nous avons dû faire face. Par exemple, nous évitons désormais de parler à un collègue de travail dont une personne de confiance nous a rapporté qu'il a médit sur notre compte. À notre récit, cet ami peut répondre : « Ça ne m'étonne pas de toi que tu réagisses comme cela ! » Surpris, peut-être irrités, nous nous étonnons de la réponse de notre ami. Pourquoi s'attendait-il à notre réaction ? Après tout, nous aurions très bien pu réagir autrement, en allant demander des explications à ce collègue par exemple, ou en feignant une amabilité inchangée.

Eh bien non, notre ami, qui nous connaît depuis longtemps, s'est fait une idée sur notre manière habituelle de réagir à des personnes désagréables : les éviter. C'est pour lui un trait de notre caractère ou, si l'on veut, de notre personnalité.

Les traits de personnalité sont donc caractérisés par les manières habituelles dont on perçoit son environnement et sa propre personne, et les manières habituelles de se comporter et de réagir. Ils se définissent souvent par des adjectifs : autoritaire, sociable, altruiste, méfiant, consciencieux...

Par exemple, pour attribuer à quelqu'un le trait de caractère « sociable », il faudra vérifier qu'il a tendance à rechercher et à apprécier la compagnie des autres dans différentes circonstances de sa vie (au travail, dans ses loisirs, en voyage), que c'est donc pour lui un comportement habituel dans des situations différentes. Nous aurons encore plus tendance à considérer cela comme un trait de sa personnalité si nous apprenons qu'il est sociable depuis longtemps, qu'adolescent il avait de nombreux amis et qu'il aimait les activités en groupe.

À l'inverse, si, dans notre entreprise, nous voyons une personne récemment embauchée qui cherche à lier de nouvelles connaissances, cela ne suffit pas pour penser qu'elle a un trait de personnalité « sociable ». Cette personne se montre sociable peut-être simplement parce qu'elle estime que c'est nécessaire pour se faire accepter dans son nouveau poste. Nous n'avons pas prouvé qu'elle était sociable dans d'autres circonstances de sa vie, que c'était habituel chez elle. Nous la voyons simplement dans un « état » sociable, mais nous ne savons pas si c'est un « trait » de sa personnalité.

La différence entre trait et état constitue un des thèmes de recherche majeurs des psychologues et des psychiatres quand ils essaient de définir une personnalité. Mais lorsque deux personnes parlent de la personnalité d'une troisième qu'elles connaissent, elles aussi discutent souvent sans le savoir de la différence entre trait (caractéristique constante) et état (état passager lié aux circonstances). Par exemple :

« Hugo est un grand pessimiste (trait de son caractère).

– Mais non, pas du tout, c'est qu'il est encore secoué par son divorce (état passager).

– Non, non, je l'ai toujours connu comme ça (trait).

– Pas du tout, quand il était étudiant, c'était un rigolo (état) ! »

Cet exemple soulève une question : la personnalité de Hugo n'aurait-elle pas changé au fil du temps ? Jeune adulte, c'était vraiment un rigolo (trait), maintenant il est devenu définitivement pessimiste (trait). Nous verrons qu'il est possible que certains traits de personnalité se modifient avec le temps.

Très bien, direz-vous : je peux concevoir qu'il existe quelque chose que l'on appelle personnalité, ou caractère, qui reste à peu près constant pour chacun au cours de sa vie. Mais comment arriver à la définir pour chaque individu ? Une personne a tellement de facettes ! Comment faire la différence entre ce qui change au cours de la vie et ce qui ne change pas dans la personnalité ?

Au cours des siècles des médecins, des philosophes, et plus récemment des psychologues ont cherché à répondre à ces questions, comme nous le verrons dans le chapitre consacré aux différents modèles et classifications de la personnalité.

Qu'est-ce qu'une personnalité difficile ?

Imaginons que je sois plutôt méfiant. Si cette méfiance reste modérée et que, après une phase d'observation, je fasse confiance aux gens, ma méfiance est simplement un trait de personnalité qui peut m'éviter de « me faire avoir ». Cela me sera très utile si, par exemple, je veux acheter une voiture d'occasion ou voyager dans un pays hostile.

En revanche, si je suis tout le temps très méfiant et que je n'arrive pas à faire confiance même aux gens les mieux intentionnés, les autres me trouveront vite pénible, je me sentirai moi-même toujours sur le qui-vive, et je perdrai sans doute l'occasion de nouer de nouvelles amitiés ou de bonnes relations professionnelles. Dans ce cas, ma méfiance fait de moi une véritable « personnalité difficile ».

On peut donc dire qu'une personnalité devient difficile quand certains traits de son caractère sont trop marqués, ou trop figés, inadaptés aux situations, et qu'ils entraînent souffrance pour soi-même ou pour autrui, et souvent les deux.

Cette souffrance est un bon critère pour porter le diagnostic de personnalité difficile.

Ce livre a bien sûr un premier objectif : vous aider à gérer une personnalité difficile présente dans votre entourage familial et professionnel.

Mais il en a un deuxième : vous aider à mieux vous connaître et vous comprendre si vous reconnaissez en vous-même quelques traits des personnalités difficiles que nous allons décrire.

À la fin de chaque chapitre, vous trouverez ainsi une série de questions qui vous permettront de réfléchir à votre propre personnalité. Ces questions ne sont pas un test diagnostique mais plutôt un sujet de réflexion sur vous-même.

Comment avons-nous classé les personnalités difficiles ?

Nous avons choisi une douzaine de grands types de personnalité qui semblent se retrouver dans tous les pays et à toutes les époques puisqu'on en lit des descriptions, à quelques variantes près, aussi bien dans les anciens manuels de psychiatrie que dans les classifications les plus récentes comme celle de l'Organisation mondiale de la santé, ou la dernière version de l'Association de psychiatrie américaine, le *DSM-5*.

Ces personnalités ne représentent évidemment pas tous les types de personnalités difficiles que vous pouvez rencontrer, mais vous avez des chances de les reconnaître souvent, surtout si vous pensez aux formes mixtes qui empruntent à deux ou trois types différents !

À quoi cela sert-il de classer les gens ? C'est une critique que l'on entend souvent à propos des classifications en psychologie : elles ne serviraient qu'à étiqueter les gens, en les mettant dans une « case », alors que les êtres humains sont infiniment variés, et essentiellement inclassables.

Il est tout à fait vrai que chaque être humain est unique et qu'il existe plus de caractères différents que de « cases » dans n'importe quel système de classification. Mais cela rend-il inutile pour autant toute tentative de classement ?

Prenons un exemple dans un autre domaine, celui de la météorologie. Aucun ciel ne ressemble à un autre ; chaque jour, le vent, les nuages, le soleil composent un tableau différent. Cependant, les météorologues ont défini quatre classes de nuages différents : cumulus, nimbus, cirrus, stratus, et les formes mixtes comme le cumulonimbus. Voilà une classification simple. Pourtant, avec ces quelques types de nuages qui se comptent sur les doigts des deux mains, il est possible de décrire précisément n'importe quel ciel nuageux. Bien sûr, deux cumulus ne se ressemblent pas exactement, de même que deux caractères ne sont jamais identiques, mais on peut quand même les regrouper dans la même classe.

Poursuivons la comparaison. Avoir quelques notions sur les nuages ne vous empêchera pas d'apprécier un ciel magnifique. De même, connaître quelques types de personnalité ne vous empêchera pas d'apprécier vos amis et relations sans chercher à les classer. Mais en cas de besoin, connaître un peu les nuages vous aidera à prévoir le temps des heures suivantes, et connaître un peu les personnalités difficiles vous aidera à mieux gérer certaines situations.

Pour les psychiatres et les psychologues, identifier certains types de personnalité permet de mieux comprendre leurs réactions dans différentes situations et d'améliorer sans cesse les psychothérapies ou les traitements qu'on peut leur proposer. Par exemple, en identifiant et en définissant les critères de la personnalité dite « borderline » décrite dans le premier chapitre, les psychiatres et les psychologues ont trouvé quelques règles de base à respecter dans les psychothérapies avec ces patients qui souffrent beaucoup et qui, en même temps, sont très ambivalents vis-à-vis de toute aide qu'on pourrait leur apporter.

Les classifications ont donc de l'intérêt. Elles sont nécessaires à toute science de la nature, qu'il s'agisse d'étudier les nuages, les papillons, les volcans, les maladies ou les caractères.

Comprendre, accepter, gérer les personnalités difficiles

Pour chaque type de personnalité difficile, nous avons essayé de vous expliquer comment il ou elle se voit et considère les autres. Quand vous aurez compris le point de vue qu'il (ou elle) adopte sur lui (ou elle) et le monde, il vous sera plus facile de vous expliquer certains de ses comportements.

Cette démarche rejoint une approche utilisée dans les psychothérapies cognitives : nos attitudes et nos comportements seraient étroitement liés à quelques croyances fondamentales, acquises très tôt au cours de notre enfance. Par exemple, pour une personnalité narcissique, la croyance fondamentale serait : « Je dois être reconnu comme supérieur aux autres. » De là découle tout un ensemble d'attitudes arrogantes et de comportements dominateurs qui sont comme une suite logique de la croyance fondamentale. Pour chaque type de personnalité, nous avons tenté d'énoncer la ou les croyances fondamentales qui conditionnent leurs comportements. Un tableau les résume dans le dernier chapitre.

Quand nous annonçons au public de nos séminaires qu'il est nécessaire d'accepter les personnalités difficiles, nous provoquons souvent de la désapprobation et de la contradiction. Comment les accepter, puisqu'elles ont des comportements intolérables, et précisément inacceptables ? En fait, nous ne vous demandons pas de vous livrer à une acceptation passive, qui laisserait toute liberté à la personnalité difficile de vous nuire (et souvent de se nuire aussi). Il s'agit plutôt d'accepter son existence en tant qu'être humain. Cela ne vous empêchera pas de chercher activement à vous en préserver.

Encore une comparaison. Vous êtes en vacances, au bord de la mer, et vous prévoyez pour le lendemain une sortie en bateau.

Mais au réveil, vous vous apercevez que le ciel est sombre et que le vent souffle trop fort pour une sortie raisonnable. Si vous n'êtes pas content, vous n'explosez pas pour autant de colère : en un sens, vous acceptez comme un fait naturel que le temps soit parfois mauvais au bord de la mer. Cela ne vous empêchera pas de vous adapter à la situation en prévoyant une autre activité pour la journée. Eh bien, les personnalités difficiles sont comme des phénomènes naturels : elles ont toujours existé et elles existeront toujours. S'en indigner serait aussi vain que de se mettre en colère contre le mauvais temps ou les lois de la pesanteur.

Voici une autre raison de mieux les accepter : elles n'ont sûrement pas choisi d'être des personnalités difficiles. Mélange d'hérédité et d'éducation, elles ont développé des comportements qui ne leur réussissent pas souvent et on peut penser qu'elles n'en sont pas complètement responsables. Qui choisirait librement d'être trop anxieux, trop impulsif, trop méfiant, trop dépendant des autres, ou trop obsédé par les détails ?

Le rejet n'a jamais amélioré quiconque, en particulier les gens à problèmes. Les accepter est souvent le préalable nécessaire pour les amener à modifier certains de leurs comportements.

Si vous comprenez mieux les personnalités difficiles, si vous les acceptez mieux (au sens où nous entendons ce mot), vous pourrez mieux les prévoir et faire face aux problèmes qu'ils ou elles vous posent. Nous vous donnons dans ce livre quelques conseils appropriés à chaque type de personnalité. Ils sont issus de notre expérience de psychiatre, de thérapeute, mais aussi d'être humain confronté aux difficultés habituelles de la vie avec ses semblables…

CHAPITRE PREMIER

LES PERSONNALITÉS BORDERLINE

« Don't make me sad, don't make me cry. Sometimes love is not enough and the road gets tough, I don't know why...[1] *»*

Lana DEL REY (*Born to die*)

Jean nous parle de sa nouvelle amie, Julie, 32 ans.

J'ai rencontré Julie en boîte, j'y étais venu avec une bande d'amis, et puis je l'ai remarquée seule au bar devant un verre, une jolie fille avec l'air triste, irrésistible pour moi. Elle dégageait quelque chose de fort, à la fois ténébreux et mystérieux, un peu marginal mais pas trop, très romantique. Mais un jeune mec s'est approché d'elle, ils avaient l'air de se connaître et je me suis dit « zut », mais après quelques échanges, elle a dit quelque chose qui l'a mis en colère, il est reparti brusquement. Alors je me suis approché et ai commencé la conversation en lui disant « Votre ami n'avait pas l'air content ! – Ce n'est plus mon ami ! », m'a-t-elle répondu sur le ton d'une colère à peine contenue, et j'ai réalisé qu'elle avait pas mal bu. J'ai commencé la conversation avec précaution, j'avais l'impression qu'elle était sur le point d'exploser, et

1. « Ne m'attriste pas, ne me fais pas pleurer. Parfois l'amour ne suffit pas et la route devient dure, je ne sais pas pourquoi... »

parfois je voyais ses yeux se remplir de larmes. Mais finalement nous nous sommes bien entendus, j'ai réussi à la faire rire, mais sans la faire boire, c'est elle qui commandait des boissons à répétition, et moi j'avais plutôt envie qu'elle ralentisse.

À la fin, elle s'est à moitié affalée sur moi en me disant « ramène-moi ». Je l'ai accompagnée dehors, elle titubait, et je lui ai proposé de la ramener en taxi jusqu'à chez elle. Mais elle m'a surpris en me disant : « Non, pas chez moi, chez toi ! » Plus tard, dans le taxi, elle a grommelé : « Ce sale con a dû partir, je veux pas passer la nuit seule… » Finalement nous nous sommes retrouvés chez moi, elle tenait à peine debout, elle s'est effondrée sur mon lit et s'est endormie aussitôt. La situation me mettait mal à l'aise. Je me suis couché de l'autre côté du lit, et j'ai eu du mal à m'endormir, très tard dans la nuit.

Quand j'ai ouvert les yeux, j'étais seul dans mon lit, et puis elle est apparue parfaitement fraîche et réveillée, avec une tasse de café qu'elle m'avait préparée. Nous avons repris la conversation comme si de rien n'était, mais elle m'adressait de longs regards qui ne me laissaient guère de doute. Finalement, revenus tous les deux à la cuisine pour un autre café, nous nous sommes embrassés puis vite retrouvés au lit. Alors là, ce fut le paradis. Mais depuis, c'est aussi l'enfer !

Julie est d'une humeur changeante, un rien peut la mettre de mauvaise humeur, en particulier quand elle a l'impression que je ne l'écoute pas ou que je passe trop de temps au téléphone, et là elle se met vite en colère. Même lors de soirées entre amis, je dois faire attention à toujours lui montrer mon intérêt, autrement j'ai des plaintes et des crises de larmes sur le chemin du retour. « Tu ne fais plus attention à moi, c'est normal, tous tes amis sont plus intéressants que moi. » Le pire, c'est qu'elle le pense, elle doute d'elle-même, ce qui est sans doute normal pour une artiste. Elle a fait des études d'art, mais sans aller jusqu'à obtenir le moindre diplôme, et travaille dans une petite agence de design, et j'ai compris que le patron est pour elle une présence rassurante, et qu'il tient à la garder. Auparavant, elle a eu un parcours un peu accidenté, ayant démissionné à plusieurs reprises à la suite d'un conflit ou « parce que les autres m'en voulaient ». Quand je vois ses créations, je lui trouve du talent, et d'ailleurs elle me les montre en attendant mes éloges, mais à d'autres moments elle me dit : « Mais c'est nul ! Tu ne comprends rien ! » De temps en temps, elle me déclarait qu'elle en avait assez de son métier, d'avoir à faire ses preuves, qu'elle préférerait « avoir job où on n'a pas besoin de penser ». Elle a une amie d'enfance qui est horticultrice, et elle parle souvent de « tout larguer » pour la rejoindre, alors que je remarque qu'elle a besoin de sortir tous les soirs, je l'imagine mal vivant à la campagne. En dehors de cette amie, j'ai l'impression qu'elle se brouille souvent avec ses connaissances, depuis que je la connais, de grandes confidentes ont disparu, tandis qu'elle me parlait avec enthousiasme de nouvelles arrivées, qui elles aussi n'ont duré qu'un temps. Je l'ai vue aussi se quereller plusieurs fois avec des vendeurs – qui s'étaient comportés de manière désagréable, certes, mais quand même… – ou avec des inconnus dans la rue qui l'avaient, selon elle, bousculée ou dévisagée ; si elle est dans un mauvais jour, ça monte très vite.

Quand elle me contrarie vraiment, comme lorsqu'elle boit trop lors d'une soirée ou qu'elle me fait la gueule sans raison, j'ai renoncé à lui faire ensuite des reproches, car cela déclenche aussitôt ses larmes et des hurlements sur le thème : « Je sais que je suis nulle, je sais que tu veux me larguer. » Un jour, comme j'étais un peu en colère contre elle et n'ai pas répondu à ses messages, je l'ai retrouvée à la maison à moitié assommée, elle avait avalé une boîte de tranquillisants et j'ai dû l'emmener à l'hôpital pour un lavage gastrique. J'ai pris l'habitude de toujours répondre assez vite à ses SMS dans la journée, avec des émoticônes, et je sais que cela lui fait plaisir.

Elle a des périodes de tristesse sans parole dont je n'arrive pas à la faire sortir, et sur lesquelles elle ne s'explique pas vraiment.

Par ailleurs elle peut être très tendre, très amoureuse, ce sont de grands moments de bonheur, nous nous sentons alors très proches et j'espère chaque fois que son moral va rester au beau fixe, mais cela ne dure jamais. Avec elle, c'est toujours « orages avec éclaircies ». Elle a aussi un côté généreux, elle est émue par la souffrance des autres, trop parfois, comme le jour où je l'ai vue en larmes après avoir croisé un vieux mendiant dans la rue et revenir sur ses pas pour lui donner de l'argent. Je l'aime, mais je dois apprendre à contrôler mes propres émotions, à ne pas réagir durement, et à l'accepter comme elle est. J'ai quand même l'impression qu'elle va mieux que l'année dernière. « Il n'y a que toi qui peux me supporter ! » m'a-t-elle dit l'autre jour. Puis elle a ajouté : « Je me demande jusqu'à quand tu vas tenir ! » C'est vrai que, parfois, je me pose moi aussi la question...

Borderline ?

En utilisant les termes « Avec elle, c'est toujours orages avec éclaircies », Jean se rapproche sans le savoir d'une définition donnée par une psychanalyste fameuse : « Instable de manière stable » à propos d'une personnalité qui a posé – et pose encore – des problèmes de diagnostic.

Le terme de « borderline » a été utilisé pour la première fois en 1938, pour décrire des patients que l'on considérait à la frontière des troubles dits « névrotiques » et « psychotiques », et le nom est resté, faute d'un terme meilleur pour décrire un trouble complexe.

Mais Julie a-t-elle vraiment les traits d'une personnalité borderline tels qu'ils sont décrits dans la classification américaine, le *DSM-5* ? Passons en revue les critères.

• *Peur de l'abandon réel ou imaginaire.* Julie supporte mal toute prise de distance qu'elle perçoit vite comme un abandon, y compris une réponse trop tardive à un texto. Elle lutte contre cette peur en demandant sans cesse des preuves d'attention ou d'amour ou au contraire en préférant rompre elle-même pour ne plus souffrir.

• *Instabilité des relations.* Elle devient vite très dépendante de ses amies, en les idéalisant, puis elle rompt quand elles la déçoivent. Jean subit le même traitement, Julie donne des signes d'adoration, puis de détestation quand il n'arrive pas à répondre à ses attentes. Sa vie sentimentale auparavant était instable, émaillée de ruptures, et aussi de périodes de solitude dépressive.
• *Instabilité des émotions.* Son hypersensibilité fait que, selon les événements, Julie passe de la bonne humeur à la tristesse, du désespoir à la colère.
• *Instabilité de l'image de soi.* En fait, la tendance à avoir des relations interpersonnelles instables s'étend à sa relation avec elle-même ! Julie peut se sentir euphorique quand elle réussit un projet, puis retomber dans des doutes sur ses capacités, y compris celle de plaire. Elle peut être réconfortée par les compliments qu'elle recherche, les hommes qu'elle séduit, mais cela ne dure pas. Elle a aussi un fond de doute presque permanent sur ses choix de vie. Chez certains patients, cette instabilité de l'image du soi peut aller jusqu'à un doute de leur orientation sexuelle, avec des explorations plus ou moins satisfaisantes pour calmer leur malaise intérieur.
• *Colères intenses.* Jean a appris à ses dépens que Julie pouvait se mettre dans des colères incontrôlables, dans lesquelles il l'a déjà vue casser des objets ou une fois frapper une porte en se blessant la main.

Avec au moins cinq caractéristiques du trouble de personnalité borderline, Julie répondrait déjà au diagnostic, mais elle en a – partiellement – d'autres.

• *Impulsivité à risque* dans au moins deux domaines. Julie ne boit pas régulièrement, mais peut s'alcooliser à l'excès, au point de se mettre en danger. Elle a révélé à Jean qu'il lui était déjà arrivé d'avoir eu des relations sexuelles avec des garçons qu'elle connaissait à peine, rencontrés en état d'ivresse, ce qu'elle regrettait souvent. Par ailleurs, elle a eu des accès de dépenses excessives qui l'ont mise en situation de découvert qu'elle peine à combler.

• *Comportements suicidaires.* Julie a avalé les tranquillisants sans intention suicidaire claire, et a révélé à Jean que cela lui était déjà arrivé trois fois depuis son adolescence. Elle a eu la chance, ou le discernement, de ne jamais avoir avalé de produits plus toxiques.
• *Sentiment de vide,* avec le sentiment de n'avoir plus d'émotions, d'envie, ou même d'image de soi, qui correspond peut-être à ce que Jean décrit comme des périodes de tristesse énigmatiques.
• En revanche, et contrairement à ce qui peut arriver chez certaines personnalités borderline, Julie n'a jamais présenté d'*idées transitoires de persécution, avec parfois des hallucinations auditives à thème de persécution ou de dévalorisation.* Une voix répétait par exemple à une patiente, dans ses moments de stress et d'échecs existentiels : « Tu es nulle, tu es mauvaise. » Elle n'a pas non plus décrit des épisodes de dissociation : sentiment d'être « à côté de son corps », d'être détaché du monde réel, de se sentir « ailleurs ».

Toutefois, Julie est parvenue depuis quelques années à trouver une stabilité professionnelle, sans doute grâce à la rencontre d'un patron rassurant qui sait comment gérer quelqu'un comme elle : en montrant une humeur constante, en lui donnant des signes d'estime et de considération tout en gardant la bonne distance. Il sait aussi dédramatiser ses comportements excessifs, en acceptant qu'elle en aura toujours, et que ce n'est ni du « théâtre » ni de la « mauvaise volonté » de la part de Julie.

Par ailleurs, en dehors de ses abus occasionnels d'alcool, Julie ne s'est pas mise en danger par des consommations de drogue, et reste prudente dans sa vie quotidienne.

Elle n'a pas non plus calmé sa douleur intérieure en s'entaillant la peau, symptômes souvent retrouvés chez les jeunes filles à traits borderline, ni par des épisodes de boulimie.

Enfin elle arrive à prolonger sa relation avec Jean, sans doute parce qu'il a les mêmes capacités de constance et d'acceptation que son patron, et aussi parce que l'impulsivité et l'instabilité d'humeur de Julie s'améliorent avec le temps, ce qui est souvent le cas pour les personnalités borderline.

Julie gagnerait à être aidée par une thérapie, mais pour l'instant elle n'a pas réussi à trouver un thérapeute qui lui convienne, passant là aussi par des phases d'idéalisation : « Elle est géniale, elle comprend tout ! », puis de dévalorisation : « Elle ne m'apporte rien, j'ai l'impression que je l'ennuie. »

Elle a aussi une réticence à prendre tout médicament par peur de « devenir un zombie » ou de « devenir dépendante », même quand un médecin généraliste a tenté de lui prescrire un antidépresseur en la voyant dans une période dépressive. Elle est encouragée dans cette attitude par le souvenir d'une tante délirante qu'elle a déjà vue « zombifiée » par des traitements neuroleptiques et de sa mère dépressive dont elle dit : « Elle a toujours pris plein de médicaments, mais je ne l'ai jamais vue aller mieux. »

Julie a certes une personnalité borderline, mais avec des traits moins intenses que d'autres patientes (le trouble est à majorité féminin) au parcours de vie plus accidenté : tentatives de suicide, épisodes d'agitation, avec de brèves périodes d'hallucinations auditives ou d'idées de persécution, source d'erreurs de diagnostics chez les patients en crise.

Sans compter les problèmes liés aux addictions, beaucoup de personnes toxicomanes ont des traits de personnalité borderline et utilisent la drogue comme un anesthésique à leur douleur intérieure.

À l'inverse, il existe une foule de personnes qui ne remplissent pas tous les critères mais qui ont des « traits borderline », comme Khadija, 29 ans.

J'aimerais vraiment connaître ce que les gens appellent la « paix intérieure », mais je crois que ce n'est pas pour moi. Depuis toute petite, j'ai l'impression d'être hypersensible. J'étais bouleversée quand des filles que je croyais être des amies ne m'invitaient pas à leur anniversaire, et aussi trop sensible à la moindre critique ou moquerie. Heureusement que je n'ai jamais été vraiment harcelée ! En fait, j'arrivais toujours à rester l'amie de filles populaires et gentilles, même si l'incertitude me donnait des insomnies. J'ai pris de l'assurance avec l'âge, mais, même aujourd'hui, je dois me raisonner dès qu'un ami ne répond pas tout de suite à un appel, ou que mon patron me croise sans prendre le temps de me saluer. Parfois ces incertitudes me fatiguent tellement que j'ai envie de « tout lâcher » et de rester chez moi ou alors de partir dans un pays lointain, mais je sais que cela ne résoudrait rien.

J'ai souvent des hauts et des bas, un petit incident, une critique et mon moral chute, une réunion réussie ou un homme qui a l'air de s'intéresser à moi et je me sens vite euphorique.

Quand je me sens blessée, je suis bouleversée, et j'essaie de retenir mes colères car, quand j'en pique une, je m'emporte complètement et cela finit dans les larmes. Ma vie sentimentale est une catastrophe, et j'ai l'impression que je commets toujours la même erreur : je m'attache très fort à un garçon qui m'aime aussi, mais très vite j'ai un doute sur ses sentiments, je veux toujours être rassurée, je fais des crises de jalousie, je sais que je deviens étouffante et à la fin il me quitte. Sans doute pour me rassurer, j'ai accumulé les diplômes, aujourd'hui je réussis dans une grande entreprise. Si vous me croisez en réunion, j'ai la plupart du temps l'air de la fille sûre d'elle et qui sait décider, mes chefs m'apprécient, même si j'ai toujours un doute en me disant qu'ils vont découvrir à quel point je suis fêlée.

Presque tous les soirs je fume du hasch pour me détendre et chasser mes mauvaises pensées. Je n'en suis pas fière, mais finalement je trouve cela mieux que de boire trop de verres, ce qui m'arrivait aussi après une journée stressante. En ce moment, j'ai un nouvel ami et j'aimerais tellement éviter de gâcher cette histoire, alors je vais voir ma thérapeute plus souvent.

Khadija est une angoissée hypersensible qui a peur de l'abandon et a une humeur instable. Mais ses hauts et ses bas sont moins intenses que ceux de Julie, et elle n'a pas de comportements à risque. Elle a trouvé une relation stable avec une thérapeute. Même si elle a parfois des accès de doute sur sa carrière, elle n'a jamais quitté un travail de manière impulsive. Elle reconnaît qu'elle a besoin d'aide pour arriver à trouver une vie affective plus apaisée. Elle vient d'une famille de six enfants, elle n'a pas de souvenir particulièrement traumatique, mais l'impression que ses parents « n'avaient jamais de temps pour elle ».

Et les hommes ?

On pensait que le trouble concernait surtout les femmes, « cinq femmes pour un homme » comme le déclare le bon docteur Motts dans le film *Girl, Interrupted* (voir ci-dessous), et ce préjugé a sûrement contribué au sous-diagnostic des hommes borderline.

Peut-être aussi admet-on mieux des comportements impulsifs et instables chez des hommes, voire des paroles ou des gestes colériques ou violents, ainsi qu'une instabilité affective ?

Une autre cause possible à la sous-évaluation chez les hommes vient de ce que ces derniers consultent et cherchent de l'aide plus rarement, l'idéal d'autonomie et de maîtrise de soi de la virilité n'étant pour certains guère compatible avec la démarche d'aller se confier à un psychiatre ou psychologue (*Real men don't cry !*).

Et, de fait, des études épidémiologiques plus récentes montrent que le trouble est presque aussi fréquent chez les hommes, sans que l'on puisse trancher : meilleur diagnostic ou augmentation du trouble au fil des générations ?

C'est d'ailleurs « traîné » par sa femme en thérapie de couple que Pierre finit par rencontrer une psychologue qui lui proposera ensuite de le voir individuellement.

Voici le témoignage de son épouse :

J'aime mon mari, et je sais qu'il m'aime, mais parfois je me demande combien de temps ça peut durer comme ça.

Il change d'humeur très souvent, je ne sais jamais dans quel état il va arriver à la maison, souvent en colère parce qu'il a eu à gérer un client mécontent (il est conseiller financier pour des particuliers) ou parce qu'il trouve que son chef n'a pas fait attention à lui. Dans ce cas il boit, et il suffit de deux ou trois verres pour qu'il devienne très susceptible, je dois éviter tout ce qui pourrait ressembler à un reproche. Si j'arrive à ne pas le contrarier, il s'adoucit, mais vire parfois à la déprime : « J'ai raté ma vie, je me demande ce que tu fais avec un mec comme moi. » Il est vrai qu'il avait un poste plus élevé dans une autre banque, mais qu'il dut la quitter après une grosse dispute avec des collègues qu'il a accusés de s'être ligués contre lui. Avec les amis nous avons des hauts et des bas. Pierre peut être drôle, généreux, animer une soirée, mais il peut vite s'assombrir dès qu'il a l'impression de n'être pas le centre de l'attention ou, pire, que je passe trop de temps à parler avec un autre homme, même un ami ; ou parce que tout à coup il s'ennuie. Il peut alors exiger qu'on parte immédiatement, ce qui donne lieu à d'autres disputes dans la voiture, qu'il conduit trop vite quand il est en colère, et je dois le lendemain faire de la diplomatie pour éviter la brouille avec les amis. Un jour, il a piqué une grosse colère à la maison parce que j'étais rentrée tard, plus tard que d'habitude, j'avais pris un verre avec des collègues, j'avais un peu bu c'est vrai, et il était persuadé que j'avais flirté, et il s'est mis à frapper les meubles, à casser une lampe, puis il est sorti et est parti en voiture en faisant crisser les pneus. J'ai eu peur qu'il fasse des bêtises : un de ses rares amis de longue date m'avait raconté que lorsqu'il était très jeune, il lui arrivait souvent de chercher à se battre avec des inconnus, dans la rue, des bars ou des boîtes de nuit, quand il était malheureux, comme pour évacuer sa tristesse ou sa colère, comme pour la faire payer à d'autres au lieu de s'en prendre à lui-même. Je me suis sentie tellement mal que j'ai décidé d'aller dormir chez une amie. Quand il est rentré tard dans la nuit, trouvant l'appartement vide, il m'a appelée pour s'excuser, il pleurait presque en me demandant de ne pas le quitter. Autrement, contrairement à d'autres couples que je connais, nous sommes encore amoureux l'un de l'autre, mais je me demande si ça ne va pas finir par s'user. En plus, il a fait des dettes en s'achetant une voiture au-dessus de nos moyens, et il a l'habitude d'être le premier à payer l'addition quand on dîne au restaurant en groupe. À d'autres moments, il parle de « tout plaquer », il dit qu'il a choisi son travail juste par peur de faire autre chose, et qu'on devrait tout quitter et aller ouvrir une école de plongée sous les tropiques. J'ai envie d'avoir un enfant, mais lui ne paraît pas enthousiaste, il essaie de me décourager en me disant qu'il faudrait de meilleures conditions matérielles.

Je sais qu'il a eu une enfance malheureuse : son père battait sa mère, et celle-ci a quitté le foyer conjugal quand il avait 3 ans, et lui a été confié à une tante, il avait des cousins plus âgés que lui et qui ne le traitaient pas bien, et son oncle ne faisait pas attention à lui.

Variété de personnalité

Plus que pour d'autres types de personnalités difficiles, il existe une grande variété de personnalités à tendance borderline, selon que tels symptômes et comportements apparents sont prédominants.

D'ailleurs, même si l'on s'en tient à la stricte définition du *DSM-5*, qui nécessite d'avoir cinq critères sur neuf, il existerait alors 259 combinaisons possibles correspondant à autant de tableaux différents ! (Un argument de plus pour montrer que, contrairement à un cliché encore répandu, le *DSM-5* est une classification qui tient compte de la variété des individus.)

À la suite de cette constatation, un spécialiste du trouble, John Oldham, a proposé de différencier 5 sous-types, selon que tel groupe de symptômes prédomine :

1. *Affectif :* difficulté à contrôler ses émotions au quotidien, changements d'humeur rapides et fréquents.
2. *Agressif :* colères inappropriées ou incontrôlables.
3. *Impulsif :* tendance à prendre impulsivement des décisions, même importantes.
4. *Dépendant :* tendance à rechercher activement le soutien et la compagnie des autres, à aligner ses besoins et opinions avec les leurs, à être perçu comme « collant ».
5. *Vide :* sentiment d'être vide, sans envie, doute sur son identité.

Évolution

Le diagnostic de personnalité borderline ne se porte qu'après l'âge de 18 ans, mais le trouble se manifeste dès l'adolescence.

Malgré son aspect parfois dramatique, le trouble a souvent une évolution favorable après la quarantaine : l'impulsivité diminue, l'instabilité affective aussi même si elle persiste plus longtemps. Certains considèrent que les personnes à tendance borderline sont un peu comme des adolescents qui mettraient plus de temps que les autres à atteindre leur maturité.

Des patientes décrivent souvent que ce sont de « bonnes rencontres » qui les ont aidées à se stabiliser, comme le patron de Julie ou Jean, son nouvel ami.

Il est donc important que patients et thérapeutes sachent que, même si le quotidien peut être difficile, l'avenir a de bonnes chances d'être plus apaisé, tout en tenant compte des risques liés à l'impulsivité : ruptures conjugales ou professionnelles, impulsions suicidaires.

Génétique ou environnement ?

La vision traditionnelle du trouble était que « *borderline are not born, they are made* », les personnes borderline ne sont pas nées comme ça, la vie les a faites comme ça. La fréquence des souvenirs de trauma et de souffrance dans l'enfance rapportés par les patients hospitalisés ou venus consulter renforçait cette hypothèse.

Des études plus récentes ont trouvé que, certes, environ deux tiers des personnes diagnostiquées comme borderline, lorsqu'elles sont interrogées de manière ciblée, décrivent en effet des expériences douloureuses dans leur enfance, et pour la moitié d'entre elles vraiment graves (inceste, agressions sexuelles, violences subies ou observées), mais rien de notable chez un autre tiers des sujets, qui semblent avoir eu des enfances « normales ». Et pour le premier groupe, la gravité du ou des trauma(s) n'est pas toujours corrélée avec celle des troubles.

Comme pour d'autres troubles de la personnalité, les hypothèses actuelles sont donc plutôt en faveur de la rencontre d'une prédisposition biopsychologique héritée (en particulier l'hypersensibilité et l'impulsivité) avec des événements plus ou moins traumatisants, qui auront un impact différent selon le tempérament de l'enfant.

Sans oublier ensuite l'influence des changements de l'environnement, qui peuvent être aggravants avec des traumatismes ou des privations répétées, ou au contraire réparateurs avec des personnes capables de créer avec l'enfant un attachement rassurant.

Un trouble de l'attachement ?

On pourrait définir la personnalité borderline comme un trouble de l'attachement : certains enfants auraient appris très tôt un sentiment d'insécurité en percevant leur relation avec leurs parents comme imprévisibles, distantes ou traumatisantes.

Dans un développement harmonieux, l'enfant a d'abord besoin d'un lien fort et rassurant avec ses parents, qui le rend ensuite capable de s'aventurer ou de supporter leur absence d'autant mieux qu'il est sûr de sa relation avec eux. Pour cela, il a souvent besoin de ce qu'on a appelé un « objet transitionnel », sous la forme d'un « doudou » qui supplée momentanément à l'absence du parent (comme la couverture que Linus ne quitte jamais dans les *Peanuts*.)

Tout le monde peut s'attacher, même adulte, à un souvenir d'enfance comme un ours et une poupée, mais cette tendance serait plus habituelle chez les personnes avec des traits borderline. Des chercheurs ont même suggéré que la présence dans la chambre d'hospitalisation de peluches peu en rapport avec leur âge pouvait être un signe de personnalité borderline chez certains patients (mais ne suffisait pas bien sûr au diagnostic).

À ne pas confondre

Les personnalités borderline ont des symptômes variés, et certaines d'entre elles peuvent avoir aussi d'autres troubles associés, ce que l'on appelle la comorbidité : troubles boulimiques, épisodes dépressifs, trouble panique, dépendance à une drogue, alcoolisme, qui vont « masquer » le trouble borderline surtout quand le patient est vu dans un contexte d'urgence.

Certains chercheurs ont d'ailleurs considéré le trouble de la personnalité borderline comme une forme de trouble de l'humeur, voisin du trouble bipolaire, en particulier chez les bipolaires à cycle rapide où excitation et dépression peuvent se succéder au fil des heures.

Mais le tableau clinique est différent : les variations d'humeurs des personnalités borderline sont en général provoquées par un événement, et elles ne connaissent pas de vrais épisodes maniaques ou hypomaniaques avec humeur joyeuse et excès d'énergie. Par ailleurs, on retrouve dans leur arbre familial des personnes souffrant de troubles des comportements alimentaires, de toxicomanies, d'épisodes dépressifs, des personnalités sociopathiques, mais pas spécialement de troubles bipolaires, ce qui n'est pas en faveur d'une parenté avec ce trouble.

Les personnalités borderline dans la littérature et le cinéma

Achille, héros grec immortalisé par Homère (IVe siècle avant J.-C.), dans l'*Iliade* qui décrit la guerre mythique entre Grecs et Troyens, est sans doute un des premiers personnages de la littérature qui évoque une personnalité borderline. Guerrier intrépide et charismatique, Achille est furieux de devoir rendre sa captive, Briséis, à son roi et chef des Grecs, Agamemnon ; il se retire alors sous sa tente pour une longue bouderie. Son refus de continuer de participer aux combats entraîne alors des revers pour les Grecs. Achille est célèbre pour son tempérament colérique et impulsif, il tue un grand nombre d'ennemis et d'intrus, mais n'est pas un psychopathe froid : l'*Iliade* le montre souvent en proie à des émotions douloureuses, il se lamente, il pleure, il se vexe, il se laisse apitoyer par Priam, le père d'Hector qu'il a tué lors d'un duel, et fait preuve de compassion à son égard en lui rendant le corps de son fils, etc. Enfin, un peu comme les personnalités borderline, normales vues de l'extérieur mais très fragiles intérieurement, il est porteur depuis sa naissance d'une fragilité cachée, qui lui coûtera la vie : sa mère l'a plongé à sa naissance dans les eaux du Styx, le fleuve des enfers, pour le rendre invulnérable. Mais elle le tenait par le talon, qui reste une zone de vulnérabilité, et de nombreux récits de l'Antiquité racontent qu'il trouve la mort alors qu'il est frappé à cet endroit lors d'un combat...

Achille est magnifiquement interprété par Brad Pitt dans *Troie* (2004) de Wolfgang Petersen.

Dans l'intéressant *Girl, Interrupted* (*Une vie volée*, 1999, de James Mangold), Susanna (Winona Ryder) est une jeune fille à l'air de poussin égaré, qui se fait admettre dans une clinique psychiatrique après une tentative de suicide. Peu de jours auparavant, elle a avalé impulsivement le contenu d'un flacon d'aspirine avec de la vodka après avoir rompu avec son professeur – marié – qui voulait continuer leur aventure clandestine. Elle explique au premier psychiatre du film, collègue médecin de son père, qu'elle voulait juste dormir, qu'elle ne sait pas ce qu'elle attend de la vie, à part « ne pas finir comme ma mère » et devenir écrivain. Dans la clinique, elle se montre plutôt rebelle face aux premiers intervenants comme le docteur Potts, un psychiatre à l'air de morse triste (Jeffrey Tambor), et l'infirmière-chef, Valérie (Whoopi Goldberg), mais fait preuve d'empathie pour les souffrances des autres patientes. Plus tard, introduite clandestinement dans le bureau des médecins par une autre pensionnaire, Lisa (Angelina Jolie), elle trouve dans son dossier le diagnostic de « personnalité borderline » (on est au cinéma, les notes des psychiatres sont bien ordonnées et parfaitement lisibles), elle va en chercher les critères dans un livre de la bibliothèque et les lit à voix haute : « C'est bien moi », conclut-elle avec accablement. Lisa de son côté découvre qu'elle est diagnostiquée comme « sociopathe » (le diagnostic de psychopathe qui lui conviendrait mieux – voir chapitre II – n'était pas encore répandu en 1967 et même en 1999, date du film). Plus tard, Susanna résume très bien le trouble borderline en se confiant en larmes à Valérie : « *You hurt yourself on the outside, to kill the thing in the inside* » [« Vous vous faites du mal à l'extérieur pour tuer la chose à l'intérieur »], ce que cette dernière encourage à coucher par écrit.

Susanna finit par accepter la réalité de son trouble et s'améliorera grâce à l'environnement contenant de l'institution, les interventions de Valérie qui sait alterner autorité et empathie, et aussi une thérapie d'inspiration analytique trihebdomadaire, avec le docteur Whick (Vanessa Redgrave) qu'elle avait initialement rejetée.

Toutefois, la patiente la plus intensément borderline parmi ces jeunes filles est clairement l'hypersensible Daisy (Brittany Murphy) avec ses alternances de gentillesse et d'explosion de colère, qui fuit la compagnie des autres en restant cloîtrée dans sa chambre garnie de peluches, souffre d'épisodes de boulimie et d'une « addiction » aux laxatifs, et dont Lisa soupçonne qu'elle a une relation incestueuse avec son père.

Ce film est intéressant à plus d'un titre. On découvre Angelina Jolie et Whoopi Goldberg très convaincantes dans des rôles pourtant très différents de leur répertoire habituel. Les psychiatres et psychologues apparaissent comme des personnes normales, ni fous ni criminels, non plus qu'omniscients ou « magiques » : on les voit faire de leur mieux avec des patients difficiles. Contrairement à *Vol au-dessus d'un nid de coucou*, et tant de films asilaires, le personnel infirmier est plutôt sympathique et compréhensif, et quand Susanna se plaint des conditions de vie dans la clinique, Whoopi Goldberg lui rétorque qu'elle est une « petite fille gâtée » et qu'elle devrait aller voir ce qui se passe « dans un hôpital public ».

En revanche, le film retombe à la fin dans les clichés erronés habituels pour le supposé traitement de Lisa.

Dans le sublime *Cold War* (2018) de Pawel Pawlikowski, un musicien, Wiktor (Tomasz Kot), parcourt la Pologne communiste des années 1950, chargé par le Parti de trouver dans les villages de jeunes chanteuses folkloriques pour ranimer la tradition musicale populaire de la Pologne. C'est vite le coup de foudre partagé avec l'une d'entre elles, la lumineuse Zula (Joanna Kulig) ; celle-ci lui révèle plus tard qu'elle est en liberté conditionnelle pour avoir failli tuer son père (« Il a voulu me prendre pour ma mère », explique-t-elle sobrement). Au cours de leur épopée amoureuse entre l'Est et l'Ouest, Zula alterne des signes de passion pour Wiktor, avec des moments de colère, de larmes, et de ruptures. Quand ils se retrouvent enfin à Paris, elle fait des crises de jalousie à propos des liaisons passées de Wiktor, s'alcoolise lors des soirées entre artistes, et se jette dans les bras de son producteur pour finalement retourner en Pologne. Wiktor retraversera le Rideau de fer pour retrouver Zula en Pologne, où ils chercheront ensemble la solution à leur amour impossible.

Pour un spectateur psychiatre, Zula, par moments heureuse et rayonnante, montre beaucoup des réactions d'une personnalité borderline, qu'il serait aisé de confondre avec un supposé « tempérament slave » d'une artiste lyrique portée sur la vodka. Même l'amour constant de l'impavide Wiktor ne parvient pas à la rassurer et à calmer son tumulte intérieur.

Dans l'extraordinaire *Eternal Sunshine of the Spotless Mind* (2004) de Michel Gondry, Clementine (Kate Winslet), jeune extravertie aux cheveux orange et verts, se jette à la tête du timide Joel (Jim Carey à l'extrême opposé de ses personnages habituels, ici plutôt une personnalité schizoïde).

Or, comme Clementine le déclare elle-même, sous son apparence souriante, « *I'm just a screwed up girl who is looking for my own peace of mind* » [« Je suis juste une fille tarée qui cherche sa propre paix intérieure »]. Son épuisante demande d'affection, son impulsivité, ses infidélités, ses excès d'alcool provoqueront une fois de plus une rupture, très douloureuse pour les deux amoureux, qu'ils chercheront à calmer par une thérapie révolutionnaire mise au point par le ténébreux docteur Howard (Tom Wilkinson).

Dans la série *Les Soprano* (1999-2007) de David Chase, qui met en scène la vie d'une famille de la mafia du New Jersey, Janice Soprano, la sœur du personnage principal Tony, montre des comportements de sociopathe (rien d'étonnant : elle a reçu dès le berceau à la fois les gènes et les modèles éducatifs !) mais aussi des traits borderline. Elle passe facilement de la joie à des accès de rage (son deuxième mari Richie, après l'avoir giflée, en fera la fatale expérience), connaît plusieurs crises identitaires (d'abord disciple d'une secte indienne sous le nom de Parvati Wasatch, puis devenue « *born again* » chrétienne), elle choisit impulsivement des partenaires très différents (du mafieux au prêcheur évangélique), et noue en général des relations ambivalentes où alternent adoration et haine, y compris avec son frère Tony. Son comportement s'améliore cependant avec les années au fil des saisons de la série, comme dans la vie réelle des personnes borderline.

Dans le mémorable *37°2 le matin* (1986) de Jean-Jacques Beineix, Betty (Béatrice Dalle), une jeune fille fantasque et imprévisible, vit un amour passionnel avec Zorg (Jean-Hughes Anglade). Betty montre des comportements impulsifs de gravité croissante, des colères incontrôlables et, quand elle apprend que malgré ses espoirs elle n'est pas enceinte, elle sombre dans un épisode dépressif sans doute délirant puisqu'elle finit par s'arracher un œil.

Comme Big Chef le fait pour le personnage de Jack Nicholson dans *Vol au-dessus d'un nid de coucou*, Zorg met fin à ses souffrances en l'étouffant avec un oreiller, ce qui peut être justifiable artistiquement, mais choquant pour un psychiatre : on peut se rétablir d'un épisode dépressif ou délirant, même avec un œil en moins.

On pourrait citer deux autres films célèbres où l'un des personnages féminins principaux semble être une personnalité borderline, avec une intolérance à la séparation : *Liaison fatale* (1987) d'Adrian Lyne, ou *Jeune fille partagerait appartement* (1992) de Barbet Shroeder, mais elles ne sont guère fidèles à la réalité en montrant des intentions meurtrières, alors que les femmes borderline sont en général dangereuses avant tout pour elles-mêmes.

Les traitements médicamenteux

Il n'existe pas, comme pour la dépression ou les troubles anxieux, une classe de médicaments universellement recommandés pour la personnalité borderline, mais plutôt un menu « à la carte » selon la situation et les symptômes.

Les antidépresseurs peuvent être utiles en cas d'épisode dépressif, ou de trouble panique, et ceux de la classe des sérotoninergiques peuvent diminuer l'hypersensibilité et la réactivité émotionnelle. L'émoussement des émotions, un de leurs effets secondaires non désiré lors du traitement d'une dépression, peut au contraire soulager certaines personnes borderline.

Les neuroleptiques à faible dose, en particulier ceux de la dernière génération, peuvent aussi aider à diminuer la méfiance du patient et calmer son tumulte émotionnel. Ils peuvent aussi être nécessaires à plus forte dose en situation d'urgence pour une personne agitée ou suicidaire.

Enfin dans le type A (p. 239) où prédominent les variations brutales d'humeur, les médicaments régulateurs de l'humeur, habituellement prescrits dans le trouble bipolaire, peuvent être une aide.

Le choix du traitement, y compris de l'interrompre, se fera par un dialogue avec le médecin ou l'équipe qui suit la personne régulièrement.

Les psychothérapies

Les psychanalystes ont été les premiers à définir le trouble borderline, à repérer leur trouble de l'attachement et de l'image de soi, et à proposer des thérapies adaptées à ces patients.

Les thérapies cognitives de Beck (lui-même ancien psychanalyste) visent à aider les patients à mettre en relation leurs cognitions (pensées « automatiques ») et leurs émotions, et en remettant en question leurs pensées pour calmer leurs émotions.

Selon Beck, trois grands types de cognitions se « réveillent » chez les patients borderline en situation de stress : 1) je suis impuissant et vulnérable ; 2) le monde est malveillant et dangereux ; 3) je suis totalement inacceptable. Par ailleurs, la « pensée dichotomique », tendance à voir la réalité en noir et blanc, en merveilleux ou détestable, à idéaliser ou dévaloriser est aussi un des thèmes de la thérapie, abordé par le biais de situations quotidiennes.

Deux autres thérapies ont été proposées spécifiquement pour les patients borderline.

La thérapie dialectique comportementale de Marsha Linehan

Cette thérapie d'abord orientée vers la prévention des suicides. Marsha Linehan, professeur de psychologie de l'Université de Washington, a surpris la communauté scientifique et le grand public, par son *coming out* de personnalité borderline.

Dans son adolescence, la jeune Marsha avait été internée pendant vingt-six mois à la suite d'automutilations (coupures, brûlures). Diagnostiquée d'abord comme schizophrène et traitée comme telle, elle avait reçu par la suite deux séries de 24 électrochocs, mais aussi des entretiens d'orientation psychanalytique. Cette hospitalisation ne fut pas la seule, et elle commit une tentative de suicide. Son histoire est une preuve de plus qu'un trouble borderline même sévère peut s'améliorer, et qu'on ne retrouve pas forcément des traumas objectifs dans l'enfance, sinon que Marsha se sentait inadaptée comparée à des sœurs qu'elle trouvait plus jolies et épanouies qu'elle-même.

Comme la plupart des chercheurs aujourd'hui, elle considère que le trouble provient d'une rencontre entre des enfants hypersensibles pour des raisons génétiques, nés dans un environnement familial qui n'a pas su les aider à gérer leurs émotions, en les négligeant ou en les disqualifiant, ce qui peut amener l'enfant à les réprimer ou au contraire à les exprimer de façon dramatique pour se faire entendre. Dans certains cas, le sujet développe une véritable « phobie des émotions » en inhibant totalement leur ressenti : les borderline qui ne se mettent pas en colère.

La thérapie passe par quatre stades et utilise divers outils thérapeutiques, y compris l'entraînement aux habiletés sociales pour améliorer les relations interpersonnelles ou la méditation pleine conscience pour mieux tolérer les émotions débordantes. C'est actuellement l'approche qui a été l'objet du plus grand nombre d'études concluantes.

La thérapie des schémas de Jeffrey Young, lui-même élève de Beck

Elle repose sur l'hypothèse de « schémas » des thèmes psychologiques associant émotions, cognitions, souvenirs et sensations corporelles. Les schémas sont inconscients, et se constituent dans l'enfance. Young répertorie près d'une vingtaine de schémas comme ceux de « manque affectif », d'« imperfection/honte » ou de « dépendance/incompétence ». Quand un schéma est réactivé en situation de stress (conflit, abandon), le sujet va réagir selon différents « modes » comme ceux de l'« enfant vulnérable », de l'« enfant en colère », du « parent exigeant/punitif », ou du « protecteur détaché » et enfin celui de l'adulte sain. Comme celle de Linehan, la thérapie des schémas utilise différentes techniques thérapeutiques, dont la visualisation (imagerie) des techniques cognitives ou comportementales. Cette approche thérapeutique est très utile pour les patients motivés, et importante aussi pour les explications à leur entourage, car elle donne des clés claires pour mieux comprendre le fonctionnement psychologique intime et surtout pour anticiper les situations à risque (celles qui titillent et réveillent les schémas).

Actuellement, la tendance est de proposer des psychothérapies s'inspirant en priorité des deux modèles précédents, mais accordant aussi beaucoup d'importance aux exercices d'autobienveillance, destinés à aider les personnes à identifier leur penchant aux conduites autoagressives, qu'elles soient verbales (se dévaloriser), comportementales (se faire du mal physiquement) ou relationnelles (endommager les bonnes relations avec ses proches et connaissances par des insultes et des colères), et à les remplacer peu à peu par une attitude de compréhension bienveillante envers ses fragilités. La recherche systématique de traumatismes psychologiques est également importante (30 % des personnalités borderline en population générale, et 50 % de celles qui viennent consulter souffrent de stress post-traumatique), et amène souvent à proposer des interventions psychothérapiques spécifiques, comme l'EMDR (*Eye-Movement Desensitization and Reprocessing*), qui consiste à faire revivre émotionnellement les traumatismes tout en accomplissant des mouvements oculaires réguliers : cette technique aux allures mystérieuses, mais à l'efficacité démontrée, nécessite une formation spécifique de la part des thérapeutes.

Comment gérer les personnalités borderline

Les personnalités à tendance borderline sont par définition instables et imprévisibles, et donc plus que pour d'autres, il faut réagir au bon moment et dans des circonstances favorables. C'est l'attention et la pratique qui aideront à reconnaître le bon timing.

Faites

Sachez les reconnaître

Certaines personnalités à tendance borderline peuvent se montrer tout à fait raisonnables et de bonne compagnie au premier abord. Leur hypersensibilité ne va se révéler qu'en cas de stress et dans certaines « situations gâchettes » qui ont à voir avec l'abandon, comme une prise de distance, une critique, une situation ambiguë face aux jugements des autres. Les reconnaître à temps vous évitera de faire des erreurs, la principale étant de ne pas déceler leur hypersensibilité.

Restez constant pour rassurer

Face à l'instabilité émotionnelle et relationnelle de ce type de personnalité, il est important de garder un comportement constant, qui lui donnera peu à peu l'impression qu'elle peut compter sur vous, que vous n'êtes ni malveillant ni capable de l'abandonner. Fréquenter une personnalité borderline est comme découvrir une nouvelle voie vers l'indulgence et la sérénité.

Encouragez plutôt que critiquer

Plutôt que de lui faire des critiques avec le risque de provoquer larmes ou rage, encouragez-la plutôt quand elle se comporte de manière adaptée. « J'ai vraiment apprécié quand tu... » « Voilà, j'aimerais que ce soit tous les jours comme ça... » Montrez que vous appréciez quand elle a réussi à prendre calmement une situation, de manière verbale ou non verbale. En tant que manager, montrez votre appréciation par plus de présence ou un compliment parfois même en public (attention toutefois si vous avez d'autres personnalités difficiles dans l'équipe).

Parlez des problèmes en dehors des crises

C'est au mieux à distance d'une situation de crise, qu'il peut être utile d'aborder une conversation sur un comportement à problème, abus d'alcool, colère inappropriée, accès de jalousie, fuite devant une responsabilité. Comme le disait un confrère :

« Avec les borderline, il faut battre le fer quand il est froid. » En montrant de l'empathie, sans vous poser en juge, vous aurez plus de chances de pouvoir aider la personne à prendre du recul sur ces symptômes et à mieux les gérer.

Encouragez-le à consulter

Plus que d'autres, les personnalités borderline peuvent bénéficier d'une thérapie et d'un suivi, d'autant que l'intérêt qu'elles suscitent a abouti à la mise au point de thérapies spécifiques. Enfin, même s'ils ne « soignent » pas le trouble, les médicaments peuvent être très utiles pour atténuer l'instabilité émotionnelle, l'hypersensibilité, et aussi traiter les épisodes dépressifs ou les troubles anxieux ou des comportements alimentaires parfois associés.

NE FAITES PAS

Ne minimisez pas les petits signes révélateurs

Une personne borderline peut se montrer à première vue agréable, surtout si elle vous perçoit comme la personne de confiance qui l'acceptera et qu'elle aura tendance à idéaliser. Ses premiers signes d'instabilité peuvent alors être attribués à un « mauvais jour », un « mouvement d'humeur » et faciles à relativiser, surtout si vous tenez à la relation, qu'elle soit amoureuse ou professionnelle (la collaboratrice par ailleurs tout à fait compétente, travailleuse et répondant à vos attentes). Une autre erreur serait de mettre en doute la sincérité de ses réactions excessives en pensant qu'« elle fait son cinéma ».

Ne vous emportez pas

Les personnalités borderline peuvent mettre les nerfs à rude épreuve et amener à « sortir de ses gonds ». Réagir par une surenchère dans la colère, partir en claquant la porte, asséner des critiques-représailles, bouder en ne répondant plus à ses messages, ne feront qu'aggraver la situation et l'amener à une véritable crise. Comme le disait le mari avisé d'une patiente borderline : « Je me sens comme le conducteur d'un des camions dans *Le Salaire de la peur* [film dans lequel Yves Montand et Charles Vanel conduisent un camion chargé de nitroglycérine qui peut exploser au moindre cahot], j'ai appris à conduire avec douceur et en anticipant. » (Son épouse a été améliorée par un antidépresseur sérotoninergique à faible dose prescrit pourtant sans conviction.)

Ne faites pas de critiques non réfléchies

Recevoir une critique n'est jamais agréable mais sera ressenti comme une véritable blessure par une personnalité borderline, qui pourra réagir par de la colère ou des larmes à une remarque que l'on pensait mineure.

Les recommandations habituelles pour faire une critique sont donc encore plus valables ici.

- *Critiquez un comportement :* « Je n'aime pas que tu fasses ça », et non la personne « Tu es comme ça, tu fais toujours ça… ».
- *Transformez la critique en demande :* « J'aimerais bien que tu… », et non en jugement moral, « Ce n'est pas bien, ce n'est pas normal que tu… ».
- *Montrez de l'empathie :* « Je crains de te blesser en disant ça mais… », « Je sais que ce n'est pas facile pour toi », ou « Je comprends que tu voies ça comme ça ».

N'attendez pas la crise pour discuter

Ne se parler qu'en période de crise risque d'encourager inconsciemment la personnalité borderline à se mettre en risque pour avoir accès à vous. De plus, ce n'est pas quand elle est la proie d'émotions violentes qu'elle sera capable de parler rationnellement de ses comportements problèmes.

Ne partagez pas son scepticisme thérapeutique

Comme elles ont du mal à établir un lien de confiance, et que par ailleurs elles sont l'occasion d'erreurs de diagnostic, les personnalités borderline reviennent souvent déçues ou en colère de leur première consultation, ou, après une période d'idéalisation de leur thérapeute, finissent par le rejeter et renoncer à tout suivi. Évitez d'abonder dans leur sens : certes tel thérapeute ou médecin ne les comprend sans doute pas complètement, mais mieux vaudrait aller le revoir pour en reparler, ou en rechercher un autre afin de continuer un suivi.

Comment gérer les personnalités borderline

- Faites
  - sachez les reconnaître ;
  - restez constant pour rassurer ;
  - encouragez plutôt que critiquer ;
  - parlez des problèmes en dehors des crises ;
  - encouragez-la à consulter.

- Ne faites pas
  - ne minimisez pas les petits signes révélateurs ;
  - ne vous emportez pas ;
  - ne faites pas de critiques non réfléchies ;
  - n'attendez pas la crise pour discuter ;
  - ne partagez pas son scepticisme thérapeutique.

Avez-vous des traits de personnalité borderline ?

	Plutôt vrai	Plutôt faux
1. Je trouve que j'ai plus de « hauts » et de « bas » que la plupart des gens.		
2. J'ai déjà pris des décisions importantes sans réfléchir, dans un mouvement d'humeur.		
3. Même quand une relation amicale ou amoureuse se passe bien, j'ai du mal à faire confiance.		
4. Je me mets en colère facilement.		
5. Il m'arrive de trop boire, ou de consommer des drogues pour me calmer ou me sentir plus sûr(e) de moi.		
6. J'ai déjà rompu de manière impulsive au travail, en amitié ou en amour, même si je l'ai regretté.		
7. Souvent je me demande vraiment où mène ma vie, ce que je suis et ce que je souhaite.		
8. J'ai souvent peur de décevoir les gens, ou qu'ils ne me trouvent pas intéressant(e).		
9. Parfois je préfère rester seul(e) car les relations avec les autres me font trop souffrir.		
10. Souvent je me sens comme vide, sans envie et sans émotions.		

CHAPITRE II

LES PERSONNALITÉS PSYCHOPATHIQUES

« Nous sommes deux drôles,
Aux larges épaules,
De joyeux bandits,
Sachant rire et battre,
Mangeant comme quatre,
Buvant comme dix. »

Victor HUGO, *Les Tuileries*

Quand j'ai rencontré Ronan, je suis tombée amoureuse de lui très vite, raconte Marie. Je déjeunais avec une amie à la terrasse d'un restaurant de plage et il était à une table voisine avec un couple d'amis, en fait ils travaillaient tous comme techniciens du cinéma pour un film qui se tournait non loin de là, c'était leur jour de pause. Nous avons échangé des regards, et puis très vite il a commencé à me parler, flatteur et arrogant en même temps, genre « d'habitude, j'attends que les filles me parlent en premier, mais pour toi, je me dis que je dois faire une exception ». Cela aurait pu m'énerver mais comme il était beau, et arrivait à me faire rire, je me suis laissé charmer.

La relation a commencé très vite, trop vite peut-être et, au retour de son tournage, il est venu vivre chez moi. Au début c'était merveilleux, j'étais très amoureuse. Il adorait sortir, faire la fête, et, où qu'on aille, rien ne l'intimidait, il arrivait à nous faire entrer dans des soirées où nous n'avions pas d'invitation ou dans des boîtes assez exclusives, il parlait à tout le monde. Mais cela a commencé à me fatiguer, surtout quand je me suis aperçue que d'autres filles étaient sensibles à son charme et qu'il en jouait. Et puis il a commencé à m'emprunter de l'argent, il m'expliquait que ce n'était pas facile pour lui comme intermittent du spectacle, mais qu'il me rembourserait dès qu'il commencerait un nouveau film. Il avait tendance à trop boire, par accès, et cela le rendait agressif, mais il ne m'a jamais frappée. Un soir, dans une boîte, un homme imposant m'a bousculée en s'approchant du bar, Ronan le lui a fait remarquer, l'autre non seulement ne s'est pas excusé mais lui a répondu d'une manière menaçante. Ronan lui a fait un grand sourire genre « ne nous fâchons pas » et d'un seul geste l'a mis K.-O. avec la bouteille de bière qu'il tenait à la main. Dans la confusion qui a suivi il m'a entraînée dehors et nous sommes partis en courant, mais ce qui m'a le plus effrayée, c'est que juste après il riait de l'événement comme d'une bonne plaisanterie. Il m'a dit que ça lui avait rappelé sa jeunesse, époque de sa vie où il était très bagarreur.

J'ai voulu qu'on mène une vie plus tranquille, d'autant que toutes ces sorties pesaient sur mon budget. Cela le mettait de mauvaise humeur, il me disait qu'il s'ennuyait avec moi, et parfois partait en claquant la porte et revenant tard dans la nuit en ayant trop bu.

J'espérais qu'il recommence à travailler, pour lui comme pour moi, mais j'ai appris par un de ses amis qu'il n'avait pas si bonne réputation dans le milieu : très compétent certes, mais fâché avec certains pour des histoires de filles ou de dettes non réglées. Un jour que j'étais en colère contre lui, je lui ai dit tout ça, mais il a pris ça légèrement en réussissant à me convaincre que cet ami avait toujours été envieux de lui, et qu'il voulait le diminuer à ses yeux, car il avait le béguin pour moi.

J'ai peu à peu eu la conviction qu'il voyait – au moins – une autre fille, je lui en ai fait des reproches et, là aussi, il partait en claquant la porte. Jusqu'au jour où en rentrant à la maison, je me suis aperçue qu'il avait emporté toutes ses affaires, en laissant juste un message : « Désolé baby, mais entre nous c'est devenu trop compliqué. » Il ne répondait plus à mes appels, et j'ai appris qu'il était reparti sur un tournage sur lequel travaillait aussi ma rivale.

J'ai souffert, mais toutes mes amies étaient convaincues que c'était mieux pour moi qu'il sorte de ma vie. J'étais d'accord, mais un mois plus tard, il est revenu s'excuser, me supplier, me dire qu'il n'y avait que moi qu'il aimait. Et je me suis laissé attendrir !

Et tout a recommencé en pire, il m'a fallu une rupture de plus pour me séparer de lui, aidée par le fait qu'il est parti pour un long tournage sur un autre continent. Quelle mauvaise rencontre finalement ce jour-là à la plage, même si j'ai connu avec lui de grands moments de bonheur !

Ronan est un exemple de ce que les magazines féminins nommeraient un *bad boy*. Un psychiatre ou un psychologue (qui ont peu de chance de le rencontrer, car pour l'instant Ronan n'éprouve aucun besoin d'aide) pourraient trouver qu'il a quelques traits d'une personnalité de psychopathe.

En effet, il en montre plusieurs caractéristiques. Il est charmeur, arrive facilement à convaincre de ses bonnes intentions, mais pour nouer avec les autres des relations surtout à son avantage : il se fait héberger par Marie, lui emprunte de l'argent. Il ne montre ensuite guère de culpabilité quand il ne la rembourse pas, la trompe et la quitte brutalement. Il est dépourvu de timidité, et même de peur face aux situations de conflit. Il s'ennuie facilement, et recherche l'excitation que lui fournit la fête, l'alcool et la drague, sans trop se soucier des conséquences.

Ronan a confié à Marie que, enfant, il fut à deux reprises renvoyé de ses établissements scolaires pour des problèmes de discipline. Elle a une fois rencontré ses parents, qui semblent adorer leur fils et ont toujours été très soucieux à son propos. Un frère de Ronan est un commercial performant qui a souvent changé d'employeur et a dû repasser son permis de conduire plusieurs fois après l'avoir perdu pour des excès de vitesse répétés. La stabilité du milieu familial de Ronan et de bonnes rencontres expliquent sans doute qu'il s'est bien orienté et a trouvé une vie professionnelle stable, en choisissant un métier lui-même instable avec une mode de vie nomade.

Il est à noter que, jeune, son père, engagé volontaire dans un régiment parachutiste, a été exclu de l'armée pour des raisons dont il ne parle jamais.

Comment reconnaître une personnalité à tendance psychopathe ?

Comme pour toutes les personnalités, il existe une continuité entre des personnes qui ont des traits psychopathiques comme Ronan, que l'on peut qualifier de « personnalité difficile », les psychopathes « complets » avec parmi eux des délinquants récidivistes, et les psychopathes que l'on peut qualifier de pervers, plus rares, qui recherchent l'excitation dans la souffrance des autres, comme certains criminels sexuels et les tueurs en série.

Les psychiatres et psychologues ont longtemps cherché à définir le trouble, et l'un des pionniers est le psychologue américain Cleckley qui a écrit dès 1941 un livre révélateur, *The Mask of Sanity*, qu'on peut traduire par « le masque de la bonne santé » au sens où le psychopathe s'exprime et raisonne normalement, mais cela ne l'empêche pas de commettre de manière répétée des actes répréhensibles sans souci de conséquence sur les autres, et parfois pour lui-même.

Cleckley, comme son collègue Hare, ont étudié des populations de délinquants ou criminels incarcérés, car la prison est l'aboutissement de nombreux psychopathes.

L'outil de référence est aujourd'hui l'échelle mise au point par Hare, la PCL-R20 révisée qui comprend vingt critères, qui correspondent à quatre dimensions dans quatre domaines, style interpersonnel, style affectif, style de vie, comportement antisocial :

- charme, surestimation de soi, tendance à mentir et à manipuler (style interpersonnel) ;
- manque d'empathie, absence de remords ou de culpabilité (style affectif) ;
- intolérance à l'ennui, besoin de stimulation, impulsivité (style de vie) ;
- infractions variées et répétées, sans souci des conséquences pour soi ou pour les autres, antécédents de délinquance juvénile (comportements antisociaux).

L'échelle aboutit à un score, qui, supérieur à 30, fait entrer dans la catégorie psychopathe. Ronan aurait sans doute un score entre 20 et 30.

Attention, cette échelle s'utilise au cours d'un entretien semi-structuré de 2 à 4 heures, par un évaluateur qui a suivi une formation spécifique, et qui évalue aussi le dossier du patient ou du détenu. Il ne suffit donc pas de lire la liste en pensant à une de vos connaissances pour le qualifier de psychopathe !

Il existe une version pour les enfants et adolescents, et une autre destinée à l'entreprise, afin d'aider les responsables des ressources humaines à ne pas recruter des psychopathes, ce qui n'est pas une tâche aisée car ils sont habiles à mentir et à se présenter sous leur meilleur jour !

Psychopathe ou personnalité antisociale ?

Actuellement, la classification des troubles mentaux américaine, le *DSM-5*, définit la personnalité antisociale principalement d'après les comportements de l'individu : il suffit de répondre à au moins trois parmi les critères suivants : infractions et délits répétés, tendance à mentir et à duper, impulsivité, agressivité avec bagarres, conduites à risque, irresponsabilité rendant impossible d'assumer un emploi ou ses obligations familiales, absence de remords avec tendance à se justifier, indifférence aux dommages causés à autrui.

La définition de la psychopathie comporte en plus des critères plus psychologiques, comme la surestimation de soi, la recherche d'excitation, le manque d'empathie.

La différence entre sociopathe et psychopathe est l'objet de débats entre spécialistes. Nous résumerons en disant que toutes les personnalités antisociales ne sont pas des psychopathes : elles n'ont pas le charme et le talent manipulateur des précédents, elles peuvent être plus émotives que les psychopathes dont les émotions sont superficielles. À l'inverse, tous les psychopathes ne sont pas sociopathes, car, malgré leur peu de souci de la morale, certains veillent à ne pas (trop) enfreindre la loi et ne sont pas violents physiquement, comme nous le verrons avec les « psychopathes à succès » ou les personnalités « à tendance psychopathique » comme Ronan devenu adulte.

Un psychopathe plus tristement banal

Monsieur H., 42 ans, se retrouve devant un jury d'assises pour avoir tué son adversaire au cours d'une rixe.

Le jour du procès, il a déjà passé près de deux ans en préventive. C'est un quadragénaire plutôt bel homme qui s'exprime avec facilité, ce qui contraste avec son crime : il a battu à mort un rival qui l'avait humilié en public.

« C'est un accident », tente-t-il d'expliquer au tribunal : il n'avait pas l'intention de se battre et encore moins de tuer. Mais quand l'autre, comme lui en état d'ébriété, l'a insulté tout en le poussant violemment, la bagarre, dont il dit ne pas avoir de souvenirs, a démarré : « J'ai dû prendre le dessus », dit-il. De son point de vue, s'il n'avait pas bu, si l'autre ne l'avait pas provoqué, « je ne me retrouverais pas là aujourd'hui devant vous », d'où sa théorie de l'accident, que le président n'accepte pas. « Mais c'est comme un accident de la circulation, monsieur le président, il y a toujours plusieurs causes, et souvent la faute à pas de chance ! » Le rapport d'autopsie, décrivant les dommages causés à la victime par des coups répétés alors qu'elle était déjà à terre, n'est pas en sa faveur.

La biographie de monsieur H. révèle qu'il a déjà passé plusieurs années de sa vie en détention pour des peines de moins de deux ans, pour de nombreux vols, vols aggravés, et violences. Il était d'ailleurs en sursis lors de la bagarre.

Il est le dernier d'une fratrie très nombreuse d'une famille pauvre. Il a été placé en famille d'accueil dès sa troisième année, et a transité par plusieurs foyers. Ses résultats scolaires étaient médiocres, mais il a cependant commencé un apprentissage, qu'il a par la suite interrompu, sans donner de raison claire. Il a occupé quelques emplois comme magasinier, livreur, gardien, mais les a souvent quittés pour des conflits ou « parce qu'on m'ennuyait ». Il a connu plusieurs périodes de vie en couple chez des femmes qui le recueillaient, puis le rejetaient. Il attribue tous ses problèmes à l'alcool, et comme il est devenu abstinent en prison, il affirme qu'il peut désormais retrouver une vie normale. Il présente avec une sincérité apparente ses regrets et condoléances à la famille de la victime. Le verdict tombe : douze années de prison.

Monsieur H. a le parcours de vie assez typique de nombreux psychopathes : souvent une enfance avec des carences éducatives et affectives, puis une instabilité chronique, avec une délinquance non réfléchie et de nombreuses récidives. Il n'a guère noué de relations de longue durée, y compris dans la délinquance. Son alcoolisme a certainement été un facteur aggravant, mais la psychopathie est elle-même un facteur de risque : près de la moitié des psychopathes incarcérés ont une histoire d'addiction à l'alcool ou à d'autres drogues.

Mais pour la justice, les troubles de la personnalité, bien que décrits dans des manuels de psychiatrie, ne sont pas des circonstances atténuantes, et l'alcool, bien qu'il altère le jugement et le contrôle de soi, est une circonstance aggravante, d'où la lourde peine. (On comprend ce dernier point d'un point de vue utilitariste : si l'alcool était une circonstance atténuante, nombreux seraient ceux qui prendraient la précaution de vider une bouteille avant de commettre un crime ou un délit.)

Psychopathie et délinquance

Selon Hare et de nombreuses études, les psychopathes constitueraient environ 2 % de la population mâle – les pourcentages diminuent de moitié dans la population féminine – mais 15 à 25 % des hommes incarcérés. Les individus diagnostiqués comme psychopathes récidivent environ huit fois plus que les autres prisonniers, et souvent pour des crimes violents ou sexuels.

Toutefois, les études de suivi montrent qu'à délit ou crime identique, les psychopathes reçoivent en moyenne des peines moins lourdes que les autres détenus, ou sont libérés plus tôt, sans doute en raison de leur aptitude à tromper et à manipuler. Même les experts et les juges ne sont pas toujours immunisés contre le charme discret des psychopathes !

La psychopathie est un trouble de la personnalité aussi fréquent que le sont des affections comme la schizophrénie et le trouble bipolaire, sans compter toutes les personnalités à tendance psychopathique, ceux qui n'atteindraient pas 30 sur l'échelle de Hare.

Son coût humain et financier est donc considérable, sans compter celui des « psychopathes à succès » qui peuvent mettre en péril des carrières et ruiner des entreprises.

Les psychopathes à succès

Hare, auteur de l'échelle aujourd'hui majoritairement utilisée pour diagnostiquer la psychopathie, a d'abord étudié des psychopathes en prison ou en libération conditionnelle. Mais il a remarqué que les comportements de psychopathes peuvent se retrouver dans les entreprises et les organisations, et leur a même consacré un livre, *Snakes in Suit*, « Serpents en costumes ».

Plus intelligents, moins impulsifs, plus stratèges, mais tout aussi sûrs d'eux-mêmes et dépourvus de culpabilité et de crainte que leurs congénères moins doués, ce sont les *successful psychopaths* : psychopathes à succès.

Charme, surestimation de soi, facilité à mentir, froideur émotionnelle, dédain des règles établies peuvent se retrouver au sommet de la hiérarchie et parfois aider à y accéder.

Écoutons Jacques, 60 ans.

Le sourire de mon président.

J'ai fait la seconde moitié de ma carrière dans une grande entreprise, pour arriver au comité de direction, où j'ai travaillé étroitement avec un des présidents de l'époque. Tout le monde tombait d'abord sous son charme : il vous abordait toujours avec un sourire chaleureux et de petites marques d'attention et de complicité, comme si vous étiez à ses yeux la personne de valeur qu'il regrettait de ne pas voir plus souvent, donnant à chacun l'impression d'avoir une relation particulière avec lui. En assemblée, c'était un orateur excellent, pouvant passer du sérieux à l'humour, avec toujours une grande sensibilité à l'auditoire, il avait un vrai charisme et je pense qu'il aurait pu réussir aussi en politique. Beaucoup étaient prêts à se « défoncer » au travail pour gagner son approbation. D'autant qu'il était impressionnant par sa capacité d'assimiler les dossiers les plus complexes, tout en se souvenant des détails. Mais au long cours, sa fréquentation devenait éprouvante : il pouvait se montrer arrogant, même cassant en cas de désaccord, et parfois injuste. Je l'ai accompagné dans de nombreux voyages, et ai vite compris que cette impression de proximité qu'il voulait donner était fausse, seuls son intérêt ou son confort comptaient. À l'étranger, après les dîners officiels, il me forçait à ressortir avec lui pour « s'encanailler un peu », disait-il. Je ne suis pas un saint, mais je trouvais que nous avions passé l'âge de nous retrouver dans des endroits bruyants où des jeunes femmes dans le besoin attendaient qu'on leur offre un verre ou plus. J'aurais préféré qu'il organise ses loisirs de son côté, mais il n'aimait pas sortir seul et j'étais forcé de l'accompagner jusque tard dans la nuit. Dans ces moments il lui arrivait de trop boire. Et j'ai un jour commis l'erreur d'en profiter pour défendre un de mes collègues qu'il s'apprêtait à licencier : certes les résultats de sa division étaient en baisse, mais dans un secteur d'activité qui déclinait, cela n'avait rien à voir avec la qualité de son travail. Il a fait mine de m'écouter, puis en riant, il a murmuré : « Mais l'injustice, mon cher Jacques, c'est la marque du vrai pouvoir ! » J'ai réalisé ce qu'il voulait dire : sous son règne, personne ne se sentait jamais à l'abri, en même temps j'ai senti qu'il regrettait aussitôt de s'être ainsi dévoilé. J'ai commencé à craindre de tomber en défaveur, ce qui arrivait à toute personne proche de lui après un certain temps. Heureusement, si j'ose dire, il avait lancé des cessions d'activité, pour lesquelles j'avais une certaine compétence, et une politique de rachat d'actions. L'intérêt stratégique pour l'entreprise aurait pu se discuter – et se discute encore vu ses résultats actuels – mais cela a fait bondir le cours de l'action et donc la valeur de ses stock-options. Il s'est ensuite laissé pousser vers la sortie – ce qu'il avait prévu, à mon avis – en empochant un magnifique parachute doré. Il m'arrive encore de le croiser dans des réunions professionnelles et chaque fois il m'interpelle avec ce sourire chaleureux dont je connais l'exacte valeur.

Un petit exercice de psychologie, chers lecteurs : trouvez, en reprenant la description de Jacques, tous les comportements de son patron appartenant à la définition de la personnalité psychopathique…

Par rapport aux « psychopathes de prison », les « psychopathes à succès » ont en moyenne une intelligence et/ou un niveau d'étude plus élevé, une impulsivité mieux contrôlée.

Leur appétit d'excitation pourra se manifester dans des formes socialement plus acceptables que la bagarre ou le vol : occasions festives, multiplication de partenaires sexuels, et parfois sports à risque. Mais pour eux l'excitation principale sera celle du gain ou de la victoire, et souvent aussi l'abaissement ou l'humiliation de leurs adversaires ou concurrents.

Au moment du recrutement, les psychopathes à succès arrivent parfois à échapper aux procédures habituelles, en particulier à la vérification de leurs références en arrivant à charmer, impressionner directement le responsable. Internet leur a toutefois rendu la vie plus difficile de ce point de vue.

Le risque fréquemment rencontré par le « serpent en costume » sera d'aller trop loin, enfreignant les règles au point de déclencher une action judiciaire, ou en se créant des ennemis acharnés à sa perte.

Là encore, tout patron charmeur, manipulateur et dominateur n'est pas forcément un psychopathe, même s'il peut être tentant et consolant pour certains de penser que des gens qui réussissent mieux qu'eux leur sont inférieurs moralement. Hare lui-même a dû exiger des corrections dans un article du *Washington Post* qui lui attribuait une citation erronée selon laquelle 10 % des dirigeants dans la finance auraient atteint dans son échelle le score les classant comme psychopathes. En fait, il estime que c'est plutôt 3 %. Il est utile de savoir repérer les psychopathes, mais inutile d'en voir partout !

Toutefois, on retrouve parfois à l'origine de grandes réussites dans le monde des affaires des comportements moralement très discutables, qui ont parfois donné lieu à des procès de la part d'anciens associés ou collaborateurs ou d'instances étatiques. Pour nous éviter de nous retrouver nous-mêmes devant les tribunaux, nous vous conseillons de vous informer vous-même sur l'histoire de quelques grandes entreprises mondiales et la biographie de leurs fondateurs !

Les excès du diagnostic

L'abondance d'articles et de livres sur les personnalités difficiles ou toxiques – dont la psychopathie fait partie – et sur le harcèlement et l'emprise en couple et au travail, a un côté positif : aider les lecteurs à repérer autour d'eux les comportements révélateurs d'une personnalité dont il faut se garder.

Mais ils ont aussi un inconvénient : amener à voir toute situation conflictuelle en termes de problème de personnalité de l'autre.

Le patron d'Émilie est-il un psychopathe ou un pervers narcissique ?

Émilie est chef de projet, et rend compte à un directeur en charge des clients de son secteur d'activité. Celui qu'elle appréciait a quitté l'entreprise, et voilà qu'elle a un nouveau chef qui s'est d'emblée montré désagréable avec elle. Il lui envoie souvent des mails lui demandant l'état d'avancement de son travail, alors que son chef précédent lui faisait confiance. Il l'interrompt sèchement en réunion, quand il trouve qu'elle n'est pas claire. Contrairement à son prédécesseur, il ne l'invite plus avec lui pour présenter ses projets à la direction générale, Émilie se sent donc « placardisée ». Enfin, pour réduire les coûts de l'unité, il veut que l'assistante qui travaillait pour elle et une collègue se partage avec une personne de plus, ce qui augmente la charge de travail d'Émilie. Avec d'autres de ses collaborateurs, le chef a piqué plusieurs colères qui se sont entendues à travers les cloisons mal isolantes de son bureau. Il travaille beaucoup, avec une tendance à tout contrôler et vérifier. Émilie, qui redoute désormais de le rencontrer, se demande si le comportement de son chef n'entre pas dans une stratégie de harcèlement, car elle vient de lire un article sur ce thème. Une collègue lui dit que son chef est en fait un pervers narcissique.

Le patron d'Émilie n'a certes pas une personnalité sympathique. Mais on ne trouve guère la soif d'admiration et l'affirmation de sa supériorité d'un vrai narcissique. Il se montre dur, mais souvent avec colère, il est assez émotif ; et il semble également être assez dur et exigeant avec lui-même. Son impatience, sa tendance à remplir son emploi du temps, son irritabilité font plutôt penser à une personnalité de type A (voir p. 239) dans sa version agressive.

En fait son chef, récemment arrivé dans l'entreprise après une période de chômage, vit dans la crainte de n'être pas à la hauteur vis-à-vis de la direction, et lutte par un surcroît de travail et un contrôle irascible.

En revanche, Émilie a écouté les confidences d'une de ses amies qui travaille dans une autre entreprise. Son chef ne se met jamais en colère, montre souvent une cordialité rassurante, mais lâche des remarques dévalorisantes en réunion, souvent sous le masque de la plaisanterie. Il parvient à garder toute l'équipe sur le qui-vive, chacun craignant d'être la victime de la prochaine saillie. « Je crois qu'il faut que les autres se sentent mal pour qu'il se sente bien », dit son amie, ce qui est une assez bonne définition de la perversion !

Tous les harceleurs ne sont donc pas des psychopathes, ni des narcissiques ou des pervers, ils peuvent être des anxieux, des envieux, des personnalités de type A, ou être eux-mêmes harcelés par leurs supérieurs.

De même que le conjoint ou le compagnon dont vous voulez vous séparer n'est pas forcément un pervers narcissique, même si son attitude ou des exigences vous sont devenues insupportables.

Rappelons les deux critères fondamentaux avant de porter un diagnostic de personnalité difficile :

- *Un critère « vertical » de stabilité temporelle :* la personne a-t-elle toujours montré les mêmes traits depuis que vous la connaissez ? Et avant de vous connaître ?
- *Un critère « horizontal » de stabilité relationnelle :* a-t-elle les mêmes comportements avec d'autres personnes et dans d'autres domaines de sa vie ?

Si vous répondez « non » à une de ces deux questions, il y a des chances que les difficultés que vous rencontrez avec elle soient liées à la situation et aux confrontations de vos deux personnalités, plutôt qu'à la sienne seule.

Comment devient-on psychopathe : nature ou culture ?

L'exemple suivant est une illustration de ce débat.

Notre fille, Lara, 14 ans, vient de se faire exclure de son établissement privé, elle a volé la montre d'une de ses camarades, et quand l'autre l'a dénoncée elle l'a agressée. Nous avons toujours eu des problèmes avec elle, depuis que nous l'avons adoptée dans un orphelinat à l'étranger, à l'âge de 3 ans. Au début, nous étions si heureux, elle était si charmante, si jolie, et semblait avancée pour son âge, nos amis étaient admiratifs. Mais, dès les premières semaines, j'ai senti que « quelque chose n'allait pas ». Elle venait parfois chercher de la tendresse auprès de nous, mais j'avais l'impression que c'était comme un chat qui vient se frotter à vos jambes et qui repart quand il n'en a plus besoin. Elle n'aimait d'ailleurs pas que nous la prenions dans nos bras trop longtemps, comme si elle s'y ennuyait ou se sentait mal à l'aise en cas d'effusions répétées. Et puis, très vite, elle s'est mise à faire des bêtises, à casser ou salir dès qu'elle était mécontente. Quand nous lui faisions des remontrances, elle nous écoutait sans réagir, ou avec colère. Un jour, elle a cassé le jouet d'un petit garçon qui était venu avec ses parents à la maison, sans doute parce que nous faisions trop attention à lui. Les problèmes ont continué dès qu'elle a été scolarisée. À l'arrivée dans une classe, elle est d'abord populaire, elle est jolie et amusante, mais très vite les conflits arrivent. J'ai l'impression qu'elle est très envieuse et cherche vite à punir les autres pour un avantage, comme une jolie robe ou même des amis. Elle provoque des bagarres et nie ensuite en être responsable. À la fin, elle devient comme un petit chef de bande avec quelques camarades soumis ou eux-mêmes à problèmes. Comme elle ment facilement, il est toujours très difficile de savoir ce qui s'est réellement passé.

Bien sûr, nous l'avons fait suivre par une succession de psychologues, nous voulions des conseils. Tous ont attiré notre attention sur les traumatismes qu'a dû subir Lara dans ses deux premières années, ce dont nous étions déjà bien conscients. Une autre nous a donné des règles comportementales à suivre en cas d'infraction de sa part, mais Lara ne semblait pas craindre nos punitions ou notre réprobation. Quand nous essayions d'être plus fermes en la privant de télévision ou de sortie, elle faisait de telles crises que nous finissions par céder. À 10 ans, elle a commencé à voler de l'argent dans mon sac, et un jour, comme j'étais furieuse contre elle, elle a brandi un couteau pris dans la cuisine. Je l'ai désarmée facilement, et je ne crois pas qu'elle voulait vraiment me faire du mal, plutôt me faire peur et m'intimider, mais cet événement m'a traumatisée. Nous avons aussi entrepris une thérapie familiale, mais Lara s'en servait pour nous faire des reproches, en essayant d'amener le thérapeute dans son camp, et en mentant bien sûr.

Par la suite, sur les conseils de son nouveau thérapeute, nous avons plutôt utilisé des récompenses quand elle se montre bienveillante ou généreuse, ou après une période sans bêtises, sans épisodes d'école buissonnière ou de consommation de cannabis.

Cela semble avoir plus de succès, Lara devient peu à peu moins impulsive, elle semble mieux prendre conscience des conséquences de ses actes, même si j'ai toujours l'impression qu'elle ne ressent pas vraiment de culpabilité. Cette dernière histoire de vol et de bagarre survient alors que le comportement de notre fille semblait s'améliorer. Devant notre consternation, l'autre jour, elle m'a déclaré : « Maman, je sais que j'ai des problèmes, je suis vraiment désolée », ce qui m'a étonnée car elle se justifiait toujours. Mais je me dis que c'était aussi sans doute le meilleur moyen de m'attendrir ! Bref, même quand elle se comporte de manière adaptée, en tout cas selon nos critères, je ne sais jamais trop bien qu'en penser…

Mais nous l'aimons et gardons espoir, avec l'impression que la route est encore longue.

Lara montre ce que les pédopsychiatres et psychologues ont défini comme le trouble des conduites pour les enfants et les adolescents :

- conduites agressives envers les autres, qui sont frappés ou menacés ;
- destruction de biens matériels ;
- mensonges et fraudes ;
- non-respect des règles établies de la vie en famille ou à l'école.

Attention, il ne s'agit pas d'étiqueter tout enfant perturbateur d'un trouble des conduites ! Plusieurs critères doivent être présents et ce pendant plusieurs mois.

Il faut en particulier le distinguer d'un trouble oppositionnel avec provocation (TOP), ou d'un trouble de l'attention avec hyperactivité (TAHA) qui sont parfois associés.

Par ailleurs, il existe autant de troubles des conduites que d'enfants : Lara a commencé par un trouble sévère qui s'est amélioré par la suite.

Ses colères et ses larmes montrent qu'elle n'a pas les traits psychologiques que les chercheurs dénomment *callous unemotional*, qu'on pourrait traduire par « dureté et froideur », sans empathie et sans peur, et qui est un sous-groupe d'évolution plus défavorable, avec un risque plus grand d'évoluer vers une personnalité antisociale ou psychopathique à l'âge adulte.

Le début précoce de son trouble des conduites est facteur de risque défavorable mais est en partie compensé par le fait qu'elle est une fille, ces dernières évoluant en moyenne mieux que les garçons.

Et surtout, Lara a maintenant la chance d'avoir des parents aimants et attentifs, qui ont aussi les moyens et la disponibilité pour qu'elle reçoive une aide éducative et psychologique.

Insistons que le fait que tous les enfants adoptés ne deviennent pas psychopathes, loin de là, nombreux sont ceux qui mènent ensuite des vies normales, forment des familles, et certains connaissent même de grandes réussites. Et tous les enfants qui ont des troubles des conduites ne deviennent pas non plus psychopathes et sociopathes, bien que cela soit un facteur de risque.

Pour Lara, on peut débattre de l'origine de son trouble.

Lara a vécu ses premières années dans un orphelinat dont les parents ont appris par la suite qu'il y régnait « la loi de la jungle » avec peu d'affection et de soins, et qui a d'ailleurs été fermé depuis. Son rapport aux autres s'est sans doute développé dans un mode « survie » pour rester au sommet de la hiérarchie de son groupe.

Mais on ne connaît pas ses parents biologiques : a-t-elle été abandonnée en raison d'une grande pauvreté rendant impossible une bouche supplémentaire à nourrir, d'une grossesse non désirée, ou parce que ses parents eux-mêmes avaient des traits psychopathiques ou sociopathiques incompatibles avec les soins à un bébé ?

Comme dans d'autres domaines, les recherches scientifiques ont transformé l'éternel débat « nature ou culture ? », en « nature et culture », car :

- Des études de jumeaux et d'adoption ont permis de montrer que les traumas et les manques de soin dans l'enfance augmentent le risque de développer un trouble des conduites qui peut être précurseur d'une psychopathie à l'âge adulte.
- Mais elles ont aussi montré que certains traits de la psychopathie ont un déterminisme génétique plus important comme la dureté, la recherche d'excitation.
- Dans le cas de Lara, on pourrait faire l'hypothèse qu'une vulnérabilité psychologique héritée d'un de ses parents biologiques a pu s'ajouter à un environnement précoce aggravant pour aboutir au développement de son trouble des conduites.

Prévenir la psychopathie ?

En 2005 l'Inserm, à la demande de la Caisse nationale d'assurance-maladie, donna un rapport d'expertise collective pour la prise en charge du trouble des conduites à l'enfance et à l'adolescence, proposant des mesures comme celles mises en œuvre dans d'autres pays développés comme le Canada ou les pays scandinaves : dépistage du trouble chez l'enfant et l'adolescent, suivi psychologique et social pour les enfants et leurs parents, formations pour les intervenants de l'enfance et de l'adolescence.

Mais cette idée de dépistage d'un trouble des comportements s'opposa à celle de beaucoup d'enseignants et d'intervenants de la petite enfance, qui récusèrent l'approche proposée par l'Inserm, en l'accusant d'être « déterministe », « stigmatisante » avec une visée de « dressage ou rabotage des comportements ». Cette opposition s'exprima sous la forme d'une pétition, « Pas de zéro de conduite à la maternelle », qui recueillit près de 200 000 signatures, et empêcha la mise en place et l'évaluation sur le terrain de ces mesures de dépistage et d'accompagnement.

L'approche scientifique fondée sur les observations vérifiées (*evidence-based*), pourtant la règle dans bien d'autres domaines, n'est pas encore complètement acceptée dans le soin aux enfants, comme l'ont montré par ailleurs le retard français à abandonner les hypothèses « psychogènes » de l'origine de l'autisme (les troubles seraient dus au comportement des parents, ce qui est faux), ou la persistance à utiliser la méthode globale dans l'apprentissage de la lecture (malgré ses piètres résultats).

Notre société rend-elle psychopathe ?

En quelques décennies, nous sommes passés d'une culture où étaient valorisés l'obéissance aux règles, le respect de la tradition, l'effort persistant en vue d'une récompense retardée, à une nouvelle ère où passent en premier la recherche de l'épanouissement personnel, la liberté individuelle et l'hédonisme.

En France, les événements de Mai 68 furent à la fois une étape et un symptôme de cette transition avec leur fameux « Il est interdit d'interdire », ou « Jouissons sans entraves », slogans à intentions politiques, certes, exprimant le besoin légitime de s'affranchir de certaines pesanteurs sociales patriarcales, mais qu'on pourrait aussi trouver assez psychopathiques !

L'intolérance à la frustration, la recherche d'excitations et de satisfactions immédiates sont aussi encouragées par Internet qui rend accessible cette satisfaction immédiate en matière de loisirs, de contacts et de consommation, y compris sexuelle.

D'un autre côté, la psychopathie semble présente dans les cultures les plus traditionnelles. Les Inuits désignent sous le terme de *Kunlangeta*[1] des individus qui « savent ce qu'il faut faire mais qui ne le font pas » et qui mentent, volent, trichent et violent. Dans la culture Inuit traditionnelle, « quelqu'un les aurait poussés dans l'eau quand personne ne regarde ».

1. J. M. Murphy, « Psychiatric labeling in cross-cultural perspective », *Science*, 1976, 191 (1019), p. 1019-1026.

La psychopathie fait-elle partie de la nature humaine ?

Pour certains chercheurs, la psychopathie fait partie du bagage génétique de notre espèce. Quand nous vivions en petites tribus dans un environnement hostile, il pouvait être avantageux pour la survie du groupe de compter quelques individus intrépides et violents, utiles pour la chasse au gros ou la guerre, et leurs gènes se sont transmis jusqu'à nous, car leurs tendances à l'infidélité, voire au viol, ont sans doute multiplié leurs descendants, par rapport aux individus plus calmes ou plus respectueux d'autrui ou des règles. Là encore leur psychopathie intragroupe ne devait pas aller jusqu'à provoquer leur rejet ou leur meurtre par leurs congénères exaspérés.

Le cerveau des psychopathes

L'idée que notre sens moral et notre respect des conventions ont une base biologique n'est pas récente, comme le montre l'exemple du malheureux Phineas Gage, décrit par Antonio Damasio dans son livre *L'Erreur de Descartes*. En 1848, Gage est le chef reconnu comme compétent et efficace d'une équipe travaillant à la construction d'une voie de chemin de fer dans le Vermont. Il est victime d'un grave accident : propulsée par une explosion, une barre à mine lui perfore le crâne de part en part, entrant sous son œil gauche pour sortir par le dessus du crâne.

Miraculeusement, il survit à cet accident, et retrouve rapidement sa conscience, à nouveau capable de parler et de marcher. Avec de bons soins pour l'époque, en particulier une désinfection de sa blessure et l'ouverture d'un abcès, il se remet en deux mois. Mais sa personnalité a changé : alors qu'il était consciencieux, social et stable, très apprécié de son équipe et de ses supérieurs, il se met à tenir des propos grossiers, et devient inconstant, capricieux, peu respectueux même de ses amis. « Gage n'est plus Gage. » Il change sans cesse de projet et n'arrive plus à garder durablement un emploi, même si son trouble semble s'être amélioré par la suite.

Même si Gage n'a pas été autopsié, l'étude de son crâne conservé montrant le trajet de la barre a permis aux neurobiologistes de reconstituer les zones de son cerveau endommagées, celles qui sont en fait impliquées dans nos capacités à anticiper, à faire des plans, à nous sentir responsables de nos actions, capacités dont les psychopathes ne semblent pas complètement pourvus.

Aujourd'hui, les techniques d'imagerie cérébrale, en particulier l'imagerie par résonance magnétique fonctionnelle (IRMf), permettent d'observer l'activité du cerveau en direct. Comme dans beaucoup de pathologies psychiatriques, on a pu constater que le cerveau des psychopathes observés fonctionne différemment de celui de la moyenne des individus. Les chercheurs ont trouvé leurs sujets d'étude là où il est facile de recruter des psychopathes : en prison.

Dans une étude, on fait regarder à des sujets normaux et à des psychopathes des images dont certaines montrent des violations plus ou moins graves de la morale. Quand on les questionne, il n'existe aucune différence entre normaux et psychopathes dans leur capacité à reconnaître ce qui est bien ou mal (ou en tout cas à savoir quelle est la « bonne » réponse attendue de l'expérimentateur !). En revanche, au niveau neurologique, c'est une autre histoire : on observe des différences de fonctionnement dans le système paralimbique, ces zones cérébrales profondes impliquées dans les émotions et la mémorisation. Comparés aux sujets normaux, les psychopathes ont une sous-activation du cortex temporal postérieur et une suractivation de l'amygdale.

De même face à des listes de mots dont certains ont un contenu émotionnel douloureux (misère, sang, accident, cicatrice) l'amygdale des psychopathes et d'autres circuits cérébraux réagissent plus faiblement que ceux des sujets normaux tandis que d'autres zones s'activent plus.

Face à une tâche qui met en évidence la capacité à « se retenir », en appuyant ou non quand apparaît l'image d'une lettre, les psychopathes ont de moins bons scores, et les systèmes paralimbiques impliqués dans l'inhibition montrent une activité faible, ce qu'on peut mettre en rapport avec leur impulsivité et leur mode de vie chaotique.

Mais il ne s'agit pas que du fonctionnement de ces structures cérébrales, on a pu aussi déceler des modifications anatomiques : des études ont montré chez les psychopathes étudiés une amygdale cérébrale de volume réduit, avec à l'inverse une augmentation du striatum qui joue un rôle dans l'anticipation de la récompense et la recherche des satisfactions immédiates.

Il existe de plus en plus d'études cherchant à mettre en rapport les anomalies observées avec les fonctions nécessaires à un comportement socialement acceptable : la capacité à reconnaître un problème moral (« Est-ce que c'est vraiment mal si je fais ça ? »), la capacité à se retenir pour trouver une solution à ce problème (« Prenons le temps de réfléchir »), la capacité à trouver une solution autre que l'impulsion immédiate (« Y a-t-il une autre voie satisfaisante ? »).

Toutes ces études sont à prendre avec précaution étant donné le nombre encore relativement faible des sujets étudiés, la surreprésentation des détenus parmi eux, et l'absence d'information sur l'évolution dans le temps des phénomènes observés.

On ne peut s'empêcher d'imaginer dans un futur proche un avocat montrant au jury des clichés d'images du cerveau de son client, avec des rapports d'experts confirmant qu'il a bien des anomalies de fonctionnement typiques de la psychopathie ; faudra-t-il pour autant renoncer à toute forme de sanction (« Ce n'est pas ma faute, c'est mon cerveau ») ? Ce n'est pas aux seuls psychiatres ou chercheurs en psychologie de la personnalité à répondre à cette épineuse question, mais à la société tout entière…

Les psychopathes dans la littérature et au cinéma

Dans la Bible, Caïn est à l'évidence le premier des psychopathes. Envieux de son frère Abel, il le tue. Peu après, il ne se montre nullement intimidé devant Dieu lui-même ! Quand l'Éternel lui demande où se trouve son frère, Caïn lui répond : « Je ne sais pas. Suis-je le gardien de mon frère ? », avec l'assurance du vrai psychopathe.

L'écrivain John Steinbeck s'est inspiré de la Genèse dans son œuvre magistrale, *À l'est d'Éden*, une grande saga familiale dans la plaine centrale de Californie du début du XXe siècle, xmarquée par des rivalités entre frères sur deux générations. Mais le vrai personnage de psychopathe est Cathy Ames, la jeune épouse d'Adam, un des « bons » frères. Dès son enfance, cette ravissante petite fille manipule les autres ou les fait accuser à tort, tout en inspirant la confiance par son apparence charmante et sa capacité à simuler des émotions sincères. Dès l'adolescence, elle commettra un crime. L'amour et la bonté de son mari, Adam, ne l'empêcheront pas de sombrer dans une vie chaotique. Vers la fin de sa vie, elle confessera à son fils qu'elle a toujours eu plaisir à manipuler les autres. Déconcertée par la magnanimité d'Adam à son égard, elle y cherchera une motivation obscure cachée. (Le psychopathe voit les autres comme mus par le même égoïsme que lui.)

Patricia Highsmith a créé un personnage de psychopathe nonchalant, Ripley, dans plusieurs de ses livres. Il vit au gré de ses envies, manipulant, parasitant et parfois tuant les autres quand c'est nécessaire à ses besoins. Il fut incarné à l'écran par Alain Delon dans *Plein soleil* (1960) de René Clément, et Matt Damon dans *Le Talentueux Mr Ripley* (1999) d'Anthony Minghella.

La liste des psychopathes au cinéma ou à la télévision occuperait un livre entier, ce qui montre l'attrait du public pour ces personnages libérés du poids de la conscience morale. Comme le disait le titre du livre d'un psychiatre, Robert Simon, *Bad Men Do What Good Men Dream*.

Mais à l'écran, il y a un biais de recrutement. On y voit surtout des psychopathes criminels, plutôt que des personnalités à tendance psychopathique, beaucoup plus nombreuses dans la vie réelle.

Orange mécanique (1971), film de Stanley Kubrick qui fit scandale, montre une bande de jeunes gens qui pratiquent le vol et la violence dans un but récréatif. Le leader vit encore chez ses parents qu'il tyrannise. Il finit par être rattrapé par la justice et le système carcéral qui le soumet à une thérapie d'aversion pour la violence, qu'on croirait inventée par les détracteurs des thérapies comportementales : on le force à regarder des séquences de scènes violentes ou sexuelles tout en lui administrant une drogue qui lui donne de terribles nausées. Relâché, il devient ensuite incapable de violence, même pour se défendre.

Dans le chef-d'œuvre *Vol au-dessus d'un nid de coucou* (1975) de Milos Forman, le personnage incarné par Jack Nicholson, petit délinquant récidiviste, réussit à échapper à une peine de prison en se faisant admettre dans un service de psychiatrie (il encourt une accusation de viol pour avoir eu des relations sexuelles avec une mineure consentante, et comme il le dit en vrai psychopathe, « comment résister ? »). Découvrant qu'une décision de justice va le garder indéfiniment interné, il prépare son évasion, tout en incitant d'autres patients à le suivre, y compris ceux qui sont libres de quitter l'hôpital, mais ont peur de se retrouver à l'extérieur. Il vole un bus pour les emmener en excursion et, pour fêter Noël, il introduit des prostituées dans le service, ce qui permet à un patient bègue et inhibé de perdre sa virginité. Il a le charisme, l'impulsivité et le mépris des règles d'un vrai psychopathe, tout en faisant preuve d'un certain altruisme pour les autres patients.

Ce film a donné une mauvaise image de la psychiatrie hospitalière, alors que Milos Forman a clairement dit qu'il avait choisi son sujet (tiré d'une pièce de théâtre) comme une métaphore de l'oppression alors en vigueur dans les régimes communistes – « Miss Prachet, c'est le Parti communiste », déclara-t-il – comme celui de la Tchécoslovaquie qu'il avait fui.

Plus récente, la magistrale série *Les Soprano* (1999-2007), de David Chase, suit sur plusieurs années une « famille » mafieuse du New Jersey. Tony, le chef, dirige son équipe d'une main de fer et ses affaires d'extorsion et de détournements de fonds, depuis son bureau dans l'arrière-salle de son bar à danseuses le Bada Bing. C'est un habile manipulateur, mais il lui arrive parfois de tuer des rivaux pour les empêcher de nuire, ou par vengeance. Toutefois il restera hanté par la culpabilité – d'avoir dû assassiner un vieil ami devenu informateur du FBI. À plusieurs reprises, on voit Tony s'efforcer d'apaiser les conflits entre des mafieux plus impulsifs que lui. Tony est clairement un sociopathe. Dès sa jeunesse, il ne s'est soucié de la loi que pour éviter de se faire prendre, ce qui est un trait de sa famille d'origine, mais il n'est pas d'un psychopathe : il reste un bon père de famille et mari, quoique régulièrement infidèle. Il se soucie de ses proches, et arrive à nouer une vraie relation thérapeutique avec son psychiatre, la troublante docteur Melfi. En revanche, d'autres personnages de la série sont de purs psychopathes, faisant preuve d'une violence impulsive, sans remords ni souci des conséquences, en même temps que d'une surestimation de soi, comme son neveu Christopher (Michael Imperioli) qui rêve de devenir scénariste et Paulie (Tony Sirico), un mafieux plus âgé mais dont le caractère emporté et la vantardise ont entravé sa progression dans la hiérarchie.

Dans deux films de Martin Scorsese, *Good Fellas* (1990) et *Casino* (1995), Joe Pesci incarne de remarquables personnages de sociopathe/psychopathe, dont la violence impulsive et sans limites finit par être intolérable même au sein de la mafia qui, comme toute organisation, à des règles à ne pas enfreindre, et ne pratique pas la rupture conventionnelle.

Les psychopathes à succès

Dans le film d'Oliver Stone *Wall Street* (1987), Gordon Gekko, incarné par Michael Douglas, est un financier célèbre dont la dureté et l'absence de scrupules dressent un beau portrait d'un « psychopathe à succès ». Il réussira à entraîner son admirateur le jeune Budd (Charlie Sheen) dans ses techniques frauduleuses et ses délits d'initiés, jusqu'à ce que celui-ci finisse par être écœuré par les conséquences sociales de ces manœuvres, et se retourne contre son maître.

Dans *Wall Street II* (2010) du même réalisateur, malgré deux décennies passées en prison, Gekko, incarné par le même acteur de vingt ans plus âgé, se montre tout aussi arrogant et charismatique pour cette fois promouvoir son livre *Greed is Good*, dans lequel il prédit la crise financière de 2008. Après avoir connu une prise de conscience en prison grâce à un bon thérapeute (dont nous aimerions connaître la méthode), il met cette fois tous ses talents en œuvre pour se réconcilier avec sa fille tout en ruinant au passage un financier aussi amoral qu'il l'était.

Le Loup de Wall Street (2013) de Martin Scorsese, inspiré par l'autobiographie du courtier Jordan Belfort, montre Leonardo DiCaprio en psychopathe talentueux : charisme extrême qui le fait acclamer par son équipe de vendeurs de produits financiers à risque, dédain des règles, recherche incessante d'excitation par la cocaïne et d'autres drogues, conduites à risque en voiture et en bateau, et absence de remords pour les ruines qu'il a provoquées par ses manœuvres frauduleuses. À sa sortie de prison, il commence une carrière de conférencier « motivationnel », comme le personnage de Gordon Gekko dans *Wall Street* (et comme Jordan Belfort lui-même !).

Dans la première saison de *Goliath* (2016) de David Kelley et Jonathan Shapiro, William Hurt incarne le patron d'un grand cabinet d'avocats de Los Angeles, un parfait psychopathe à succès, manipulateur glacial et amoral, mais sachant charmer quand il le faut pour garder le pouvoir.

Dans *Margin Call* (2011) de J.C. Chandor, Jeremy Irons est le patron d'une banque d'investissement qui incite son bras droit (Kevin Spacey) à vendre en urgence à leurs clients des produits financiers « toxiques » dont ils savent tous les deux que la valeur va s'effondrer dans les jours prochains (prémices de la crise financière de 2008). Quand son collaborateur trouve immoral de duper ainsi leurs fidèles clients, sans compter les conséquences sur le marché de cette vente soudaine, son directeur lui répond : « Pardon, Sam, mais depuis quand êtes-vous devenu si faible ? » Il se justifie ensuite en décrivant les crises financières et les ruines qu'elles occasionnent comme le cours naturel de la vie des affaires, avec toujours le même pourcentage de vainqueurs et de perdants. (Dans *Wall Street,* Gordon Gekko justifiait la ruine de ses proies comme une saine loi de la sélection naturelle : « *I don't ruin companies, I liberate them.* »)

Dans *Fight Club* (1999) de David Fincher, Brad Pitt incarne Tyler Durden, un jeune psychopathe flamboyant et combatif, qui entraîne dans son mode de vie un jeune homme sage joué par Edward Norton. Tyler, dépourvu de toute peur, trouve l'excitation en organisant des combats de rue et en commettant des délits variés. (Même serveur dans un restaurant chic, il rudoie les clients huppés et urine en cuisine dans la soupe qu'il leur sert !) Il délivre à ses disciples membres de son *fight club* des messages sur l'inanité de la société de consommation et l'esclavage qu'elle impose (« *You work in a job you hate, to buy stuff that you don't need, to impress people that you don't like* »). Son aspiration à la grandeur se révélera à la fin du film, en même temps qu'une grande surprise pour le spectateur.

Dans *Girl, Interrupted* (*Une vie volée*, 1999) de James Mangold (évoqué plus longuement dans le chapitre précédent consacré aux personnalités borderline), Lisa (Angelina Jolie) est une jeune fille internée dans une clinique psychiatrique. Elle tient les autres patientes sous son emprise par un mélange de charme et de menaces, et entraîne une autre patiente, Susanna (Winona Rider), dans une fugue, au cours de laquelle elle ne séduira un garçon que pour le voler. Mue par l'envie envers une autre patiente, Daisy (Brittany Murphy), à qui son père a fourni un logement douillet, Lisa lui assénera des paroles assassines.

Dans *Last Seduction* (1995) de John Dahl, Bridget (Linda Fiorentino) est une extraordinaire psychopathe qui séduit, manipule, ment et vole avec une froideur émotionnelle fascinante.

On pourrait aussi citer le film *American Psycho* (2000) de Mary Harron, d'après le roman de Brest Easton Ellis et la série *Dexter* (2006-2013) de James Manos, d'après le roman de Jeff Lindsay, mais ils mettent en scène des tueurs en série, qui ne sont pas représentatifs des psychopathes, même s'ils en partagent certaines caractéristiques.

Comment gérer les personnalités à tendance psychopathe

Plus que dans d'autres personnalités, notre premier conseil serait avant tout de les éviter, car deux traits rendent difficile toute gestion : leur peu d'empathie – qui fait qu'ils ne seront guère sensibles à vos récriminations pour le souci ou dommage qu'ils vous causent – et leur faible peur de la sanction – qui les poussera à suivre leur impulsion du moment malgré les conséquences dommageables, que les plus intelligents d'entre eux sont parfaitement capables de prévoir. Si on reprend l'analogie de la carotte et du bâton, le psychopathe est volontiers addict à la carotte mais n'a guère peur du bâton (ni même du gendarme qui le tient).

Mais si vous vous trouvez lié de manière durable à une personnalité à tendance psychopathe que ce soit au travail ou en famille, ou même en amitié, voici quelques conseils.

Faites

Sachez les reconnaître

L'individu à tendance psychopathe est souvent charmeur, entraînant, drôle. Il sait donner envie de le fréquenter, et de lui faire confiance. Méfiez-vous de vos élans de sympathie, et soyez attentif aux petites infractions qu'il commet dans la vie courante, sachez écouter les témoignages défavorables de ceux qui le connaissent depuis plus longtemps dans sa vie personnelle ou professionnelle. Cette vigilance pourra vous éviter beaucoup de déconvenues.

Rappelez ce que vous n'acceptez pas

La personnalité à tendance psychopathe aura toujours tendance à « oublier » la règle, à dire que celle-ci n'était pas claire, à arguer de votre absence de réaction lors d'une première infraction pour recommencer, à minimiser les conséquences de son acte (« Enfin y a pas mort d'homme… »). Ne lui facilitez pas les choses en rappelant ce que vous attendez de lui et ce que vous n'acceptez pas.

Restez discret sur vous-même

L'envie est universelle, mais il semblerait que les psychopathes, comme les narcissiques, l'éprouvent plus fortement. Ayant en commun une surestimation d'eux-mêmes, ils trouvent qu'ils méritent plus que les autres, et donc plus que vous.

Restez le plus discret possible, ne révélez de vous que ce qui est strictement nécessaire à une relation professionnelle ou commerciale. Évitez surtout de les faire entrer dans votre vie personnelle, ce qui pourrait le rendre envieux de votre vie de famille, de vos amis ou de vos avantages matériels.

Réagissez tout de suite en cas d'infraction

Nous parlons ici d'une personnalité à tendance psychopathique, pas d'un psychopathe délinquant pour lequel le recours à la force publique sera nécessaire. En cas d'infractions aux règles élémentaires de la réciprocité : dettes non réglées, utilisation sans permission de vos biens, parasitisme, drague plus ou moins subtile de votre partenaire, autopromotion pour un succès dont vous êtes le responsable, mensonge éhonté, réagissez immédiatement. Signalez que vous avez repéré la faute et ne l'acceptez pas. S'il essaie de se justifier ou de vous apitoyer, coupez court à la conversation.

Ne vous laissez pas attendrir ou charmer

Tout le monde a des excuses, et les psychopathes en ont souvent plus que d'autres. Ils peuvent chercher à vous attendrir par le récit de leurs malheurs passés, en contraste avec votre vie plus facile que la leur, ou en vous exposant la souffrance intérieure qui les a poussés à franchir les limites. Ils peuvent aussi arriver à se faire pardonner par leur charme, leur drôlerie, comme ces enfants à qui l'on pardonne tout.

Montrez-lui de la considération

Comme les narcissiques, les psychopathes veulent garder une haute idée d'eux-mêmes. Critiquez leurs comportements mais ne dévalorisez pas leur personne. Vous pourrez maintenir une relation « gérable » en montrant que vous appréciez certains de leurs points forts, comme leur habileté à convaincre les autres, leur charme, leur débrouillardise.

Ne faites pas

Ne vous laissez pas charmer

Pouvoir de conviction, audace, confiance en soi, dédain des règles et du conformisme. Voilà qui peut faire un *bad boy* séduisant ou un patron charismatique. Vous risquez de mettre un peu de temps avant de remarquer sa faible empathie et sa tendance à profiter de vous.

Ne lui faites pas de leçon de morale

La personnalité psychopathique considère que la recherche de son intérêt personnel est la morale, et que vous-même, malgré votre discours moralisateur, ne cherchez en fait que votre avantage, et n'êtes retenu que par votre peur ou votre timidité. En le sermonnant, au mieux vous le ferez ricaner, au pire vous le mettrez en colère.

Ne vous confiez pas trop librement

Toute révélation sur vos avantages matériels, votre vie de famille heureuse, vos projets intéressants risquent de déclencher une intense réaction d'envie, dont vous aurez à redouter les conséquences. Dans *American Psycho,* Patrick Bates finit par massacrer à la hache un collègue banquier qui a trop excité son envie par sa beauté, sa réussite et même la qualité de sa carte de visite ! Même après l'avoir tué, il éprouvera un pincement d'envie *post mortem* en constatant que l'appartement de sa victime est plus beau que le sien avec vue directe sur Central Park…

Ne laissez pas passer pour ne pas en faire une histoire

Les personnalités psychopathiques chercheront souvent à vous tester par de petites infractions ou du manque de respect. Si vous ne réagissez pas, par manque d'affirmation de vous, crainte d'un conflit ou par excès d'indulgence, ils en concluront que vous êtes un faible que l'on peut manipuler à sa guise, et attendez-vous à l'escalade.

Évitez de la mépriser ou de l'humilier

Même sous le coup de la colère, évitez de leur montrer du mépris, de les insulter, ce qui leur donnera une envie immédiate de représailles, souvent disproportionnées. Au volant, en particulier, n'oubliez pas que le conducteur que vous injuriez est peut-être un psychopathe, car c'est ainsi que de banals conflits de la circulation se terminent à l'hôpital, voire au cimetière.

Comment gérer les personnalités psychopathiques

- Faites
  - sachez les reconnaître ;
  - rappelez ce que vous n'acceptez pas ;
  - restez discret sur vous-même ;
  - réagissez tout de suite en cas d'infraction ;
  - ne vous laissez pas attendrir ;
  - montrez-lui de la considération.

- Ne faites pas
  - ne vous laissez pas charmer ;
  - ne lui faites pas une leçon de morale ;
  - n'exposez pas vos succès ou vos avantages ;
  - ne laissez pas passer pour ne pas en faire une histoire ;
  - ne lui trouvez pas d'excuse ;
  - évitez de la mépriser ou de l'humilier.

Avez-vous des traits de personnalité psychopathique ?

	Plutôt vrai	Plutôt faux
1. Quand j'ai envie de quelque chose, je ne me soucie pas de ce que pensent les autres.		
2. J'ai déjà pris des risques, juste parce que cela m'amusait.		
3. Ma morale dans la vie c'est plutôt : « Pas vu, pas pris. »		
4. J'ai vite tendance à m'ennuyer.		
5. J'arrive à deviner les gens assez facilement.		
6. Je pense que je mérite une grande réussite.		
7. Entrer en conflit ce n'est pas grave, l'important c'est d'avoir le dessus.		
8. Les gens qui se plaignent de moi ont souvent bien mérité ce qui leur arrive.		
9. Je ne me sens pas facilement intimidé.		
10. J'ai eu de gros problèmes de discipline à l'école.		

CHAPITRE III

LES PERSONNALITÉS NARCISSIQUES

« Moi, pour la modestie, je ne crains personne. »

Erik Satie

Écoutons Camille, 29 ans, jeune « créative » dans une agence de publicité :

Thomas est l'un des trois fondateurs de l'agence et je travaille directement pour lui. À première vue, c'est un homme plein de charme, brillant, drôle, séduisant. Il m'a fallu plusieurs semaines pour comprendre que c'était une personnalité très difficile. Pourtant, lorsque je l'ai rencontré la première fois, il m'a impressionnée. Bien sûr, il m'a fait attendre au moins une heure, mais comme c'était mon entretien d'embauche, je n'ai pas protesté. Il a un bureau immense, avec une très belle vue. J'ai appris plus tard que cette pièce devait être à l'origine une grande salle de réunion, mais Thomas avait bataillé contre ses autres associés pour se l'approprier. Il m'a fait un grand numéro de charme, du genre « nous croyons aux jeunes comme vous ». Très cordial et direct, me demandant de le tutoyer, il est arrivé à me faire sentir que je devais être reconnaissante à un homme aussi important de s'intéresser à une petite jeune comme moi. Il ne pouvait pas s'empêcher de glisser des anecdotes sur sa brillante carrière et ses succès. J'ai joué le jeu de la débutante respectueuse et admirative ; il en a été ravi. Derrière son bureau, bien en évidence, plusieurs photographies le montraient en compagnie d'artistes célèbres. Il y avait aussi l'ensemble des trophées que l'agence avait gagnés dans des festivals internationaux (je sais aujourd'hui que ce n'est pas lui qui s'était occupé de certaines des campagnes primées).

Travailler avec Thomas n'est pas chose facile. Bien sûr, il sait charmer, enthousiasmer une équipe, surtout les nouveaux arrivants, qui mettent du temps à découvrir l'aspect moins plaisant de sa personnalité. En fait, il n'arrête pas de souffler le chaud et le froid. Un jour, il vous félicite, vous croyez qu'il vous soutient à fond, mais le lendemain il critique ironiquement votre travail en public. Du coup, tous les membres de l'équipe guettent son approbation et sont mortifiés au moindre signe de rejet. Il arrive à créer une relation de dépendance, presque passionnelle, avec certains de ses collaborateurs, et c'est ce qu'il veut puisqu'il aime se sentir respecté et admiré. En tout cas, sous des dehors très « copain-copain », il supporte très mal qu'on ne lui manifeste pas une certaine déférence. Et malheur à ceux qui s'opposent !

L'année dernière, un créatif déjà connu, Jean, qui arrivait d'une autre agence, lui a tenu tête en réunion, lui expliquant assez vertement ce qu'il pensait de son style de management. Blanc de colère, Thomas a quitté brusquement la réunion en claquant la porte. Le lendemain, Jean a trouvé ses affaires dans un carton à la réception, et l'annonce d'une procédure de licenciement pour faute grave. Les autres associés de l'agence, craignant que cela n'en ternisse l'image, ont voulu tempérer ce conflit. Finalement, le créatif a quand même dû partir, mais avec une belle indemnité.

Inutile de dire qu'avec un exemple pareil, personne ne se rebelle ouvertement. D'ailleurs, tant qu'on le flatte et ne le contredit pas, l'ambiance est plutôt bonne. Ce qui me déplaît le plus, c'est qu'il s'arrange toujours pour s'approprier les idées de l'équipe, pour s'attribuer tout le succès. Il fait écran entre nous et les autres associés, il ne supporte pas que nous ayons des contacts avec eux.

Pourquoi est-ce que je reste ? Parce que c'est dur de trouver ailleurs en ce moment. Et puis, il faut reconnaître que c'est quand même une star dans le métier, et que ça fera bien sur mon CV. Partout où il va, il fait forte impression, avec son air sûr de lui, son élégance ; il a toujours l'air très en forme, hâlé juste ce qu'il faut, tiré à quatre épingles.
Une consolation mesquine : on sait par sa secrétaire qu'il a des ennuis avec ses impôts. Il a un salaire astronomique, mais en plus, il s'arrangeait depuis des années pour financer son mode de vie sur des notes de frais et avantages en nature. Et là, ils viennent de lui faire un très gros redressement. Du coup, il n'arrête pas de faire des sorties contre cette « société de m… où on empêche les créateurs de créer ». Pour se consoler, il se fait inviter dans des week-ends de rêve par des gros clients dont il est devenu l'ami. Au retour, il n'hésite pas à en parler aux jeunes créatifs qui sont payés dix fois moins que lui et qui, eux, sont restés à travailler comme des fous pour boucler un projet.

Que penser de Thomas ?

Visiblement, Thomas a une haute opinion de lui-même et tient à ce que les autres le sachent : il parle volontiers de ses succès et en expose des signes évidents (photographies, trophées) pour que tout visiteur sache à quel personnage important il a affaire. Attention, nous ne voulons pas dire que toute personne qui laisse des coupes ou des trophées dans son bureau est une personnalité narcissique ! Cela peut faire partie des usages dans certaines professions et dans certains pays. Ce signe est à interpréter au milieu de tout un ensemble. Par exemple, Thomas s'est approprié la plus belle pièce de l'agence pour en faire son bureau : il estime que ses besoins sont plus importants que ceux des autres, qu'il mérite des privilèges. Il s'attend à ce que les autres l'admirent, reconnaissent qu'il est exceptionnel, et il supporte très mal la critique (incident du jeune créatif). Il semble également soucieux, très soucieux, de son apparence, désireux d'apparaître toujours au mieux de sa forme, et ravi de fréquenter des personnages prestigieux (photographies sur son bureau).

Dans ses relations avec les autres, Thomas sait jouer de leurs émotions en alternant séduction, flatterie, critiques et éloges surprises. Il sait habilement changer de registre face à son interlocuteur. On peut dire qu'il a un comportement manipulateur, c'est-à-dire à la fois non sincère, visant à mettre l'autre dans un état émotionnel favorable à ses buts, pour mieux l'exploiter. Thomas ne semble pas très attentif aux émotions pénibles qu'il provoque chez les autres (peur, humiliation, envie) ; en ce sens, on peut dire qu'il fait preuve de peu d'empathie.

Nous ne connaissons pas la vie privée de Thomas (sinon qu'il la finance sur ses frais professionnels : une fois de plus, il pense que les règles habituelles ne sont pas faites pour lui), mais nous avons assez d'éléments pour soupçonner qu'il a une personnalité narcissique.

La personnalité narcissique

- Avec elle-même :
  - a le sentiment d'être exceptionnelle, hors du commun et de mériter plus que les autres ;
  - préoccupée par des ambitions de succès éclatant dans les domaines professionnels, amoureux ;
  - souvent très soucieuse de son apparence physique et vestimentaire.

- Dans ses relations avec les autres :
  - s'attend à des attentions, des privilèges, sans se sentir obligée à la réciprocité ;

- éprouve de la colère et de la rage lorsqu'on ne lui accorde pas les privilèges qu'elle attend ;
- exploite et manipule les autres pour atteindre ses buts, ne valorise pas l'intimité ou les relations durables ;
- éprouve peu d'empathie, peu touchée par les émotions d'autrui, égocentrique.

Comment Thomas voit-il le monde ?

Tous les comportements de Thomas deviennent tout à fait cohérents si l'on comprend qu'il a une haute opinion de lui-même et qu'il pense que tout le monde (ses collaborateurs, ses associés, la société dans son ensemble) doit partager son point de vue. Sa croyance fondamentale pourrait être : « Je suis un être exceptionnel, plus méritant que les autres ; tout le monde me doit le respect. »

Comme beaucoup de personnalités narcissiques, Thomas estime que les règles sont faites pour les gens ordinaires et ne s'appliquent pas à sa personne. Lorsqu'il fraude le fisc et qu'il se fait prendre, il ne se sent pas seulement préoccupé ou frustré, mais indigné ! Comment peut-on forcer à se soumettre à la règle commune un être aussi exceptionnel que lui ?

Ce sentiment d'être hors du commun lui fait rechercher la compagnie de gens prestigieux, les seuls qui soient dignes, à ses yeux, d'être fréquentés assidûment. Thomas est-il « snob » ? Certes, le snobisme, tel qu'on l'entend au sens courant, comporte une part de narcissisme, mais parfois aussi un besoin d'améliorer une image dévalorisée de soi-même : on recherche la compagnie de gens plus prestigieux que soi pour se rassurer sur sa propre valeur ; Thomas, lui, pense simplement que seule une vie sociale brillante lui « correspond » en raison de ses mérites exceptionnels. Le cauchemar du narcissique : être vu dans un restaurant très « parisien » en compagnie d'une vieille cousine de province mal fagotée (il s'arrangera d'ailleurs pour l'inviter dans un bistrot de quartier).

Nous avons décrit en Thomas une personnalité narcissique assez intense et, il faut le dire, guère sympathique. Toutefois, les narcissiques ne le sont pas tous à un point aussi extrême.

Écoutons Juliette, 29 ans, venue en thérapie après une suite d'échecs sentimentaux.

C'est vrai que, même dans les petites classes, j'avais toujours l'impression que je méritais plus d'attention que mes camarades. J'étais bonne élève, assez sûre de moi, et j'avais une petite cour d'admiratrices, des filles moins jolies ou moins sûres d'elles que moi. Déjà, à l'époque, j'éprouvais du plaisir à me sentir admirée. Je me rendais bien compte que mon amitié était considérée comme un privilège, et j'en jouais, et les petits garçons étaient amoureux de moi. Mon père m'admirait, me gâtait, me passait presque tous mes caprices. Ma mère le lui reprochait ; très vite, j'ai eu de mauvais rapports avec elle, comme une sorte de rivalité entre femmes. J'ai bien réussi professionnellement, parce que je crois qu'au fond j'ai toujours trouvé naturel de demander toujours plus, de mériter plus d'argent et de responsabilités. Quand on demande quelque chose avec de l'assurance on l'obtient souvent. Évidemment, j'ai suscité beaucoup d'envie et de rivalités. Il faut dire qu'au début de ma carrière, je ne me préoccupais guère des susceptibilités, tant j'avais l'impression d'être la meilleure. Je prenais facilement la parole en réunion, je coupais les gens plus anciens que moi dès que je pensais que mon idée était meilleure que la leur. C'est un de mes premiers patrons qui m'a fait venir un jour dans son bureau pour me dire qu'on ne peut pas réussir seul et que chacun est important dans une équipe. Son ton de réprimande m'a beaucoup énervée, je me suis défendue, mais comme je l'admirais beaucoup, sa remarque m'a fait réfléchir, et par la suite j'ai été un peu plus attentive aux autres.

Sentimentalement, en revanche, je suis allée d'échec en échec. En fait, j'arrive assez facilement à intéresser les hommes, mais c'est le problème, dès qu'ils sont trop amoureux, ils se dévaluent à mes yeux, je ne les trouve plus assez forts ou intéressants pour moi. Je suis tombée vraiment amoureuse à deux reprises, mais ça n'a pas duré non plus parce que je supportais mal le moindre manque d'égards. Le dernier homme dans ma vie avait un poste très important, ce qui me flattait, mais je lui en voulais dès qu'il arrivait en retard à un rendez-vous avec moi, ou qu'il annulait un week-end prévu parce qu'il avait un voyage professionnel. J'exerçais vite des représailles en refusant de le voir et en le rendant jaloux. Il en arrivait à me laisser des messages désespérés sur ma boîte vocale jusqu'à ce que je le rappelle. Il a fini par me quitter en me disant qu'il n'avait jamais été aussi heureux ni aussi malheureux avec une femme. J'ai voulu le retenir, mais c'était trop tard. Il s'est marié avec une jeune femme qu'il m'a décrite comme « gentille ». Aujourd'hui je le regrette encore tous les jours, et je me rends bien compte que dans la relation, je pensais surtout à mes propres besoins sans tenir compte des siens, mais j'avais toujours ce sentiment de mériter plus d'attention de sa part. Docteur, est-ce que vous croyez que ça vient de mon père qui était toujours en admiration devant moi ?

Juliette a pris conscience d'une des caractéristiques de sa personnalité narcissique : le sentiment que tout homme lui doit une attention particulière, puisqu'elle est exceptionnelle. Cette croyance de base provoque chez elle une animosité disproportionnée quand son amant arrive en retard à un rendez-vous parce qu'il est surchargé de travail. Par la suite, la psychothérapie a aidé Juliette à identifier quelques-unes de ses croyances fondamentales : « Je suis un être hors du commun », « Les autres me doivent respect et attention », et à les remettre en question.

Elle a d'ailleurs commencé par mettre son psychiatre à l'épreuve en arrivant souvent en retard aux séances, en cherchant à les prolonger alors que le temps prévu s'était écoulé, ou en demandant des rendez-vous la veille pour le lendemain. Plus ou moins consciemment, elle ne supportait pas d'être soumise à la même règle que les autres patients, de ne pas bénéficier d'égards particuliers de la part de son psychiatre. Celui-ci a utilisé ces incidents entre eux pour l'aider à prendre conscience de ses croyances fondamentales. Juliette est arrivée peu à peu à adopter un point de vue plus modéré sur elle-même et sur les autres, à être moins agressive et à éprouver des émotions moins violentes quand un homme n'était pas aussi attentif qu'elle le souhaitait.

Une situation-gâchette typique pour personnalité narcissique

Un écrivain renommé, surtout auprès des intellectuels, et apparaissant fréquemment dans les émissions culturelles programmées tardivement, se présenta un jour au bureau d'un important éditeur avec lequel il avait rendez-vous. Malheureusement, la jeune réceptionniste nouvellement arrivée ne l'avait jamais vu auparavant, même pas à la télévision. Comme l'écrivain s'approchait de son bureau d'un air solennel en demandant qu'on prévienne l'éditeur de son arrivée, elle demanda naïvement : « Qui dois-je annoncer ? » Le grand homme se raidit, rougit de colère et, sans daigner lui répondre, se détourna d'elle pour se diriger directement vers le bureau de l'éditeur.

Pour cet écrivain narcissique, sa valeur est telle que les autres doivent le reconnaître immédiatement. Être obligé de se présenter comme le commun des mortels heurte une autre croyance des personnalités narcissiques : « Les règles ordinaires ne s'appliquent pas aux gens comme moi. » Un incident de même type survint avec un grand patron de l'industrie, à l'occasion d'un voyage de ministres et d'hommes d'affaires, destiné à faire vendre nos produits à l'étranger. Notre personnalité narcissique, dirigeant d'un très grand groupe, arriva en retard à l'embarquement, et exigea d'entrer tout de suite dans l'avion, alors qu'il avait oublié les billets nécessaires. Déjà stressé par son retard, il explosa de colère quand la jeune hôtesse lui demanda d'attester son identité.

La conduite automobile est aussi un bon révélateur du narcissisme de certains de nos contemporains. Nombreux en effet sont ceux qui se donnent le droit d'enfreindre quelques règles du Code de la route, puisqu'ils s'estiment capables d'évaluer eux-mêmes les risques. Les mêmes nous expliqueront souvent que la qualité de leurs réflexes et de leur voiture leur permet de dépasser les vitesses légales en toute sécurité.

Un peu de narcissisme n'est-il pas utile ?

Réfléchissez aux gens que vous connaissez et qui « ont réussi ». Souvenez-vous des interviews de célébrités que vous avez vues à la télévision. Ne vous a-t-il pas semblé que bon nombre d'entre eux se montraient particulièrement contents d'eux, sûrs d'eux-mêmes, se décrivaient en termes flatteurs, et accueillaient les compliments comme un dû ?

Bien sûr, on peut penser que c'est la réussite qui leur a donné cette assurance et cette satisfaction, mais l'inverse est sans doute aussi vrai : cette confiance en soi, ce sentiment de supériorité, cette aisance à se mettre en avant, traits de caractère narcissiques, sont peut-être les composantes de leur réussite. On peut dire qu'à talent égal, le narcissique a de fortes chances de l'emporter sur le modeste, parce qu'il a des ambitions à la hauteur de ce qu'il se pense capable d'atteindre. Le narcissique sera plus à l'aise pour se « vendre », car il est convaincu qu'il est le meilleur. Il aura aussi moins de scrupules dans la compétition, puisqu'il pense que la première place lui revient de droit. Une fois aux commandes, il aura moins peur d'échouer, puisqu'il s'estime le plus capable. Pour s'adapter dans un climat de compétition, un peu de narcissisme peut être un avantage décisif.

D'un point de vue évolutionniste, le narcissisme, associé à d'autres points forts, a vraisemblablement été un avantage pour s'approprier la plus grosse part du gibier tué par la tribu ou pour devenir le chef à la place du chef.

Plusieurs dirigeants d'entreprise nous ont déclaré que les meilleurs de leurs commerciaux leur paraissaient souvent un peu narcissiques. Sûrs d'eux-mêmes, contents de leur apparence qu'ils soignent particulièrement, un peu manipulateurs, ne se sentant guère atteints quand ils essuient un refus (ce n'est pas de leur faute !). Il est probable que leur narcissisme alimente leur ambition de succès et leur permet de faire face à des situations souvent difficiles et décourageantes pour d'autres.

Au quotidien, un minimum de narcissisme peut souvent s'avérer utile. Peu sensibles aux besoins et aux difficultés de leurs interlocuteurs, les sujets narcissiques savent en effet se battre sans états d'âme pour obtenir ce qu'ils désirent. Voici le récit de Louise, professeure des écoles de 31 ans qui nous parle de l'une de ses amies, narcissique.

J'ai toujours gardé le contact avec mes anciennes amies de lycée. Régulièrement, nous nous retrouvons pour dîner ensemble au restaurant, passer un week-end ou quelques jours de vacances dans un endroit agréable. De toutes mes camarades, Coralie est la plus différente de moi : alors que je suis discrète et réservée, un peu timide, elle est extravertie et sûre d'elle. Au lycée, tout le monde l'appelait « la star », à cause de sa manière de s'habiller et de se mettre en avant, comme de ses caprices et de ses exigences.

Elle continue de m'étonner par son aplomb. Quand nous sommes au restaurant, au moindre détail qui cloche – la qualité du pain, la fraîcheur de l'eau, le niveau de la musique d'ambiance –, elle n'hésite pas à convoquer tout l'état-major de l'établissement et insister jusqu'à ce qu'elle ait obtenu gain de cause. Je l'ai vue un jour se faire remettre par une compagnie aérienne un billet d'avion gratuit après qu'elle eut fait un scandale parce qu'elle avait attendu deux heures à l'aéroport.

C'est un peu gênant d'être à ses côtés lorsqu'elle fait tout son cirque (du genre « Vous croyez que je vais accepter cela ? Vous rêvez ! »), mais il faut bien reconnaître que c'est efficace. La plupart du temps, elle obtient ce qu'elle veut. Là où nous nous laisserions faire en nous disant : « Après tout, cela ne vaut pas la peine d'en faire toute une histoire », là où l'idée de réclamer ne nous viendrait même pas à l'esprit, Coralie est déjà prête à se défendre bec et ongles pour avoir ce qu'il y a de mieux. Visiblement, elle se moque de déplaire à ses interlocuteurs. Mais le comble, c'est qu'il arrive qu'on ne lui en veuille pas ; au contraire, on dirait qu'elle y gagne en estime ! Je crois que je ferais bien de parfois m'inspirer de sa manière de procéder…

Narcissisme et estime de soi

L'estime de soi peut se définir comme une conjugaison de respect de soi et d'acceptation de soi. Une bonne estime de soi n'implique pas de se penser supérieur aux autres, mais simplement qu'on s'aime et s'accepte tel que l'on est.

Une estime de soi insuffisante est à la source de plusieurs types de difficultés psychologiques, comme la timidité, les états dépressifs, etc.

Pour les auteurs pionniers – principalement les psychiatres et psychanalystes Otto Kernberg et Heinz Kohut (tous les deux viennois d'origine, tous les deux ayant dû émigrer pour fuir le nazisme) – qui ont été les premiers à définir et explorer le concept de personnalité narcissique, la surévaluation d'eux-mêmes des narcissiques et leur tendance à l'autopromotion seraient en fait des comportements de façade destinés à compenser et à masquer un sentiment d'insécurité sur leur valeur, acquis dans l'enfance par des relations malheureuses avec les parents. Pourtant les narcissiques ont en général des résultats élevés aux échelles d'estime de soi, mais là encore n'est-ce pas le besoin de se rassurer, de s'autopersuader ou d'impressionner l'examinateur qui oriente leur réponse ?

Une étude remarquable a montré que si l'on demande à des femmes narcissiques de remplir une échelle d'estime de soi, celles à qui on a fait croire qu'elles sont soumises à un détecteur de mensonges, et donc que toute insincérité des réponses sera dévoilée, ont des résultats inférieurs à celles qui répondent dans les conditions habituelles. Au fond, les narcissiques s'aimeraient-ils tant que ça ?

À l'inverse, d'autres études ont montré que certains narcissiques auraient un meilleur bien-être et moins de risque de dépression que d'autres personnalités.

Il semblerait que ce soit une bonne estime de soi – stable et haute – qui est protectrice contre la dépression, quel que soit le degré de narcissisme.

Il existe donc des « narcissiques heureux » qui ont une bonne estime d'eux-mêmes, surtout nourrie par leurs performances au-dessus de la moyenne, et qui ne sont guère affectés par les conflits qu'ils peuvent provoquer avec les autres.

Dans les échelles psychologiques qui mesurent la personnalité selon le modèle des *Big Five*, les narcissiques cotent haut en extraversion, et bas en altruisme (*agreeableness*).

Un chercheur a d'ailleurs décrit les narcissiques comme « des extravertis désagréables » !

Cela semble avoir été le cas du célèbre et talentueux architecte Frank Lloyd Wright, qui déclarait : « Très tôt dans la vie, j'ai dû choisir entre mon arrogance naturelle et une humilité de façade ; j'ai opté pour l'arrogance. » Au moins ne faisait-il pas semblant…

Et les pervers narcissiques ?

La notion de pervers narcissique est un concept psychanalytique élaboré par le psychiatre français Paul-Claude Racamier, qui parle d'ailleurs de « mouvement pervers narcissique » et non de personnalité. Le terme a connu depuis une grande popularité, et on ne compte plus les personnes persuadées de vivre en couple ou de travailler avec un(e) « pervers(e) narcissique ».

De notre point de vue de médecins psychiatres, ce diagnostic nous paraît souvent abusif. Tout narcissique, par sa tendance à vouloir dominer, à faire passer ses besoins avant ceux des autres, risque en effet de provoquer de la souffrance autour de lui. Mais il ne s'en réjouit pas forcément, de même que le délinquant qui vous casse la figure pour vous voler votre téléphone mobile ne se réjouit pas de votre douleur, c'est pour lui juste une nécessité pour prendre le pouvoir sur vous et vous dépouiller.

Mais on rencontre parfois des narcissiques avec une dimension perverse : la douleur des autres est en soi une source de satisfaction. Il faut que les autres se sentent mal pour qu'ils se sentent bien. La différence est parfois subtile : le patron qui humilie en réunion le fait-il juste pour s'assurer de la soumission de ses collaborateurs, parce qu'il a appris ce modèle d'autorité d'un parent maltraitant ou d'un autre patron, et/ou parce que la souffrance qu'il impose le fait jubiler ? Nous vous souhaitons de ne pas avoir à élucider ce genre de situations, ou d'avoir l'opportunité de leur échapper.

Par ailleurs, se réjouir de la détresse d'un adversaire ou d'un ennemi fait sans doute partie de la nature humaine et, en situation de conflit, qui peut se garantir qu'il n'aura pas un jour un tel « mouvement » pervers narcissique ?

Les effets secondaires d'une culture qui encourage l'estime de soi

Le travail psychologique sur une estime de soi trop basse ou trop fragile est précieux. De même, éduquer ses enfants pour leur donner confiance en eux est une bonne chose. Mais lorsque l'ensemble de la société se met à célébrer la valeur des individus, lorsque toute forme de limitation ou d'interdiction devient suspecte d'être une entrave à la liberté individuelle, alors la porte est ouverte à l'inflation de comportements et d'attitudes narcissiques. C'est le constat qui est fait depuis quelques années par un nombre croissant de psychologues et de chercheurs, certains parlant même d'une « épidémie de narcissisme ». Sur les réseaux sociaux, un score élevé de narcissisme serait corrélé à une activité intense avec le recrutement d'un grand nombre d'« amis » ou de *followers* afin de donner une image grandiose de soi-même, sans chercher à développer des relations personnelles.

Une étude fascinante a comparé les scores d'estime de soi et de « narcissisme grandiose » chez les citoyens élevés dans chacune des deux Allemagne avant la disparition du mur de Berlin. Plus de narcissisme et moins d'estime de soi à l'Ouest, sans doute parce que celle-ci y dépend des succès personnels dans un système libéral, même modéré par la social-démocratie, et est donc vulnérable à l'échec. Dans un système collectiviste, l'estime de soi dépendrait plus d'une bonne insertion dans votre groupe et du respect de ses règles, objectif plus facile à atteindre, d'autant que la Stasi (la police politique de l'ex-Allemagne de l'Est) était là pour vous y encourager.

Quand le narcissisme rend vulnérable

D'abord par la tendance à provoquer conflits ou déceptions. Si vous avez du talent ou du charme, les autres supporteront mieux votre narcissisme. Ils seront séduits, impressionnés ou convaincus par votre assurance. Mais le problème des narcissiques est souvent de vouloir toujours plus et de finir par devenir insupportables. Dans l'exemple précédent, Juliette a compris trop tard que son amant, même très amoureux, avait un point de rupture qu'elle a fini par dépasser.

Au travail, un patron trop narcissique peut provoquer rancœur, démotivation, et finalement nuire gravement à son entreprise. Ses chances de survie et de succès seront toutefois bien meilleures dans un grand groupe où les conséquences d'un mauvais management mettent plus de temps à apparaître que dans une PME.

Par ailleurs, lors de la fameuse « crise du milieu de vie » différentes études laissent penser que les personnalités narcissiques semblent avoir un risque de dépression plus important que la moyenne. Sans doute supportent-elles plus mal que les autres de n'avoir pas atteint les ambitions de leur jeunesse, cela remet en question l'image qu'elles ont d'elles-mêmes : des êtres exceptionnels à qui tout réussit. Nous pouvons tous être touchés par cette désillusion sur nous-mêmes et sur la vie, mais le choc sera encore plus violent pour quelqu'un qui était persuadé que tout allait lui réussir. En outre, leur style les empêche souvent de nouer avec les autres des relations intimes et chaleureuses. Or avoir des gens proches à qui se confier est un des facteurs de protection contre les aléas de l'existence, cela manque à beaucoup de personnalités narcissiques.

C'est d'ailleurs souvent à la suite d'un échec sentimental ou professionnel que les personnalités narcissiques viennent consulter un psychiatre ou demander une psychothérapie, comme l'a fait Juliette.

Les personnalités narcissiques au cinéma et dans la littérature

Le baron de Charlus, personnage d'*À la recherche du temps perdu* de Proust, est un flamboyant exemple de personnalité narcissique, teintée d'histrionisme. Dès qu'il arrive dans un salon, le baron monopolise l'attention par sa conversation brillante et méprisante, et ne tolère pas le moindre manque d'égards, tout en faisant des allusions fréquentes à son haut lignage. Mais il tombera follement amoureux d'un « inférieur », le violoniste sociopathe Morel.

Le personnage de producteur joué par Tim Robbins dans *The Player* (1992) de Robert Altman montre de nombreux traits narcissiques. Il vit centré sur ses ambitions, est indifférent à la souffrance qu'il provoque dans son entourage et séduit sans culpabilité la femme d'un homme qu'il a tué accidentellement.

Dans *Apocalypse Now* (1979) de Francis Ford Coppola, Robert Duvall joue un colonel narcissique et sûr de lui, qui fait poser ses hélicoptères près d'une plage exposée au feu ennemi, pour le plaisir d'affirmer sa volonté de chef et de voir ses soldats faire du surf sur une bonne vague. Plus tard, le héros du film rencontrera une autre personnalité narcissique, Marlon

Brando, colonel de parachutistes, qui a décidé de mener la guerre à sa façon et qui règne comme un roi (le rêve de tout narcissique) sur une tribu de montagnards rebelles.

Dans *Les Sentiers de la gloire* (1958) de Stanley Kubrick, un général de la guerre 1914-1918, narcissique et avide de gloire, envoie ses hommes au massacre dans une offensive mal conçue. Furieux que son plan ait échoué, il en fait porter la responsabilité aux soldats qu'il fait passer en cour martiale, à l'indignation du colonel Dax, joué par Kirk Douglas.

Dans la série *House of Cards* (2013-2017) de Beau Willimon, Robin Wright incarne Claire Underwood, l'épouse du président des États-Unis. D'abord dévouée à son mari, elle souffre de ne pas se voir assez reconnue et réclame des responsabilités d'ambassadrice aux Nations unies alors qu'elle n'a pas les qualifications et l'expérience requises. Après avoir entraîné son mari dans deux échecs diplomatiques, elle ne montre aucune culpabilité et réaffirme sans relâche son exigence de sortir de son rôle de First Lady qu'elle trouve au-dessous de ses mérites. Son narcissisme a sans doute été nourri dès l'enfance par sa grande intelligence et sa beauté, et aussi un père qui l'adorait. Elle fera tout, vraiment tout (pas de *spoiler*) pour accéder au poste suprême.

Dans la série *Mad Men* (2007-2015) de Matthew Weiner. Le jeune publicitaire Pete Campbell (Vincent Kartheiser) montre les traits d'une personnalité narcissique : haute estime de lui, arrogance, soif de reconnaissance, faible empathie et peu de scrupules pour arriver à ses fins. Génétique ou éducation ? Son père, froid et méprisant, refuse d'aider le jeune Peter, tout juste marié, pour l'achat d'un appartement, en disant à son fils qu'il lui a déjà tout donné en lui transmettant son nom de famille prestigieux. On apprendra que ce père sévère a en fait dilapidé toute l'épargne familiale pour maintenir son style de vie dispendieux et ostentatoire – y compris les cotisations à des clubs exclusifs et des donations à des musées –, le seul digne de sa personnalité narcissique.

Comment gérer les personnalités narcissiques

Faites

Montrez votre approbation chaque fois qu'elle est sincère

Souvenez-vous : la personnalité narcissique pense qu'elle mérite votre admiration. Si vous voulez maintenir de bonnes relations avec elle, n'hésitez pas : complimentez-la pour ses réussites. Faites l'éloge de sa nouvelle robe, félicitez-la pour avoir su convaincre un client, pour son revers au tennis, son tailleur, son discours. Cela aura plusieurs avantages : vous apparaîtrez à la personne narcissique comme quelqu'un d'intelligent qui sait reconnaître sa valeur, elle sera moins tentée de vouloir à tout prix vous impressionner, elle sera moins irritable en votre présence, et aussi, et c'est un point important, vous aurez beaucoup plus de poids à ses yeux quand vous lui ferez une critique.

Nous parlons bien sûr d'approbation sincère, car la flatterie non sincère risque de devenir très vite une escalade dont vous n'arriverez plus à sortir. Par ailleurs, leur soif d'admiration rend souvent les narcissiques experts en la matière, et les plus intelligents savent très bien discerner entre le bon cru d'un compliment sincère et la vulgaire piquette de la basse flatterie.

Expliquez-lui les réactions des autres

Si vous avez réussi à gagner une part de la confiance d'une personne narcissique, vous vous retrouverez souvent en train de l'écouter se plaindre des autres. Elle vous confiera que les gens sont nuls, stupides, ingrats, méchants, ce qui veut dire en général qu'ils ne lui auront pas donné les égards et l'attention qu'elle juge mériter. Vous pourrez parfois l'aider en lui expliquant le point de vue de l'autre, tel que vous le percevez. Attention, il ne s'agit pas de dire que l'autre interlocuteur a raison, mais plutôt de montrer que chaque personne voit les choses de son point de vue.

Gabriel, un jeune cadre narcissique, rentre furieux d'une entrevue avec son directeur et se confie à un ami, François. Son directeur a accordé à Gabriel une augmentation qu'il juge insuffisante, et même vexatoire. Il a obtenu les meilleurs résultats de toute son équipe, et il a droit à une augmentation à peine supérieure à celle des autres ! François le laisse s'exprimer, reconnaît que Gabriel a eu des résultats exceptionnels et le félicite. Puis, tout en reconnaissant sa valeur au travail, il lui fait remarquer que le directeur n'a pas tous les pouvoirs. Il n'a qu'une enveloppe financière limitée pour les augmentations, et s'il augmente trop la prime de Gabriel, celle des autres sera diminuée en conséquence. « Mais ils ont eu de moins bons résultats que moi », s'obstine Gabriel. Sans doute, mais n'ont-ils pas eux aussi atteint ou dépassé leurs objectifs ? S'ils ont une prime trop faible, ils seront démotivés. Le directeur doit tenir compte de cela.

Après une demi-heure de discussion avec son ami, Gabriel s'est calmé, a compris le point de vue du directeur, même s'il pense toujours qu'il méritait plus. François a réussi là où le directeur a échoué : il a reconnu le point de vue de Gabriel, en lui montrant qu'il le comprenait, tandis que le directeur, irrité par l'arrogance de Gabriel, s'est raidi en l'accusant de faire des demandes « extravagantes », « non conformes aux règles », ce qui n'a fait qu'augmenter la fureur de Gabriel.

Nous retrouvons dans cet exemple la règle que nous répétons souvent : pour convaincre quelqu'un, il vaut mieux commencer par lui expliquer que vous comprenez son point de vue (ce qui ne veut pas dire que vous êtes d'accord).

Respectez scrupuleusement les usages et les formes

N'oubliez jamais que le narcissique se considère comme plus important que vous et s'attend donc à des égards en conséquence. Arriver en retard, le saluer négligemment, se tromper dans l'ordre des présentations, être un peu trop familier, voilà comment l'irriter rapidement. N'oubliez pas que vous avez affaire à une personne susceptible, même à propos de détails qui vous paraissent insignifiants.

Écoutons Élisabeth, journaliste.

Un soir, j'ai été invitée à une soirée professionnelle qui réunissait beaucoup de gens importants dans le domaine où je travaille. Comme je sais que mon ami Paul, qui rentre des États-Unis, a besoin de contacts dans le métier, je lui ai proposé de m'accompagner. Nous avons rencontré pas mal de personnes, et je lui ai présenté toutes celles que je connaissais. À mon vif étonnement, il a eu l'air très tendu toute la soirée, et quand nous sommes repartis, il me faisait carrément la gueule. J'ai fini par lui demander pourquoi : il m'a répondu d'un air courroucé qu'en faisant les présentations, j'avais à plusieurs reprises commencé par le présenter à des gens plus jeunes que lui ou qu'il considérait comme moins importants que lui au lieu de faire l'inverse, commencer par les présenter à lui.

N'oubliez pas que ce qui pour vous est un détail insignifiant sera vécu par le narcissique comme un manque d'égards.

Ne faites que les critiques indispensables, et soyez très précis

Après vous avoir parlé de l'extrême susceptibilité des narcissiques, comment pouvons-nous vous recommander de leur faire des critiques ? Tout simplement parce qu'une critique sincère, ciblée sur un comportement précis, est un des outils de base de la gestion des personnalités difficiles. Bien sûr, cet exercice est plus délicat avec les personnalités narcissiques, très susceptibles ; c'est pourquoi vous diminuerez les risques d'explosion en vous en tenant aux critiques que vous jugez strictement nécessaires. Rappelez-vous que le but de vos critiques ne doit pas être d'amener l'autre à changer sa vision de lui-même et du monde, mais simplement de l'inciter à modifier certains de ses comportements.

Par exemple, nous vous déconseillons vivement de reprocher à un narcissique « de se croire toujours supérieur aux autres », ou d'être « égoïste ». Ce serait à la fois maladroit et inutile. Ce sont des critiques peu précises, qui attaquent la personne (sous-entendu : « Tu es toujours comme ça ») et qui, avec un narcissique, comme avec n'importe qui, ne provoqueront que de la colère et l'envie de vous démontrer que vous avez tort.

En revanche, si vous critiquez, désignez un comportement précis, repérable dans le temps, qui n'atteint pas la personne dans son entier : « Je n'aime pas quand tu arrives en retard sans même prévenir », « J'aimerais que tu arrêtes de me couper la parole », « Je comprends que tu aies des raisons d'en vouloir à Dupond, mais j'aimerais qu'on passe à un autre sujet ». Vos critiques seront d'autant mieux (ou moins mal) supportées par la personne narcissique, que vous aurez cherché à appliquer notre première recommandation : vous lui avez fait des compliments sincères chaque fois que c'était possible. Ne vous attendez pas cependant à une acceptation de la critique, vous risquerez toujours une réponse irritée voire une colère, mais vous aurez des chances d'observer plus tard que votre critique aura été entendue.

Tout cela nous semble simple, mais ce n'est pas la réaction la plus naturelle. Voilà plutôt ce qui se passe le plus souvent, et que nous raconte Chloé, épouse d'un mari très narcissique, et commercial hors pair.

En fait, Jean-Pierre n'arrête pas de se vanter de la manière dont il arrive à convaincre tous ses clients, de ses performances au tennis, de ses collaborateurs qui se « défoncent » pour lui. Il a toujours l'air d'être à la pêche aux compliments et ça m'énerve tellement que je ne lui en fais jamais. Du coup, c'est vrai, ça le rend maussade, il m'en veut, et organise son emploi du temps sans tenir compte de moi. Alors, je finis par exploser en le traitant d'égoïste, en lui disant qu'il ne pense qu'à lui.

Évitez donc de tomber dans la spirale que décrit Chloé : des représailles qui provoquent d'autres représailles. Au lieu de ce comportement naturel, mais inefficace, faites des compliments quand ils sont mérités et alternez avec des critiques précises.

Soyez discret sur vos propres réussites et privilèges

Nous connaissons tous l'envie, cette émotion peu agréable qui nous étreint quand nous nous apercevons qu'une personne possède des avantages que nous aimerions bien avoir… et que nous pensons mériter ! Chez le narcissique, cette émotion est décuplée. En effet, comme il pense qu'il mérite plus que vous, vos privilèges lui feront l'impression d'une injustice cuisante. Évitez donc de parler avec lui des merveilleuses vacances que vous venez de passer, de l'héritage que vous venez de recevoir, de la brillante soirée à laquelle vous venez d'être invitée, des amis d'enfance que vous avez gardés et qui sont devenus des gens haut placés, ou de la promotion que l'on vient de vous accorder. Tout cela le fera souffrir plus qu'un autre, et vos relations en souffriront aussi.

Écoutons Yannick, 32 ans, commercial dans une agence immobilière.

J'arrive à avoir d'assez bonnes relations avec ma patronne, parce que j'ai compris, contrairement aux commerciaux de l'agence, qu'il suffit de lui faire des compliments de temps en temps, que ce soit pour son nouveau tailleur, ou la manière dont elle vient de décrocher un gros client. Du coup, elle m'agresse moins souvent que les autres, et je peux même me permettre de discuter parfois ses ordres.

Malheureusement, je n'ai pas pensé à tout. Il se trouve que ma femme est hôtesse de l'air, ce qui nous autorise à voyager en avion à des prix dérisoires. Résultat, nous passons souvent nos vacances à l'autre bout du monde. Un jour, je n'ai pas pu m'empêcher de dire combien j'avais passé une merveilleuse semaine à l'île Maurice. Intriguée, ma patronne a fini par me demander comment j'arrivais à voyager aussi souvent. Comme elle écoutait mes explications, j'ai vu son visage se fermer. Après quoi, elle a été d'une humeur massacrante toute la journée. Depuis, nos relations ne sont plus les mêmes. Elle gagne pourtant beaucoup d'argent et pourrait se payer facilement les mêmes voyages que moi, mais l'idée que j'aie un privilège par rapport à elle l'irrite profondément. Je crois que je vais chercher un job ailleurs.

L'intérêt de cet exemple est de montrer qu'une personnalité narcissique sera même jalouse d'un privilège pour lequel il n'y avait nulle compétition en jeu.

NE FAITES PAS

Ne faites pas de l'opposition systématique

Les personnalités narcissiques sont parfois bien irritantes, pour ne pas dire insupportables. L'énervement qu'elles provoquent peut vous amener à faire un véritable « blocage » à leur égard. Vous aurez envie de les contredire systématiquement, de leur montrer un visage hostile, voire de blesser leur amour-propre. Cela vous soulagera peut-être momentanément, mais rendra la relation encore plus difficile. Par ailleurs, la personne narcissique trouvera votre comportement tout à fait injuste, même scandaleux, et vous risquez de devenir à ses yeux un ennemi à mater. Nous répétons donc notre précédent conseil : faites-lui des compliments, reconnaissez ses réussites chaque fois que c'est possible, cela vous donnera de la « marge » pour lui faire des critiques.

Soyez attentif aux tentatives de manipulation

Les narcissiques sont souvent des êtres assez charmeurs, qui fascinent ou séduisent les autres, en tout cas dans un premier temps. Peut-être est-ce ce pouvoir de séduction qui leur a donné très tôt l'impression qu'ils méritaient des égards particuliers. (Souvenez-vous de l'exemple de Juliette.) Leur charme, leur assurance et le peu d'importance qu'ils accordent aux autres en font de redoutables manipulateurs. Manipuler, c'est-à-dire jouer délibérément avec les émotions des autres pour les rallier à leur point de vue. À ce propos, voici le témoignage de Charlotte, assistante d'un architecte.

Mon patron arrive toujours à obtenir de vous ce qu'il veut, et le pire, c'est qu'on a parfois l'impression de le faire de son plein gré. Son grand truc, c'est d'arriver à vous rendre coupable : quand on lui explique qu'on n'a pas envie de l'accompagner le samedi chez un client (il adore arriver escorté d'un ou deux collaborateurs, dont au moins une jolie fille, cela lui donne l'air encore plus important), il a l'air attristé, il vous demande si vous lui en voulez, s'il y a quelque chose qui vous a déplu. Bref, il a l'air si déçu que vous avez presque envie de le consoler, alors vous acceptez de perdre votre samedi. Mais s'il voit que le coup de la culpabilité ne marche pas, alors il change instantanément de tactique : il explique qu'il sait faire la différence entre les collaborateurs réellement motivés et les autres, et vous laisse entendre dans quelle catégorie il vous classera si vous ne l'accompagnez pas. Cela ressemble à une menace, mais il se permet d'ajouter qu'il comprendra très bien si vous ne pouvez pas venir. Le sous-entendu est là, alors vous acceptez aussi.

J'ai fini par repérer les quatre manières qu'il a de vous convaincre :

- *la flatterie, « Vous êtes la meilleure » ;*
- *la culpabilité, « Après tout ce que j'ai fait pour vous » ;*
- *la peur, « Attention à vous si... » ;*
- *la proximité, « Vous et moi sommes dans le même bateau... ».*

Et le plus fou, c'est qu'il arrive à passer de l'un à l'autre au cours d'un même entretien !

Avec une telle perspicacité, Charlotte mériterait d'avoir des responsabilités de management.

N'accordez jamais une fois les faveurs que vous ne voulez pas renouveler

Comme avec beaucoup de personnalités difficiles, il est très important que la personne narcissique ait une vision assez claire et prévisible de ce que vous acceptez et de ce que vous n'acceptez pas. Elle aura ainsi moins tendance à venir tester votre tolérance. Dès que vous avez réalisé à qui vous avez affaire, essayez de dresser une carte virtuelle de vos territoires respectifs, en définissant les demandes de sa part que vous acceptez, et celles que vous refuserez systématiquement.

Voici un exemple de carte, dressée par Yannick à propos de sa patronne.

- *Accepter :*
  - *de lui faire des compliments quand elle vient en chercher ;*
  - *de l'appeler souvent « madame » devant les visiteurs ;*
  - *de la laisser présenter au grand patron les petites affaires que j'ai conclues comme si c'étaient ses propres réussites.*
- *Refuser :*
  - *de lui faire systématiquement du café (seulement à l'occasion, quand j'en fais pour moi) ;*
  - *de me joindre à ses critiques concernant le directeur, ou la concurrence, ou mes collègues ;*
  - *qu'elle m'exclue de la réunion quand le directeur est là pour parler des affaires importantes.*

Comme vous le voyez, côtoyer un narcissique n'est pas de tout repos ! Cela suppose justement d'être différent de lui : ne pas faire de tout une question d'amour-propre.

Ne vous attendez pas au donnant-donnant

Lorsque quelqu'un vous fait une faveur, il peut vous arriver de vous sentir redevable vis-à-vis de lui, et de chercher à lui rendre la pareille dès que cela vous est possible. La reconnaissance n'est peut-être pas un sentiment très naturel (le naturel est peut-être au contraire de fuir les gens à qui on « doit » quelque chose). Mais notre éducation, les règles de politesse, le regard des autres et parfois notre intérêt bien compris nous incitent à montrer notre gratitude à ceux qui la méritent. Pour une personnalité narcissique, les choses se passent souvent différemment, comme nous le raconte Fanny, 31 ans, journaliste dans la presse féminine.

Véronique est arrivée ici comme stagiaire, recommandée par moi parce que c'était une de mes anciennes camarades de fac. Mais elle a fait du si bon travail que le chef de service a décidé de l'embaucher, et nous nous sommes retrouvées à rang égal, travaillant sur la même rubrique : le tourisme et les voyages. Très vite, en conférence de rédaction, elle est arrivée à s'imposer et à obtenir les sujets les plus intéressants, avec de beaux voyages à la clé. Elle a l'air si sûre d'elle, elle est habile, et elle a tapé dans l'œil du rédacteur en chef.
Cela a commencé à m'énerver, moi et d'autres collègues. Un jour j'ai été plus rapide qu'elle et j'ai obtenu d'aller faire un reportage à Saint-Pétersbourg, pendant qu'elle irait visiter les beautés de la Provence de l'intérieur, ce qui n'était pas mal non plus. Après la réunion, elle est venue me voir, à la limite des larmes. Elle m'a reproché de lui avoir « piqué » ce reportage, alors que je devais savoir qu'elle s'était toujours intéressée à la Russie, qu'elle avait fait du russe au lycée, qu'elle avait toujours rêvé d'aller là-bas. Elle était si convaincante, j'ai été ébranlée, et je l'ai laissée appeler le rédacteur en chef pour que nous échangions nos reportages. Dès qu'elle a obtenu ce qu'elle voulait, elle est redevenue triomphante, et j'ai senti qu'elle ne m'en avait aucune reconnaissance.
Je perçois sa présence comme une pression continuelle qui veut me pousser sur le côté, et je dois être très vigilante. Et dire que c'est moi qui l'ai fait entrer ici !

Cet exemple montre qu'avec une personnalité narcissique, la stratégie du donnant-donnant est souvent une erreur. Car justement, elle ne se sent nullement obligée à la réciprocité, puisqu'elle pense qu'elle mérite ce que vous lui accordez. Évitez donc de tomber dans le « plus je serai gentil avec elle, plus elle sera gentille avec moi ». C'est un type de relation que vous avez peut-être appris dans votre enfance avec des parents aimants, mais qui est voué à l'échec dans les situations de compétition ! Évitez aussi cette erreur dans le domaine affectif : certains narcissiques peuvent vous donner une illusion d'intimité en échangeant des confidences avec vous, mais c'est dans le but de vous séduire pour atteindre leurs buts, pas de créer une relation réciproque. Méfiez-vous de cette fausse sensation de proximité qu'ils peuvent créer, et gardez-vous de faire des confidences qu'ils pourront utiliser pour vous manipuler.

Comment gérer les personnalités narcissiques

- Faites
  - montrez votre approbation chaque fois qu'elle est sincère ;
  - expliquez-lui les réactions des autres ;
  - respectez scrupuleusement les usages et les formes ;
  - ne faites que les critiques indispensables, et soyez très précis ;
  - soyez discret sur vos propres réussites et privilèges.

- Ne faites pas
  - ne faites pas de l'opposition systématique ;
  - soyez attentif aux tentatives de manipulation ;
  - n'accordez jamais une fois les faveurs que vous ne voulez pas renouveler ;
  - ne vous attendez pas au donnant-donnant.

Si c'est votre patron : ne mettez pas trop votre amour-propre en jeu quand vous êtes avec lui. Prenez du recul. Souvenez-vous de cette phrase de La Rochefoucauld : « Louer les princes des qualités qu'ils n'ont pas est une manière de leur dire des insultes. »
Si c'est votre conjoint : si vous l'avez choisi, c'est qu'il a sûrement d'autres qualités. Relisez tout de même le chapitre.
Si c'est votre collègue ou collaborateur : attention à ce qu'il ne prenne pas votre place !

Avez-vous des traits de personnalité narcissique ?

	Plutôt vrai	**Plutôt faux**
1. J'ai plus de charme que la moyenne des gens.		
2. Tout ce que j'ai obtenu, je le dois à mes mérites.		
3. J'aime bien recevoir des compliments.		
4. Je me sens facilement jaloux(se) des réussites des autres.		
5. Il m'est arrivé de tricher sans aucune gêne.		
6. Je ne supporte pas qu'on me fasse attendre.		
7. Dans ma vie professionnelle, je mérite d'arriver très haut.		
8. Je m'énerve facilement quand on me manque d'égards.		
9. J'ai un fort pouvoir de persuasion.		
10. Je supporte mal d'obéir aux règles faites pour tout le monde.		

CHAPITRE IV

LES PERSONNALITÉS ANXIEUSES

« Je pense que j'ai peur d'être heureux, parce que quand je suis trop heureux, il m'arrive toujours quelque chose de mal. »

Charlie Brown,
dans les *Peanuts* de Charles SCHULZ

Du plus loin que je me souvienne, nous dit Claire, 28 ans, j'ai toujours vu ma mère inquiète. Elle se tracassait pour tout. Même aujourd'hui, quand je viens lui rendre visite, elle veut que je la prévienne de l'heure à laquelle j'arrive et, si j'ai dix minutes de retard, elle commence à s'imaginer que j'ai eu un accident de voiture.
Un soir, quand j'avais 14 ans, je suis restée discuter à la sortie du lycée avec des amies. Je suis arrivée à la maison une demi-heure plus tard que prévu (évidemment, ma mère connaissait par cœur mes horaires scolaires pour chaque jour) : j'ai trouvé maman en larmes en train d'appeler le commissariat pour que la police parte à ma recherche !
Une autre fois, à 20 ans, dans un grand accès d'indépendance, je suis partie pour un périple en Amérique du Sud avec une bande d'amis de mon âge. Nous avons traversé des régions mal ou pas couvertes par le réseau, et je dois dire que même lorsque c'était possible, je n'ai pas toujours envoyé de messages à ma famille. Au bout de quelques jours sans

nouvelles, ma mère n'y tenait plus. Elle ne savait même pas dans quel pays nous étions à ce moment-là. Quelle n'a pas été ma surprise lorsque mes amis et moi sommes parvenus à un petit poste frontière qui sépare le Pérou et la Bolivie, et que le douanier, après avoir examiné mon passeport, m'a regardée et m'a dit qu'il fallait que j'appelle ma mère ! J'étais sidérée. Et puis j'ai compris. À force de coups de téléphone frénétiques et d'envois quotidiens d'e-mails, elle avait alerté les ambassades de France des pays que nous devions traverser et les avait suffisamment inquiétées pour qu'un message soit diffusé à tous les postes frontières !
Pauvre maman ! J'ai souvent envie de me fâcher contre elle, mais je me rends bien compte que c'est plus fort qu'elle et que son anxiété la fait beaucoup souffrir. Si seulement elle ne se faisait du souci que pour moi ! Mais cela ne la quitte jamais. Par exemple, elle a toujours peur d'être en retard. Pour prendre le train, elle arrive à la gare avec au moins une demi-heure d'avance. Je sais qu'à son travail, au ministère, elle est très appréciée, car elle est toujours prête à veiller pour terminer à temps l'examen d'un dossier, elle prévoit toujours ce qui pourrait mal fonctionner et prend des précautions supplémentaires. Elle est toujours inquiète à propos de ses factures de téléphone, d'eau ou d'électricité, du paiement des impôts, etc. Même si tout fonctionne par virements bancaires, l'idée que l'on puisse lui couper l'électricité ou l'accuser de ne pas avoir payé son dû la met dans tous ses états…
Les seuls moments où je la vois détendue, ce sont les jours où mes sœurs et moi nous venons déjeuner à la maison avec nos maris. Elle s'agite toute la matinée pour préparer le repas dans un climat d'urgence, mais au moment du café, quand nous lui disons de rester assise et que nous débarrassons, je la sens se détendre enfin, et elle semble apaisée jusqu'à notre départ. Je l'appelle quand même le soir quand nous arrivons à la maison, sous des prétextes divers, mais en fait parce que je sais qu'elle sera rassurée de nous savoir arrivés à bon port.
Je ne sais pas d'où elle tient cette anxiété. Mon père est mort d'un accident quand nous étions très jeunes, et elle s'est retrouvée seule avec

trois enfants à élever. Peut-être ce traumatisme et cette responsabilité l'ont-ils entraînée à devenir une angoissée ? Mais quand je vois mes grands-parents maternels, je constate qu'eux aussi n'arrêtent pas de se faire du souci pour tout. Alors je me dis que c'est de famille. D'ailleurs, ma sœur aînée prend le même chemin et je lui ai conseillé d'aller vite voir un thérapeute !

Que penser de maman ?

La mère de Claire a tendance à se faire du souci, c'est-à-dire, pour chaque situation, à penser surtout aux risques et aux dangers potentiels pour elle et ses proches. Chaque fois qu'elle se trouve dans une situation d'incertitude, elle redoute aussitôt l'hypothèse la plus défavorable (« Ma fille est en retard : peut-être a-t-elle eu un accident ? »). Par ailleurs, face aux situations à venir, elle a tendance à anticiper tous les risques pour pouvoir mieux les contrôler. Mais, après tout, penser aux risques de toute situation dans l'espoir de mieux les prévenir, n'est-ce pas faire simplement preuve de prudence ? Non, car vous sentez bien que dans le cas de la mère de Claire, cette attention aux risques est excessive et exagérée par rapport à la probabilité de l'événement ou à sa gravité. Par exemple, qu'un courrier n'arrive pas ou qu'un paiement ne soit pas reçu par ses destinataires. C'est un événement assez rare et peu probable. Si cela arrivait, il serait encore moins probable que son centre des impôts saisisse ses biens ou la mette directement en prison !

Cependant, la mère de Claire se sent accaparée par ce risque d'un événement peu grave et peu probable, et déploie une certaine tension pour le prévenir. Tension encore pour arriver à préparer le déjeuner familial dans les temps alors que : 1) un retard ne serait pas bien grave ; 2) comme elle est une cuisinière expérimentée et qu'elle a prévu son menu, elle a peu de risques d'être en retard. Anticipation anxieuse, attention exagérée aux risques, tension, la mère de Claire présente les traits d'une personnalité anxieuse.

La personnalité anxieuse

- Soucis trop fréquents ou trop intenses par rapport aux risques de la vie quotidienne pour soi-même ou ses proches.
- Tension physique souvent excessive.
- Attention permanente aux risques : guette tout ce qui pourrait mal tourner, pour contrôler des situations même à risque faible (événement peu probable ou peu grave).

On devine déjà les avantages et les inconvénients d'avoir une personnalité anxieuse. Prudence et tendance à contrôler d'un côté, tension excessive et souffrance de l'autre.

Il est à remarquer que la personnalité anxieuse telle que nous la décrivons ne fait pas partie des troubles de la personnalité répertoriés par la classification américaine des troubles mentaux américaine, le *DSM-5*. Sans doute parce que les anxieux sont souvent adaptés à leur environnement, et causent souvent plus de souffrance à eux-mêmes qu'aux autres. Il existe par ailleurs des personnalités « difficiles » dont l'émotion dominante est l'anxiété, mais avec d'autres caractéristiques, que nous décrirons dans les chapitres suivants (personnalités évitantes, dépendantes, obsessionnelles).

Comment maman voit-elle le monde ?

La mère de Claire semble avoir un véritable radar pour détecter dans son environnement tout ce qui pourrait produire un incident ou une catastrophe. Sa croyance fondamentale pourrait s'exprimer ainsi : « Le monde est un endroit dangereux où une catastrophe peut toujours arriver. » Une personne dépressive qui partagerait cette croyance se contenterait de faire le dos rond pour amortir les coups à venir. La mère de Claire, au contraire, va tout faire pour les prévenir en tentant de contrôler tout son environnement.

Sa deuxième croyance pourrait être : « En faisant très attention, on peut empêcher la plupart des incidents et accidents. » Mais après tout, direz-vous, n'a-t-elle pas raison ? Le monde n'est-il pas un endroit dangereux où une catastrophe est toujours possible ? Il suffit d'ouvrir un quotidien pour le vérifier. Un autocar tombe dans un ravin. Des enfants se noient au cours d'une baignade. Une mère de famille sortie pour acheter le pain est fauchée par une voiture. Tous les jours, des gens meurent ou sont gravement blessés dans des accidents domestiques, dans leur cuisine, leur établi ou leur jardin. Alors, n'est-il pas vrai qu'en étant très prudent on arrive à éviter pas mal d'accidents et de catastrophes ? Au fond, maman avait raison, le monde est dangereux et il faut faire attention !

En fait, ce qui distingue les croyances de la mère de Claire de celles d'une personne non anxieuse, c'est leur fréquence et leur intensité. Certes, une catastrophe peut toujours arriver, nous sommes des êtres vulnérables et périssables, mais la majorité d'entre nous arrivent à vivre en l'oubliant la plupart du temps.

Ce qui ne nous empêche pas de prendre des précautions pour les risques que nous pouvons contrôler. Par exemple, au volant, nous bouclons notre ceinture, mais sans anxiété particulière et sans craindre l'accident à chaque carrefour. Pour les risques graves que nous ne pouvons guère contrôler, maladie sévère, accident de voiture d'un proche, nous évitons d'y penser tant que nous n'y sommes pas confrontés.

Par ailleurs, les petits risques de la vie comme rater un train, arriver en retard, ou manquer la cuisson d'un gigot vont certes augmenter notre anxiété, mais à une intensité modérée.

On voit donc que les personnes anxieuses souffrent d'une sorte de réglage un peu trop sensible de leur « système d'alarme » : les pensées anxieuses, la tension physique et le comportement de contrôle se déclenchent trop souvent et trop intensément par rapport à l'événement.

Écoutons d'ailleurs le discours d'un anxieux. Paul, 34 ans, est agent d'assurances. Régulièrement, il demande des tranquillisants à son généraliste.

Oui, on peut dire que je suis anxieux, mais je me soigne ! Ce qui est amusant, c'est que je travaille dans les assurances, comme si m'occuper des malheurs qui peuvent arriver aux autres me donnait l'impression que je me protège moi-même. Bien sûr, je me dis que je me fais du souci à bon escient et que mon comportement est parfaitement normal. En fait, je suis apprécié professionnellement, à la fois par mes clients et par ma compagnie, car cette peur que quelque chose tourne mal me fait repérer les risques imprévus d'un assuré, que lui-même n'a parfois pas remarqués, ou les défauts de couverture d'un contrat. Résultat, j'encaisse beaucoup de primes et mes clients sont très bien couverts.

Mais il faut bien dire que cette anxiété me met toujours sous tension. Un jour, mon médecin m'a demandé de faire la liste de toutes les pensées anxieuses qui me passaient par la tête en une journée. Voici ce que cela a donné : un peu avant le lever, première anxiété en pensant à tout ce que j'ai à faire dans la journée, vais-je y arriver ? Petit déjeuner avec ma femme, qui était un peu maussade ce jour-là. Et si un jour nous ne nous aimions plus ? Départ en voiture pour un rendez-vous. Et si j'arrivais quand même en retard ? D'ailleurs, je fais très attention au volant et j'ai acheté une voiture réputée pour sa sécurité en cas de collision. Arrivée dans les bureaux du client avec le contrat. Et si j'avais oublié quelque chose ? Et si je n'avais pas prévu un risque ? Nous relisons le contrat avec le client, il est très satisfait, il signe. En ressortant, je suis content, c'est un gros contrat, et je m'arrête sur la route pour prendre un café. J'arrive à me détendre quelques minutes, puis survient un autre souci : je me souviens que ma voiture faisait un bruit ce matin. Et s'il fallait tout de suite l'emmener au garage ? Aurai-je le temps entre deux rendez-vous ? Et ainsi de suite. Je vous décris là une journée normale, je suis habitué à cette dose d'anxiété.

Paradoxalement, quand un vrai danger se présente, je réagis plutôt calmement, ce qui surprend ceux qui ont l'habitude de me voir m'inquiéter pour des riens. L'année dernière, nous étions partis en mer avec des amis qui voulaient nous montrer leur nouveau bateau. Le temps s'est gâté assez brusquement et, au même moment, le moteur a commencé à avoir des ratés. Tout le monde avait peur, mais je suis descendu dans la cale m'occuper du moteur. Finalement, nous sommes rentrés à bon port. (Si j'ai pu résoudre le problème ce jour-là, c'est parce que, redoutant de tomber un jour en panne sur la route, j'ai pris quelques cours de mécanique auto.)

Quand le problème est bien là, j'arrive à faire face, mais ce qui me hante, c'est la possibilité de ce qui pourrait arriver. Même si je n'ai pas de soucis, j'arrive à en fabriquer.

J'en ai eu un exemple l'été dernier : tout allait bien, j'avais fait une très bonne année, ma femme et moi nous nous entendions bien, nous passions des vacances merveilleuses avec les enfants et, vraiment, je n'avais aucune raison de me faire du souci. Eh bien, je me suis mis à me tracasser par des pensées du genre : et si un de mes enfants avait une maladie grave ? Quand tout va très bien, je me dis que forcément ça ne durera pas toujours. Et si l'un de nous avait un vrai problème de santé ? Vous voyez, ça n'a pas de fin.

Cet exemple rend encore plus visibles les avantages et les inconvénients d'avoir une personnalité anxieuse. Avantages : Paul est très consciencieux, prévoit les risques et est un excellent professionnel. Inconvénients : il est toujours sur le qui-vive, ce qui le fait souffrir et le fatigue.

Quand l'anxiété devient une maladie

Imaginons que pour des raisons mystérieuses l'anxiété de Paul augmente encore, qu'il se sente de plus en plus tendu, avec des pensées tournées uniquement vers des catastrophes possibles, qui perturbent son sommeil et sa capacité de se concentrer.

Si son médecin généraliste l'envoie consulter un psychiatre, celui-ci fera sans doute le diagnostic d'anxiété généralisée.

Le trouble anxieux généralisé se manifeste par des soucis injustifiés ou excessifs, mais s'y ajoutent trois types de symptômes :

- *Une hyperactivité du système nerveux végétatif* (le système nerveux qui commande les réactions involontaires) : palpitations, sueurs, bouffées de chaleur, envies répétées d'uriner, « boule dans la gorge »…

• *Une tension musculaire :* tressautements, contractures douloureuses (dos, épaules, mâchoires), entraînant souvent une fatigabilité ;
• *Une exploration hypervigilante de l'environnement :* sensation d'être aux aguets, survolté, difficultés de concentration à cause de l'anxiété, troubles du sommeil, irritabilité.

Le trouble anxieux généralisé est comme une caricature de la personnalité anxieuse et les sujets qui en sont atteints en souffrent beaucoup. C'est une véritable maladie, qui nécessite un traitement.

Les traitements les plus efficaces sont souvent l'association d'une psychothérapie et de médicaments.

Parmi les psychothérapies, les thérapies cognitives et comportementales, dont nous parlons à la fin de ce livre, ont fait la preuve d'une certaine efficacité. On propose au patient :

1) l'apprentissage de la relaxation, pour l'aider à contrôler lui-même ses réactions anxieuses excessives ;
2) des séances de restructuration cognitive : le thérapeute aide le patient à remettre en question ses pensées anxieuses. En particulier, il l'aide à réévaluer la gravité et la probabilité des dangers qu'il surestime.

Mais la psychothérapie sera parfois associée à un traitement médicamenteux, d'abord parce que le patient souffre beaucoup et doit être soulagé assez rapidement, ensuite parce que, comme pour beaucoup de troubles psychologiques, l'association des deux approches, psychothérapies plus médicament, est dans certains cas plus efficace que les deux isolément.

Parmi les médicaments de l'anxiété, deux grandes classes sont utilisées par les médecins, les anxiolytiques et les antidépresseurs. Nous donnons ci-dessous leurs avantages et leurs inconvénients respectifs.

Tableau des deux grandes classes de médicaments des troubles anxieux

	Anxiolytiques	Antidépresseurs
Avantages	• Effet immédiat. • Utilisables au coup par coup. • Maniables. • Bien supportés. • Rassurants pour le patient.	• Le traitement de fond le plus efficace de certains troubles anxieux. • Pas de risque de dépendance. • Pas de somnolence. • Traite la dépression souvent associée.
Inconvénients	• Si mal utilisés, risques de : - somnolence ; - troubles de mémoire ou de concentration (transitoires) ; - dépendance. • Efficacité incomplète sur les anxiétés sévères.	• Ne soulagent pas rapidement : plusieurs semaines de traitement avant efficacité complète. • Augmentent parfois l'anxiété en début de traitement. • Parfois sans effet.

Le choix entre antidépresseur et anxiolytique est une décision médicale, guidée par ce que dit le patient de ses symptômes. En fait, les anxiolytiques sont presque toujours prescrits au début, pour calmer rapidement le patient. Dans certains troubles anxieux sévères, l'ajout d'un antidépresseur permet souvent d'améliorer le résultat et de réduire ensuite les doses d'anxiolytiques.

Les traitements pour le trouble anxieux généralisé peuvent aussi être utilisés pour la personnalité anxieuse, selon les besoins du patient.

Écoutons ce même Paul, qui a décidé de se soigner.

En fait, je crois que je me suis habitué à mon anxiété, pour moi c'est la vie normale, mais c'est ma femme qui m'a poussé à venir consulter. Elle supportait de plus en plus difficilement de me sentir sous tension. En plus, j'ai tendance à lui demander un peu trop souvent si elle a bien fait ce qu'elle avait prévu : par exemple, emmener les enfants se faire vacciner, s'occuper de tel ou tel papier administratif, prendre rendez-vous avec un artisan pour la maison. Comme en général elle s'en était bien occupée, elle supportait mal que je cherche toujours à le vérifier. Et puis, il faut dire que j'avais aussi du mal à m'endormir, surtout au moment de la rentrée, quand il y a tant de choses à faire.

Je suis d'abord allé voir mon généraliste qui m'a prescrit un anxiolytique. Il m'a expliqué comment le prendre : quelques jours de suite pendant les périodes difficiles, en ne dépassant jamais la dose habituelle, et en essayant de m'en passer le reste du temps. C'est vrai que ça m'a bien aidé. J'ai commencé le week-end pour m'habituer et vérifier que ça ne m'endormait pas, puis j'ai continué en faisant varier la dose du simple au double selon les jours. Avec ce médicament, ma personnalité ne change pas, je reste préoccupé de tout prévoir, mais je me sens moins sous pression. Ma femme a constaté que ça me réussissait, mais l'idée que je prenne une pilule ne lui plaisait pas. Du coup, elle m'a conseillé d'aller voir une psychologue recommandée par une amie. J'y suis allé avec réticence, je n'avais pas du tout envie de « raconter mes problèmes ». La psychologue l'a compris et m'a proposé d'apprendre la relaxation. Au bout de six séances, j'arrivais à me relaxer assez profondément, et j'ai commencé à utiliser la relaxation pour trouver le sommeil. Mais surtout, elle m'a montré comment faire des minirelaxations dans la journée, assis, les yeux ouverts, pour faire baisser ma tension, sans me relaxer complètement, bien sûr. Maintenant, je fais ça plusieurs fois par jour : après un coup de fil, au volant pendant l'attente aux feux rouges, je fais une dizaine de respirations diaphragmatiques et ça me détend. Ensuite, elle m'a proposé de commencer une véritable psychothérapie, mais là j'ai trouvé que ça n'était pas nécessaire. Avec un peu de médicaments de temps en temps, et un peu de relaxation, je trouve que ça va déjà mieux.

Cet exemple montre qu'on peut parfois beaucoup aider les patients avec des moyens simples, et que de nombreuses personnes (les hommes en particulier) ne demandent parfois pas davantage.

Peut-être quelqu'un dira-t-il : « Mais Paul n'a pas résolu son problème d'anxiété ! Il ne s'est occupé que de ses symptômes, il n'a pas traité la cause profonde. Seule une thérapie approfondie, comme une psychanalyse, peut lui permettre de comprendre les causes de son anxiété et de se libérer de ses symptômes. »

Ce type de réponse est assez courant quand on propose au patient un traitement médicamenteux (« Oui, mais ces médicaments ne traitent que les symptômes, pas la cause ») ou de la relaxation.

Malheureusement, contrairement à ce que beaucoup de gens pensent, les causes de l'anxiété excessive ne sont pas clairement connues. Elles diffèrent selon les patients et il serait prétentieux, en l'état actuel des connaissances, de vouloir à chaque fois traiter la « cause ».

D'où ça vient, docteur ?

Là encore, hérédité et éducation s'entremêlent.

Hérédité : plusieurs études ont montré que dans différentes formes de troubles anxieux, environ le quart des parents du premier degré souffrent aussi d'un trouble anxieux. Et si l'on étudie des jumeaux, des jumeaux monozygotes, c'est-à-dire de « vrais » jumeaux, quand l'un est atteint d'un trouble anxieux généralisé, l'autre a un risque sur deux d'être atteint aussi, mais seulement un risque sur six s'ils sont dizygotes, c'est-à-dire pas plus ressemblants que des frères ou sœurs « ordinaires ».

Il s'agit de troubles anxieux et non pas simplement de « personnalité anxieuse », mais d'autres études ont montré que le trait de personnalité « anxieux » était aussi en partie héritable.

Environnement : certaines études ont montré que, chez les patients atteints de troubles anxieux comme le trouble panique ou l'agoraphobie, des « événements de vie » (rupture, déménagement, deuil, changement de travail) étaient plus fréquents dans les mois précédant l'apparition du trouble. D'autres auteurs se sont intéressés à la plus grande fréquence d'expériences de deuils ou de séparations parentales dans l'enfance.

Comme pour les autres personnalités difficiles, pour qu'une personnalité anxieuse se développe il faut probablement à chaque fois une combinaison variable entre une hérédité prédisposante, des expériences éducatives, et parfois quelques événements traumatisants.

Pour les psychanalystes, l'anxiété excessive, qu'ils appellent « anxiété névrotique », est le symptôme de conflits inconscients mal résolus datant de la petite enfance. Pour eux, Paul s'angoisse sur les événements de sa vie courante pour lutter contre une angoisse plus profonde, inconsciente, liée à un ou plusieurs événements de ses premières années. Cette anxiété du quotidien n'est donc que la traduction d'un problème plus ancien et dont Paul n'a pas conscience. Grâce à une psychanalyse, il pourrait revivre les expériences émotionnelles de son passé dans la relation qu'il noue avec son analyste, prendre ainsi conscience de la nature véritable de son anxiété, et se trouver soulagé. Cette théorie est très séduisante pour plusieurs raisons.

Cinq raisons habituelles pour lesquelles un patient anxieux ou déprimé souhaite entreprendre une psychanalyse

- La psychanalyse laisse entendre au patient que ses symptômes ont un sens qu'il est possible de comprendre. Voilà qui est très motivant. Les gens préfèrent penser qu'il existe une « explication » à leur mal, qu'ils peuvent la découvrir dans leur passé, plutôt que de s'entendre dire que leur anxiété est sans doute un cocktail pas très clair d'hérédité et d'éducation. L'espoir de comprendre est très attrayant pour les êtres humains que nous sommes, et a probablement en soi un effet thérapeutique.

• Grâce à un traitement de « fond », le patient espère une guérison radicale, c'est-à-dire parvenir à un état de bonne santé psychologique, sans besoin de continuer un traitement. Certains psychanalystes disent qu'ils ne promettent nullement la guérison, mais c'est quand même ce qu'espèrent leurs patients.
• Elle propose d'être soi-même l'artisan de sa guérison, certes avec l'aide d'un thérapeute, mais sans se soumettre à l'action de médicaments ou d'un thérapeute directif.
• Elle s'accompagne de textes de référence passionnants, dont beaucoup sont compréhensibles par un non-spécialiste (Freud en particulier). Bien que la plupart des psychanalystes n'encouragent pas leurs patients à lire des textes psychanalytiques, beaucoup de ceux-ci ne résistent pas à cette tentation, dans le secret espoir de mieux comprendre leurs difficultés, de faire avancer plus vite la thérapie, ou de devenir psychanalystes eux-mêmes.
• Elle propose une thérapie de longue durée, ce qui est souvent rassurant (« mon thérapeute sera toujours là »). Par ailleurs, s'il n'y a pas eu d'amélioration après quelques mois, ou quelques années, cela n'est pas vécu comme un échec, mais simplement comme le signe que le travail analytique n'a pas assez avancé.

Cependant, ce ne sont pas des raisons suffisantes pour recommander à toute personne anxieuse de suivre une psychanalyse ou une psychothérapie analytique. D'abord, la méthode elle-même suppose certains goûts et certaines aptitudes (intérêt pour le passé, capacité à verbaliser et à associer librement, tolérance à l'ambiguïté, à la frustration et à l'attente d'un résultat à long terme). Ensuite, toutes les recherches actuelles en psychothérapie montrent qu'aucune approche ne peut prétendre être la meilleure pour tous les types de troubles ou de patients.

L'intérêt se porte aujourd'hui sur les prédicteurs d'efficacité des psychothérapies, c'est-à-dire les éléments propres à chaque patient qui permettraient de décider quel type de psychothérapie a le plus de chance de réussir. Chaque psy a, bien entendu, ses intuitions personnelles à ce sujet, mais le but de la science est justement de transformer des intuitions personnelles, ces « intimes convictions » qui varient d'un individu à l'autre, en des connaissances vérifiées et acceptées par le plus grand nombre.

Ce travail a commencé il y a plus d'un siècle dans les différentes branches de la médecine, et plus récemment en psychiatrie. Les psychothérapies analytiques, les thérapies cognitives et comportementales, la thérapie interpersonnelle (nouvelle venue) font, depuis une dizaine d'années, l'objet d'évaluations dans différents troubles et avec différents types de patients.

Si, dans certains troubles anxieux bien définis (phobies, agoraphobies, attaques de panique, troubles obsessionnels), les thérapies cognitives et comportementales ont fait la preuve d'une efficacité souvent spectaculaire, prolongée et bien documentée par de nombreuses études menées par des équipes différentes, le tableau est beaucoup moins clair en ce qui concerne les anxieux « simples » ou les personnalités anxieuses. Par exemple, des observations individuelles, ainsi que plusieurs études ont montré que des patients modérément anxieux ou déprimés s'amélioraient plus à la suite d'une psychothérapie psychanalytique que ceux de la liste d'attente, qui ne recevaient pas de traitement.

Par ailleurs, de même que la démarche psychanalytique ne sera pas appréciée par tous les patients, l'approche cognitive et comportementale, avec son déroulement structuré, ses objectifs clairement définis, l'accent mis sur des résultats observables, ne conviendra pas à tout le monde.

Avant d'entreprendre une psychothérapie, notre conseil serait de consulter au moins trois thérapeutes d'écoles différentes, ou de lire quelques ouvrages destinés au grand public, afin de pouvoir choisir en toute connaissance de cause.

À quoi sert l'anxiété ?

Finalement, l'anxiété est une émotion normale. Nous sommes plus ou moins anxieux dès qu'une situation comporte un certain risque : quand nous passons un examen, avant de parler devant une assemblée, quand nous prenons du retard sur le trajet de la gare, etc. Comme cette anxiété n'est pas une émotion très agréable, nous allons chercher à l'éviter en nous arrangeant pour ne pas courir de risques : les plus anxieux vont particulièrement bien préparer leurs examens, leurs discours, et tout faire pour arriver en avance à la gare. Ils vont essayer de prévenir le risque de perdre le contrôle de la situation. Mais d'autres personnes trop anxieuses vont tout simplement éviter l'anxiété désagréable en ne se présentant pas à des examens qu'elles jugent (parfois à tort) trop difficiles pour elles, ou refuser de prendre la parole, ou encore ne pas entreprendre de voyage, car c'est trop de soucis pour elles.

On voit donc que l'anxiété peut être un stimulant pour mieux contrôler la situation et prévenir les risques, mais qu'elle peut aussi être un frein.

D'un point de vue évolutionniste, s'il y a aujourd'hui tant de personnes anxieuses, c'est que des lignées d'anxieux ont survécu à travers les contraintes de la sélection naturelle, et donc que l'anxiété a eu une certaine valeur pour la survie. On l'imagine sans peine : le chasseur anxieux était probablement plus attentif au risque de rencontrer un prédateur, il savait rester sur ses gardes, rechercher des itinéraires plus sûrs, réagir à la moindre alerte. La mère anxieuse devait être plus attentive à ses petits, ne pas les quitter des yeux, prévoir pour eux des réserves de nourriture. Tous ces comportements augmentaient leurs chances de survie et d'avoir des descendants. Au niveau du groupe, les anxieux servaient probablement à pondérer les ardeurs des plus audacieux qui, eux, avaient leur utilité pour découvrir de nouveaux territoires ou essayer de nouvelles techniques de chasse, expériences qui pouvaient s'avérer dangereuses. Une bonne combinaison d'audacieux et d'anxieux devait contribuer à la survie de la tribu.

Pour résumer, s'il n'y avait eu que des anxieux parmi les Vikings, ils n'auraient sans doute jamais pris la mer pour découvrir l'Islande ou conquérir l'Europe, et seraient restés chez eux à chasser le renne. En revanche, ce sont les anxieux (aidés de quelques obsessionnels) qui ont dû contribuer à ce que les drakkars soient si bien conçus et qui ont veillé à prévoir assez de vivres pour le voyage.

Dans tout projet d'équipe, un anxieux peut être le garde-fou qui pense aux risques auxquels personne ne songe, et qui veille à ce qu'on prenne des précautions.

Les personnalités anxieuses au cinéma et dans la littérature

• Woody Allen incarne une personnalité anxieuse dans nombre de ses films, en particulier dans *Hannah et ses sœurs* (1986) où, sortant enfin rassuré du cabinet de son médecin qui lui a certifié qu'il n'avait « rien », il s'assombrit brusquement en pensant : « Oui, mais un jour j'aurai quelque chose. »

• Dans *Meurtre mystérieux à Manhattan* (1992), il incarne un mari très anxieux qui n'arrive pas à empêcher sa femme, Diane Keaton, de mener une dangereuse enquête.

• Dans *À la recherche du temps perdu*, de Proust, l'admirable grand-mère du narrateur montre de nombreux traits anxieux, que son mari puis son petit-fils prennent plaisir à contrarier.

• Un modèle de « mère juive », à la fois anxieuse et culpabilisante, est décrit par Philip Roth dans *Portnoy et son complexe*.

Comment gérer les personnalités anxieuses

Faites

Montrez que vous êtes fiable

Pour la personnalité anxieuse, le monde est un peu comme une grande machine dont chaque pièce risque à tout moment de « lâcher » et de provoquer une panne. Si vous lui donnez l'impression que ce n'est pas de vous que viendra la panne, l'anxieux vous chargera moins de son inquiétude, ce qui améliorera vos relations.

Et c'est souvent en soignant les petits détails que vous lui donnerez cette impression : arrivez à l'heure dite, répondez à son courrier dans les délais, montrez-vous prévoyant.

Cela n'est pas facile, car les anxieux sont parfois fort pesants et nous donnent envie de faire le contraire de ce qu'ils attendent. Mais ce n'est pas une bonne méthode si vous devez maintenir une relation avec eux, qu'ils soient des parents, des chefs ou des collègues.

Mon patron est un grand anxieux, raconte Jean, 38 ans, agent technico-commercial en informatique. Il essaie de tout prévoir, le plus en avance possible, vérifie que tout se passe bien. Quand l'un d'entre nous doit partir pour une mission de plusieurs jours chez un client, il prévoit toujours une réunion supplémentaire juste avant le départ, pour vérifier que nous sommes suffisamment préparés. Comme en général il y a déjà eu de nombreuses réunions préparatoires, dont certaines avec le client, cette réunion supplémentaire de dernière minute irrite pas mal de mes collègues, qui trouvent qu'ils n'ont pas besoin qu'on leur tienne la main. Du coup, ils renâclent, font des difficultés pour trouver le temps libre pour fixer le rendez-vous, ou arrivent en retard. J'ai adopté une autre tactique quand je dois voir Robert : j'arrive avec un compte rendu écrit de mon programme, que je lui commente. Il fait quelques remarques, mais comme il est rassuré, il écourte la réunion.

J'ai su que j'avais gagné sa confiance lors de la dernière mission : nous avions du mal à fixer notre réunion de dernière minute, et finalement il m'a dit : « Bon, on ne va pas se stresser pour ça, vous avez dû bien vous préparer, ce n'est pas la peine qu'on se voie. »

Jean a su gérer la situation de manière active, plutôt que de s'opposer à son chef par les comportements passifs-agressifs qu'utilisent ses collègues.

Mais peut-être ceux-ci ont-ils eu des parents anxieux et harcelants, et revivent-ils sans le savoir un conflit de leur enfance ?

Aidez-la à relativiser

Au cours des thérapies cognitives du trouble anxieux généralisé, le thérapeute invite le patient à évoquer toutes les pensées anxieuses qui lui viennent sans cesse à l'esprit. Par exemple, une patiente peut dire : « Je reçois ce soir à la maison des amis et des collègues de mon mari, et j'ai peur de rater le gigot, ou que les invités ne s'entendent pas, j'ai peur que mon mari boive trop et qu'il parle trop. » Le thérapeute va alors explorer toutes les conséquences possibles de ces événements fâcheux, leur probabilité, et les solutions de rechange. « Entendu, dira-t-il, voyons ce qui se passerait si le gigot était trop cuit… » La patiente va ainsi s'exposer en imagination à toutes les conséquences de son scénario-catastrophe du gigot trop cuit, avec l'espoir que :

- elle va s'y habituer par la pensée et devenir moins anxieuse à ce sujet, ce que les spécialistes appellent la désensibilisation ;

– elle va peu à peu relativiser les conséquences du gigot trop cuit, et les prendre moins au tragique.

En ce qui concerne le comportement des amis ou du mari, le thérapeute aidera cette patiente à réaliser qu'elle ne peut pas tout contrôler, et qu'effectivement si son mari ou ses invités « ratent » la conversation, c'est peut-être fâcheux, mais pas catastrophique.

Tout cela se fait au mieux dans le cadre d'une thérapie, sur la durée, en commençant par des situations peu difficiles, et quand le thérapeute a su créer un climat de confiance.

Mais vous pouvez vous exercer dans des situations simples. La prochaine fois qu'un anxieux en sueur vous dira : « Avec cet embouteillage, je suis sûr que nous allons rater le train ! » Répondez : « Entendu, imaginons qu'on le rate. Est-ce que ce serait si grave ? Que pourrait-on faire ? » En l'amenant à se concentrer sur les conséquences réelles du retard et les solutions de rechange (prendre le train suivant, prévenir les gens qui vous attendent), vous l'aiderez à prendre du recul, et à diminuer son anxiété.

Pratiquez un humour gentil

Les anxieux sont énervants, c'est vrai. Surtout quand il s'agit de parents, certes bien intentionnés, mais qui exaspèrent leurs enfants à force de leur demander de « faire attention ». Il est donc bien tentant de répliquer en se moquant d'eux.

Alors que j'avais déjà quitté la maison et que j'étais en fac dans une autre ville, raconte Damien, 27 ans, ma mère m'appelait souvent au téléphone. Pire, elle ne pouvait s'empêcher de me harceler de questions du genre : « Est-ce que tu manges assez ? Est-ce que tu fais attention à ne pas veiller trop tard ? As-tu bien réglé ton loyer ? T'es-tu occupé de ton inscription à une mutuelle ? » J'avais 20 ans, je voulais me sentir libre, je n'en pouvais plus de toutes ses questions.

À un moment, je me suis mis à répondre avec une ironie que j'espérais décourageante : « Non, maman, j'ai cessé de m'alimenter depuis une semaine », ou « Cette année, j'ai décidé de vivre la nuit », ou « Il est hors de question que je paye un loyer, puisque nous sommes en hiver ». Le résultat n'était pas brillant, ma mère se mettait en colère, partagée entre l'angoisse et les larmes, tout en me laissant entendre que j'étais un ingrat qui ne reconnaissait pas tout l'amour qu'elle avait pour moi. Il m'a fallu des années pour arriver à ne plus prendre ça au tragique et pouvoir plaisanter plus gentiment avec elle. Je crois qu'elle aussi a fait des progrès, elle se retient un peu plus de poser des questions parce qu'elle semble avoir pris conscience que c'était un travers. Maintenant, quand elle me demande : « As-tu pensé à... », je lui réponds en souriant : « Sûrement pas autant que toi, maman », et elle change de sujet.

Suggérez-lui de se mettre à la méditation

La méditation de pleine conscience (laïque, d'apprentissage facile, validée par la science) est peut-être plus facile à accepter par une personne anxieuse qu'une psychothérapie, au moins dans un premier temps. On y apprend à apaiser ses ruminations anxieuses en posant son attention ailleurs que sur ses inquiétudes (en prenant conscience de son souffle, des sons, de l'état de son corps). L'essentiel du mouvement de la pensée anxieuse est tourné vers des anticipations inquiètes : en rappelant l'importance de vivre l'instant présent, la méditation désamorce, à force de petits exercices répétés, cette tendance réflexe à scruter l'avenir plutôt qu'à savourer le présent. L'anxiété est aussi une immersion dans un monde virtuel inquiétant (« et s'il se passait ceci ou cela ? »), là où la méditation est un retour vers le réel (ressentir sa respiration, son corps, écouter...). Enfin, la méditation apprend à ses pratiquants à prendre du recul par rapport à leurs pensées anxieuses, qu'ils apprennent soit à laisser filer, soit à observer, au lieu de s'y soumettre. Deux limites cependant : chez les personnalités anxieuses souffrant d'attaques de panique, les exercices peuvent provoquer des montées d'angoisse (« Est-ce que ma respiration est vraiment normale, là ? ») ; et puis certains anxieux n'ont pas la patience ou l'envie de rester immobiles, les yeux fermés, pendant de longues minutes. Il semble que le yoga ou le tai chi, plus dynamiques, puissent aussi leur apporter des bénéfices significatifs, même si les études scientifiques sont moins nombreuses à ce jour que pour la méditation.

Incitez-la à consulter

Pensez à l'exemple de Paul, l'assureur anxieux. Il a trouvé un soulagement notable avec l'apprentissage de la relaxation et un peu d'anxiolytiques dans les périodes difficiles.

Il existe aujourd'hui toute une gamme d'aides disponibles pour aider les anxieux, de la plus simple à la plus complexe. En particulier, de nombreuses techniques de relaxation peuvent être apprises auprès de professionnels de santé, et chacun trouvera celle qui lui convient le mieux, de la simple respiration diaphragmatique au yoga, en passant par les méthodes de Schultz ou Jacobson. Rappelons que la relaxation a d'autant plus d'intérêt pour un anxieux s'il est entraîné à pouvoir faire de brèves relaxations chaque fois qu'il sent sa tension nerveuse monter, que ce soit après une réunion, avant un coup de téléphone, ou au volant de sa voiture, coincé dans un embouteillage.

Mais, plus récentes, les thérapies cognitives sont assez faciles à utiliser, et souvent efficaces pour les personnalités anxieuses. Le patient anxieux progressera à travers trois grandes étapes :

- Repérer les pensées (cognitions) associées le plus souvent à son émotion anxieuse. Le thérapeute lui demandera souvent de noter son « discours intérieur » au moment où il se sent le plus anxieux (par exemple : « Si je ne termine pas ce rapport à temps, c'est la catastrophe ! »).

• Mettre au point un « discours intérieur alternatif » destiné à relativiser ses pensées anxieuses spontanées. Il ne s'agit pas d'une méthode Coué, où le patient se répéterait « Tout va bien », mais plutôt de phrases personnelles qui, même si elles gardent un contenu anxieux, sont modératrices par rapport à son discours spontané (par exemple : « Ce serait mieux de terminer ce rapport à temps, mais si c'est impossible, je peux négocier un délai »).
• Enfin, discuter de ses croyances fondamentales anxieuses sur la vie et le monde, phase la plus délicate de la thérapie, pour arriver à les remettre en question. Comme toujours dans les thérapies cognitives, le thérapeute ne contredit ni ne conseille au patient un type de pensées, mais l'aide à remettre en question ses croyances par une série de questions, à la manière de Socrate. (Dans l'exemple du patient angoissé par son rapport, sa croyance fondamentale mise en jeu est peut-être : « Si on ne fait pas parfaitement ce que les autres attendent de vous, ils vous rejetteront. »)

NE FAITES PAS

Ne vous laissez pas mettre en esclavage

Les personnes anxieuses ont une fâcheuse tendance à vous impliquer dans leur incessante politique de prévention des risques. Comme l'intention paraît bonne, il est facile de se laisser ligoter par leur point de vue. C'est ce que nous explique Étienne, un retraité de 64 ans.

Pour moi la retraite, cela veut dire la liberté de voyager à ma guise, en découvrant un nouveau pays tous les ans. Heureusement, ma femme partage les mêmes goûts et nous comptons bien en profiter tant que la santé le permet. Nous avons un couple d'amis de la même génération, eux aussi amateurs de dépaysement, et une année nous avons organisé

un voyage ensemble en Italie. Dès le départ, j'ai senti que voyager avec Henri, par ailleurs un homme charmant, ne serait pas facile.
Il a commencé par beaucoup se tracasser sur les meilleures assurances à prendre, et ne nous a laissés en paix qu'une fois que nous nous sommes inscrits à celle qu'il avait sélectionnée. Le jour du départ, il devait passer nous prendre en voiture ; un ami la ramènerait ensuite de l'aéroport. Il est arrivé avec une demi-heure d'avance, alors que nous n'avions pas fini nos préparatifs. Il a fallu terminer à la hâte, tandis qu'il s'angoissait à l'idée de manquer l'avion, et que sa femme essayait de le rassurer. À l'aéroport, nous avons été les premiers à enregistrer nos bagages.
Pendant le voyage, il s'est inquiété devant toute initiative. Il avait prévu l'itinéraire, fort bien d'ailleurs, en sélectionnant des hôtels recommandés dans plusieurs guides. Mais dès qu'une humeur un peu vagabonde nous donnait envie d'aller voir autre part, de faire un détour imprévu, il commençait à s'inquiéter, craignant que cette petite route ne mène nulle part, que nous tombions en panne dans un endroit désert, que dans cette auberge non signalée dans ses guides la nourriture ne nous rende malades, que nous n'arrivions pas à temps pour la prochaine réservation. Son anxiété était tellement visible qu'au début, nous n'avons pas osé lui « désobéir ». Peu à peu, avec l'aide de son épouse, nous avons pourtant commencé à prendre des initiatives. Comme tout s'est plutôt bien passé, il a fini par se détendre un peu.

Ne la surprenez pas

Les personnalités anxieuses réagissent fortement à la surprise. Les psychologues disent qu'elles ont une « réaction de sursaut » exagérée.

Et cela même quand il s'agit de bonnes surprises ! Leur système d'alarme se déclenche en cas d'imprévu et leur donne une émotion forte. Il est donc tentant, mais peu charitable, de jouer avec leurs nerfs. Arriver à l'improviste, annoncer brusquement une nouvelle inattendue, monter un gentil canular sont autant de moyens de faire sursauter les anxieux, voire de les paniquer le temps d'une seconde.

Résistez à ces tentations faciles. Si cela vous amuse de déstabiliser les autres, adressez-vous plutôt à un paranoïaque, là vous trouverez un partenaire de jeu à la hauteur ! Demandez-vous également si le plaisir que vous ressentez à faire sursauter les anxieux n'est pas le témoin d'un petit sentiment d'infériorité que vous chercheriez à compenser en opprimant de plus émotifs que vous. Essayez de soigner ce sentiment par des activités plus productives, ou allez en parler à un thérapeute.

Mais, même involontairement, on risque toujours de mettre un anxieux sous pression en le surprenant. Essayez d'y penser, surtout dans vos relations professionnelles.

Écoutons maintenant Lucie, 43 ans, employée dans une agence bancaire.

> *Mon patron est un homme plutôt sympathique, mais je crois que c'est un grand anxieux. Il arrive à le cacher, en travaillant beaucoup, en paraissant calme en toutes circonstances. Mais je vois bien comment il réagit quand on le surprend. En réunion, par exemple, si quelqu'un lui annonce brusquement une nouvelle, un client en difficulté, une employée qui part en congé de maternité, je le vois sursauter sur sa chaise et respirer plus vite. Il se tait, et met une ou deux secondes avant de pouvoir réagir. Certains ont remarqué son attitude et en jouent pour le déstabiliser. Comme je trouve que c'est plutôt un bon patron, je fais le contraire : je lui fais passer une note avant la réunion avec une liste de toutes les nouvelles que je vais annoncer. Du coup, il a trouvé l'idée bonne, il a demandé la même chose à tout le monde, et les réunions sont plus efficaces.*

Ne lui faites pas partager inutilement vos propres sujets d'inquiétude

Un anxieux a déjà bien assez à faire de ses propres soucis. Sauf s'il peut vraiment vous apporter une aide, évitez de lui confier vos propres préoccupations. En effet, rien de plus angoissant pour lui que d'apprendre que le monde est encore plus incertain et dangereux qu'il ne le pensait. En particulier au travail, ne déversez pas vos inquiétudes sur votre collègue, chef ou collaborateur anxieux. Vous les inquiéteriez, et ils vous percevraient vite comme un nouveau sujet d'inquiétude, ce qui n'améliorerait pas forcément vos relations avec eux.

Évitez les sujets de conversation pénibles

Nous autres, humains, sommes des êtres fragiles, de petits miracles biologiques ambulants, mais terriblement vulnérables. Nous vivons, nous et ceux que nous aimons, à la merci d'une artère qui cède, d'une voiture qui arrive trop vite, d'une cellule qui devient cancéreuse. Heureusement, nous parvenons le plus souvent à ne pas y penser, inconscients funambules au-dessus du précipice qui nous guette et qui nous engloutira tous. Les anxieux ont plus de difficultés à détourner le regard de ces abîmes qui peuvent s'ouvrir sous nos pas. Plus souvent que nous, ils pensent aux dangers qui nous menacent. Et pour eux, évoquer le danger, c'est déjà le vivre, et souffrir.

Alors, évitez de charger leur barque plus que nécessaire. Face à votre anxieux ou votre anxieuse, ne racontez pas inutilement qu'un de vos collègues agonise du sida, que votre voisin parti consulter pour ce qu'il croyait être des migraines a été hospitalisé pour une tumeur cérébrale, ou que vous êtes passé ce matin à proximité d'un horrible accident de la circulation. Retenez-vous aussi de décrire ce bouleversant reportage télévisé sur le dernier génocide en cours, ni cet effrayant article sur les tueurs en série.

D'ailleurs, certains médecins recommandent aux personnalités anxieuses de ne pas regarder les informations télévisées. Il est vrai que le « vingt heures », en passant en revue les catastrophes du jour, renforce souvent la sensation que le pire est non seulement possible, mais probable, ce qui est la croyance de base des personnalités anxieuses.

Comment gérer les personnalités anxieuses

- Faites
  - montrez que vous êtes fiable ;
  - aidez-la à relativiser ;
  - pratiquez un humour gentil ;
  - suggérez-lui de se mettre à la méditation ;
  - incitez-la à consulter.

- Ne faites pas
  - ne vous laissez pas mettre en esclavage ;
  - ne la surprenez pas ;
  - ne lui faites pas partager inutilement vos propres sujets d'inquiétude ;
  - évitez les sujets de conversation pénibles.

Si c'est votre patron : devenez pour lui comme un signal rassurant. Si c'est votre conjoint : ne lui dites pas que vous êtes inscrit à un stage de parapente.

Si c'est votre collègue ou collaborateur : sachez utiliser ses qualités d'anxieux pour prévoir et préparer.

Avez-vous des traits de personnalité anxieuse ?

	Plutôt vrai	**Plutôt faux**
1. Penser à des soucis m'empêche souvent de m'endormir.		
2. Risquer d'arriver en retard pour prendre un train m'angoisse beaucoup.		
3. On me reproche souvent de me faire trop de souci pour tout.		
4. Je remplis toujours mes obligations (factures, impôts, quittances) au plus tôt.		
5. Quand quelqu'un que j'attends est en retard, je ne peux m'empêcher de penser à un accident.		
6. J'ai tendance à vérifier plutôt deux fois qu'une les horaires de trains, les réservations et les rendez-vous.		
7. Je me suis souvent rendu compte après coup que je m'étais fait trop de soucis pour une chose sans importance.		
8. Parfois, je me sens obligé(e) de prendre un tranquillisant dans la journée.		
9. Quand je suis surpris(e), j'ai des palpitations.		
10. Parfois, je me sens tendu(e) sans même savoir pourquoi.		

CHAPITRE V

LES PERSONNALITÉS PARANOÏAQUES

Quand j'ai pris mon poste, raconte Adrien, 27 ans, commercial dans une entreprise de bureautique, j'avais déjà entendu parler de Philippe, qui allait être mon collègue. Je savais qu'il était plus âgé que moi, mais qu'il n'avait pas eu de promotion depuis plusieurs années. Dès que je suis arrivé, j'ai voulu établir une relation amicale, car je préfère bien m'entendre avec les gens avec lesquels je travaille. Le premier matin, je suis allé le voir pour me présenter. Il m'a accueilli plutôt froidement, sans se lever, sans me dire de m'asseoir. C'est un type d'une cinquantaine d'années, assez trapu, il se tient très droit, il a l'air d'un militaire en civil. J'ai eu le temps de remarquer qu'il avait mis son ordinateur sur « brouillage » dès que je m'étais approché du bureau. Comme la conversation n'arrivait pas à démarrer, je lui ai demandé ses impressions sur la manière de s'y prendre avec les clients. Il m'a répondu d'un air ironique que je devais savoir comment faire avec les clients, puisqu'on m'avait nommé à ce poste ! Découragé, je suis parti.

Le lendemain, j'ai trouvé dans mon casier un courrier de lui. C'était une photocopie des recommandations officielles de l'entreprise sur la conduite à tenir vis-à-vis des clients, que bien sûr je connaissais déjà. Ce que je lui demandais, c'était tout simplement de me confier son point de vue personnel. Nos rapports se sont un petit peu améliorés au cours des semaines suivantes. J'ai réussi à avoir quelques conversations avec lui, mais dès qu'il commençait un peu à se détendre, à me parler de lui, je le voyais brusquement se ressaisir et partir en disant qu'il fallait qu'il termine un travail urgent.

Deux semaines après mon arrivée, j'ai reçu un appel d'un de ses anciens clients qui m'a expliqué qu'il voulait désormais traiter avec moi. J'étais ennuyé, je ne voulais pas que Philippe l'apprenne par la bande, alors je lui ai laissé un mot dans son casier. Le lendemain, j'étais devant mon ordinateur, il est arrivé dans le bureau comme une bombe en m'accusant de détourner ses clients. J'ai essayé de le calmer, lui répétant que c'était le client qui m'avait appelé, que je n'y étais pour rien. Il s'est radouci en apparence, mais j'avais beau répéter mes explications, j'avais l'impression qu'il ne me croyait pas ou, plutôt, qu'il essayait de me croire sans y arriver vraiment, comme s'il y avait eu un véritable combat en lui entre la méfiance et la confiance. Ariane, l'assistante qui avait été témoin de la scène, m'a dit que ce n'était pas la première fois qu'il accusait quelqu'un injustement, et qu'il s'était fâché avec plusieurs personnes des autres services. Le lendemain, il était plus calme, je lui en ai reparlé, et là j'ai vu qu'il arrivait à me croire.

J'ai décidé de garder un contact régulier avec lui, en me disant que s'il me voyait tous les jours, il aurait plus de mal à imaginer que j'avais de mauvaises intentions à son égard. Nous avons continué nos petites conversations. Certains jours, il est détendu, semble content de me voir, et j'en apprends un peu plus sur lui. Il vit seul depuis son divorce, mais il est très occupé par deux procès : un avec son ex-femme qui, semble-t-il, s'est approprié l'ancien domicile conjugal, et un autre avec une compagnie d'assurances qui ne l'a pas complètement indemnisé après un accident de voiture au cours duquel il a perdu une grande partie de sa vision de l'œil droit.

Un jour, il m'a montré le dossier de la compagnie d'assurances. En le parcourant, il m'a semblé effectivement que les avocats de la compagnie adverse cherchaient à minimiser une invalidité bien réelle. Mais ce qui m'a le plus impressionné, ce sont les lettres de Philippe : extrêmement bien argumentées, point par point, on aurait dit qu'elles avaient été écrites par un avocat ! D'ailleurs, il m'a dit qu'il assurait lui-même sa défense, qu'il s'était plongé dans le droit du dommage corporel.

Apparemment, il n'est pas si seul dans la vie : il a deux vieux copains avec lesquels il part en week-end de pêche. Mais certains jours, je le vois arriver tendu, méfiant, il ne desserre pas les dents, sans que j'arrive toujours à en comprendre la raison. En effet, la semaine dernière, je me suis souvenu que la veille, j'étais en compagnie de jeunes collègues près de la machine à café et qu'à la suite d'une de mes plaisanteries, tout le monde a éclaté de rire. Juste à ce moment, Philippe est passé à proximité, sans avoir l'air de nous remarquer. Le lendemain, à son attitude hostile, j'ai compris qu'il avait pris ces rires pour lui. Je n'ai même pas osé lui demander si c'était pour ça qu'il avait l'air de m'en vouloir, car il n'aurait pas accepté que je lui démontre qu'il avait tort. J'ai laissé passer quelques jours, et il est revenu faire un peu de conversation. Comme il s'entend assez mal avec tout le monde, je crois qu'il ne peut résister à trouver un peu de cordialité auprès de moi. Mais je sens que rien n'est jamais acquis et qu'il suffirait que je fasse une gaffe pour qu'il pense que je cherche à lui nuire.

Avec les clients difficiles, ça passe ou ça casse. Il faut reconnaître qu'il a une force de conviction peu ordinaire : je l'ai déjà vu démontrer point par point à un client que la demande qu'il nous adressait était inadaptée à ses besoins, en repoussant les contradictions avec une logique inflexible. Ce n'est pas une technique de vente recommandée, mais il faut reconnaître qu'il arrive à faire signer à certains clients des contrats que personne d'autre n'aurait obtenus. En revanche, d'autres clients ont appelé la direction pour se plaindre de ses manières.

Finalement, je me suis habitué à Philippe. Ce n'est pas un méchant type, même s'il en a parfois l'air. Son problème, c'est qu'il n'arrive jamais à faire confiance, il voit le mal partout. Je me demande où et comment il a appris cette manière de voir.

Je crois que les choses s'arrangent entre nous, il m'a invité à un week-end de pêche avec ses copains ! Je vais y aller, mais je sais qu'il va falloir que je me tienne sur mes gardes pour ne pas faire de gaffes.

Que penser de Philippe ?

On peut dire que Philippe est exagérément méfiant : alors que Adrien n'a aucune intention malveillante à son égard, il lui montre vite qu'il ne lui accorde aucune confiance : il ne se livre pas, cache son travail en cours, ne répond pas à ses demandes de renseignements. On dirait que, considérant Adrien comme un ennemi potentiel, il ne veut offrir aucune surface vulnérable à une éventuelle attaque de sa part.

Non seulement il se méfie, mais il interprète un événement certes désagréable pour lui (un de ses clients appelle Adrien) comme le résultat d'un acte malveillant, alors que ce n'est pas le cas. Pire, il interprète des événements neutres (Adrien rit avec des collègues) comme dirigés spécialement contre lui.

Quand Adrien cherche à faire entendre raison à Philippe, il découvre une autre de ses caractéristiques : la rigidité. Quoi qu'on lui explique, il est difficilement ébranlé dans ses convictions. Cette rigidité, cette tendance à être persuadé d'avoir raison, lui donne d'ailleurs de la force de conviction face à certains clients, et l'aide aussi à ne pas se décourager dans son litige avec les assurances. Quand il s'agit de débattre et de revendiquer ses droits, Philippe est inébranlable.

On remarque que la méfiance de Philippe n'est pas réservée qu'à Adrien, mais qu'elle s'adresse à toutes les autres personnes de son entourage, au travail comme dans sa vie personnelle. Vous suspectez donc que ce bon vieux Philippe a un trouble de la personnalité, car il adopte la même attitude inadaptée dans différentes situations, dans plusieurs domaines de son existence. En fait, il semble que Philippe soit une personnalité paranoïaque.

La personnalité paranoïaque

1. Méfiance.
- Suspecte les autres de mauvaises intentions à son égard.
- Reste toujours sur ses gardes, très attentive à ce qui se passe autour d'elle, ne se confie pas, suspicieuse.
- Met en doute la loyauté des autres, même de ses proches ; souvent jalouse.
- Recherche activement et dans le détail les preuves de ses soupçons, sans tenir compte de la situation d'ensemble.
- Prête à des représailles disproportionnées si elle se sent offensée.
- Préoccupée par ses droits et les questions de préséance, se sent facilement offensée.

2. Rigidité.
- Se montre rationnelle, froide, logique, et résiste fermement aux arguments des autres.
- Difficulté à montrer de la tendresse ou des émotions positives ; peu d'humour.

Comment Philippe voit-il le monde ?

Philippe est certes d'un commerce difficile, mais essayez de comprendre son point de vue. Il pense que le monde est un endroit dangereux, que lui-même est vulnérable, donc qu'il doit se protéger.

Son axiome de base pourrait être : « Le monde est plein de filous et de méchants qui m'obligent à rester toujours sur mes gardes. » Philippe ressemble un peu à une voiture dont le système d'alarme, mal réglé, se déclencherait au moindre frôlement.

Comme on se sent beaucoup plus anxieux face à un danger inconnu ou invisible que face à une menace bien identifiée que l'on peut combattre, Philippe éprouve un véritable soulagement quand il découvre enfin un ennemi. Cela confirme sa théorie sur le monde. D'une certaine manière, on peut dire qu'il a besoin de se trouver des ennemis pour se sentir apaisé et justifié dans sa méfiance. D'où sa tendance à en rechercher et à vouloir sans cesse vérifier ses soupçons. De même, s'il est tourmenté par la jalousie, il ne sera vraiment soulagé que lorsqu'il aura obtenu la preuve (ou ce qu'il croira être une preuve) de l'infidélité de son épouse.

L'aspect tragique de la situation est que Philippe finira par avoir raison : à force d'être hostile et méfiant avec les gens, il va effectivement provoquer leur inimitié. Excédés par son comportement, ils vont peut-être chercher à lui nuire, et il pourra alors s'écrier triomphalement : « J'avais raison de me méfier ! »

Certains paranoïaques ressemblent à ces dictateurs qui redoutent tellement d'être renversés qu'ils soumettent leur peuple à une surveillance policière, font interner toute personne suspecte d'hostilité à leur programme, envoient régulièrement au peloton d'exécution des membres de leur entourage par peur d'un complot et finissent par donner aux gens l'envie de les renverser. Quand ce genre de dictateur découvre un vrai complot, il est renforcé dans la conviction qu'il avait raison de faire régner la terreur, et redouble de férocité.

L'exemple du dictateur n'est pas choisi par hasard : ce sont souvent des personnalités paranoïaques, fortement teintées de traits narcissiques. Leur méfiance exacerbée est un avantage qui les aide à survivre aux circonstances périlleuses dans lesquelles ils arrivent au pouvoir (guerre, coup d'État, révolution). Par ailleurs, leur rigidité, leur énergie vont les faire paraître comme des chefs très rassurants aux yeux de populations désorientées et effrayées. Ils proposent des solutions simples et exaltantes dont le thème commun est qu'il suffit de trouver les ennemis responsables du malheur actuel et de les empêcher de nuire pour qu'enfin la paix et le bonheur reviennent. Selon les époques ou les tendances politiques, les « ennemis » varient ; mais le paranoïaque garde invariablement la certitude que de leur extermination naîtra une société plus heureuse et plus juste.

Le lecteur aura remarqué que nous n'avons pas donné d'étiquette politique à notre dictateur, non pour nous préserver des foudres d'un paranoïaque en exercice s'il venait à se reconnaître, mais parce que la paranoïa peut s'exercer à droite comme à gauche et que des exemples célèbres abondent dans les deux camps, à toutes les époques.

Pensez au dernier paranoïaque que vous avez rencontré. Ce n'était certainement pas un dictateur. Pourtant, en période troublée, vous risqueriez de le retrouver juge du tribunal populaire chargé de liquider les ennemis du peuple, ou bien chef de la milice de quartier, qui veut exécuter les traîtres à la patrie – c'est-à-dire vous, cher lecteur, qui n'avez pas été assez méfiant pour vous exiler quand il était encore temps…

Mais il est possible aussi que le paranoïaque se dresse contre l'oppresseur. Sa rigidité se transformera alors en esprit de rébellion et il deviendra l'un des chefs de la résistance clandestine. Comme il est méfiant, il échappera à tous les pièges que lui tendra la police politique. Et sa haine de l'ennemi le transformera en redoutable héros…

Selon les ennemis qu'ils se choisissent, les paranoïaques peuvent donc devenir des héros ou des criminels – ce qui prouve qu'ils n'échappent pas aux choix moraux de la condition humaine. Quel que soit leur camp, disons que ce sont souvent les paranoïaques qui font l'Histoire.

Un exemple historique : Staline

Le chef stalinien polonais Jakub Berman[1] raconte un de ces dîners interminables avec Staline où les convives, hauts dignitaires apeurés, ne savaient jamais s'ils ne seraient pas arrêtés dès le lendemain. Les femmes étaient exclues de ces dîners, à l'exception des domestiques qui passaient les plats. Un jour, il sembla à Staline que l'une d'elles mettait un peu plus de temps à servir que nécessaire. Il explosa aussitôt : « Mais qu'est-ce qu'elle écoute, celle-là ? » Bel exemple d'interprétation paranoïaque, d'autant que, nous dit Berman, « ces filles avaient été contrôlées un million de fois ».

Malheureusement pour les Russes, ce ne fut pas le seul exemple de la paranoïa de Staline. Il passa sa vie à suspecter des complots contre lui, ou des menaces de complots, et réagit avec une remarquable brutalité. À la mort de Lénine, le Politburo dont Staline faisait partie comprenait une dizaine de membres, exclusivement des révolutionnaires de la première heure, et certains plus célèbres et plus brillants que lui, tels Trotski et Boukharine. Dix ans plus tard, Staline avait fait successivement juger et exécuter presque tous ses compagnons d'armes à l'exception de Trotski, enfui en Amérique du Sud, mais qui fut quand même assassiné sur son ordre quelques années plus tard.

Le peuple non plus ne fut pas épargné par la paranoïa du bon Joseph. En 1932, l'Ukraine ne fournissait pas les quantités de blé prévues par la planification. Au lieu d'accepter les faits (l'agriculture avait été désorganisée par la collectivisation et son rendement avait baissé), Staline se persuada que les paysans ukrainiens avaient ourdi un complot et gardaient du blé caché pour leur propre

1. Cité dans R. Conquest, *Staline*, Paris, Odile Jacob, 1993, p. 307.

compte. Mantra du paranoïaque : « Derrière un problème, se cache un salaud ou un complot. » L'Armée rouge fut envoyée en Ukraine pour réquisitionner le moindre grain de blé disponible, provoquant une des plus grandes famines du XXe siècle, mais qui n'apparut jamais dans l'histoire officielle. Des villages entiers disparurent. Des gens mangèrent de la terre. Selon les historiens, en deux ans, entre cinq et sept millions d'Ukrainiens, hommes, femmes, enfants, moururent de faim, en temps de paix.

Au milieu des années 1930, Staline commença à se sentir menacé par son armée et par certains maréchaux et généraux susceptibles, selon lui, de fomenter un coup d'État. Quand le maréchal Toukhatchevski, brillant chef aimé de ses troupes, affirma la nécessité d'organiser l'armée en divisions blindées capables de se mouvoir rapidement, Staline y vit une confirmation de ce qu'il soupçonnait depuis longtemps : ce maréchal devait préparer un coup d'État[1]. Commença alors la plus sanglante épuration d'une armée en temps de paix. Trente-cinq mille officiers y perdirent la vie. Cette liquidation du commandement devait coûter à l'Armée rouge des défaites catastrophiques dans les premières semaines de l'offensive allemande de 1941 ; comme les médecins militaires avaient eux aussi été « épurés », le taux de perte parmi les blessés atteignit de sombres records.

Dans tous ces exemples Staline montre un comportement habituel chez un paranoïaque : il s'acharne contre des ennemis supposés, qu'il perçoit comme une menace, malgré des évidences du contraire.

Parmi les autres personnalités paranoïaques célèbres, on citera bien sûr Hitler. Celui-ci partagea avec Staline la certitude inflexible d'avoir toujours raison. Avec les autres grands paranoïaques de l'Histoire, Staline et Hitler étaient convaincus que le monde ne

1. S. de Lastours, *Toukhatchevski, le bâtisseur de l'Armée rouge*, Paris, Albin Michel, 1996.

pouvait devenir meilleur qu'après l'extermination d'une certaine classe d'individus : pour Hitler, les juifs, les Tziganes, les malades mentaux et les « individus dégénérés » devaient disparaître, tandis que Staline faisait « liquider » par millions les koulaks, les social-traîtres et autres ennemis de classe. Aujourd'hui, le souvenir de Staline est cependant plus respecté que celui d'Hitler, sans doute parce que le dictateur communiste a commis ses crimes au nom du bonheur futur de toute l'humanité, contrairement à Hitler qui revendiquait ouvertement la mise en esclavage des « races inférieures ». Par ailleurs, Staline n'alla jamais jusqu'à faire exterminer volontairement les enfants de ses victimes, même si beaucoup des enfants de parents déportés, arrachés à leurs parents, moururent de dénutrition ou de maladie.

Toutefois, les différences entre ces deux régimes ne doivent pas masquer leurs ressemblances, en particulier la paranoïa érigée en mode de gouvernement. La philosophe Hannah Arendt, peu suspecte d'indulgence envers le nazisme, a d'ailleurs mis en évidence les points communs des deux systèmes.

Le régime des Khmers rouges au Cambodge (1975-1979) est, quant à lui, un exemple de la paranoïa érigée en système de gouvernement : après avoir liquidé les « ennemis du peuple » (les citadins aisés, les propriétaires) et leurs familles, ce qui restait cohérent dans le cadre d'une révolution d'inspiration léniniste ou maoïste, l'Angkar (« l'organisation ») se retourna contre elle-même en cherchant des ennemis en son sein. Des milliers de paysans pauvres furent forcés sous la torture de confesser leurs crimes supposés, comme être un espion de la CIA. Dans sa folie, le régime finit d'ailleurs par attaquer les frontières de son voisin vietnamien, dont le soutien militaire l'avait pourtant porté au pouvoir ! Il déclencha ainsi sa perte. L'idéal de surveillance du paranoïaque se révèle dans ce slogan : « L'Angkar a les yeux de l'ananas, il voit tout, il sait tout », et son idéal de contrôle et punition dans « Qui proteste est un ennemi, qui s'oppose est un cadavre ». Les causes de férocité du régime ont fait l'objet de nombreuses études. Sur un fond de ressentiment des classes opprimées, se sont ajoutés un endoctrinement exaltant la « haine de l'ennemi » et la nécessité d'une « représaille terminale », objectif typique de certains grands paranoïaques.

Une autre version tropicale de paranoïa fut infligée au peuple haïtien par le « président à vie » François Duvalier. Pendant ses quatorze ans de règne, Papa Doc massacra ou força à l'exil tous ses opposants, réels ou supposés, tout en développant, avec la conviction inébranlable des paranoïaques, des théories grandioses sur son rôle dans l'Histoire (il se comparait à Napoléon ou à Lénine)... Mais la liste des paranoïaques au pouvoir est trop longue pour tenir dans un chapitre de ce livre...

Les formes modérées de paranoïa

Avec les dictateurs, nous avons décrit des paranoïaques agressifs et mégalomanes, que les anciens traités de psychiatrie surnommaient « paranoïaques de combat ». Ce qui n'est pas rendre justice à l'immense majorité des personnes pourvues de quelques traits paranoïaques, mais tout à fait fréquentables par ailleurs. Comme pour tous les autres troubles de la personnalité, il existe en effet une infinité de formes intermédiaires, où les traits de paranoïa sont moins prononcés, ou n'apparaissent qu'à la faveur de certaines situations stressantes.

Écoutons Marc, 34 ans, mécanicien automobile venu chercher de l'aide à l'occasion d'une dépression.

Je crois que j'ai toujours été méfiant. Même à l'école, dans les petites classes, je m'attendais toujours à ce que mes camarades me trahissent en se moquant de moi. En fait, je me souviens que j'avais du mal à faire la différence entre une plaisanterie et une vraie moquerie. Aujourd'hui encore, j'ai toujours du mal à comprendre l'humour, et mon premier mouvement est souvent de me mettre en colère, même si j'arrive à me retenir.

Je me sentais bien à l'armée, parce que les plaisanteries, même agressives, sont presque un rituel et je me sentais plutôt plus fort que les autres à ce jeu-là. Parfois, je me dis que j'aurais dû prolonger mon engagement. C'était un milieu qui me convenait mieux que la vie civile, où je ne me sens pas en sécurité. Au travail, je ne me lie pas. Je sais que les autres me trouvent renfermé, mais je ne me sens pas en confiance avec eux. Mon chef m'apprécie pourtant, parce que je suis compétent techniquement.

La seule personne à qui je me confie, c'est ma sœur, parce que j'ai l'impression que je peux avoir confiance en elle. Quand je lui raconte mes histoires, elle me dit que j'ai tendance à tout « mal prendre », et je sais que c'est vrai, mais je ne le réalise qu'après coup.

Ma vie sentimentale a toujours été un enfer. Dès que j'ai l'impression de plaire à une fille, je me dis qu'elle est intéressée, qu'elle veut profiter de mon argent. Alors je me mets à compter ce que je dépense pour elle, les soirées au restaurant où elle n'a pas proposé de participer au paiement. Je suis jaloux, aussi, il suffit qu'elle regarde un homme pour que je pense qu'ils se connaissent, qu'ils ont eu une liaison dans le passé, peut-être même qu'ils sont toujours amants. Évidemment, comme vous pouvez imaginer, elles finissent toutes par me quitter. Cela me confirme dans l'idée qu'elles ne m'aimaient pas vraiment.

Je n'ai que deux amis, je les ai connus à l'armée, et depuis gardés. Nous faisons du vélo ensemble le samedi matin. Ils sont tous les deux mariés et, de temps en temps, ils m'invitent à déjeuner en famille. Avec eux, j'arrive à me détendre.

Je ne sais pas d'où je tiens cette difficulté à faire confiance. Mon père est mort quand j'avais 3 ans, et ma mère s'est remariée avec un homme qui ne m'aimait pas. Elle prenait souvent son parti contre moi. Mon psychothérapeute dit que c'est peut-être là que j'ai perdu la confiance dans les autres, et que ça m'est resté. Mais je sais aussi que mon vrai père avait la réputation d'être un homme méfiant et solitaire.

Marc a la chance d'être capable d'avoir une certaine conscience de son trouble. Il va sans doute pouvoir progresser en suivant une psychothérapie.

En fait, il éprouve la méfiance et la susceptibilité, mais beaucoup moins la rigidité : il doute des autres, mais aussi de lui-même ; il ne paraît pas avoir une très haute estime de lui. Méfiance, susceptibilité, humeur triste : il possède les traits de la personnalité sensitive[1], une forme plus discrète de paranoïa. Les psychiatres ont suspecté depuis longtemps que chez ces personnalités sensitives, un sentiment de faiblesse personnelle était à l'origine de l'impression qu'elles ont de se sentir menacées par les autres. Méfiantes, susceptibles comme les paranoïaques, ces personnalités, à l'inverse, ont une mauvaise image d'elles-mêmes. Elles sont tristes et se sentent faibles face aux autres.

La paranoïa sensitive fut décrite au début du siècle sous le nom de « délire des gouvernantes anglaises », car ces gouvernantes, souvent « vieilles filles », isolées socialement dans le pays étranger de leurs maîtres, parfois maltraitées, développaient parfois des idées de persécution sur fond dépressif. Les personnalités sensitives sont beaucoup plus fréquentes que les paranoïaques agressifs. Vous en connaissez sûrement, comme Khaled, cadre dans les assurances, qui doit faire face à Rose, son assistante à la personnalité sensitive.

D'un certain point de vue, Rose est une excellente assistante. Elle est ponctuelle, travaille régulièrement, est soucieuse de bien faire. Mais les

1. E. Kretschmer, *Paranoïa et sensibilité*, Paris, PUF, 1989.

... sont vraiment difficiles. Si je lui fais une remarque ...ute de frappe ou un dossier en retard, elle a tout de ...ortifiée, son visage se ferme, et elle « boude » ensuite une ...e de la journée. Un jour, j'ai voulu lui expliquer qu'il était normal que je lui fasse remarquer ses erreurs (rares d'ailleurs) et qu'elle n'avait pas à le prendre mal. Elle a éclaté en sanglots en me reprochant de ne lui faire que des critiques, et de la pousser à commettre des erreurs en la surchargeant de travail. J'ai été stupéfait qu'elle fasse un pareil drame. Après, les choses se sont un peu calmées, et j'ai essayé de faire un peu d'humour à propos de cet incident. Son visage s'est fermé à nouveau. Avec ses collègues, cela ne va guère mieux : elles me racontent qu'elle prend mal les plaisanteries inoffensives et qu'elle ne va plus déjeuner avec elles. Quand elle ne trouve pas un dossier ou une agrafeuse, elle les accuse très vite de s'en être servis et de l'avoir égaré. Quand on arrive à lui démontrer son erreur, elle est mortifiée et boude pendant plusieurs jours. D'ailleurs, elle a toujours l'air triste et renfermée et j'ai parfois remarqué qu'elle dissimulait des larmes. Elle travaille très bien par ailleurs, mais vais-je pouvoir la garder dans de pareilles conditions ?

Aujourd'hui, on sait que les personnalités sensitives peuvent voir leur vie améliorée grâce à un traitement antidépresseur, ou un neuroleptique à faible dose, souvent accompagné d'une psychothérapie. C'est ce qu'a fait Rose. Elle n'est pas devenue quelqu'un de gai et d'ouvert, mais elle s'est petit à petit moins sentie sur le qui-vive et a accepté plus facilement les critiques.

On voit donc que les personnalités paranoïaques, souvent à l'occasion d'un échec, peuvent aller chercher de l'aide auprès d'un médecin, et en trouver sous des formes différentes.

Ne sommes-nous pas tous paranoïaques ?

Avant de donner mon premier cours en première année de fac, j'avais un trac terrible. C'était un amphithéâtre de quatre cents personnes, et je n'avais jamais fait cours devant autant de monde. Les premières minutes ont été pénibles pour moi, je me sentais la gorge serrée, les mains tremblantes, mais j'avais tellement préparé mon cours que mes paroles s'enchaînaient toutes seules et les étudiants avaient l'air attentifs. J'ai commencé à me sentir plus calme. Mais au troisième rang, j'ai aperçu deux étudiants qui chuchotaient et l'un d'eux s'est mis à rire. Aussitôt, j'ai pensé : « Ils se moquent de moi ! Ils ont remarqué mon trac ! »

Alban, qui est assistant en faculté, décrit ici une expérience partagée par tous ceux qui affrontent un public : professeurs, conférenciers et, plus généralement, quiconque est amené à prendre la parole devant un groupe. Face à un rieur dans l'assistance, on pense d'abord que cette hilarité est dirigée contre soi. Il faut avoir l'habitude de parler en public pour être capable d'envisager sereinement d'autres hypothèses comme « Ils se racontent une bonne blague », « Ils parlent du conférencier précédent », « Ils se moquent d'une tierce personne ». Cela veut-il dire que tout orateur est paranoïaque ? Non, cela veut simplement dire que, lorsque nous sommes dans une situation stressante, avec un enjeu élevé (ici, intéresser tout un auditoire), nous avons tendance à percevoir notre environnement comme menaçant et à faire des interprétations hostiles.

L'inhabituel et l'inconnu peuvent aussi nous rendre à l'affût de l'hypothèse la plus menaçante. Voyager dans un pays exotique dont on ne comprend pas la langue peut contribuer à nous rendre particulièrement méfiant. Mais après tout, ne vaut-il pas mieux un peu trop de méfiance qu'un peu trop de naïveté ?

La paranoïa peut-elle être utile ?

Selon les psychologues évolutionnistes, si certains types de personnalité se sont transmis à travers les générations jusqu'à nos jours, c'est qu'ils ont été préservés par la sélection naturelle au cours de l'évolution, car ils étaient favorables à l'individu, mais aussi à son groupe, pour la survie et la reproduction. Cette hypothèse ne choque pas pour la paranoïa : la méfiance permet de ne pas être surpris par ses ennemis, d'éviter les pièges et les traîtrises, et augmente donc les chances de survie. Quant à l'inflexibilité, elle aide parfois à accéder au statut de chef, surtout dans un environnement qui ne varie guère au cours d'une vie humaine, comme cela a été le cas pour nos ancêtres pendant des milliers d'années. Car trop de flexibilité risque d'amener à être dominé par des gens plus autoritaires (et, dans les sociétés dites primitives, à avoir moins d'épouses, donc moins de descendance). D'un autre côté, trop de méfiance peut empêcher de trouver des alliés, de travailler en collaboration, et trop de rigidité gêne pour s'adapter à un environnement changeant, comme celui de nos sociétés modernes.

Un peu de paranoïa peut donc être utile dans les circonstances :

- où il faut savoir être inflexible dans l'application de la loi (policier, juge, service de contentieux) ;
- où il faut savoir défendre ses droits dans un conflit, que ce soit avec son garagiste ou avec son administration ;
- où il faut faire face à des adversaires potentiellement retors et dangereux (travailler dans la police, les douanes, les services antiterroristes, ou faire des affaires dans un pays instable).

Nous ne disons pas que toutes les personnes qui travaillent dans ces secteurs sont paranoïaques, ce qui serait faux, mais que posséder certains traits de paranoïa bien contrôlés peut être utile si vous exercez ce genre d'activité.

Écoutons par exemple Yvon, 42 ans, nous parler de monsieur A., le président de l'association des copropriétaires de son immeuble.

Pour la première fois, je suis devenu propriétaire de mon appartement, il y a trois ans, et j'ai commencé à assister aux assemblées de copropriété. Notre président, monsieur A., régulièrement réélu, est un ancien patron à la retraite. C'est un homme plein d'énergie, plutôt dominant et qui ne met pas forcément à l'aise la première fois qu'on le rencontre. Mais nous ne pouvons que nous féliciter de l'avoir comme représentant. C'est lui qui a découvert que le premier syndic commettait des irrégularités de gestion dont tout le monde payait le coût, et il en a apporté les preuves avec une telle résolution, en suivant les procédures, que le syndic a dû démissionner. Le nouveau n'a qu'à bien se tenir !

Ensuite, il a fait nommer un expert pour découvrir qu'un entrepreneur chargé de la rénovation de l'immeuble avait commis des malfaçons et facturé des travaux non réellement effectués. Nouvelle plainte, et l'entrepreneur a été tellement impressionné par la conviction de notre président qu'il a préféré un arrangement financier et des réparations immédiates plutôt que d'aller au tribunal.

Dernier épisode : un promoteur veut construire un immeuble de huit étages dans un ancien jardin près de notre immeuble, ce qui masquerait la vue et la lumière pour beaucoup d'appartements. Monsieur A. a aussitôt entamé une procédure, et il est en train de réussir à faire annuler le permis de construire ! Je connais l'avocat qu'il a chargé de l'affaire, c'est un ami, et il me raconte qu'il est obligé de relire la jurisprudence avec une attention particulière, parce que notre président s'est plongé lui-même avec une telle ardeur dans le droit immobilier qu'il finit par connaître certains détails mieux que lui !

Par ailleurs, avec nous il est très aimable, visiblement heureux de son rôle de défenseur que nous lui reconnaissons volontiers. Évidemment, personne n'a envie de le contrarier...

Cet exemple est une vivante démonstration de l'utilité sociale des personnalités un peu paranoïaques chaque fois qu'il y a une cause à défendre ou un droit à faire respecter.

Quand la paranoïa devient une maladie

Il existe tous les intermédiaires entre les personnalités un peu susceptibles et rigides, qu'on peut à peine qualifier de paranoïaques, les personnalités paranoïaques que nous venons de décrire, et les véritables délires de persécution, au cours desquels les malades imaginent de toutes pièces un complot dirigé contre eux.

Adèle, 53 ans, célibataire, s'était mis en tête que le propriétaire de son immeuble, une grande compagnie d'assurances, cherchait à lui faire quitter son logement afin de proposer un bail plus élevé à un nouveau locataire. Peu à peu, tout ce qu'elle remarquait dans son immeuble devenait l'indice de la volonté de la compagnie de la faire partir.
Des ouvriers en bleu de travail près de l'ascenseur ? Ils étaient sûrement là pour surveiller ses allées et venues. Des graffitis sur son palier ? Des menaces pour l'effrayer. L'employé venu vérifier les compteurs en son absence avec la gardienne ? Ils avaient dû poser des micros. Adèle interdit à la concierge de venir désormais en son absence et lui reprit ses clés. Mais elle devint de plus en plus convaincue que des inconnus entraient chez elle quand elle n'était pas là, car elle était certaine à chaque fois que certains objets étaient déplacés.

Cette certitude d'être épiée et pourchassée la mit dans un tel état d'angoisse qu'elle ne dormit plus, à l'écoute des bruits de l'immeuble, trouvant suspect même le gargouillis des canalisations. Elle alla consulter un psychiatre pour lui demander des somnifères. Il fit le diagnostic et lui prescrivit un traitement qui fit disparaître son délire en quelques semaines. La guérison fut obtenue quand, sur proposition de son psychiatre, elle fut capable de prendre rendez-vous aux bureaux de la compagnie d'assurances pour discuter d'un problème de charges de copropriété, et qu'elle s'aperçut qu'il n'y avait aucune hostilité à son égard.

Dans cet exemple, Adèle a franchi le stade de la méfiance excessive, ou même de l'interprétation erronée, pour imaginer un complot invraisemblable : c'est un délire de persécution. Chose surprenante, ces délires spectaculaires disparaissent souvent plus facilement sous traitement que les traits de personnalité paranoïaques.

Et les médicaments, docteur ?

Il est rare que les personnalités paranoïaques recherchent un traitement, puisqu'elles ne se considèrent absolument pas comme malades. Toutefois, à force d'entrer en conflit avec les autres, de se sentir rejetées, il leur arrive de déprimer ou d'éprouver le besoin de se confier. C'est souvent dans ce contexte qu'elles viennent chercher l'aide d'un médecin, généraliste ou psychiatre. Le traitement d'un paranoïaque est un véritable défi, car la première condition pour l'aider est de lui inspirer confiance, alors que c'est ce qu'il accorde le plus difficilement.

Quant aux médicaments, deux types de molécules peuvent montrer une certaine efficacité dans les périodes de crise :

les neuroleptiques et les antidépresseurs. Les neuroleptiques sont les plus anciennement utilisés. À faible dose, les neuroleptiques de nouvelle génération peuvent aider des personnes à diminuer leur méfiance et leur rumination. À plus forte dose, comme leurs prédécesseurs, ce sont de véritables « antidélirants » qui peuvent faire diminuer ou disparaître les idées de persécution et certains comportements des paranoïaques agressifs. Comme ils ont certains inconvénients, le traitement doit être étroitement suivi par un médecin. Quant aux antidépresseurs, ils peuvent aider les personnalités sensitives à retrouver une meilleure humeur et une bonne estime de soi, donc à se sentir moins vulnérables. Tout psychiatre a en mémoire des cas de personnalités sensitives, parfois même un peu délirantes, dont les troubles ont totalement disparu avec un traitement souvent constitué d'un mélange de neuroleptique à dose modérée et d'un antidépresseur. À l'inverse, certains paranoïaques restent inchangés malgré toutes les tentatives de psychothérapie ou de médicaments.

Les personnalités paranoïaques au cinéma et dans la littérature

Tourments (*Él*) de Buñuel (1952) est une véritable étude clinique de la paranoïa dans le domaine amoureux. Francisco, un riche propriétaire mexicain, séduit une belle jeune femme. Ils partent ensemble pour une merveilleuse lune de miel. Mais on se doute que les choses vont mal tourner quand, le soir des noces, il s'approche de son épouse pour l'embrasser ; elle, tout émue, ferme les yeux, et aussitôt il lui demande : « À qui penses-tu ? »

Dans *Ouragan sur le Caine* d'Edward Dmytryk (1954), film adapté du roman de Herman Wouk, Humphrey Bogart campe un poignant personnage de paranoïaque, commandant de bord à la fois autoritaire et incompétent, qui exaspère son équipage et finit par provoquer la haine qu'il suspecte autour de lui.

Dans le chef-d'œuvre de Stanley Kubrick, *Docteur Folamour* (1963), le général Ripper, joué par Sterling Hayden, se montre un vrai paranoïaque inflexible et plein d'assurance. Persuadé que les Soviétiques empoisonnent ses « fluides corporels », il déclenche la Troisième Guerre mondiale. (On espère que les responsables des forces nucléaires passent des tests d'aptitude.)

Dans *Complots* (1997) de Richard Donner, Mel Gibson incarne un chauffeur de taxi simplet et complotiste, qui a un faible pour une de ses clientes régulières, Julia Roberts, qu'il a un jour protégée d'une agression. Il se révélera qu'il est sans le savoir victime d'un énorme complot... et que sa paranoïa était justifiée !

Dans l'hilarant *The Big Lebowski* (1998) de Joel et Ethan Coen, John Goodman incarne un massif vétéran du Vietnam assez paranoïaque. Non seulement il est persuadé d'avoir toujours raison et affirme ses opinions avec force à ses compagnons de bowling, mais il perçoit vite toute situation incertaine comme une menace et réagit en conséquence.

Dans l'effrayant film de Gaspard Noë *Seul contre tous* (1999, dont le titre semble une devise pour un paranoïaque), Philippe Nahon incarne un ex-boucher humilié par la vie et tourmenté par une envie de vengeance qu'il exprime dans son monologue intérieur : « On se croit dans un monde civilisé, mais c'est vraiment la jungle et si t'as envie de vivre t'as intérêt à faire partie des animaux les plus forts. »

Dans *A Touch of Sin* (2013) de Jia Zhangke, Dahai est un mineur « fort en gueule » qui n'accepte pas la corruption des dirigeants de son entreprise et réclame la part due à lui et ses camarades qui, soumis, n'oseront pas le soutenir. Battu sur ordre de sa hiérarchie et humilié, il entreprendra une expédition vengeresse et meurtrière.

Dans *Diablerie* (1932), l'écrivain anglais Evelyn Waugh décrit une expérience délirante paranoïaque. En croisière sur un paquebot, il ne cesse d'entendre l'équipage et les passagers tenir des propos désobligeants à son égard, dans un crescendo d'hallucinations de plus en plus angoissant.

Comment gérer les personnalités paranoïaques

Faites

Exprimez clairement vos motifs et vos intentions

La personne paranoïaque aura toujours tendance à vous soupçonner de vouloir lui nuire. Il ne faut donc pas lui donner d'« indices » qui confirmeraient ses soupçons. Le meilleur moyen est de communiquer avec elle de la manière la moins équivoque possible. Vos messages ne doivent pas laisser la moindre place à l'interprétation. En particulier, si vous devez la critiquer, soyez ferme, clair et précis.

Dites : « Tu es allé demander au patron de te confier ce dossier sans me prévenir. Cela me contrarie beaucoup. La prochaine fois, j'aimerais que tu m'en parles avant. » (Descriptions de comportements précis.)

Ne dites pas : « Cela ne va pas. On ne peut pas travailler avec toi. Ne compte pas sur moi en cas de pépin. » (Critiques vagues et menaçantes.)

Ainsi, Khrouchtchev a survécu plusieurs années au voisinage immédiat de Staline, sous le règne duquel la moitié des membres du Parti communiste de l'Union soviétique furent exécutés ou déportés. Selon l'historien américain Robert Conquest, c'est sans doute parce que Khrouchtchev parvint toujours à présenter à son maître toutes les apparences de la naïveté et de la franchise. Il était aidé en cela par sa tête ronde et son regard faussement naïf de « brave paysan russe ».

Respectez scrupuleusement les formes

Un jour, un de nos amis fut présenté simultanément à plusieurs personnes, au cours d'une réunion professionnelle. Il commença à serrer les mains et, petite erreur de synchronisation plus que faute de politesse, il porta son regard vers la personne suivante alors qu'il était encore en train de serrer la main de la précédente. Celle-ci, une personnalité paranoïaque, en déduisit immédiatement qu'il avait volontairement détourné la tête, et que cet ami voulait ainsi lui montrer son mépris. Ainsi commença une relation chargée d'orage.

Toute erreur d'étiquette de votre part risque d'être prise pour une moquerie ou un signe de mépris. Donc, si vous avez affaire à un paranoïaque, soyez d'une politesse « réglementaire » : ne le faites pas attendre, répondez rapidement à son courrier, veillez aux formules de courtoisie, ne faites pas d'erreur en le présentant à quelqu'un d'autre, évitez de lui couper la parole (sauf si c'est absolument nécessaire).

Attention ! Il ne s'agit pas non plus de devenir obséquieux ou trop aimable : les antennes hypersensibles du paranoïaque détecteront votre manque de sincérité. Il vous suspectera immédiatement de vouloir endormir sa méfiance pour vous livrer à quelque mauvaise action.

Maintenez un contact régulier avec elle

Étant donné les tensions extrêmes que provoque la fréquentation des paranoïaques, il est souvent bien tentant de les éviter au maximum et de ne plus les voir du tout. S'il s'agit d'une personne dont vous pouvez vous éloigner sans dommage, n'hésitez pas. Mais les circonstances de la vie ont pu vous placer au contact d'un paranoïaque inévitable : patron, voisin, collègue, parent. En attendant de déménager ou de changer de travail, vous allez être obligé de le gérer. Dans ce cas, la stratégie de la mise à l'écart n'est pas forcément la meilleure.

Écoutons Lise, 54 ans, qui a acheté avec son mari une maison de campagne.

Quand nous avons acheté notre maison de campagne, nous ne pensions pas que notre voisin aurait si mauvais caractère. Agriculteur à la retraite, il vivait avec sa femme dans une petite maison près de son ancienne ferme. Dès les premiers travaux, il est venu se plaindre qu'un camion de gravier que nous avions fait venir avait laissé une empreinte sur sa pelouse. Nous avons été un peu surpris de l'hostilité du ton et nous avons aussitôt essayé de détendre l'atmosphère en nous excusant, en l'accueillant cordialement ; mais il est resté très raide, sur la défensive. Nous l'avons accompagné pour constater les dégâts. C'était risible ! Une trace de pneu empiétait effectivement sur le coin de sa pelouse, sur une surface à peu près grande comme une main.

Venir faire une histoire pour ça ! J'ai failli plaisanter, mais mon mari m'a fait signe de me tenir tranquille, et il s'est penché sur la trace de pneu comme si c'était un dégât considérable. Puis il a proposé au voisin de faire une estimation du coût nécessaire pour remettre sa pelouse en l'état. Celui-ci a paru surpris, a grommelé qu'il allait y réfléchir, et nous a quittés sans un mot. Mon mari m'a ensuite expliqué qu'il a tout de suite senti que notre voisin était un « parano » et qu'il ne fallait pas le contrer d'emblée.

Après ce premier contact désagréable, nous nous sommes mis à éviter systématiquement notre voisin, en vérifiant qu'il n'était pas dehors avant de sortir sur la route, en nous arrangeant pour nous déplacer aux heures où il n'était pas là. Erreur ! Chaque fois que nous le croisions en voiture, il nous jetait des regards de plus en plus hostiles.

Un jour que nous avions invité des amis à venir déjeuner dans le jardin, il est venu sonner à la grille. Mon mari est allé voir : le voisin, rouge de colère, s'est plaint du bruit insupportable que nous faisions.

Après ces deux incidents, nous avons beaucoup réfléchi : fallait-il vendre la maison avant que les choses n'empirent, ou essayer de calmer la situation ? Nous avons opté pour la deuxième solution. Cette fois-ci, nous nous sommes arrangés pour sortir à l'heure où le voisin était dans les parages. En le croisant, nous avons commencé par échanger des saluts, puis des remarques sur le temps, puis des informations sur nos jardins respectifs. J'ai commencé à nouer des relations avec sa femme, qui me paraît très timide et très soumise. Nous nous parlons un peu de nos enfants et petits-enfants. Elle a l'air ravie d'avoir trouvé une interlocutrice.

Peu à peu, il a paru se détendre. Il n'y a pas eu de nouvel incident. Nous continuons de maintenir un contact régulier et nos conversations portent sur des sujets très neutres. L'autre jour, comme il avait chassé, il est venu solennellement nous apporter un lapin !

Cet exemple montre la nécessité d'un contact à la fois régulier et pas trop proche avec un paranoïaque installé dans votre voisinage. Si vous l'évitez systématiquement, le paranoïaque pensera que vous le méprisez, ou que vous vous riez de lui, comme dans l'exemple précédent. On peut penser que cet agriculteur retraité et un peu paranoïaque avait tendance à penser que ces citadins aisés le méprisaient. En l'évitant, Lise et son mari le confirmaient dans son hypothèse.

Un paranoïaque que vous évitez pourra même penser que vous complotez contre lui, ou que vous le fuyez, car vous craignez des représailles de sa part après le mal que vous lui avez fait et qu'il n'a pas encore découvert. Par exemple, il vient d'être réprimandé par son chef ; or vous l'évitez depuis quelques semaines ; c'est donc vous qui avez dit du mal de lui au chef ! Votre absence va lui laisser toute liberté pour imaginer de manière débridée vos mauvaises intentions à son égard. Alors qu'un contact régulier habituel, où vous respectez les formes et ne paraissez pas autrement inquiet ou hostile, lui permettra de « remettre au point » sur vous de temps en temps, et calmera les débordements de son imagination.

Faites référence aux lois et aux règlements

Le paranoïaque se considère comme une personne respectueuse de la loi, qui ne souhaite que la justice, de même que les grands dictateurs paranoïaques, qui pensent toujours qu'ils agissent pour le bien de leur peuple, quitte à en exterminer une partie pour le sauver de la décadence ou de l'impureté. La plupart des paranoïaques éprouvent d'ailleurs une certaine fascination pour les lois et les règlements, et le style de leurs lettres a souvent un aspect juridique, avec des démonstrations en plusieurs points du bien-fondé de leur position. Ils éprouvent une attirance forte pour la procédure. Tous les avocats connaissent bien ce genre de clients, prêts à intenter une action en justice pour une cause qui n'en vaut pas la peine, et dépenser sans compter temps et argent, à l'encontre finalement de leur propre intérêt.

Autant le paranoïaque enragera de se sentir vaincu par un individu, autant il pourra parfois accepter de s'incliner devant une institution, la loi ou le règlement (sauf s'il pense que son cas ne correspond pas à celui décrit dans le règlement). Fait surprenant, parmi les membres d'un Parti communiste durement réduit par les grandes purges, un groupe d'entre eux fut toujours épargné par Staline : ceux qui étaient d'anciens membres de la Douma, l'assemblée parlementaire des dernières années du tsar !

Mais attention, le paranoïaque, fasciné par ce qui a trait au juridique, connaît souvent mieux que vous les lois et les règlements, et saura les utiliser à son avantage. Avant de vous engager avec lui sur ce terrain, prenez vos précautions, n'avancez rien dont vous ne soyez certain, et surtout consultez auparavant un spécialiste du domaine concerné.

Laissez-lui quelques petites victoires, mais choisissez bien lesquelles

Comme nous tous, le paranoïaque a besoin de succès, petits ou grands, pour maintenir son moral. Si vous le frustrez complètement, vous risquez d'augmenter sa rage. Sachez donc céder sur les points qui vous paraissent accessoires, mais en vous fixant une limite inflexible pour ne pas céder sur l'essentiel. Au travail, laissez votre collègue paranoïaque s'approprier les prérogatives dont il pense qu'elles lui reviennent de droit, tant que vous pensez que cela ne vous nuit en rien. En revanche, dès qu'il franchit la limite que vous vous êtes fixée d'avance, montrez les dents.

Un patient paranoïaque en voulait terriblement à son médecin généraliste, parce qu'il pensait avoir été mal soigné. Les entretiens étaient devenus un monologue agressif et injurieux que le médecin n'arrivait plus à interrompre. Un jour, il signifia à son patient qu'il refusait désormais de le revoir. Celui-ci, rendu encore plus furieux, se mit à le harceler de courriers et d'appels téléphoniques de plus en plus violents. Après avoir pris conseil, le médecin proposa au malade de le revoir, à condition qu'ils signent tous les deux un contrat définissant leurs devoirs respectifs et stipulant que le médecin aurait le droit d'interrompre les rendez-vous si le patient devenait à nouveau agressif. Le patient paranoïaque accepta, après avoir bien sûr demandé la reformulation de quelques clauses du contrat. Les consultations reprirent en se maintenant à un niveau de tension supportable. (Entre-temps, le patient paranoïaque avait trouvé un nouvel ennemi : son propriétaire.)

Cherchez des alliances ailleurs

Avoir à côtoyer un paranoïaque agressif au travail ou dans sa vie privée est souvent une situation frustrante, épuisante, parfois dangereuse. C'est auprès des autres que vous trouverez conseils, appui, réconfort, surtout s'ils sont eux-mêmes concernés par le même paranoïaque. C'est particulièrement vrai dans le monde de l'entreprise. Toutefois, ne soyez pas trop surpris si vous trouvez chez les autres une certaine réticence à vous aider, comme dans l'histoire de Jean-Marie, cadre administratif dans une collectivité territoriale.

Cela fait des mois que je suis en conflit avec Charlie, ou plutôt qu'il m'en veut sans que je sache toujours pourquoi. Ou plutôt je croyais le savoir : je suis plus jeune et plus diplômé, et les gens des autres services m'apprécient plus que lui. Mais hier matin, j'ai découvert un message en copie qu'il venait d'adresser à notre chef de service. En le lisant, j'ai été stupéfait ! Il y décrivait une longue liste de comportements malhonnêtes que j'étais supposé avoir eus à son égard : j'avais accaparé notre secrétaire commune afin qu'elle n'ait pas le temps de taper son travail, j'avais cherché à prendre ses idées pour les faire apparaître comme les miennes, j'avais dit du mal de lui à des représentants de la municipalité pour qu'ils ne s'adressent plus à lui, et, pour finir, je riais de lui avec les jeunes collègues pour le déconsidérer.

J'ai senti ma colère monter. Je savais qu'il n'y avait pas un mot de vrai dans tout cela : certes, je donnais du travail à la secrétaire, mais pas dans l'idée de l'accaparer. Je n'en avais jamais dit de mal, jugeant que la situation était assez difficile comme ça. Et je n'ai jamais ri de lui ; il me donnerait plutôt envie de me fâcher. Après la colère, j'ai ressenti de l'inquiétude : je savais que tout ce qu'il racontait était faux, mais

sa lettre au chef de service était extrêmement bien tournée, écrite dans un style juridique, et avait l'air très convaincante.
J'ai demandé en urgence un rendez-vous au patron et il me l'a accordé. J'ai commencé à lui expliquer mon point de vue, puisque la lettre lui avait donné celui de Charlie. À ma grande surprise, le patron m'écoutait d'un air ennuyé, presque fatigué, et au lieu de me donner son opinion, il m'a simplement recommandé d'éviter les causes de conflit avec Charlie.
J'étais plutôt déçu. J'en ai parlé à un autre collègue qui m'a expliqué que le même patron, il y a quelques années, avait voulu muter Charlie dans un autre service. Celui-ci avait aussitôt mobilisé les syndicats, avait écrit une lettre au journal local, avait menacé de porter plainte auprès des prud'hommes, et avait même fait intervenir le député local. Il avait constitué un dossier très clair et très convaincant, comme la lettre que je venais de lire. La direction avait préféré renoncer plutôt que de déclencher un conflit interminable.

Cette histoire vous aide à comprendre pourquoi les autres ne vous aideront pas toujours face à un paranoïaque : échaudés par des expériences douloureuses, ils répugneront parfois à revenir au front pour vous défendre.

Ne faites pas

Ne renoncez pas à éclaircir les malentendus

Comme les personnalités paranoïaques sont fatigantes et souvent frustrantes, il peut être tentant de renoncer à s'expliquer après un malentendu, en trouvant qu'après tout c'est de leur faute, que c'est à elles de faire l'effort d'éclaircissement. Cette position est discutable pour deux raisons :

– dans votre intérêt, s'il y a une chance d'éclaircir le malentendu, pourquoi ne pas la tenter ?

– d'un point de vue éthique, laisser l'autre dans l'erreur, c'est lui ôter toute chance de s'améliorer, de modifier sa vision pessimiste des rapports humains.

David est un ami de longue date, nous raconte Cédric, 43 ans, cadre bancaire, mais le fréquenter est parfois fatigant, car il est trop susceptible. Il a toujours été comme ça, depuis que je le connais. Par ailleurs, c'est un type plutôt généreux, fidèle en amitié, et assez drôle quand il est un peu détendu.
L'autre soir, nous dînions entre amis et, comme l'humeur était à la plaisanterie, je me suis mis à raconter comment David s'était brouillé avec son premier patron, à l'époque où je l'ai connu dans son premier job. Le patron était un vieux bonhomme, imbu de lui-même, très solennel, mais complètement dépassé, et David ne lui avait pas montré le respect qu'il attendait. L'histoire était assez comique, avec plusieurs rebondissements. Mon intention n'était pas du tout de me moquer de David, mais de montrer comment tout peut parfois aller de mal en pis avec un patron qui vous prend en grippe. J'ai remarqué un peu tard que les autres riaient, mais que David avait l'air très contrarié. J'ai vite changé de sujet, la conversation a repris, mais David restait silencieux. Quand tout le monde s'est dit au revoir, j'ai senti qu'il me battait froid. Comme je sais qu'il pense que j'ai fait une plus belle carrière que lui, j'ai compris qu'il avait pris mon histoire pour une moquerie de la part de quelqu'un qui se sent supérieur.
J'ai hésité sur l'attitude à adopter. Je pouvais bien sûr ne rien dire et attendre que le temps efface l'offense. Mais tel que je le connaissais, j'ai pensé que le souvenir resterait toujours vivace chez David. Alors je me suis lancé, je l'ai appelé pour lui dire que j'avais remarqué qu'il avait été contrarié par mon histoire.
Il a nié. Je n'ai pas cherché à le faire « avouer », mais je lui ai dit que j'avais compris un peu tard que ça n'était peut-être pas pour lui des souvenirs agréables, et que j'étais tracassé à l'idée de l'avoir contrarié. Il m'a répondu qu'effectivement ça n'était pas des souvenirs agréables.

Cette fois-ci, j'ai ajouté que dans mon esprit c'était le patron qui était ridicule, pas lui, et que c'est pour ça que je trouvais l'histoire digne d'être racontée. Il est convenu que le patron était ridicule dans cette histoire. J'ai conclu en lui disant que j'avais peut-être eu tort de l'appeler, mais que l'idée de laisser un malentendu me tourmentait. Il m'a répondu qu'il n'y avait pas de malentendu entre nous. Il restait assez froid, mais depuis je l'ai revu, et j'ai senti qu'il était content de me retrouver.

Cédric donne un bon exemple de l'utilité de tenter d'éclaircir un malentendu. Il a d'ailleurs respecté deux règles d'or avec une personnalité un peu « parano » :

- il s'est attribué la responsabilité du malentendu au lieu de la rejeter sur son ami ;
- il n'a pas forcé son ami à avouer qu'il a été vexé, car cela aurait été l'amener à lui faire reconnaître qu'il avait tort de l'être.

Finalement, le souci que Cédric a montré pour éclaircir cette affaire a sûrement aidé David à comprendre que son ami se souciait de ses sentiments, et qu'il ne pouvait donc pas être un vrai « ennemi ».

N'attaquez pas l'image qu'elle se fait d'elle-même

Par leur obstination, leur apparente mauvaise foi (en fait, ils se croient d'une parfaite bonne foi, ne l'oubliez pas), leurs manières déplaisantes, certains paranoïaques nous donnent une furieuse envie d'exploser et de les inonder d'insultes. C'est pourtant là une tentation à laquelle il vaut mieux résister. En l'humiliant par des paroles blessantes, vous soulageriez vos nerfs, mais vous augmenteriez sa rage de vous vaincre, le confirmant d'ailleurs dans ce qu'il soupçonnait : oui, vous le haïssiez et le méprisiez depuis le début, il avait raison de se méfier !

Même si vous explosez, restez donc très « comportemental » dans vos reproches.

Comment exprimer sa colère à un paranoïaque

- Dites : « Je n'en peux plus d'entendre vos revendications », ou même « Vous m'emm... à répéter toujours la même chose ! » Dans ces deux exemples, vous avez critiqué un comportement, pas sa personne. Par ailleurs, l'expression sincère d'une émotion forte pourra parfois l'ébranler en lui faisant réaliser votre sincérité.
- Ne dites pas : « Vous n'êtes qu'un abruti ! », ou « On devrait vous enfermer ! », ou « Vous devriez vous faire soigner ! », car dans ce cas vous attaquez sa personne, ce qu'il considérera comme insupportable et vous exposera vite à des représailles disproportionnées de sa part.

Ne vous mettez pas en faute

Dans les relations de travail, une fois que le paranoïaque sera convaincu que vous êtes son ennemi, il cherchera toutes les occasions de vous affaiblir. La moindre erreur, maladresse, faute d'attention de votre part le fera jubiler, car il l'utilisera aussitôt pour vous accuser ou entamer une procédure contre vous. N'offrez à sa vue que ce qui est irréprochable. Dès qu'il apparaît dans les parages, transformez-vous en automate bien huilé.

Fréquenter un paranoïaque est un bon entraînement à peser ses mots et à ne pas en dire trop.

Ne médisez pas d'elle, elle le saura (et n'oubliera ni ne pardonnera jamais)

En général, la médisance a certains avantages : elle crée une complicité avec l'interlocuteur avec qui on s'entend pour médire de l'absent. Des amitiés sont nées sur une médisance partagée. La médisance permet aussi de soulager ses nerfs en racontant tout bas à un complice ce qu'on n'a pas osé affirmer tout haut face à un adversaire plus fort que soi. Médire de son patron, par exemple.

Mais la médisance a aussi des inconvénients : c'est un soulagement trop facile, qui peut ôter l'envie d'affronter plus franchement celui dont on médit. Plutôt que médire d'un collègue, mieux vaut souvent aller lui exprimer son mécontentement.

Médire d'un paranoïaque est une activité encore plus risquée : avec son hypersensibilité à détecter des ennemis supposés, et sa volonté agissante de confirmer ses soupçons, le paranoïaque a toutes les chances d'apprendre d'une manière ou d'une autre que vous avez médit de lui. D'autant qu'un de vos rivaux, connaissant ses capacités de nuisance, pourra trouver efficace de le dresser contre vous en allant lui raconter vos propos, plus ou moins déformés.

Ne discutez pas politique

Un autre domaine où il convient d'être prudent avec une personnalité paranoïaque : la politique. Parler politique rend facilement les gens passionnés, et quand les opinions diffèrent, la conversation tournera facilement à l'aigre. C'est sans doute pour cela que les manuels de savoir-vivre recommandaient d'éviter ce sujet. Mais la plupart du temps, lorsqu'on parle de politique dans un groupe et que les divergences d'opinion amènent à un certain niveau de tension, les convives changent spontanément de sujet, ou s'efforcent de trouver au moins un point d'accord sur un thème précis. Chacun est prêt à cesser la confrontation pour éviter de créer une atmosphère orageuse.

Une personnalité paranoïaque ne l'entend pas de cette oreille : pour elle, ne pas défendre ses opinions jusqu'au bout serait une défaite. Elle considère la conversation comme un combat où il ne faut pas baisser sa garde : ce n'est pas d'elle qu'il faudra attendre les tentatives de conciliation, mais au contraire les arguments les plus péremptoires. Comme les personnalités paranoïaques sont souvent attirées vers les positions politiques extrêmes (celles qui sont caractérisées par la désignation d'un ennemi malintentionné et responsable de tous les maux de la société, et qu'il faut punir vigoureusement), la discussion politique risque de s'enflammer rapidement. Voici le témoignage de Damien, ancien élève d'une école d'architecture.

Avec d'autres amis de fac, nous sommes restés en contact et nous nous retrouvons assez régulièrement. Nous étions étudiants pendant les années 1970 et, comme beaucoup de jeunes à l'époque, nous étions très à gauche, certains d'entre nous se réclamaient de Mao ou d'Enver Hodja. Évidemment, depuis, l'âge, les responsabilités familiales et professionnelles, l'arrivée de la gauche au pouvoir, ce que l'on a appris sur les chefs que nous admirions, la chute du mur de Berlin, tout cela a modéré nos ardeurs. La plupart d'entre nous sont restés à gauche, mais plutôt du côté de la social-démocratie. Sauf Éric, qui a gardé intactes les convictions révolutionnaires de ses 20 ans.

On pourrait trouver ça plutôt sympathique, mais chez lui, ça se manifeste sous une forme assez difficile à supporter dans la conversation. Dès que nous abordons des sujets politiques, Éric nous assène ses convictions sur la nécessité d'une future révolution. La discussion devient vite impossible car il paraît considérer que toute personne plus modérée que lui est soit un inconscient qui ne se rend pas compte des malheurs du peuple (ça, c'est plutôt pour nous), soit un salaud qui s'en moque (les nouveaux venus) et mériterait donc d'être puni en cas de révolution. Si on le contredit, il semble trouver un plaisir jubilatoire à s'enflammer et à continuer la confrontation, qui tourne vite au monologue. Cela nous met tous mal à l'aise, et sans trop nous concerter, nous évitons de parler politique en sa présence. Par ailleurs, c'est plutôt un brave type, sur qui on peut compter, mais la politique lui fait voir rouge, c'est le cas de le dire ! Mais je réalise que ce n'est pas le seul avec qui il ne faut pas parler politique ! Au bord de la mer, nous avons un voisin, un monsieur retraité et sa femme. À première vue un monsieur charmant, il veille sur la maison quand nous ne sommes pas là, je vais souvent pêcher avec lui, ma femme s'entend bien avec la sienne. Un soir, nous avons fait l'erreur de les inviter à dîner. Tout allait bien jusqu'à ce que la conversation tombe sur la politique. Il s'est transformé sous nos yeux : nous avions jusque-là un plaisant convive, nous nous retrouvions face à un fanatique qui nous expliquait avec une froide conviction que le pays était en pleine décadence, et que tout le mal venait d'un excès de démocratie, qu'il était anormal que tout le monde ait le droit de vote, et que d'ailleurs même la Révolution française n'avait pas prévu ça, et que seuls les gens éduqués devraient voter. Nous avons essayé de le contredire, d'abord sur le mode de la plaisanterie, mais nous avons eu l'impression de nous heurter à un mur. Après quoi, il a abordé le thème de l'immigration en évoquant des « solutions » dignes d'un État totalitaire, mais j'ai réussi à le faire changer de sujet à temps, car je sentais que ma femme risquait d'exploser, et je n'avais pas envie d'une brouille entre voisins. Depuis cette soirée, nos relations se sont espacées.

Ces deux exemples montrent bien deux caractéristiques des personnalités paranoïaques. D'abord, la rigidité : les deux interlocuteurs ne supportent pas de modérer l'expression de leurs convictions d'un iota, même dans le contexte d'une conversation amicale. Ensuite, la tendance à simplifier les problèmes politiques en désignant un ennemi responsable de tout le mal, et qui mérite d'être durement traité. Conclusion : avant de parler de politique, assurez-vous vite que votre interlocuteur peut accepter les règles d'un débat contradictoire sans perdre son sang-froid. (Attention, nous ne voulons pas dire que toute personne qui s'enflamme en parlant politique est paranoïaque !)

Ne devenez pas paranoïaque vous-même

La relation avec un paranoïaque ressemble parfois au début d'une bagarre : l'un des protagonistes bouscule l'autre par inadvertance, celui-ci se sentant offensé le repousse brutalement ; le premier, surpris et indigné, riposte par une bourrade encore plus violente, qui amène l'autre à lui donner un premier coup de poing, et le pugilat commence. Pour le spectateur qui arrive sur ces entrefaites, il est bien difficile de distinguer « celui qui a commencé » la bagarre.

Méfiez-vous justement de ne pas vous retrouver dans la même situation face à un paranoïaque : il suffit parfois de prendre un peu de distance, de lui laisser un peu plus d'espace, voire d'essayer sincèrement d'éclaircir un malentendu pour désamorcer un conflit qui menace. En gros, veillez à ne pas réagir vous-même en paranoïaque, en vous indignant à l'excès, en allant chercher querelle pour une offense minime, en exerçant des représailles disproportionnées.

Mais ce n'est pas facile, car le paranoïaque nous cause tellement d'ennuis et de frustration que la colère nous rend de plus en plus rigide dans notre bon droit, méfiant face au moindre de ses actes, et prêt à exploser au moindre malentendu. D'une certaine manière, le paranoïaque nous rend paranoïaque. À la campagne, dans ces conflits de bornages de champ entre voisins qui se terminaient par un coup de fusil, l'assassin n'était pas forcément le plus fou des deux, mais parfois celui qui avait été poussé à bout par un paranoïaque inflexible.

En conclusion, constatons qu'il y a des degrés dans la paranoïa et que toutes les personnalités paranoïaques ne méritent pas le rejet ou la crainte qu'inspirent certains « paranoïaques de combat », modèles réduits des grands dictateurs. En revanche, un peu de tact et de prudence pourront éviter pas mal de conflits avec les personnes présentant des traits paranoïaques, mais qui peuvent avoir des côtés sympathiques.

Comment gérer les personnalités paranoïaques

- Faites
  - exprimez clairement vos motifs et vos intentions ;
  - respectez scrupuleusement les formes ;
  - maintenez un contact régulier avec elle ;
  - faites référence aux lois et aux règlements ;
  - laissez-lui quelques petites victoires, mais choisissez bien lesquelles ;
  - cherchez des alliances ailleurs.

- Ne faites pas
  - ne renoncez pas à éclaircir les malentendus ;
  - n'attaquez pas l'image qu'elle se fait d'elle-même ;
  - ne vous mettez pas en faute ;
  - ne médisez pas d'elle, elle le saura ;
  - ne discutez pas politique ;
  - ne devenez pas paranoïaque vous-même.

Si c'est votre chef : changez-en, ou jouez les serviteurs fidèles.
Si c'est votre conjoint : allez consulter un psy pour vous aider.
Si c'est votre collègue ou collaborateur : avant d'aller plus loin, allez consulter un bon avocat. Puis relisez ce chapitre.

Avez-vous des traits de personnalité paranoïaque ?

	Plutôt vrai	Plutôt faux
1. Je supporte mal qu'on fasse des plaisanteries à mon égard.		
2. Je me suis déjà brouillé(e) définitivement avec plusieurs personnes parce que j'estimais qu'elles s'étaient mal conduites à mon égard.		
3. J'ai tendance à me méfier des nouvelles connaissances.		
4. On a souvent plus d'ennemis que l'on ne pense.		
5. Quand il m'est arrivé de me confier à quelqu'un, j'ai souvent eu peur ensuite qu'il ne s'en serve contre moi.		
6. On me reproche d'être méfiant(e).		
7. Pour s'en tirer dans la vie, il faut toujours se montrer dur et inflexible.		
8. Quand on a l'air de m'apprécier, je me dis que c'est pour obtenir quelque chose de moi.		
9. Je pense souvent à tous les gens que j'aimerais punir de leurs mauvaises actions.		
10. Ce questionnaire me met mal à l'aise.		

CHAPITRE VI

LES PERSONNALITÉS HISTRIONIQUES

Caroline et moi avons été embauchés presque en même temps, au même niveau, il était donc naturel que nous fassions rapidement connaissance et que nous échangions nos impressions sur la boîte, raconte Bruno, 28 ans, cadre au siège d'une grande entreprise. On ne risque pas de ne pas la remarquer : le premier jour où je l'ai aperçue dans le couloir, elle portait un ensemble gris, très classique pour le haut, mais avec une minijupe impressionnante, qui ne laissait ignorer à personne qu'elle a des jambes superbes. En même temps, dès qu'on lui adressait la parole elle prenait un air très froid, très professionnel, business-like, *comme on dit, ce qui contrastait avec son aspect très sexy, comme si elle ne se rendait pas compte qu'elle était provocante.*

Lors de la première réunion, elle a très peu pris la parole, se contentant de me jeter des coups d'œil un peu trop prolongés, assez énigmatiques. Bien sûr, après je suis allé lui parler. Caroline a bu mes paroles, m'a enveloppé d'un regard très chaud, a ri à mes plaisanteries. Mais je n'arrivais pas à y croire, c'était trop beau pour être vrai. J'ai d'ailleurs eu aussitôt la preuve de mes soupçons : quand le patron, Alex, est venu nous rejoindre, il a eu droit au même numéro de charme. Assez déçu et un peu furieux, je n'ai guère adressé la parole à Caroline les jours suivants.

Un soir, au moment où je me préparais à partir pour un rendez-vous chez le dentiste, elle est venue s'asseoir dans mon bureau. J'étais pressé.

Mais elle m'a demandé d'une petite voix d'enfant pourquoi je ne lui parlais plus. J'ai expliqué que j'avais rendez-vous, que nous pourrions peut-être en reparler le lendemain. Elle m'a répondu qu'elle avait l'impression que je ne l'aimais pas. Elle avait la voix brisée. J'avoue qu'elle était assez émouvante, en larmes sur sa chaise, me regardant d'un air tragique, comme une fillette abandonnée. Je lui ai proposé de la ramener chez elle ; ainsi nous pourrions parler dans la voiture. Elle m'a sauté au cou pour me remercier, avec une voix enfantine, mais je n'arrivais pas à oublier que l'enfant était une jeune femme sexy d'un mètre soixante-quinze.

Finalement, je l'ai emmenée dîner. De nouveau, elle a bu mes paroles, souriante, au point que je lui ai proposé de venir prendre un verre à la maison. Là, nouveau changement de registre, elle m'a expliqué, l'air préoccupé, qu'elle n'était pas tout à fait libre en ce moment, que la relation avec les hommes était si décevante. Caroline n'en restait pas moins très floue, je n'arrivais pas à lui faire dire si elle avait un amant ou non. Elle a fini par me fatiguer et je l'ai ramenée chez elle. Nous n'avons pas dit grand-chose sur le trajet. Mais en quittant la voiture, elle m'a complètement surpris en m'embrassant sur la bouche.

Je ne vous raconte pas toutes les péripéties de notre relation ! Pendant des semaines, je lui ai fait la cour sans qu'elle cesse de souffler le chaud et le froid ; dès que j'étais las de ses perpétuels changements d'attitude, elle revenait me provoquer. Finalement, nous avons passé une nuit ensemble. Mais après l'amour, alors que nous étions encore au lit, elle m'a fait des confidences sur l'oreiller, me racontant qu'elle était la maîtresse d'un homme marié. Elle en parlait les yeux dans le vague, l'air extasié, en me décrivant combien il était un homme fort, bon, mystérieux. Là, j'ai vraiment eu ma dose ! J'ai décidé de ne pas continuer la relation. Sans un mot, j'ai raccompagné Caroline. En la quittant, je lui ai dit qu'il valait mieux ne pas nous revoir en dehors du bureau. Elle m'en a beaucoup voulu les jours suivants, mais j'ai vite remarqué qu'elle commençait à faire du charme à un nouvel arrivant.

Au travail, Caroline est appréciée par les uns, détestée par les autres. Elle est très maligne avec les clients, ils ont l'impression qu'elle comprend leurs besoins. En réunion, elle a souvent de bonnes idées. En revanche, dès qu'il s'agit de construire un dossier méthodiquement, elle s'ennuie, devient négligente, refile le travail à d'autres. En réunion, elle s'exprime de manière un peu dramatique, en ayant l'air de tout prendre à cœur, comme si la décision de choisir une campagne pour un yaourt était une vraie tragédie. Mais elle arrive à convaincre les nouveaux arrivants, ceux qui ne sont pas encore lassés d'elle.
Mes relations avec Caroline sont devenues amicales. Je crois qu'elle a senti que je ne lui en voulais pas, mais qu'elle ne pouvait plus m'« avoir » non plus. Elle passe parfois me faire des confidences, qui consistent à me raconter combien elle trouve tel nouveau chef de produit merveilleux, génial, extraordinaire, pour me dire quinze jours plus tard que c'est un salaud, un personnage mesquin, une nullité. Avec elle, c'est un « cinéma » permanent. Nous nous connaissons depuis deux ans maintenant, mais d'une certaine manière, j'ai toujours l'impression qu'elle n'est jamais authentique, que même dans ces petites conversations avec moi, elle joue un rôle pour mieux capter mon attention, qu'elle n'arrive jamais à être naturelle. Après tout, c'est peut-être sa nature !

Que penser de Caroline ?

Caroline cherche en permanence à attirer l'attention d'autrui en utilisant tous les moyens à sa disposition : tenue discrètement provocante, comportements de séduction, déclarations théâtrales en réunion, changements d'attitude déconcertants (elle passe de la séduction à l'indifférence), appels à l'aide dramatisés (quand elle se présente comme une petite fille en peine), elle a un « jeu » très étendu pour capter l'attention de l'autre.

Bruno a remarqué aussi que ses émotions sont rapidement changeantes : au cours de la même soirée, elle est passée du désespoir à l'excitation du jeu de la séduction, puis à la tristesse un peu mystérieuse, la froideur, pour terminer par un baiser torride !

Enfin, elle a tendance à idéaliser certaines personnes, parlant d'elles avec admiration, et aussi à en dévaloriser exagérément d'autres, qui sont parfois les mêmes !

Bruno réalise d'ailleurs qu'il n'arrive plus à savoir si Caroline « joue » comme une actrice, ou si ce comportement théâtral est sa vraie nature !

Caroline rassemble toutes les caractéristiques d'une personnalité histrionique.

La personnalité histrionique

- Cherche à attirer l'attention des autres, supporte mal les situations où elle n'est pas l'objet de l'attention générale. Recherche intensément l'affection de son entourage.
- Dramatise l'expression de ses émotions, qui sont souvent rapidement changeantes.
- A un style de discours plutôt émotionnel, évoquant des impressions, manquant de précision et de détail.
- A tendance à idéaliser ou au contraire à dévaluer exagérément les personnes de son entourage.

Comment Caroline voit-elle le monde ?

Dans une réunion, Caroline cherche toujours à être le point de mire de l'assistance ; en tête à tête, elle veut capter entièrement l'attention de son interlocuteur. Sa croyance de base est probablement quelque chose comme « Je dois toujours attirer et charmer les autres pour qu'ils m'aident ». Ce qui sous-entend d'ailleurs qu'elle pense qu'elle n'est pas capable de se débrouiller toute seule dans la vie, qu'elle a besoin d'aide. En effet, les personnalités histrioniques, sous leur apparence spectaculaire, ont souvent une image d'elles-mêmes assez dévalorisée ; elles cherchent sans cesse à se rassurer dans le regard fasciné de l'autre. Leurs émotions sont souvent rapidement changeantes, bien qu'il soit difficile de dire si c'est pour mieux surprendre ou intéresser, ou si, comme les enfants, elles passent sincèrement du rire aux larmes.

Toutes les personnalités hystériques sont-elles forcément des femmes ? Et toutes les femmes sont-elles forcément des hystériques ?

Tuons tout de suite le suspense : la réponse à ces deux questions est non, clairement ! Les hommes ont bien leur place dans ce chapitre sur les personnalités histrioniques. Mais longtemps, le débat ne tournait qu'autour des femmes, et les soignants comme le grand public étaient prisonniers de stéréotypes encore présents aujourd'hui...

Il n'est donc pas dans nos intentions dans les lignes qui suivent de provoquer les féministes, mais de rappeler l'existence d'un débat qui a agité la communauté psychiatrique.

Besoin de plaire, humeur changeante, recherche d'aide... ne sont-ce pas des caractéristiques féminines traditionnelles ? Des siècles de littérature nous apprennent que « souvent femme varie », que les femmes cherchent à séduire pour le plaisir de la séduction, qu'elles se présentent comme des êtres sans défense pour mieux accaparer la force de l'homme, qu'elles sont perfides et qu'elles jouent la comédie, etc.

Avant de parler de personnalité histrionique, on parlait de « personnalité hystérique ». « Hystérique » vient du grec *husteros*, qui est le nom de l'utérus, la matrice, organe spécifiquement féminin. Les Grecs anciens pensaient effectivement que les démonstrations bruyantes et excessives des femmes étaient provoquées par l'agitation interne de leur utérus. En plus des traits de personnalité que nous avons décrits, les médecins observaient souvent chez ces mêmes patientes des troubles variés et spectaculaires : paralysies, contractures, douleurs abdominales, crises ressemblant à l'épilepsie, amnésies. Tous ces symptômes différaient de ceux observés dans les maladies physiques, car ils survenaient et cessaient de manière capricieuse, pouvaient être provoqués ou disparaître à la suite d'événements marquants, et ne correspondaient à aucune maladie physique décelable. Jusqu'au XIXe siècle, ces troubles étaient cependant encore désignés par le nom de « fureur utérine ».

En 1980, le terme « personnalité hystérique » disparut de la classification américaine *DSM-III* des troubles psychologiques. La présentation dramatisée et théâtrale de leurs émotions paraissait un trait assez constant des personnalités dites « hystériques ». On choisit donc le terme « histrionique », du latin *histrio*, acteur de théâtre qui jouait des pantomimes au son des flûtes. Par ailleurs, les symptômes spectaculaires de l'hystérie (paralysie, évanouissements, amnésies...) furent regroupés sous d'autres désignations diagnostiques : troubles de somatisation, troubles dissociatifs, troubles de conversion.

Les raisons de l'abandon du terme « hystérique »

1. Les progrès de la médecine permettaient d'affirmer que les comportements et les troubles des sujets appelés « hystériques » n'avaient rien à voir avec l'utérus.
2. Une preuve de plus : certains hommes avaient des symptômes identiques. Or les hommes sont dépourvus d'utérus. (Voilà au moins une certitude.)
3. Par ailleurs, parmi les sujets à personnalité hystérique, beaucoup ne présentaient jamais de symptômes hystériques spectaculaires comme les paralysies, les évanouissements, etc. Inversement, des personnes souffrant de ces symptômes n'avaient pas toujours auparavant de « personnalité hystérique ».
4. Le terme « hystérique » était devenu dévalorisant, et souvent utilisé par les psychiatres mâles pour désigner les patientes qu'ils n'arrivaient pas à aider. Il était aussi devenu une insulte dans le langage courant.

De l'hystérique à l'histrionique

Si vous vouliez lire tout ce que les psychiatres et les psychologues ont pensé et écrit sur l'hystérie depuis le siècle dernier, il faudrait vous armer de courage : des années n'y suffiraient pas. À croire que le vœu secret des hystériques d'attirer l'attention sur eux a parfaitement été exaucé !

Freud a bâti les fondements de sa théorie d'après ses propres observations de patientes hystériques issues de la bonne société viennoise, ce qui nous amène à poser deux questions « sacrilèges » : cette théorie, conçue pour expliquer l'hystérie de quelques jeunes Viennoises, permet-elle d'expliquer toutes les autres formes de troubles psychologiques ? Par ailleurs, était-il prudent de fonder une théorie d'après le discours et les symptômes de patientes connues pour désirer toute l'attention et le soutien de leur médecin, y compris en lui racontant ce qu'il avait envie d'entendre ? Freud lui-même s'est beaucoup interrogé. Comme nombre de ces patientes lui racontaient avoir subi des attouchements sexuels et des incestes durant leur enfance, il y vit d'abord l'origine de leur mal. Puis il se demanda si ces récits n'étaient pas imaginaires, des fantasmes féminins correspondant à des conflits œdipiens refoulés, fondement majeur de sa théorie. En fait, avec ce qu'on sait aujourd'hui de la fréquence de l'inceste et des maltraitances sexuelles chez les enfants, beaucoup de chercheurs pensent que les patientes de Freud furent réellement abusées par des mâles de leur famille. Les féministes américaines ont d'ailleurs accusé Freud d'avoir été indirectement responsable de l'attitude longtemps sceptique des psychiatres devant les récits d'inceste de leurs patientes, puisque la psychanalyse leur avait appris qu'il s'agissait d'« inventions ». (Un mouvement de balancier inverse et excessif se produit aujourd'hui : il existe un courant thérapeutique qui tend à expliquer tout trouble psychologique à l'âge adulte par des abus sexuels subis dans l'enfance.)

Voyez comme l'hystérie est captivante : ce débat nous a déjà entraînés un peu loin. Revenons à la personnalité histrionique.

En s'en tenant à des critères de la personnalité histrionique similaires à ceux décrits précédemment, des études épidémiologiques ont montré qu'on trouvait deux femmes pour un homme dans cette catégorie de personnalité. Bien sûr, les hommes histrioniques n'auront pas tout à fait les mêmes conduites que les femmes. Par exemple, leurs comportements de séduction seront différents selon les rôles sociaux masculins-féminins en vigueur. Un homme histrionique fera démonstration d'assurance, de déclarations enflammées, comme un personnage de séducteur de théâtre. Mais son souci d'être le point de mire de l'assistance sera tout aussi intense, et lui aussi jouera sur son apparence, ses choix vestimentaires, ses effets de manches, pour capter l'attention. Bien sûr, il existe une géographie de l'histrionisme à travers le monde et l'on doit toujours replacer une personnalité dans son contexte culturel. Une attitude normale chez un Italien du Sud serait perçue comme histrionique chez un Suédois. Aldo Maccione (ou les personnages qu'il joue) détonerait dans un film de Bergman !

Quand un peu d'histrionisme est utile

Certaines personnes comme les acteurs, les avocats, les hommes politiques ou de communication font métier d'attirer l'attention d'un public, de le fasciner, et de jouer sur ses émotions. Ce sont souvent des personnalités histrioniques. Elles ont été attirées par ces professions, car elles sentaient qu'elles y obtiendraient une « scène » à leur mesure. On trouve certainement plus de personnalités histrioniques dans la publicité et les médias que dans la métallurgie ou l'agriculture, et elles sont aussi plus attirées par les grandes villes que par les provinces rurales.

Écoutons Sabine, 28 ans, nous parler de son fiancé avocat.

André m'avait séduite en déployant un charme extraordinaire. Beau parleur, spectaculaire, capable de passer en un instant d'une déclaration enflammée à une réserve distante, tout de suite à l'aise avec mes amis, il m'a vite rendue très amoureuse. Mais je me suis aperçue peu à peu qu'il était toujours en représentation. Quand nous arrivons à un dîner, il n'a de cesse que tout le monde fasse attention à lui. Pour cela, il est prêt à faire le pitre comme à se mettre en colère. Quand j'essaie de lui faire remarquer qu'il en fait trop, qu'il n'a pas besoin de chercher à attirer l'attention des gens pour qu'ils l'admirent, ça le blesse, il prend ça très mal, et il maintient qu'il a suivi son humeur du moment, que ça n'était pas du tout pour attirer l'attention sur lui. Et le pire, c'est qu'il le pense sincèrement ! Je crois qu'il ne se rend pas compte de la manière dont il fonctionne. Même avec moi, il n'est jamais vraiment détendu, il en fait toujours un peu trop. Au lieu de me charmer, il me fatigue maintenant. Et dès que je suis un peu distante, ou simplement fatiguée, il se met à bouder, ou pique des colères très théâtrales, qui se terminent en pleurnicheries.

Sabine a remarqué chez son ami un trait assez caractéristique des personnalités histrioniques : elles ont assez peu de capacité à s'observer elles-mêmes et à reconnaître la réalité de leurs émotions. André dit qu'il a fait le pitre parce qu'il se sentait d'humeur joyeuse ou qu'il s'est fâché parce qu'on l'a contrarié, alors que son émotion est plutôt la crainte de ne pas plaire, qui le pousse à se donner en spectacle. Prendre conscience de cette crainte est peut-être trop angoissant pour lui, aussi l'évacue-t-il par ce que les psychanalystes appellent un mécanisme de défense, destiné à protéger la conscience d'émotions trop pénibles. (Les mécanismes de défense et la psychologie du moi sont une des ramifications les plus fécondes de la théorie psychanalytique initiée par Anna Freud et très développée dans les pays anglo-saxons.)

Quand trop d'histrionisme conduit à l'échec

L'histrionisme d'André l'avait sans doute incité à choisir son métier d'avocat, et peut-être aidé à sa réussite. En revanche, son comportement histrionique, adapté au prétoire, lui nuisait dans sa vie personnelle. Désenchantée, Sabine l'a quitté.

Les personnalités histrioniques peuvent paraître captivantes au premier abord, mais leurs démonstrations excessives, leurs changements d'humeur, leur soif d'attention finissent par lasser leur partenaire, qui se détourne alors d'elles. Du coup, elles sont encore plus convaincues qu'il faut sans cesse charmer et séduire, sinon l'autre vous quitte, et elles recommencent une nouvelle relation sur un mode encore plus histrionique qui conduit à un nouvel échec.

La vie sentimentale malheureuse de certaines stars du cinéma est un des signes de leur personnalité histrionique : elles se font régulièrement plaquer par des partenaires d'abord captivés, puis lassés par leur comportement spectaculaire, ou au contraire elles les quittent elles-mêmes pour quelqu'un de nouveau qui leur accorde momentanément plus d'attention.

Et puis, il ne faut jamais oublier que l'histrionisme est une source de souffrance pour la personne elle-même : une récente étude de suivi, conduite auprès de tous les profils sur une quinzaine d'années, montre que ce sont les personnalités histrioniques, femmes et hommes, qui paient le plus lourd tribut à la dépression.

Les personnalités histrioniques au cinéma et dans la littérature

Dans *Sunset Boulevard* (1950) de Billy Wilder, Gloria Swanson joue une star déchue qui cherche à séduire et retenir auprès d'elle un jeune scénariste sans le sou (William Holden) en adoptant toute une gamme de comportements histrioniques.

Dans le film *Autant en emporte le vent* (1939) de Victor Fleming, Scarlett O'Hara, jouée par Vivien Leigh, montre une tendance bien histrionique à exciter l'intérêt des hommes, mais elle ne tombe vraiment amoureuse d'eux que lorsqu'ils deviennent inaccessibles.

Dans *Un tramway nommé désir*, film adapté de la pièce originelle de Tennessee Williams, le personnage de Blanche Dubois (Vivien Leigh) montre la soif d'attention, le comportement charmeur, la tendance à la rêverie et à la dramatisation d'une personnalité histrionique déchue. (Le grand succès de la pièce permit à l'auteur de payer les soins psychiatriques nécessaires à sa sœur Rose Williams.)

On n'oubliera pas, bien sûr, *La Cage aux folles* (1978) d'Édouard Molinaro, où Michel Serrault joue Albin, un homosexuel quinquagénaire extraordinairement émotif et démonstratif, avec une forte composante histrionique.

Dans de nombreuses émissions de téléréalité, les producteurs sélectionnent souvent une ou plusieurs personnalités histrioniques, dont ils savent que les réactions émotionnelles et spectaculaires offriront du bon spectacle et que leur goût de la séduction provoquera passions et zizanie au sein de l'équipe.

Gustave Flaubert nous décrit une Madame Bovary qui, avec son émotivité, sa soif d'amour, son humeur changeante, son goût pour la rêverie, sa tendance à idéaliser un amant médiocre, pourrait être un beau portrait d'une personnalité histrionique.

Dans *Le Duel* de Tchekhov, Nadejda est une belle histrionique qui a quitté son mari pour suivre un jeune et beau fonctionnaire sur les bords de la mer Caspienne. Quand celui-ci se lasse d'elle, Nadejda se met à souffrir de maux divers, qui n'attendrissent pas son amant, au contraire ; il ne lui reste plus qu'à séduire un autre homme, l'officier Kiriline.

Comment gérer les personnalités histrioniques

FAITES

Attendez-vous à l'excessif et à la dramatisation

Si vous avez bien compris ce qu'est une personnalité histrionique, vous savez que ces comportements excessifs et théâtraux ne sont pas des « caprices », mais une manière d'être qui fait partie de leur personnalité. Il ne sert donc à rien de se dire : « Elle devrait quand même arrêter son cirque » et de s'énerver. Pour elle, ce n'est pas un « cirque », c'est son comportement naturel, sa manière de se rassurer dans les yeux des autres, d'étouffer dans l'œuf certaines émotions trop déprimantes. Plutôt que de vous irriter quand il ou elle en « fait trop », admettez donc que l'histrionisme est un phénomène naturel, au même titre que la myopie ou la calvitie. Vous énervez-vous contre vos amis parce qu'ils sont myopes ou chauves ?

Laissez-lui une scène de temps en temps, en fixant les limites

Au travail, et surtout en réunion, les personnalités histrioniques sont parfois très mal supportées. Alors qu'on attend d'elles un discours précis, factuel, centré sur la résolution des problèmes, elles produisent un discours flou, dramatisé, centré sur les émotions. Leur supérieur hiérarchique peut alors être tenté de les « mater » en ne leur laissant plus l'occasion de s'exprimer.

Jocelyne, assistante sociale dans un service de médecine, fatiguait tout le monde à la réunion du vendredi. Alors que, pressée par le temps, l'équipe médicale devait passer en revue les dossiers de tous les malades et se concentrer sur les problèmes importants, Jocelyne ne cessait de faire diversion en racontant les confidences qu'elle avait recueillies auprès de tel ou tel malade, décrivant de manière dramatique sa détresse psychologique et comment elle l'avait réconforté. Les infirmières s'irritaient de ce qu'elles percevaient comme une manière de se « faire mousser », et les médecins supportaient mal ces interruptions qui les empêchaient de se concentrer sur les problèmes médicaux des patients.

Un chef de clinique commença à interrompre brutalement Jocelyne à chacune de ses interventions. D'abord surprise, elle eut bientôt les larmes aux yeux. Elle n'ouvrit plus la bouche pendant le reste de la réunion. La fois suivante, elle arriva avec une nouvelle coiffure et tenta de reconquérir l'attention en commençant une histoire particulièrement dramatique que lui avait révélée un patient, mais les médecins l'interrompirent de manière encore plus abrupte. Ses tentatives de reprendre la parole échouèrent, et elle finit par quitter la réunion en claquant la porte.

Tout le monde se sentit gêné, se rendant compte un peu tard que le groupe s'était laissé entraîner dans une réaction de rejet, et qu'après tout Jocelyne donnait quand même de temps en temps une information importante pour le suivi d'un patient.

Jocelyne ne revint pas le lendemain. On apprit qu'elle était en arrêt de travail pour quinze jours.

Cette histoire met en évidence deux faits habituels : d'abord, combien les personnalités histrioniques irritent (y compris leur psychothérapeute). Ensuite, combien les rejeter aggrave leur comportement. On peut penser que le comportement histrionique a été justement « appris » comme, par exemple, le seul moyen d'attirer l'attention d'un père distant. Plus le groupe rejetait Jocelyne, plus elle cherchait à reconquérir son attention par des comportements de plus en plus bruyants, ce qui rendait le groupe encore plus hostile, jusqu'à ce que Jocelyne « dramatise » la situation encore plus en partant « en maladie ».

Vous avez peut-être envie de dire : mais pourquoi Jocelyne ne se rend-elle pas compte que ses interventions excessives énervent tout le monde ? Pourquoi ne change-t-elle pas de tactique en se manifestant un peu moins en réunion ? Effectivement, si Jocelyne avait une personnalité « normale », elle prendrait en compte la situation et modifierait son comportement. Mais justement, si elle est décrite dans ce livre, c'est qu'elle est une « personnalité difficile », c'est-à-dire qu'elle a du mal à modifier son comportement inadapté, et le répète au contraire de manière rigide.

L'histoire continue. L'équipe appela un psychiatre en consultation pour parler du « cas Jocelyne ». Celui-ci, après avoir écouté chacun, donna quelques conseils pour mieux se comporter avec Jocelyne à son retour.

Le jour où Jocelyne revint au travail, tout le monde lui dit bonjour de manière chaleureuse. Lorsqu'elle entra dans la salle de réunion, toute l'équipe l'accueillit par une petite chanson sur l'air de « Happy Birthday ». Jocelyne fut à la fois surprise et ravie. Quand la revue de dossiers commença, Jocelyne ne put s'empêcher d'interrompre pour parler des confidences qu'elle avait recueillies. Cette fois, le chef de clinique la laissa raconter jusqu'au bout, puis lui déclara que les informations qu'elle recueillait étaient importantes pour mieux comprendre les patients. Il continua en lui proposant d'en faire un résumé écrit avant la réunion, de sorte que, pour chaque patient, le problème puisse être exposé rapidement. Jocelyne se trouvait donc investie d'un vrai « rôle », ce qu'elle avait toujours cherché. Effectivement, le carnet à la main, l'air grave, elle put désormais lire rapidement ses notes pour chaque dossier, ce qui permit aux réunions d'être plus efficaces, et à l'équipe de prendre connaissance d'informations importantes sur les patients.

Compris ? C'est en accordant de l'attention à Jocelyne, tout en lui donnant une règle du jeu, que l'équipe a pu l'amener à un comportement plus adapté. Donc, face à une personnalité histrionique, laissez-lui une scène, mais fixez-en les limites.

Montrez de l'intérêt chaque fois qu'elle a un comportement « normal »

Parfois, et surtout si vous l'avez rassurée sur votre intérêt pour elle, la personnalité histrionique abandonnera pour quelques instants son comportement théâtral ou manipulateur. Alerte ! Ne laissez pas passer cette éclaircie sans réagir ! C'est là qu'il faut lui montrer que vous l'appréciez quand elle se conduit ainsi. Écoutez Charles, cadre avisé.

Sophie est une bonne collaboratrice pour certaines tâches. En particulier, elle sait très bien « sentir » l'ambiance d'une entreprise, et nous faire éviter certaines erreurs. En revanche, elle parle trop en réunion, elle parle trop d'elle, elle ne peut s'empêcher de venir me voir sous des prétextes divers, la plupart du temps pour attirer simplement mon attention. J'ai mis au point une tactique. Chaque fois que je pense qu'elle parle pour ne rien dire, je réponds par monosyllabes, je prends l'air de celui qui pense à autre chose. En revanche, dès qu'elle me donne des informations pertinentes, je la regarde, j'approuve de la tête, je pose des questions qui montrent que j'écoute. J'applique cette méthode depuis trois mois, très régulièrement, et je dois dire que, de mon point de vue, Sophie s'est beaucoup améliorée.

Cet exemple rappelle un principe valable aussi bien pour l'éducation des enfants, le management des collaborateurs ou la gestion des personnalités difficiles : souvent, le meilleur moyen de décourager un comportement gênant est d'encourager vivement le comportement inverse quand il se produit.

Attendez-vous à passer du statut de héros à celui de minable, et inversement

Les personnalités histrioniques ont tendance à idéaliser ou à dévaloriser les personnes de leur entourage. Pourquoi ? Parce qu'elles ont besoin de nous valoriser pour se sentir elles-mêmes valorisées par notre attention. Certaines personnalités histrioniques semblent munies d'une sorte de « fusible » qui les coupe de leurs émotions profondes, trop difficiles à supporter consciemment. Des émotions de remplacement vont donc apparaître pour maintenir une certaine activation émotionnelle. Peut-être aussi revivent-elles une situation de leur enfance où elles cherchaient à attirer l'attention d'un papa distant et idéalisé ? Votre collaboratrice histrionique va vous admirer comme une groupie adore sa vedette favorite, mais si vous la décevez, elle déchirera (symboliquement) votre image en petits morceaux et vous décrira comme un être foncièrement méchant et mesquin. Ne vous inquiétez pas trop, si vous lui manifestez à nouveau de l'intérêt, vous reprendrez votre place dans son panthéon.

Ne faites pas

Ne vous moquez pas d'elle

Les personnalités histrioniques paraissent souvent un peu ridicules et excitent volontiers la moquerie de leur entourage. Sans doute parce que leur désir d'attirer l'attention, si visible chez elles, existe aussi chez nous sous une forme mieux dissimulée. Nous nous moquons d'autant plus volontiers de ce besoin que nous n'aimons pas le reconnaître en nous. Un peu comme on rit d'un petit enfant de 2 ans qui vient se donner en spectacle dès qu'on fait trop attention à sa petite sœur nouveau-née.

On se moque aussi volontiers des hystériques parce que, avec leur émotivité et leur sensibilité à l'opinion des autres, elles ne sont pas des adversaires bien redoutables. (On voit beaucoup plus rarement des gens se moquer des paranoïaques !) Or la moquerie, qui blesse tout le monde, blessera peut-être davantage encore une personnalité histrionique, et risquera de la pousser à regagner votre attention par tous les moyens disponibles : crise de larmes, tentative de suicide, arrêt de travail.

Ne vous laissez pas émouvoir par ses comportements de séduction

La personnalité histrionique est prête à tout pour capter votre attention. Elle aura donc tendance à « sexualiser » la relation, même dans un contexte professionnel. Habillement discrètement provocant, sourire charmeur, regard entendu feront croire aux naïfs qu'ils « ont un ticket ». Quelle ne sera pas leur surprise, quand ils tenteront leur approche, de voir la personnalité histrionique les repousser d'un air surpris, voire indigné ! Ils n'avaient pas compris que toute cette séduction, déployée comme à la parade, avait pour but d'attirer l'attention, de charmer, mais sans aucun souhait d'une relation plus intime. Du coup, les femmes histrioniques se font souvent traiter d'« allumeuses ».

Certaines femmes histrioniques vont aller plus loin en utilisant le sexe pour attirer l'attention. Elles vont afficher des attitudes très libérées, changer fréquemment de partenaires, se révéler des maîtresses très libérées et très expertes, non pas toujours poussées par un désir véritable, mais pour offrir une apparence qu'elles pensent attirante (et qui peut l'être, un certain temps du moins). Certains hommes histrioniques vont aussi déconcerter les femmes qui n'arrivent pas à savoir quelles sont leurs intentions réelles, puisqu'ils ne s'avancent pas franchement, tout en déployant beaucoup de charme et de séduction. Le terme d'« allumeur » n'est pas utilisé, mais il peut correspondre à certaines conduites histrioniques chez le mâle. (À différencier bien sûr de l'homme qui hésite à aller plus loin par timidité ou scrupule.)

Ne vous laissez pas trop attendrir

À l'inverse, leur émotivité, au fond leur fragilité, leur comportement quelque peu enfantin risquent de vous attendrir et de réveiller en vous un sentiment protecteur (quel homme n'est pas tombé amoureux un jour d'une belle histrionique qu'il a voulu chérir et protéger ?). Attention, en perdant de la distance, vous risquez d'être entraîné au fil des variations de son humeur, déconcerté par ses changements d'attitude, entraîné vous-même dans sa dramatisation. En voulant trop respecter ses désirs, vous ne serez plus capable de l'aider.

Dès le début, ma liaison avec Claire a été très éprouvante. Par exemple, nous avions un merveilleux dîner d'amoureux ; brusquement, elle fondait en larmes au dessert, sans un mot. Atterré, je la harcelais de questions, elle finissait par me dire qu'elle avait pris le même dessert la dernière fois qu'elle avait dîné avec son père, avec qui elle est brouillée depuis trois ans. De retour d'un dîner chez des amis, grosse colère de sa part parce qu'elle trouvait que j'avais dragué ma voisine de table, ce qui était absolument faux. Je me défendais, finissais par me mettre en colère, alors à nouveau elle pleurait comme une petite fille et c'est moi qui me sentais coupable. Peu à peu, j'ai compris que toutes ces scènes étaient chez elle comme un réflexe pour provoquer un échange émotionnel entre elle et moi. Je ne suis plus rentré dans le jeu. Dès qu'elle montait sur ses grands chevaux, je lui disais d'en redescendre ou je remettais la conversation à plus tard. Elle s'est peu à peu calmée, et nous arrivons à communiquer plus normalement et plus sincèrement. Elle a dit à une de ses amies, qui me l'a répété, que j'étais le premier homme qui lui résistait, et qu'au fond ça la rassurait.

N'oubliez pas que, face à une personnalité histrionique, vous êtes son public. Et un public trop « facile » perd vite son intérêt. Pour conclure, nous rappellerons que la personnalité histrionique que nous avons présentée ne représente qu'un aspect de tous les symptômes variés regroupés autrefois sous le terme d'« hystérie », trouble mystérieux dont l'histoire continue de nourrir d'intéressantes controverses entre psy.

Comment gérer les personnalités histrioniques

- Faites
  - attendez-vous à l'excessif et à la dramatisation ;
  - laissez-lui une scène de temps en temps, mais fixez les limites ;
  - montrez de l'intérêt chaque fois qu'elle a un comportement « normal » ;
  - attendez-vous à passer du statut de héros à celui de minable, et inversement.

- Ne faites pas
  - ne vous moquez pas d'elle ;
  - ne vous laissez pas émouvoir par ses tentatives de séduction ;
  - ne vous laissez pas trop attendrir.

Si c'est votre conjoint : appréciez le spectacle et la variété. Après tout, c'est pour ça que vous l'avez épousé(e).
Si c'est votre patron : essayez de rester vous-même, même quand il (elle) vous demande le contraire.
Si c'est votre collègue ou collaborateur : gardez la distance qui lui permettra de vous idéaliser.

Avez-vous des traits de personnalité histrionique ?

	Plutôt vrai	Plutôt faux
1. Le regard des autres est un excitant pour moi.		
2. On m'a parfois reproché de « faire mon cinéma ».		
3. Je suis facilement ému(e).		
4. J'adore séduire, même quand je n'ai pas envie d'aller plus loin.		
5. Pour que les autres vous aident, il faut avant tout les charmer.		
6. Dans un groupe, je me sens vite mal si tout le monde ne fait pas attention à moi.		
7. J'ai tendance à tomber amoureux(se) de personnes distantes ou inaccessibles.		
8. On m'a parfois fait remarquer que je m'habillais de manière trop excentrique ou provocante.		
9. Dans une situation embarrassante, il m'est arrivé de m'évanouir.		
10. Je me demande souvent quel effet je produis sur les gens.		

CHAPITRE VII

LES PERSONNALITÉS OBSESSIONNELLES

« Une fois que ma décision est prise, j'hésite longuement. »

Jules Renard

Un jour, j'en ai eu assez de travailler pour les autres, alors j'ai décidé de fonder mon entreprise, raconte Daniel, 38 ans. Je savais que j'avais les qualités requises : j'ai le sens des affaires, comme on dit, je suis plutôt créatif et j'ai de l'énergie à revendre. Mais je connaissais aussi mes défauts : je n'aime pas les comptes, tout l'aspect administratif m'ennuie, je ne suis pas un bon gestionnaire. J'ai donc pensé m'associer à Raphaël, mon beau-frère. Je le connaissais depuis des années, on se voyait aux réunions de famille, il m'avait toujours paru un type sur qui on pouvait compter : sérieux, gros bûcheur, au point que ma sœur s'en plaignait, trouvant qu'il n'était pas assez présent à la maison. Il était plutôt réservé, modeste et très attentif à l'éducation de ses enfants, ce qui m'a tout de suite plu.
Je savais par ma sœur qu'il trouvait lui aussi qu'il n'était pas reconnu pour son travail dans son entreprise, alors je lui ai proposé cette association. Il a paru surpris, un peu inquiet, puis m'a dit qu'il allait y réfléchir. Pendant des semaines, il m'a téléphoné régulièrement pour me demander de nouveaux détails sur le projet, les conditions d'association, etc. À la fin, je me suis énervé. Je lui ai dit que je ne pouvais

pas m'associer avec lui s'il ne me faisait pas confiance. C'est ma sœur qui m'a rappelé. Elle m'a expliqué que ce n'était pas une question de confiance, Raphaël ne doutait pas de mon honnêteté ; simplement il avait toujours besoin du maximum de détails avant de prendre une décision, que ce soit pour acheter une machine à laver ou choisir le lieu de leurs prochaines vacances. En raccrochant, j'ai pensé que Raphaël et moi nous étions complémentaires, qu'il serait attentif aux détails qui m'ennuient.
L'entreprise a démarré rapidement parce que plusieurs de mes anciens clients ont voulu continuer avec moi. Raphaël a travaillé dur pour établir les procédures, les normes ; il s'en est bien tiré, même si je trouvais qu'il y passait trop de temps. Ma sœur me harcelait au téléphone pour me dire que je donnais trop de travail à son mari, qu'il passait tous ses week-ends devant son ordinateur !
J'ai tenté d'en parler à Raphaël, lui demandant d'en faire un peu moins, de ne pas plonger si loin dans les détails. Mais j'ai vite renoncé, car chaque fois que j'allais le voir, il m'expliquait longuement le pourquoi du comment de ce qu'il faisait, et je n'arrivais plus à l'interrompre, cela finissait par me manger mon temps à moi aussi !
Nous avons bientôt employé dix personnes. Puis, il y a trois mois, est arrivée la commande dont rêve tout petit patron. Une grande chaîne d'hypermarchés nous demandait de lui fournir des emballages pour une de ses lignes de produits laitiers. J'ai réussi à conclure un contrat avec des conditions assez bonnes pour nous et, croyez-moi, avec ces gens-là, ce n'est pas facile !
La première chose qui m'a un peu énervé chez Raphaël, c'est qu'au lieu de s'enthousiasmer il a juste lu et relu le contrat, puis m'a dit que je n'avais pas prévu telle ou telle éventualité, en fait du genre de celles qui n'arrivent jamais. Enfin, il a reconnu que c'était une belle affaire. Mais quand il a fallu passer à la fabrication, il m'a expliqué que nous ne pouvions pas produire les emballages demandés à la cadence voulue si nous voulions respecter les normes. Pourtant, le client était satisfait des emballages déjà fournis ! Mais Raphaël tenait à respecter des normes statistiques très sévères. Il voulait qu'on achète un nouveau matériel, tout à fait hors de nos moyens à ce moment.

Je lui ai proposé d'installer plutôt un contrôle qualité pour que tous les emballages défectueux soient repérés et rejetés. Il a été d'accord. Il a installé une procédure tellement compliquée que les gens de la fabrication sont venus me voir dans mon bureau pour dire qu'ils refusaient de l'appliquer. Finalement, avec son accord, j'ai libéré Raphaël de toute responsabilité dans la production et le commercial. Il ne s'occupe plus que des comptes et de l'administration, et je vous assure que nous sommes en règle ! Depuis, ma sœur parle de divorce. Non seulement Raphaël travaille tout le temps, mais quand il rentre à la maison, il remarque des détails qui lui font dire qu'elle fait mal le ménage !

Que penser de Raphaël ?

Raphaël semble particulièrement attentif à ce que tout soit fait parfaitement : les contrats, les emballages, les procédures, même le ménage ! On peut le dire perfectionniste. Il montre une extrême attention aux détails, mais au point de perdre de vue l'ensemble de la situation : à force de discuter du contrat d'association, il manque de se fâcher avec Daniel. Quand une belle affaire arrive, il ne remarque que les difficultés juridiques. Il établit des procédures tellement strictes qu'elles aboutiraient à ne plus fournir d'emballages au client. Enfin, sans réaliser combien sa femme est frustrée de le voir si constamment absent, il finit par l'exaspérer en remarquant un peu de poussière.

Lorsqu'on lui fait remarquer qu'il exagère, qu'il se concentre trop sur les détails, il argumente fermement, jusqu'à lasser son interlocuteur à force de lui démontrer que sa manière est la bonne. Son obstination est épuisante. Pourtant, Daniel pensait que Raphaël était un garçon modeste. Sans doute a-t-il raison. Raphaël ne défend pas son point de vue pour sa gloire personnelle, ou parce qu'il pense que les autres sont moins intelligents que lui. C'est son souci de bien faire qui le pousse à se montrer si têtu. Il lui semble que sa méthode est la seule qui garantisse la perfection, et c'est vrai d'un certain point de vue, même si son attention aux règles et aux détails risque parfois de compromettre l'ensemble de la situation.

Par ailleurs, Raphaël ne semble pas beaucoup s'émouvoir de toutes les contrariétés qu'il provoque au travail et à la maison. Il ne manifeste pas non plus beaucoup de joie quand un événement heureux arrive. On peut dire qu'il a de la difficulté à exprimer des émotions chaleureuses.

Daniel a finalement su s'adapter à Raphaël et, en bon chef d'entreprise, à l'utiliser au mieux de ses capacités. Car il a compris que le perfectionnisme de son associé pouvait être utile dans l'aspect administratif et financier. En outre, il a parfaitement confiance en lui, car il a remarqué combien Raphaël était honnête et scrupuleux.

Raphaël réunit là toutes les caractéristiques d'une personnalité obsessionnelle.

La personnalité obsessionnelle

- Perfectionnisme : est exagérément attentive aux détails, aux procédures, au rangement et à l'organisation, souvent au détriment du résultat final.
- Obstination : têtue, insiste obstinément pour que les choses soient faites comme elle l'entend et selon ses règles.
- Froideur relationnelle : a du mal à exprimer des émotions chaleureuses : souvent très formelle, froide, embarrassée.
- Doute : a du mal à prendre des décisions, par peur de commettre une erreur, tergiverse et ratiocine exagérément.
- Rigueur morale : extrêmement consciencieuse et scrupuleuse.

Comment Raphaël voit-il le monde ?

Raphaël semble redouter particulièrement l'imperfection (attention aux détails) et l'incertitude (intérêt pour les procédures et les vérifications). Il se sent responsable de maintenir son environnement en ordre. Ses croyances fondamentales pourraient être : « Tout irait mieux si l'on respectait les règles » et « Si quelque chose n'est pas parfait à 100 %, c'est un échec complet ». Pour lui, ce postulat s'applique aussi bien aux résultats des autres qu'aux siens.

On peut dire de l'obsessionnel qu'il est « exigeant avec les autres comme avec lui-même ». Il se sent pleinement responsable de sa recherche de perfection et, par contraste, finit par trouver les autres brouillons et irresponsables. Un obsessionnel a souvent la croyance que « les gens ne sont pas fiables et il faut toujours vérifier ce qu'ils font ». Et chaque fois qu'il rentre à la maison, un triangle de surface poussiéreuse sur la cheminée, un bol non lavé dans l'évier vont le confirmer dans sa croyance que la personne concernée n'est pas capable de faire le ménage correctement, c'est-à-dire selon son idéal de perfection.

Les formes modérées

Nous avons décrit en Raphaël une personnalité obsessionnelle caractéristique. Mais là aussi tous les intermédiaires existent. Certaines personnes sont particulièrement attentives à l'ordre, aux détails ou aux procédures, mais sans perdre de vue l'intérêt du résultat final. On peut aimer rentrer dans une maison propre et bien rangée, sans s'énerver pour autant si les enfants ont laissé traîner leurs jouets. Par ailleurs, certains de ces obsessionnels ont conscience de leur tendance, et cherchent à s'en corriger.

Écoutons Lionel, 43 ans, expert-comptable.

Du plus loin que je me souvienne, j'ai toujours aimé les choses bien rangées, bien alignées, et la symétrie. Enfant, je rangeais mes billes dans de petites cases, en les classant selon différents critères : la taille, la couleur, la matière, et aussi la manière dont je les avais obtenues : soit achetées, soit données, soit gagnées en jouant. Je changeais le critère de classement et hop ! je commençais un nouveau rangement. Plus tard, étudiant, j'aimais bien que tout soit sur mon bureau parallèle ou perpendiculaire : livres, règles, stylos, et même mes clés que je posais parallèlement au bord de la table. Mes petites amies étaient intriguées, certaines effrayées. J'aimais que les notes que je prenais en cours soient parfaites, et je passais trop de temps à les recopier au propre, à les souligner de différentes couleurs, au lieu de les apprendre, si bien que j'ai souvent échoué aux sessions de juin.

J'ai pris très tôt conscience que je passais trop de temps à ranger ou à vérifier, et je me suis efforcé de me contrôler. Ma femme m'a beaucoup aidé, elle n'hésite pas à me le dire quand elle trouve que j'exagère, et d'elle, je l'accepte car elle est assez ordonnée elle-même. Dans mon métier, je suis très apprécié, mes clients ont une grande confiance en moi, quoique j'aie eu, au début, du mal à tenir les délais, car je revérifiais trop longtemps. L'arrivée de l'informatique m'a bien servi. Mes collaborateurs savent que j'ai un coup d'œil infaillible pour remarquer le détail qui cloche, et je crois que sans le vouloir, je les mets sous pression.

J'ai toujours été mal à l'aise pour exprimer des émotions, et aussi quand les autres m'expriment leur affection, ou me font des compliments. Je ne sais jamais quoi répondre. J'ai du mal aussi à plaisanter, à « faire la conversation ». Pour moi, quand j'aborde un sujet, j'ai toujours l'envie le traiter à fond, avec un début, un milieu, une fin, alors les autres m'interrompent ou passent à autre chose. Au fil des ans, je me suis amélioré. Là aussi, je crois que c'est ma femme qui m'a fait réaliser que j'avais de l'humour et que je pouvais m'en servir.

C'est vrai que mes amis se moquent parfois un peu de mon amour de l'ordre. Au début, cela me blessait ; plus maintenant. D'abord, parce que je crois que je me suis amélioré. Ensuite, parce que, d'une certaine façon, ce sont aussi mes « défauts » qui m'ont permis de réussir dans mon métier.

Je travaille moins qu'avant, mais j'ai toujours du mal à me détendre. Même le week-end, je ne peux m'empêcher de réfléchir à ce qu'il faudrait réparer dans la maison, ou aux papiers dont il vaudrait mieux s'occuper à l'avance. Mais je me force à ne pas trop m'y plonger et à passer du temps avec les enfants.

Lionel est un bel exemple de personnalité obsessionnelle, tempéré par une conscience de ses travers, et qui a eu surtout une double chance : avoir été bien orienté vers un métier où ses traits obsessionnels seraient un avantage, rencontrer une femme assez proche de ses valeurs pour l'accepter comme il est, mais assez différente de lui pour le faire progresser.

Quand les obsessions deviennent une maladie

À côté des personnalités obsessionnelles, il existe une vraie maladie, le « trouble obsessionnel compulsif », ou TOC, dont on parle de plus en plus dans les médias. Les patients atteints de TOC se sentent obligés de s'astreindre à de véritables rituels de rangement, de lavage répétés, de vérifications trop nombreuses, seuls moyens pour eux de diminuer leur anxiété. Ils ont aussi des pensées obsédantes, involontaires, en général sur des thèmes de propreté, de perfection, ou de culpabilité. Tout cela peut les occuper plusieurs heures par jour, et ils en souffrent. En voici deux exemples.

Lorsqu'elle conduisait sa voiture, Marie, atteinte de TOC, craignait toujours d'avoir renversé un passant sans s'en être aperçue. Elle se sentait obligée, une fois arrivée à destination, de refaire une partie du trajet en sens inverse pour vérifier qu'elle n'avait pas provoqué d'accident. Elle savait que cette pensée était absurde, mais ne pouvait diminuer son anxiété tant qu'elle n'était pas retournée vérifier que personne ne gisait sur la chaussée.

Philippe, 43 ans, atteint de TOC, obsédé par la saleté et la poussière, se lavait les mains plusieurs dizaines de fois par jour, n'acceptait pas que sa femme fasse le ménage elle-même et refusait que toute personne entre dans son appartement en gardant ses chaussures. Ces lavages de mains et le ménage l'occupaient entre quatre et cinq heures par jour, dans un état de grande tension anxieuse.

Ces deux exemples sont loin de représenter tous les troubles obsessionnels compulsifs. Le lecteur intéressé en trouvera d'autres dans la bibliographie citée à la fin de ce livre.

Les rapports entre personnalité obsessionnelle et TOC sont beaucoup moins évidents que les théories psychanalytiques ne permettaient de le supposer. En effet, selon différentes études épidémiologiques, entre 50 et 80 % des patients atteints de TOC n'ont pas de personnalité obsessionnelle ! Et l'immense majorité des personnalités obsessionnelles ne souffrira jamais de TOC. La classification américaine *DSM-IV* parle de TOC quand les obsessions et les rituels inutiles dépassent une heure par jour.

Et les médicaments, docteur ?

Dans le traitement des TOC, maladie considérée jusqu'aux années 1970 comme difficile à soigner, une véritable révolution est survenue avec l'apparition de certains antidépresseurs. Tous les antidépresseurs ne sont pas efficaces, mais seulement ceux qui agissent sur la production et la destruction de la sérotonine, une molécule que l'on trouve à l'état naturel dans le système nerveux central. Près de 70 % des patients atteints de TOC se trouvent soulagés après quelques semaines d'un traitement avec un antidépresseur sérotoninergique à doses suffisantes. Le résultat est encore meilleur si le patient participe à une thérapie comportementale, résultat vérifié dans de nombreuses études. Pour la majorité des patients, il semble que le résultat de la combinaison antidépresseur-thérapie comportementale soit meilleur que chacun des traitements pris séparément.

Comment peut-on aider les personnalités obsessionnelles ? Des psychiatres ont évidemment eu l'idée d'utiliser les antidépresseurs efficaces dans les TOC, puisqu'on sent une parenté entre les deux troubles. Eh bien, ils n'ont pas eu tort ! Quand les personnalités obsessionnelles sont déprimées, les antidépresseurs sérotoninergiques sont souvent les plus efficaces pour eux.

D'accord, direz-vous, en cas de dépression, mais autrement ? On ne va pas faire prendre toute sa vie un médicament à une personne pour modifier sa personnalité. Certains ne manqueraient pas alors d'accuser les médecins d'être des « normalisateurs » chargés de réduire les personnalités ou afin qu'elles s'adaptent aux demandes de la société. C'est un vaste débat qui pourrait occuper un livre entier, mais en pratique, on peut le réduire à trois questions :

- Est-ce que le patient souffre de sa personnalité obsessionnelle ?
- Est-ce que le médicament est efficace pour lui ?
- Est-il bien informé des avantages et des inconvénients du traitement ?

Si la réponse est oui à ces trois questions, on ne voit pas pourquoi on ne lui proposerait pas un traitement qui peut le soulager. Libre ensuite au patient et au médecin de se revoir régulièrement et de décider de continuer ou d'interrompre le traitement.

Quant aux psychothérapies, nous en parlerons à la fin de ce livre.

Un peu d'obsessionnalité peut-elle être utile ?

En un sens, on peut dire que notre société devient de plus en plus obsessionnelle. La production de masse oblige les entreprises à créer des procédures de plus en plus strictes pour que leurs produits soient tous identiques et parfaitement fiables pour satisfaire des consommateurs exigeants, prêts à s'adresser à la concurrence. Le souci de sécurité impose la création de normes dans tous les domaines, de la fabrication des yaourts à celle des automobiles, en passant par les chaises de bébé. Toutes ces procédures doivent elles-mêmes être inlassablement évaluées et contrôlées. Enfin, pour recueillir l'impôt des particuliers ou des entreprises, ou gérer la santé de leurs citoyens, les administrations modernes demandent des chiffres, des chiffres, encore plus de chiffres bien vérifiés.

Il y a donc aujourd'hui de la place pour les obsessionnels, à condition de les contrôler dans leur souci de bien faire. On peut dire que dès que des humains se réunissent en équipe pour accomplir une tâche, qu'il s'agisse de construire un barrage ou de fabriquer un journal, la présence d'un obsessionnel bien choisi pourra être un ingrédient précieux qui garantira la qualité du produit fini.

Les personnalités obsessionnelles au cinéma et dans la littérature

Sherlock Holmes, avec son amour du détail, sa froideur, son intérêt pour les classifications, son habillement toujours identique, a peut-être quelques traits obsessionnels.

Dans la série télévisée *Star Trek*, M. Spock (celui qui a les oreilles pointues) peut ressembler à une caricature d'obsessionnel : il est désespérément froid et logique, et ne comprend pas l'affectivité et les réactions irrationnelles de ses coéquipiers terriens.

Dans le film de James Ivory *Les Vestiges du jour* (1993), Anthony Hopkins joue un majordome anglais fanatique de perfection dans tous les détails du service d'une grande maison. Il arrive aussi à refréner toute réaction émotionnelle en ne quittant pas le service d'un grand dîner diplomatique, alors que son père se meurt dans les étages. Plus tard, il se montre incapable de répondre à l'amour d'Emma Thompson, alors qu'il éprouve une attirance pour elle.

Dans *Le Pont de la rivière Kwaï* (1957) de David Lean, le raide colonel Nicholson, joué par Alec Guinness, nous montre un fascinant exemple de personnalité obsessionnelle. Prisonnier des Japonais, il refuse de se plier à leurs ordres et ne finit par accepter de collaborer avec eux que pour éviter des représailles contre ses hommes. Chargé de construire un pont pour le passage des troupes nipponnes vers la Birmanie, il va déployer tous ses talents d'obsessionnel pour faire édifier un ouvrage parfait, oubliant qu'il va servir l'ennemi. Il ne supportera pas que des compatriotes viennent détruire son œuvre.

Dans le film de Chantal Ackerman *Un divan à New York* (1995), William Hurt incarne un psychanalyste obsessionnel qui échange son appartement new-yorkais avec une Parisienne plutôt bohème (Juliette Binoche). Arrivé à Paris, il n'aura de cesse de ranger et de réparer toutes les défectuosités de l'appartement de la jeune fille, pendant qu'à New York celle-ci est impressionnée par l'ordre et la symétrie maniaques qui règnent dans le sien, et qui dépriment même son labrador. Plus tard, amoureux de Juliette Binoche, le bon docteur aura les pires difficultés à lui exprimer ses sentiments.

Dans le magistral *Casino* (1995) de Martin Scorsese, Robert de Niro est le directeur à poigne d'un grand casino de Las Vegas. Il vérifie chaque détail de son établissement, jusqu'à exiger de la cuisine que tous les muffins contiennent exactement le même nombre de myrtilles. Quand il travaille seul assis à son bureau, il retire son pantalon afin que le pli en reste toujours impeccable et ne le met qu'avant de recevoir ses visiteurs. Froid et peu expressif, il tombe amoureux d'une extravagante call-girl, Ginger (Sharon Stone), qui se révélera une personnalité borderline (voir p. 17).

D'un point de vue évolutionniste, on a tendance à penser qu'être un obsessionnel n'était pas un grand avantage à l'époque lointaine où l'homme vivait de la chasse et de la cueillette (sinon qu'on évitait peut-être d'avaler sans faire attention des baies empoisonnées) ; mais dès le passage à l'agriculture, les obsessionnels, avec leur intérêt pour les tâches répétitives et le rangement, ont dû se montrer particulièrement doués pour semer régulièrement, labourer, prévoir, faire des stocks et bien les ranger, et assurer ainsi de meilleures chances de survie à leur descendance.

Comment gérer les personnalités obsessionnelles

FAITES

Montrez-lui que vous appréciez son sens de l'ordre et de la rigueur

N'oubliez pas que l'obsessionnel pense agir au nom du bien. Si vous le contredisez trop brusquement en voulant d'emblée lui montrer qu'il exagère, c'est vous qu'il disqualifiera en vous considérant comme quelqu'un qui ne comprend pas ce qui est important. En revanche, si vous lui montrez que vous appréciez son perfectionnisme, il accueillera avec plus de considérations vos éventuelles critiques.

Respectez son besoin de prévoir et d'organiser

Les obsessionnels n'aiment pas l'imprévu et détestent plus que tout d'avoir à improviser. Ils ont raison, car ce n'est pas dans ces circonstances qu'ils sont les plus efficaces. Donc, évitez, dans la mesure du possible, de les surprendre, de leur demander de faire les choses « en urgence ». Vous les ferez souffrir, et, en réponse, ils vous énerveront par leur lenteur et leur réticence. Avant de leur confier une tâche, faites donc vous-même un effort de prévision et de planification.

Écoutons Jacques nous parler de son épouse.

Ma femme a beaucoup de qualités, tout le monde me le dit, et je dois reconnaître que c'est vrai. Elle veille très attentivement à l'éducation de nos enfants, elle s'occupe parfaitement de la maison, et dans son travail à mi-temps, je sais qu'elle donne toute satisfaction. Mais ce sérieux finit par me peser. Par exemple, je suis assez sociable, j'ai été élevé dans une famille où mes parents retenaient souvent à dîner des visiteurs « à la fortune du pot », et moi-même, j'aime bien inviter à notre table des amis ou des relations de travail. Mais au lieu de faire un dîner simple, amical et sans cérémonie, ma femme se sent chaque fois obligée de mettre les petits plats dans les grands et de préparer une belle table. Résultat, quand il m'arrive d'inviter au dernier moment un ou deux convives de plus, elle lève les bras au ciel et je n'arrive pas à lui faire comprendre que les gens seraient tout aussi heureux d'être reçus à la bonne franquette ! Finalement, nous sommes arrivés à des règles, j'ai le droit d'inviter qui je veux pour certains dîners dont je m'occupe personnellement, mais pour ceux qu'elle prend en charge, je dois arrêter une liste d'invités au moins trois jours auparavant.

Quand elle va trop loin, faites-lui des critiques précises et quantifiées

Rien ne sert de s'énerver quand un obsessionnel vous explique qu'il faut absolument utiliser telle manière de faire, ou respecter telle procédure dont vous savez pourtant qu'elle est une perte de temps. Si vous vous fâchez, il sera confirmé dans l'idée que décidément les gens sont imprévisibles et peu fiables. Souvenez-vous de sa vision du monde : il pense agir au nom du bien. Prenez donc le temps de lui démontrer de manière un peu obsessionnelle, avec chiffres à l'appui, que sa méthode a plus d'inconvénients que d'avantages.

L'anecdote suivante nous a été racontée par un chef d'entreprise lors d'un séminaire sur le management des personnalités difficiles.

Le responsable de la production d'une petite usine, par ailleurs très compétent, voulait s'assurer que toutes les pièces achetées à l'extérieur, même celles de faible coût, étaient bien utilisées dans l'usine. Il mit au point une procédure extrêmement complexe pour suivre le devenir de chaque pièce dans l'entreprise. Freinés dans leur travail, les responsables d'atelier allèrent se plaindre au directeur. Celui-ci reçut le responsable des achats. Il commença par louer sa conscience professionnelle et son sens de la rigueur. Puis, en examinant avec lui sa procédure, il calcula le temps de travail supplémentaire qu'elle exigeait de l'ensemble des personnes impliquées. Le responsable suivit le calcul avec un grand intérêt. En se basant sur le coût horaire moyen des personnes impliquées, le directeur établit alors le coût total de ce changement de procédure. Il proposa ensuite au responsable d'évaluer les pertes dues à la mauvaise utilisation des pièces que sa nouvelle procédure permettait d'éviter. Ils le firent de concert, calculette en main. Le deuxième chiffre était inférieur au premier. Le directeur eut alors à peine besoin d'insister pour que le responsable abandonne sa procédure, il était convaincu. Le directeur insista en revanche pour qu'à l'avenir, avant d'essayer une nouvelle procédure, il vienne lui soumettre des justifications tenant compte des coûts, ce qu'il accepta volontiers.

En comprenant la vision du monde de son collaborateur obsessionnel, le directeur a réussi à l'amener sans le brusquer à modifier sa manière de faire. Il a réussi à tourner sa critique sous une forme « obsessionnelle » : quantifiée, précise, à la recherche de plus de perfection. C'est sans doute la meilleure manière de convaincre un obsessionnel de votre point de vue.

Montrez-vous fiable et prévisible

Arriver en retard, ne pas tenir un engagement, même minime, sont le plus sûr moyen de se disqualifier durablement aux yeux d'un obsessionnel. Vous rejoindrez la cohorte de tous les irresponsables qui ne comprennent pas que le monde irait mieux si tout le monde respectait les règles. (Les obsessionnels ont-ils vraiment tort sur ce point ?) Avec lui plus qu'avec tout autre, ne promettez que ce que vous pouvez tenir, respectez vos engagements, et, en cas d'imprévu, avertissez-le le plus tôt possible et en exprimant clairement que vous êtes désolé. Arrangez-vous pour être associé dans son esprit aux mots « fiable », « prévisible », ce sera le plus sûr moyen qu'il se détende un peu et qu'il accepte mieux ensuite votre point de vue.

Faites-lui découvrir les joies de la détente

Imaginez un peu la tension dans laquelle vivent les obsessionnels : ils veulent tout contrôler, tout vérifier, veiller à ce que tout soit parfait, quelle fatigue ! Au fond de la plupart d'entre eux, s'agite un désir de se laisser aller, mais qu'ils n'osent pas se permettre. Alors, entraînez-les, invitez-les, montrez-leur l'exemple.

Le patron d'un service de médecine invita toute son équipe de recherche à un pique-nique au bord de la mer. Tout le monde s'y rendit, y compris un chercheur étranger, statisticien de grande valeur, jusque-là extrêmement réservé. Alors que tous les autres invités arrivèrent en short et en polo, il se présenta en chemise à manches longues, cravate et pantalon, et hésita longuement avant de s'asseoir dans le sable. Une partie de volley commença entre les membres de l'équipe et on l'invita à participer. Il refusa d'abord, déclarant qu'il ne jouait pas assez bien. Mais on lui fit remarquer que s'il ne venait pas jouer, la répartition des deux équipes serait déséquilibrée. Faire appel à son sens de la justice et de la symétrie fut infaillible : il abandonna sa cravate et rejoignit son équipe. Au fur et à mesure que la partie s'engageait, il s'échauffait de plus en plus, se lançant dans des sauts acrobatiques, poussé par les encouragements amusés de tous les spectateurs. Son équipe gagna, en grande partie grâce à son acharnement au jeu. Quand on le félicita de cette victoire, il fut à nouveau très mal à l'aise, mais devint beaucoup plus détendu le reste de la journée, allant plus tard jouer dans les vagues avec ses collègues. Depuis ce jour, il se montra moins réservé au travail, s'autorisant quelques petites plaisanteries, et se rendit avec plaisir à toutes les invitations de week-ends.

Donnez-lui des tâches à sa mesure, où ses « défauts » seront des qualités

On l'aura compris dans tous les exemples précédents, certaines tâches réussissent particulièrement bien aux obsessionnels, là où ceux qui ne le sont pas tomberaient de fatigue ou d'ennui. Comptabilité, procédures financières, juridiques ou techniques, contrôle de qualité, voici quelques exemples d'activité où l'obsessionnel se sentira à son aise et affûtera ses capacités d'ordre, d'exactitude et de constance dans l'effort.

Ne faites pas

Ne faites pas d'ironie sur ses manies

Les obsessionnels, avec leur sérieux et leurs manies, sont des cibles bien tentantes pour qui se sent en veine de plaisanteries. Évitez de céder à cette tentation facile. N'oubliez pas que l'obsessionnel considère qu'il agit pour le bien, pour apporter un peu plus de perfection au monde, et qu'il risque de ne pas comprendre les raisons de votre ironie. Souvenez-vous d'ailleurs de la dernière remarque ironique que quelqu'un vous a faite. Vous a-t-elle aidé à vous améliorer ? Ou ne vous a-t-elle pas convaincu que l'autre ne vous comprenait pas ? L'humour peut aider parfois une personne à progresser, mais à condition d'être bienveillant, et dans le cadre d'une relation de confiance déjà bien établie. Les thérapeutes professionnels eux-mêmes savent que c'est un outil à manier avec une extrême prudence. Suivez leur exemple.

Ne vous laissez pas entraîner trop loin dans son système

Évidemment, avec son obstination et sa certitude d'œuvrer pour le bien et l'ordre (deux termes un peu synonymes pour lui), l'obsessionnel a un fort besoin d'imposer le respect des règles qu'il pense justes. Sans mauvaises intentions, il peut vite tyranniser en douceur toute une équipe ou toute une famille, et épuiser ses éventuels contradicteurs par des démonstrations monotones et répétitives. Tout en lui montrant que vous l'appréciez pour son sens de l'ordre et de la rigueur, il vous faudra savoir dire stop ! Si possible en développant des arguments quantitatifs.

Un mari obsessionnel supportait mal tout le désordre que sa femme provoquait dans la cuisine en préparant les repas : plats sortis, vaisselle dans l'évier, ingrédients variés sur les plans de travail, etc. Il restait donc près d'elle et rangeait immédiatement chaque ustensile ou ingrédient dès qu'elle arrêtait de s'en servir. Se sentant toujours surveillée, elle arriva à un tel point d'exaspération qu'elle déclara qu'elle refuserait désormais de faire la cuisine dans ces conditions.

Son mari accepta de la remplacer, car il pensait qu'il faisait mieux la cuisine, en tout cas de manière plus ordonnée. Toutefois, après quelques jours, il réalisa qu'il n'arrivait pas à cuisiner aussi bien qu'il le souhaitait, et que la préparation des repas du soir prenait le temps qu'il voulait consacrer à d'autres activités (rangement, comptabilité). Il accepta un nouvel accord : la cuisine lui serait interdite tant que sa femme s'y trouvait. En revanche, une fois la préparation des repas terminée, il aurait le loisir de ranger et de nettoyer comme il le souhaitait.

Voilà un bel exemple de solution négociée. Aucun des deux n'a essayé de changer l'opinion de l'autre, de lui prouver qu'il avait « tort », mais ils ont simplement cherché à trouver un compromis acceptable.

Ne l'embarrassez pas par trop d'affection, de reconnaissance ou de cadeaux

Souvent, les obsessionnels sont mal à l'aise quand il s'agit d'exprimer des sentiments. En même temps, ils ont un souci de symétrie et de réciprocité. Cela explique peut-être qu'ils soient parfois si embarrassés quand on leur exprime de l'affection ou de l'admiration : ils se sentent obligés de répondre sur le même registre, mais ne s'en sentent pas capables. Cela ne veut pas dire que compliments ou marques d'affection ne leur fassent pas plaisir. Restez donc mesuré dans un premier temps, et observez bien leurs réactions pour ne pas les mettre en difficulté.

Au Japon, pays dont la culture comporte quelques traits nettement obsessionnels, l'offre de cadeau est d'ailleurs très ritualisée. Il existe toute une série de cadeaux parfaitement répertoriés selon le rang de la personne à qui on les offre et la circonstance ; il n'y a qu'à s'adresser au magasin spécialisé qui vous conseillera exactement celui qui convient.

Comment gérer les personnalités obsessionnelles

- Faites
  - montrez-lui que vous appréciez son sens de l'ordre et de la rigueur ;
  - respectez son besoin de prévoir et d'organiser ;
  - quand elle va trop loin, faites-lui des critiques précises et quantifiées ;
  - montrez-vous fiable et prévisible ;
  - faites-lui découvrir les joies de la détente ;
  - donnez-lui des tâches à sa mesure, où ses « défauts » seront des qualités.

- Ne faites pas
  - ne faites pas d'ironie sur ses manies ;
  - ne vous laissez pas entraîner trop loin dans son système ;
  - ne l'embarrassez pas par trop d'affection, de reconnaissance ou de cadeaux.

Si c'est votre patron : ne laissez pas de fautes d'orthographe dans vos rapports.
Si c'est votre conjoint : laissez-lui la comptabilité du ménage et n'oubliez pas de mettre vos patins en rentrant.
Si c'est votre collègue ou collaborateur : chargez-le des contrôles et des finitions. Annoncez la durée de l'entretien avec lui avant qu'il ne commence.

Avez-vous des traits de personnalité obsessionnelle ?

	Plutôt vrai	**Plutôt faux**
1. J'ai tendance à passer pas mal de temps à ranger et à vérifier.		
2. Dans la conversation, j'aime bien exposer mes idées dans l'ordre.		
3. On me reproche d'être trop perfectionniste.		
4. Il m'est arrivé de rater quelque chose parce que je m'étais trop concentré(e) sur des détails.		
5. Je supporte très mal le désordre.		
6. Dans un travail d'équipe, j'ai tendance à me sentir responsable du résultat final.		
7. Les cadeaux me mettent mal à l'aise, j'ai l'impression de me sentir en dette.		

	Plutôt vrai	Plutôt faux
8. On me reproche d'être « radin(e) ».		
9. J'ai du mal à jeter les choses.		
10. J'aime tenir ma comptabilité personnelle.		

CHAPITRE VIII

LES PERSONNALITÉS SCHIZOÏDES

« J'ai horreur des réunions où il y a du monde. »

Eugène LABICHE

J'ai rencontré Sébastien, mon futur mari, à la bibliothèque de la fac, nous raconte Carole, 33 ans, mère de deux enfants. En fait, il y passait ses journées. Il était plutôt beau garçon, et son sérieux m'impressionnait. Comme je voulais consulter le livre sur lequel il était en train de travailler, nous avons engagé la conversation. Il m'a paru gentil, mais extrêmement réservé. Comme je le trouvais séduisant, j'ai voulu poursuivre la conversation ; c'était très difficile, car il répondait par « oui » ou par « non », me donnant l'impression de le déranger. J'avais l'habitude que les garçons s'intéressent à moi, cette réserve m'a intriguée ; c'était comme un défi, je voulais arriver à l'intéresser. Et j'y suis arrivée ! Deux mois plus tard, nous sortions ensemble ; d'une certaine manière, c'est moi qui avais fait tout le chemin. Aujourd'hui, je me demande parfois si j'ai eu raison de me donner tout ce mal.

Très vite, j'ai remarqué que Sébastien avait peu de contacts avec les autres étudiants. Entre les cours, il filait travailler à la bibliothèque, au lieu d'aller discuter à la cafétéria. Même aujourd'hui, le seul ami proche que je lui connaisse est Paul, un ami d'enfance, passionné comme lui par l'astronomie. Quand ils étaient enfants, ils se retrouvaient le soir pour observer le ciel avec un télescope que les parents de Sébastien leur avaient offert. L'ami est effectivement devenu astronome, et il passe la moitié de son temps dans des observatoires situés sur de hautes montagnes dans différents pays du monde. Sébastien et lui ont continué de s'écrire régulièrement, et aujourd'hui ils communiquent par Internet.

À l'époque où je souffrais encore que Sébastien me parle si peu, je suis devenue presque jalouse de cet ami. Après tout, j'imaginais que Sébastien lui confiait des impressions et des sentiments dont il ne me disait rien. J'ai fini par lire en cachette quelques-uns de ses messages. Sébastien décrivait sa vie quotidienne en trois lignes du genre « la famille et moi sommes allés à la mer » ou « j'ai changé de voiture », et le reste était consacré à des réflexions scientifiques ou philosophiques sur l'astronomie ou l'informatique. Ils aiment bien aussi se recommander mutuellement les livres de science-fiction qu'ils ont appréciés.

Sébastien a été reçu à tous ses concours, il s'est retrouvé prof de maths dans un collège de grande banlieue. Ça a été catastrophique, il ne communiquait pas bien avec sa classe, il s'est fait tout de suite chahuter. Mais il n'arrivait pas à se confier à moi, il rentrait avec un air malheureux et filait s'absorber devant l'écran de son ordinateur. En vérité, il ne sait pas faire face à l'agressivité des gens. Dans la vie courante, quand quelqu'un s'oppose à lui, il reste impassible, ne répond pas, et s'en va. Il était incapable de s'imposer face à une classe d'adolescents difficiles, qui ont dû immédiatement remarquer son côté bizarre.

Heureusement, il avait gardé de bons contacts avec un de ses profs de fac qui l'a encouragé à préparer une thèse pour continuer une carrière universitaire. Ce fut un travail énorme. Cette thèse l'a occupé jour et nuit, vacances comprises, pendant cinq ans. Mais grâce à elle, aujourd'hui, il a un poste de chercheur à la fac, et n'enseigne que quatre heures par semaine. Le reste du temps, il continue ses recherches dans un domaine très compliqué, la topologie différentielle, je crois ; il n'arrive même pas à m'expliquer de quoi il s'agit.

Mes amies le trouvent gentil, il a toujours l'air de bonne volonté, mais on ne compte pas sur lui pour animer la conversation. Quand nous sommes en vacances, je sens bien qu'il a malgré tout envie de se retrouver seul une partie de la journée. Il part se promener, en emportant un livre (il aime surtout la science-fiction). À un moment, il faisait beaucoup de planche à voile, et cela m'inquiétait parce qu'il partait très loin en mer, et tout seul.

Au début, quand j'étais jeune mariée, je me suis beaucoup énervée contre lui, je l'aurais voulu plus expansif et surtout plus combatif, dans la vie courante. Peu à peu, j'ai compris que je ne le changerais pas. Et puis j'ai commencé à l'aimer tel qu'il est. Avec le temps, j'ai aussi compris qu'il ressemblait à mon père, qui n'était pas bavard, et dont j'essayais toujours de capter l'attention.

Que penser de Sébastien ?

Sébastien a une apparence très réservée avec les gens nouveaux et il ne change guère de comportement même quand la relation se prolonge. Il a un penchant marqué pour la solitude, que ce soit au travail, dans sa vie familiale ou dans ses activités de loisir. Il a du mal à exprimer ses sentiments, paraît souvent indifférent aux réactions des autres, que ce soit dans des occasions conviviales (soirées entre amis) ou des situations de conflit (classe hostile). Il préfère être en relation avec lui-même et son monde intérieur, quand il fait sa recherche ou lit de la science-fiction. Sébastien possède de nombreux critères d'une personnalité schizoïde.

La personnalité schizoïde

- Apparaît souvent impassible, détachée, difficile à deviner.
- Paraît indifférente aux compliments ou aux critiques des autres.
- Choisit surtout des activités solitaires.
- Peu d'amis intimes, et souvent dans le cercle familial. Ne se lie pas facilement.
- Ne recherche pas spontanément la compagnie des autres.

Attention : les personnalités schizoïdes ne sont pas des schizophrènes ! Quand on dit « schizoïde », cela ne veut en rien dire schizophrène, même si les deux noms ont la même racine grecque, *schizo*, qui signifie « coupé » au sens de « coupé du monde ». Mais la schizophrénie n'est pas un type de personnalité, c'est une vraie maladie. Les patients souffrant de schizophrénie ont des accès d'idées délirantes et souffrent de perturbations de leurs facultés intellectuelles, ce qui n'est nullement le cas de Sébastien qui reste un brillant chercheur.

Comment Sébastien voit-il le monde ?

Comprendre le vécu des personnalités schizoïdes n'est pas facile, puisqu'elles n'ont pas tendance à se raconter ni à chercher de l'aide. Comment deviner ce que ces personnages pensent des autres et d'eux-mêmes quand on les voit retirés, impassibles, silencieux ? Les psychologues supposent que leur croyance de base ressemble à quelque chose comme : « Les rapports avec les autres sont imprévisibles, fatigants, source de malentendus, mieux vaut les éviter. »

Nous savons tous que les autres sont imprévisibles et souvent fatigants. Malgré cela, nous ne devenons pas tous des schizoïdes ! Pourquoi le commerce avec les autres est-il particulièrement fatigant pour la personne schizoïde ? Peut-être parce que le schizoïde est peut-être moins habile que nous à comprendre les réactions des autres, qui lui paraissent difficiles à « déchiffrer ». Communiquer avec autrui lui demande un effort plus important. Souvenez-vous de la dernière occasion où vous avez dû faire un peu de conversation avec des étrangers dont vous maîtrisez mal la langue. Eh bien, la fatigue que vous avez ressentie ressemble peut-être à celle de certaines personnes schizoïdes quand elles doivent faire l'effort de communiquer avec les autres.

Une autre raison explique peut-être le faible appétit des schizoïdes pour les contacts : ils semblent moins sensibles que la moyenne à l'opinion des autres, y compris leur admiration et leur approbation. Ils vont rarement « à la pêche aux compliments » parce que les compliments ne leur font pas grande sensation. Contrairement à d'autres personnalités difficiles qui recherchent en permanence l'approbation et l'admiration des autres (narcissique, histrionique), le schizoïde est beaucoup plus autonome. Il trouve ses satisfactions dans son monde intérieur, dans l'exercice solitaire de ses facultés. Il aime rêver, travailler seul, fabriquer son propre environnement, plutôt que d'aller chercher l'approbation de ses semblables.

Vous devinez que les schizoïdes vont se sentir attirés par les professions où une grande partie de l'activité reste solitaire : on trouve beaucoup de schizoïdes chez les informaticiens, les ingénieurs d'études, certains artisans, dans les métiers isolés (sans aller jusqu'au gardien de phare !). Ils sont souvent d'excellents experts de leur discipline, dans laquelle ils aiment s'absorber complètement.

Comme Sébastien, ils sont plus attirés par les disciplines abstraites ou techniques que par celles qui touchent à l'humain.

Écoutons Marc, 29 ans, chercheur. À 16 ans, il a suivi une thérapie, sur le conseil de ses parents inquiets de son isolement.

C'est vrai que je me suis toujours senti plus heureux quand j'étais seul. Enfant, j'adorais monter dans le grenier de la maison, où je passais des heures à m'inventer des histoires d'explorateurs et d'îles mystérieuses à partir des livres que je lisais. Je rêvais les yeux ouverts. J'écrivais ces histoires sur un cahier, mais je ne le montrais à personne.

Je n'avais pas envie que les autres le lisent, c'était juste pour consigner les différentes îles que j'avais inventées, avec leur géographie imaginaire. C'étaient souvent des îles sans présence humaine, et mon rôle d'explorateur consistait surtout à classer la flore et la faune. Je puisais mon inspiration dans de vieux atlas d'histoire naturelle.

À 10 ans, je pouvais réciter par cœur les noms de presque toutes les espèces et sous-espèces de mammifères et d'oiseaux. À l'école, ça ne se passait pas très bien. J'étais bon élève, mais je n'étais pas populaire. Je me sentais différent des autres enfants, je trouvais qu'ils étaient bruyants, agités, je ne m'intéressais pas aux jeux des autres garçons. En sixième, un leader de la classe m'a pris en grippe et j'ai commencé à me faire harceler par certains. Heureusement, j'ai trouvé un ami qui me ressemblait un peu, mais qui était beaucoup plus costaud, ce qui fait qu'on nous a laissés tranquilles. (Il est d'ailleurs resté mon ami aujourd'hui, nous travaillons dans la même université.)

C'est à l'adolescence que je me suis senti le plus mal. Les autres sortaient ensemble, draguaient les filles ; moi, je restais isolé. Dans les soirées, je ne savais jamais quoi dire. Faire la conversation me fatiguait terriblement, et puis j'avais toujours l'impression de ne pas bien comprendre ce que les autres attendaient de moi. J'aurais pu décider de rester dans mon coin, de m'absorber dans le travail, mais j'étais quand même attiré par les filles. C'est ce qui m'a poussé à sortir de mon isolement.

Malheureusement, avec elles, j'étais très maladroit, je m'en rends bien compte aujourd'hui. Je ne savais pas quoi leur dire ; quand je leur parlais, c'était pour leur décrire les sujets qui me passionnaient et dans lesquels je me sentais à l'aise : j'essayais de leur expliquer comment un avion se maintient en l'air, ou comment on peut se repérer en mer grâce aux étoiles. J'excitais leur curiosité pendant les premières minutes, puis je commençais à les ennuyer ; je le savais, mais je n'arrivais pas à changer de registre. En plus, dès qu'un autre garçon essayait de s'intéresser à elles, je me retirais immédiatement de la compétition, car cela me paraissait une situation trop compliquée pour moi.

La thérapie m'a fait beaucoup de bien. D'abord, le psychologue m'a aidé à lui décrire toutes les situations où je me sentais mal, et d'une certaine manière c'était pour moi un entraînement à exprimer un point de vue intime et personnel, ce que je n'arrivais jamais à faire dans la vie courante. Ce fut une expérience très utile. Ensuite, il m'a aidé à comprendre un peu mieux les besoins des autres dans la conversation, comment je m'y prenais mal en communiquant avec eux.

À ce stade, je me suis senti assez fort pour accepter une thérapie de groupe, ce que j'avais refusé au début. C'était un groupe d'entraînement à l'affirmation de soi. On faisait des jeux de rôles à partir de situations de la vie courante. Par exemple, j'ai joué pas mal de situations du genre : « Vous êtes en cours, vous êtes assis à côté d'une jeune fille, vous devez commencer une conversation avec elle, et l'inviter à prendre un café. » Une fille du groupe jouait le rôle de l'étudiante. Je cafouillais beaucoup, mais les autres membres du groupe aussi, et le thérapeute maintenait une ambiance très rassurante, où tout le monde s'encourageait. En un an, j'ai fait beaucoup de progrès.

Aujourd'hui, j'ai toujours un goût pour la solitude et le travail intellectuel, mais je trouve le contact avec les autres plus amusant qu'avant, parce que je me sens plus à l'aise. Et puis nous sommes, ma femme et moi, plutôt complémentaires. Elle est beaucoup plus vive et sociable que moi, et c'est elle qui organise les relations de notre couple, prévoit les rencontres, découvre de nouveaux amis. En même temps, elle me connaît et ne m'oblige pas à dépasser ma « dose » de contacts. Je pense que si je n'avais pas suivi une thérapie, je n'aurais jamais réussi à rencontrer une fille comme elle et à l'épouser.

Marc a eu de la chance : il a rencontré très tôt un bon copain qui, en lui donnant la sensation qu'il n'était pas rejeté, l'a aidé à se construire une meilleure image de lui-même. Sa deuxième chance est d'avoir rencontré dès son adolescence un thérapeute qui lui a proposé une approche adaptée à ses besoins, c'est-à-dire qui a cherché à améliorer assez rapidement ses capacités relationnelles.

Les difficultés de Marc auraient pu faire discuter d'un TSE (trouble du spectre autistique) comme le syndrome d'Asperger, mais ses intérêts étaient plus variés et il ne présentait pas les petites anomalies du comportement verbal et non verbal qui font partie de ce diagnostic.

Quand la schizoïdie fait souffrir

Dans une communauté agricole traditionnelle (l'environnement dans lequel nous autres humains avons vécu pendant des millénaires), être schizoïde n'était probablement pas si grave. Vous passiez votre vie au milieu de gens qui vous connaissaient, les habitants de votre village, vous n'aviez pas à « faire connaissance » avec des gens nouveaux, simplement on savait que vous étiez un peu « renfermé » et d'ailleurs cela vous permettait peut-être de supporter mieux que les autres les heures de labourage solitaire, ou, pour les femmes, de filer ou de tisser en silence. Bien sûr, adolescent, vous n'étiez guère à l'aise avec les jeunes du sexe opposé. Si vous étiez garçon, vous ne saviez pas faire la cour aux filles, ces êtres compliqués et imprévisibles. Jeune fille schizoïde, vous ne saviez pas comment répondre aux avances des garçons, et il était plus reposant de les éviter complètement. Mais là encore, le type de société dans laquelle vous viviez rendait les choses plus faciles : en général, votre mariage était « arrangé » depuis longtemps, entre deux familles de statut voisin, qui avaient choisi lesquels de leurs enfants pouvaient raisonnablement être appariés, et vous n'aviez guère à faire vos preuves face à votre promis ou promise. Dans ces sociétés de subsistance, avoir une conversation amusante et variée n'était pas considéré comme une priorité pour un homme, même si c'était une qualité appréciée le soir, à la veillée. On espérait surtout qu'il soit travailleur, courageux physiquement, et peu querelleur. Pour les femmes, être dures à la tâche, soumises à leur mari et bonnes mères étaient sans doute les qualités les plus appréciées (avec une bonne dot), toutes caractéristiques que peut parfaitement posséder une beauté schizoïde. (En voilà au moins une qui ne se plaindra pas que son mari ne lui parle pas !)

D'un point de vue évolutionniste, on peut même penser qu'être schizoïde pouvait être un avantage pour les individus destinés à passer de longues périodes dans la solitude complète (trappeur, berger, pêcheur).

Aujourd'hui, tout a changé. La majorité de la population mondiale vit dans les villes, et nous n'arrêtons pas de rencontrer des gens nouveaux, que ce soit à l'école, à la fac, au travail, dans la rue, en vacances. Il faut savoir faire connaissance avec une personne inconnue, entrer en contact, faire bonne impression, ce qui est très difficile pour certaines personnes, en particulier les schizoïdes, qui auraient pourtant été parfaitement adaptés dans un environnement différent. Notre société impose des exigences impitoyables en termes de communication : si vous voulez séduire un partenaire, convaincre un recruteur, prendre la responsabilité d'une équipe, faire accepter un projet, il vous faut parler, parler,

parler. Notre vie professionnelle et sentimentale dépend de nos capacités à bien communiquer avec les autres.

Des personnes schizoïdes risquent donc de se retrouver isolées affectivement et socialement, de végéter au niveau professionnel à des postes sans responsabilités. D'où l'intérêt pour certains d'entreprendre une thérapie, qui ne les transformera pas en boute-en-train, mais qui les aidera à faire face de manière adaptée aux rencontres de leur vie quotidienne.

Toutes les thérapies centrées sur l'entraînement à mieux communiquer, à condition de proposer des situations de difficulté progressive, peuvent probablement aider les personnes schizoïdes, motivées à changer, mais les études manquent encore pour l'affirmer.

Les personnalités schizoïdes au cinéma et dans la littérature

Le narrateur de *L'Étranger* de Camus, avec sa vision distante de la réalité, son indifférence aux réactions des autres, son repli sur son monde intérieur, peut être soupçonné d'avoir une personnalité schizoïde.

On pourrait en dire autant des héros de certains romans de Patrick Modiano, qui ne sortent de leur retrait schizoïde et rêveur que pour l'amour d'une jeune fille qui souvent leur échappe, en particulier dans *Villa triste*.

Dans *Moon Palace*, le héros de Paul Auster, à court de ressources, se laisse tranquillement mourir de faim dans son appartement. Plutôt que d'aller chercher de l'aide en entrant en contact avec ses semblables, il s'enferme dans sa rêverie schizoïde.

Au cinéma, on peut aussi considérer comme des schizoïdes « actifs » tous ces justiciers solitaires et glacés, avares de paroles et indifférents à l'admiration des femmes et des foules. Clint Eastwood et Charles Bronson se sont fait une spécialité de ces personnages impassibles qui règlent leur compte aux méchants pour retrouver ensuite la seule compagnie de leur cheval. Par exemple, *Il était une fois dans l'Ouest* (1969) pour Bronson, *Pale Rider* (1985) pour Eastwood.

Dans le fascinant *Drive* (2011) de Nicolas Winding Refn, Ryan Gosling est un jeune mécanicien automobile solitaire et silencieux, à qui son chef trouve parfois des emplois de cascades automobiles pour le cinéma. Il passe ses soirées à réparer des pièces de moteur sur sa table de cuisine et parfois à faire le chauffeur nocturne pour des braqueurs avec qui il rompt ensuite tout contact. Il tombe amoureux de sa jeune voisine (Carey Mulligan) dont le mari va bientôt sortir de prison. Leur relation se noue presque sans paroles. Pour la protéger, elle et son petit garçon, il se révélera capable d'une froide détermination et d'une violence extrême.

Comment gérer les personnalités schizoïdes

Faites

Respectez son besoin de solitude

Souvenez-vous que la compagnie des autres fatigue beaucoup plus que vous une personne schizoïde. La solitude est son oxygène, elle lui permet de récupérer après l'effort. C'est aussi la solitude qui lui permettra de se concentrer sur les tâches où elle est à son aise.

Écoutons Marine, l'épouse de Marc, le garçon dont vous avez lu le témoignage précédemment.

Chaque fois que nous sommes invités à dîner chez des amis, je sens que Marc est un peu contrarié, même s'il ne laisse rien paraître. Bien sûr, il a accepté l'idée qu'on ne pouvait pas vivre comme des sauvages, et que voir des gens me faisait plaisir. Mais je sens qu'il préférerait rester lire à la maison. Il accepte cependant l'invitation sans discuter.

Quand arrive le soir du dîner, je commence à le sentir malheureux dès qu'il rentre à la maison. Il a l'air triste, fermé. Mais il ne se plaint pas, reste gentil avec moi, et va s'asseoir devant la télé pendant que je finis de me préparer.

Dès qu'on arrive chez les gens, il semble se transformer, il parle, plaisante, fait preuve de beaucoup d'humour. Il est très apprécié, et tout le monde pense qu'il est content d'être là. Je suis la seule à savoir que son aisance lui est venue avec l'âge, en observant les autres, à force d'entraînement, et qu'elle représente un effort pour lui. D'ailleurs, quand la fin du repas approche, il devient moins loquace, se « met en veilleuse », comme s'il avait donné le maximum. À ce moment, je prétexte un réveil très tôt le lendemain pour donner le signal du départ, et son regard s'allume à nouveau, un peu comme celui d'un chien qui voit qu'on prend la laisse et qui sait qu'il va retrouver sa niche. La comparaison est de lui, pour vous dire qu'il a de l'humour.

En fait, chacun de nous fait un effort : lui d'accepter de sortir et de jouer le jeu de la conversation, moi de ne pas accepter des invitations trop souvent et de partir plus tôt que j'en ai envie, et finalement nous nous entendons bien. D'ailleurs, au fil du temps, il me dit que la compagnie des autres l'intéresse plus qu'avant.

Après un tel témoignage, qu'ajouter de plus sur le respect nécessaire du besoin de solitude du schizoïde ?

Proposez-lui des situations à sa mesure

Armelle est une excellente documentaliste, nous dit Patrice (38 ans, directeur d'une bibliothèque universitaire). Elle a une grande compétence pour retrouver l'information qu'on lui demande, elle jongle avec les différentes banques de données. Elle passe la plus grande partie de ses journées devant son écran d'ordinateur, limitant au strict minimum son contact avec les lecteurs. Elle est plutôt jolie, mais ne se met pas du tout en valeur, elle ne sourit jamais, elle rase les murs, et je crois qu'elle a très peu d'amis. Elle vit seule dans un studio au-dessus de l'appartement de ses parents.

Comme je suis moi-même assez surmené, je lui ai proposé de me représenter dans des réunions avec d'autres personnels de l'université. J'ai senti qu'elle acceptait avec réticence. Au retour des réunions, elle me donnait un compte rendu détaillé de ce qui s'était dit, mais je constatais qu'elle n'avait guère pris la parole, en particulier elle n'avait pas toujours défendu la position de la bibliothèque quand il l'aurait fallu. Je lui en ai fait la remarque. Elle est restée impassible. Plus tard, j'ai trouvé un courrier d'elle dans ma boîte aux lettres. Dans un style très sobre, presque impersonnel, elle m'expliquait que ces réunions ne lui convenaient pas, qu'elle avait du mal à se concentrer sur ce que racontaient les gens, que cela la fatiguait et l'ennuyait énormément, et qu'elle avait l'impression de ne pas faire du bon travail. Que répondre à ça ? C'est par ailleurs une excellente collaboratrice. Alors je l'ai dispensée de réunion et l'ai laissée retrouver son écran d'ordinateur. Maintenant, j'ai observé un progrès : elle me sourit quand elle me dit bonjour.

La situation décrite par Patrice se reproduit très souvent dans bien des types d'organisations : une personne schizoïde, très appréciée pour ses qualités techniques, est promue à des responsabilités de management. Et là, dans des fonctions qui ne correspondent pas à sa personnalité, elle déçoit, souffre, et aboutit à de mauvais résultats pour elle comme pour son entreprise.

Voici le témoignage d'Antoine, brillant ingénieur, qui a failli être victime d'un « accident de carrière ».

J'ai toujours adoré les maths et l'étude. Donc, il n'est pas très étonnant que j'aie été reçu à une grande école d'ingénieurs. Mais à la différence de beaucoup de mes camarades, qui rêvaient de devenir P-DG ou ministres, je voulais vraiment être ingénieur ! À ma sortie de l'école, j'ai trouvé facilement un poste dans un domaine qui me passionnait, celui de la dynamique des fluides. Après deux ans, on m'a demandé de superviser une équipe de trois ingénieurs et, bien que cela me fatigue beaucoup plus, j'ai réussi à les faire bien collaborer.

Alors, on m'a nommé chef de projet. Cette fois, j'avais des rapports avec plusieurs équipes différentes, je devais rendre des comptes à la direction, passer des heures en réunion, y compris avec des clients. Cela m'ennuyait et me stressait terriblement. Ce qui m'intéresse, c'est la recherche, pas la politique. J'arrivais à faire face, mais au prix d'un effort énorme. À mon avis, je n'étais pas le meilleur pour le poste.

J'ai fini par déprimer, et j'ai dû consulter un psychiatre. Je faisais pâle figure en réunion, mon chef a commencé à me faire sentir qu'il fallait que je redresse la barre, et vite.

Heureusement, à ce moment-là, j'ai reçu une offre d'une société étrangère qui avait besoin d'un expert de haut niveau. J'ai aussitôt accepté. Aujourd'hui, j'ai quatre collaborateurs, tous chercheurs, et je passe au moins les trois quarts de mon temps à faire ce que j'aime, et seulement un quart à faire de l'administration. Cette entreprise a su m'utiliser. Bien sûr, à mon âge, certains de mes camarades de promotion sont responsables de centaines de personnes, mais je n'ai jamais désiré ça.

Pour un Antoine qui a su trouver une entreprise où l'on peut faire une vraie carrière d'expert, combien d'autres se sont retrouvés en situation d'échec, puis mis sur des voies de garage, carrière brisée, parce qu'on avait attendu d'eux des compétences de management qu'ils n'avaient pas ?

Attention, nous ne voulons pas dire que les personnes schizoïdes sont incapables de diriger une équipe (d'ailleurs, Antoine peut le faire dans un environnement qui lui convient), mais simplement qu'il faut évaluer très soigneusement leurs possibilités dans ce domaine, et ne pas confondre niveau de qualification et compétences managériales.

Soyez à l'écoute de son monde intérieur

En contraste avec son apparence très réservée, le schizoïde a souvent une vie intérieure très riche. À l'école, c'est le genre de garçon qui a l'air de ne pas s'intéresser aux filles, mais qui écrit de longs poèmes d'amour en cachette, parfois à une dulcinée imaginaire. À force de rêver et d'imaginer, les schizoïdes ont souvent une pensée riche et originale, et leur sensibilité, bien que parfois un peu « décalée », peut révéler des trésors de fraîcheur et de poésie. Ce point de vue original sur les choses explique que l'on trouve beaucoup de schizoïdes chez les créateurs, les artistes, les chercheurs ou les écrivains.

Si vous voulez avoir accès à ces richesses, ne brutalisez pas votre schizoïde favori par trop de conversation. Encouragez-le simplement à parler en montrant que vous écoutez. Proposez-lui un thème qui l'intéresse. Respectez ses silences. Et là, si vous faites preuve de suffisamment de patience et d'attention, vous aurez peut-être la chance d'entendre des paroles originales, de découvrir un monde fascinant, comme un rare cadeau qu'il dévoile aux quelques privilégiés qui savent le mettre à l'aise.

Appréciez-la pour ses qualités silencieuses

Le schizoïde est peu loquace, c'est évident. Mais avez-vous réfléchi à tous ceux qui vous épuisent parce qu'ils parlent trop ? N'avez-vous jamais été excédé par ce collègue du bureau qui vient vous raconter son dernier week-end alors que vous avez un travail urgent à finir ? Cette amie au téléphone qui continue de s'épancher sur ses problèmes sentimentaux alors que vous lui avez déjà signifié votre intention de raccrocher. Emmenez votre ami(e) schizoïde pour partager un week-end d'étude et de lecture. Avec lui, ou elle, vous pourrez vous taire sans être interrompu !

Ne faites pas

N'exigez pas d'elle qu'elle exprime des émotions intenses

De même qu'il est inutile de demander à une berline familiale de se comporter comme un coupé sportif, il serait vain d'exiger du schizoïde qu'il vous fasse des démonstrations d'émotions, de joie ou de colère. Écoutons Agathe :

Dès notre voyage de noces, j'ai cru que je n'allais pas supporter longtemps mon mari. J'étais une jeune fille assez bavarde, aimant plaisanter, et plutôt émotive, capable d'éprouver beaucoup de joie ou de chagrin. Nous visitions le nord de l'Italie, je m'extasiais sur les paysages que nous découvrions. Quand je m'exclamais avec enthousiasme : « Comme c'est magnifique ! », mon mari répondait d'une voix neutre : « Oui. » Ou pire, rien du tout ! Quand nous faisions l'amour, il semblait y prendre plaisir, mais après, quand je me blottissais dans ses bras, il était incapable d'émettre une parole tendre.

Quelques jours plus tard, un télégramme est arrivé à notre hôtel pour nous apprendre la mort brutale d'un de ses oncles. J'étais catastrophée pour lui, je savais que cet oncle avait été presque un père pour lui. Les yeux pleins de larmes, je le regardais relire le télégramme. Il ne disait mot. Finalement, il m'a regardée et m'a dit : « Il va falloir revenir. »

Il m'a fallu du temps pour m'habituer à son manque d'expression, et surtout pour découvrir toutes ses autres qualités. Et puis, à mon contact, il s'est un peu amélioré, en même temps que je suis devenue moins exigeante. Il nous arrive aussi d'en plaisanter.

Ne l'assommez pas de trop de conversation

Comme les personnalités schizoïdes ne parlent pas beaucoup, interrompent peu, elles peuvent apparaître comme de bons auditeurs. Aussi, sans le vouloir, les personnalités schizoïdes vont parfois attirer des gens avides de s'épancher sans être interrompus, et qui vont leur parler, parler, parler… S'ils étaient attentifs à leur interlocuteur, ces bavards remarqueraient des signes de fatigue ou d'ennui.

Ma femme est comptable, nous raconte Germain (42 ans, agriculteur). Comme on dit, c'est une « fille sérieuse ». Elle travaille beaucoup, ne prononce jamais un mot plus haut que l'autre, s'occupe bien de nos deux enfants. Le seul problème, c'est que je suis plutôt du genre causant, et elle pas. Quand je lui faisais la cour, son silence m'impressionnait. Je lui racontais monts et merveilles, elle me regardait sans répondre grand-chose. Je pensais que je ne l'intéressais pas, alors je faisais encore plus d'efforts de conversation, je lui racontais des histoires, je plaisantais, sans guère de résultat.
Un jour que nous sortions d'un cinéma, où nous venions de voir le film Rain Man, *j'ai fini par comprendre. Je commençais à faire des commentaires sur le film, mais elle ne répondait pas, et puis finalement elle m'a dit : « J'aime bien penser à un film quand je viens de le voir, mais je n'aime pas en parler. » Brusquement, je me suis rendu compte que, depuis des semaines, je lui parlais trop. Même aujourd'hui, nous nous parlons rarement plus de dix minutes de suite. Je m'y suis habitué, et pour mes besoins de conversations, j'ai mes copains, avec qui nous passons des soirées entre hommes. D'ailleurs, elle ne fait jamais de difficultés pour me laisser sortir un ou deux soirs par semaine. Elle reste devant la télévision en coupant le son, et elle fait des mots croisés.*

Voici un bon conseil, qui n'est pas seulement valable pour les schizoïdes : quand vous parlez à quelqu'un, essayez de vous distraire un peu de ce que vous êtes en train de dire, et observez ses réactions non verbales – son regard, sa mimique, sa posture. Vous en apprendrez parfois plus qu'en écoutant sa réponse. Et pour la personne schizoïde, vous verrez mieux quand vous commencez à l'ennuyer.

Ne la laissez pas s'isoler complètement

Abandonné à son penchant naturel, le schizoïde aurait tendance à terminer en ermite. Il y a encore une ou deux décennies, les laboratoires de recherche abritaient parfois des chercheurs qui ne sortaient plus de leur bureau, et même y dormaient ; ils simplifiaient les exigences de la vie quotidienne en gardant leurs pantoufles pour aller à la machine à café, leur sortie du jour. Ils ne parlaient plus qu'à leur secrétaire, et encore, quand elle les questionnait, ou à leur directeur de recherche quand il venait en personne leur demander où ils en étaient de leurs travaux. Les exigences de la recherche moderne, menée le plus souvent par des équipes en collaboration-compétition d'un bout du monde à l'autre, ont peu à peu fait disparaître cette espèce de chercheur (on peut encore en trouver dans certains grands organismes d'État à statut protégé) ou ont amené les schizoïdes les plus adaptables à mieux communiquer avec leurs semblables, grâce à un environnement devenu plus stimulant. Plus stimulant, mais pas trop, car un laboratoire de recherche est aussi un endroit où l'on respecte des zones de silence et de solitude.

Donc, si vous connaissez un schizoïde, certes ne le fatiguez pas de trop de présence ou de conversation, mais allez le voir de temps en temps, invitez-le, amenez-le à des réunions. Vous l'aiderez à maintenir en état ses compétences relationnelles, et cet entraînement lui rendra la vie sociale moins fatigante, comme le mari de Carole dans le premier exemple de ce chapitre.

Comment gérer les personnalités schizoïdes

- Faites
  - respectez son besoin de solitude ;
  - proposez-lui des situations à sa mesure ;
  - soyez à l'écoute de son monde intérieur ;
  - appréciez-la pour ses qualités silencieuses.

- Ne faites pas
  - n'exigez pas d'elle qu'elle exprime des émotions intenses ;
  - ne l'assommez pas de trop de conversation ;
  - ne la laissez pas s'isoler complètement.

Si c'est votre conjoint : acceptez d'être responsable de la vie sociale du couple.
Si c'est votre patron : faites-lui passer des notes plutôt que d'aller le voir.
Si c'est votre collègue ou collaborateur : laissez-le devenir un très bon expert plutôt que de le pousser à devenir un mauvais manager.

Avez-vous des traits de personnalité schizoïde ?

	Plutôt vrai	Plutôt faux
1. Après une journée passée en compagnie de gens, j'éprouve le besoin impérieux d'être seul(e).		
2. Parfois, j'ai du mal à comprendre les réactions des autres.		
3. Faire connaissance avec des gens nouveaux ne m'attire pas spécialement.		

	Plutôt vrai	Plutôt faux
4. Même en compagnie d'autres personnes, il m'arrive d'« être ailleurs » en pensant à autre chose.		
5. Si des amis se réunissaient pour me fêter mon anniversaire, cela me fatiguerait plus que cela ne me ferait plaisir.		
6. On me reproche d'être dans la lune.		
7. Mes loisirs sont surtout solitaires.		
8. À part les gens de ma famille, je n'ai pas plus d'un ou deux amis.		
9. Ce que les gens pensent de moi ne m'intéresse pas beaucoup.		
10. Je n'aime pas les activités de groupe.		

CHAPITRE IX

LES COMPORTEMENTS DE TYPE A

Voici le témoignage de Norbert, 36 ans, cadre commercial dans une compagnie de télécommunications.

Dès l'entretien d'embauche, j'ai senti que mon patron n'était pas un type facile. Il me posait des questions, mais souvent il n'attendait même pas que j'aie fini de répondre pour me poser la suivante. Il avait l'air pressé, impatient, j'avais l'impression de lui faire perdre son temps. J'ai pensé qu'il avait déjà décidé de ne pas me prendre, qu'il me recevait juste pour la forme. Eh bien, pas du tout, il m'a embauché ! Plus tard, j'ai compris que cet air pressé et impatient est une constante chez lui.
En réunion, c'est encore pire : dès que l'on s'explique un peu longuement, il nous interrompt ; parfois même il termine la phrase à notre place. Il supporte mal les objections à chaud. Dès qu'on le contredit, il argumente, jusqu'à ce que l'autre abandonne sa position. En revanche, si vous le revoyez deux jours plus tard, il est capable d'avoir digéré l'information que vous essayiez de lui faire passer et de se comporter comme s'il avait toujours été d'accord. C'est devenu, en son absence bien entendu, un sujet de plaisanterie pour toute l'équipe.
Nous le respectons quand même, car il faut dire qu'il fait preuve d'une activité débordante. Il arrive le premier le matin, surcharge sa journée de rendez-vous et de réunions, et repart tard dans la soirée. Quand il se déplace d'un bureau à l'autre, c'est toujours au pas de course. Dès qu'on

lui soumet un problème, il prend tout de suite une décision, et c'est souvent la bonne. En deux ou trois circonstances, il est allé trop vite et un peu de réflexion nous eût évité de coûteuses erreurs. Ce n'est pas un mauvais gars, mais il s'énerve très facilement et même quand il se retient d'exploser, ça se voit terriblement.

Un jour, il s'est aperçu que la secrétaire s'était trompée et lui avait remis un mauvais dossier. J'ai vu son visage se gonfler littéralement de colère, mais comme nous étions devant des clients il s'est retenu, et il n'a rien dit. Certains jours, nous savons qu'il vaut mieux éviter d'aller le voir tellement il nous paraît pressé et sur les nerfs. Ces jours-là, il peut vite devenir odieux, émettre des critiques blessantes, piquer des colères sans commune mesure avec leur objet. Je ne sais pas comment sa femme le supporte ! Mais peut-être est-il plus calme à la maison. De toute façon, avec ses horaires, il n'y est pas souvent. Même en week-end, il doit avoir du mal à se détendre. Je me souviens, nous étions partis l'année dernière en séminaire résidentiel dans un endroit de rêve. Il y avait un tennis. Eh bien, il s'est lancé dans une partie tellement acharnée avec le directeur commercial export qu'il s'est claqué un muscle. On aurait dit qu'il jouait sa carrière sur le court ! Évidemment, il nous surcharge de travail et s'attend à ce que nous travaillions tous à son rythme. Mais moi, je n'ai pas envie de finir à l'hôpital !

Que penser du patron de Norbert ?

Toujours pressé, impatient, sans cesse dans l'urgence, avec des journées de travail qui ressemblent à des courses contre la montre, le patron de Norbert semble lutter contre le temps.

Avec les autres, ses rapports ne sont pas faciles. Il a tendance à les interrompre, à les bousculer quand ils ne vont pas assez vite pour son goût, quand ils font des erreurs qui viennent perturber ses plans. On peut dire qu'il perçoit souvent les autres comme des freins à sa course contre le temps. Par ailleurs, il a un sens de la compétition à fleur de peau, qu'il s'agisse d'une discussion où il veut l'emporter, ou d'une partie de tennis pourtant sans enjeu particulier. Il ne peut s'empêcher de se sentir en situation de compétition, même lorsqu'une attitude plus pondérée serait plus utile. Cette perception des interlocuteurs comme des freins, ou comme des concurrents, l'amène à être souvent en lutte contre les autres.

Enfin, on a l'impression que le patron de Norbert ne peut s'empêcher de mobiliser toute son énergie dès qu'il est confronté à un objectif à atteindre : convaincre un client, mener une réunion, arriver à l'heure ou gagner une partie de tennis. Ses collaborateurs sont frappés par sa forte implication dans l'action.

Lutte contre le temps, lutte contre les autres, forte implication dans l'action : le patron de Norbert présente les caractéristiques d'un comportement de type A.

Le comportement de type A

- Lutte contre le temps : impatient, soucieux d'aller plus vite, comprime le maximum de choses à faire dans un temps limité, soucieux d'exactitude, intolérant à la lenteur chez les autres.
- Sens de la compétition : tendance à vouloir « gagner », même dans les situations anodines de la vie courante, la conversation ou les sports de loisirs.
- Engagement dans l'action : travaille beaucoup, prend ses activités à cœur et transforme ses loisirs en tâches orientées vers un but.

Le patron de Norbert est une personnalité de type A assez extrême qui, s'il passait des tests, se retrouverait sûrement dans la catégorie A1, avec la note maximum. En fait, on peut classer toute personne selon une gradation qui va de A1 : comportements de type A au maximum, à l'autre extrémité B5 : inverse du comportement de type A. Les B5 sont calmes, prennent leur temps pour agir ou réfléchir, écoutent posément leur interlocuteur, ont rarement un sentiment d'urgence. Si l'on prend des exemples d'hommes politiques (qui ne sont pas forcément exacts, car les médias ne transmettent que le comportement public des hommes politiques, on ne les voit pas dans leur travail quotidien), on pourrait citer parmi les type A nos présidents Jacques Chirac, Nicolas Sarkozy et Emmanuel Macron, tandis que François Mitterrand, avec sa citation favorite « il faut laisser le temps au temps » et François Hollande sont plutôt du côté des type B. Aux États-Unis, le président Obama montre aussi les traits d'un type B, avec son apparence calme et réfléchie, et son contrôle de la colère.

Le tableau suivant est une tentative de classer quelques personnages célèbres sur l'axe A-B.

Comportement de type A	Comportement de type B
Louis de Funès	Bourvil
De Mesmaeker	Gaston Lagaffe
Joe Dalton	Averell Dalton
Le général Alcazar	Le señor Oliveira
Carrie Mathison	Saul Berenson
Donald	Mickey

Comment le type A voit-il le monde ?

Pour le vrai type A, tout événement de la vie courante se présente comme un défi : il veut maîtriser toutes les situations. Quel que soit l'événement, il mobilise vite toutes ses forces, qu'il s'agisse de discuter un gros contrat ou la facture de son garagiste. Il nous arrive à tous de nous mobiliser face à un enjeu important, mais pour le type A, tout enjeu devient important. Une psychologue canadienne, Ethel Roskies, pour résumer ce trait de caractère, fait cette comparaison : « Pour le type A, tout conflit est une guerre nucléaire. » La devise du type A pourrait être : « Je dois arriver à contrôler toutes les situations », ou « Je dois réussir tout ce que j'entreprends ».

Écoutons Arielle, 52 ans, surveillante dans un service de médecine :

Comme tout le personnel de ce service, je travaille sous pression. Je dois à la fois m'occuper de problèmes administratifs et budgétaires, commander du matériel, gérer les problèmes humains au sein de l'équipe infirmière, m'arranger pour que les rotations de personnel se fassent sans diminuer la qualité des soins, veiller aux demandes des médecins et à celles de l'administration, qui sont parfois contradictoires. Enfin, je dois être prête à m'occuper des demandes des familles, et à résoudre des problèmes compliqués de placement après l'hospitalisation. Autant dire que mes journées de travail sont longues et que je n'ai pas une minute à moi ! Entre les réunions, les visites, le travail administratif, les urgences, je suis toujours en train de courir après le temps. D'autres seraient vite découragées, mais d'une certaine manière ça me dope. J'ai l'habitude de faire deux choses à la fois, écrire un rapport tout en écoutant quelqu'un par exemple, ou courir d'un bout à l'autre du service tout en lisant une note. Avec l'habitude, je fonctionne de plus en plus vite. Le chef de service me surnomme « la tornade blanche ».

Tout va bien tant que j'ai l'impression de maîtriser la situation, mais dès que je prends du retard, ou que je sens que les autres ne vont pas assez vite, je deviens irritable. Je supporte assez mal les réunions qui se prolongent alors que je pense à tout ce qui me reste à faire, et là j'ai vite tendance à couper la parole aux gens, ce que me reprochent mes infirmières. De toute façon, celles qui ne m'apprécient pas demandent

leur mutation et ne restent pas dans le service. C'est très bien comme ça ; ainsi, la majorité de l'équipe travaille à mon rythme.
J'ai toujours « fonctionné » de cette manière, mais mon mari trouve qu'à mon âge je devrais ralentir un peu.
« Prends un peu de recul », me dit-il. Il est drôle ! J'aimerais le voir travailler dans un service où la moindre erreur d'organisation peut avoir des conséquences catastrophiques. Mais il est vrai que le soir, je suis de plus en plus fatiguée et que mon humeur s'en ressent. Je crois que je n'ai plus le même tonus qu'il y a quelques années. Mon mari dit que je suis trop stressée. Mais pour moi, le stress, c'est ma vie !

Arielle décrit bien que l'urgence est pour elle un « dopant ». Elle présente par ailleurs d'autres traits du comportement de type A : elle fait tout vite, elle fait plusieurs choses à la fois, elle s'impatiente facilement, elle s'implique à fond dans ce qu'elle fait. Nul doute que son chef de service doit se réjouir d'avoir une collaboratrice aussi efficace.

Mais qu'en pense Arielle ? Elle apprécie son travail, mais se rend compte qu'elle se fatigue de plus en plus. Quand elle rentre chez elle, épuisée, son mari subit sa mauvaise humeur. Arielle ne paye-t-elle pas trop de sa personne ?

Lequel des deux a raison : son mari qui la trouve trop stressée, ou Arielle qui pense que le stress, c'est sa vie ? Et d'abord, qu'est-ce que le stress ?

Petit détour par le stress

Le stress est une réaction naturelle de notre organisme qui se produit chaque fois que nous devons faire un effort pour nous adapter à une situation. Par exemple, quand nous hâtons le pas pour arriver à l'heure à un rendez-vous, nous avons une réaction de stress. Cette réaction peut se décomposer en trois éléments :

- *La composante psychologique.* En regardant notre montre, nous avons fait une double évaluation : le temps qui reste avant l'heure du rendez-vous, la distance encore à parcourir (les exigences de l'environnement) et notre capacité à marcher plus vite ou à trouver un autre moyen de transport plus rapide (nos ressources). Si la différence entre les exigences de l'environnement et nos ressources nous paraît trop importante (par exemple, il ne reste que dix minutes avant l'heure d'un important rendez-vous, deux kilomètres à parcourir, et aucun taxi disponible en vue), la réaction de stress va être forte et se manifester sur le plan physiologique.
- *La composante physiologique.* Dans l'exemple du rendez-vous, notre organisme va sécréter différentes hormones, en particulier de l'adrénaline. L'adrénaline va accélérer notre cœur et notre fréquence respiratoire, contracter les vaisseaux sanguins de notre peau et de nos viscères pour que le sang se dirige surtout vers nos muscles et notre cerveau, augmenter notre glycémie afin que nos muscles trouvent facilement du glucose disponible. Toutes ces réactions physiologiques nous préparent à fournir un effort physique.
- *La composante comportementale.* Nous allons presser le pas, ou même nous mettre à courir.

On voit que la réaction de stress est à la fois naturelle et utile : elle nous prépare à nous adapter à une situation exigeante. Maintenant, imaginons la même situation de rendez-vous, mais cette fois au volant de votre voiture, alors que vous êtes bloqué dans un embouteillage. Eh bien, la même réaction va se produire, vous allez sentir votre cœur s'accélérer et vos muscles se tendre. Cependant, en voiture, il ne sert à rien de se préparer à un effort physique, contracter vos muscles ne va pas débloquer la circulation. Cependant, la même réaction de stress s'est produite. Pourquoi ?

Retour à l'évolution

Tout simplement parce que la réaction de stress nous vient du fond des âges. Présente chez nos ancêtres animaux, elle a été façonnée par la sélection naturelle pour nous aider à survivre dans un environnement sauvage. Pour nos ancêtres primates, les principales situations de stress étaient les conflits avec un rival, la fuite devant un prédateur, ou la catastrophe naturelle comme l'incendie de forêt ou la montée des eaux. Faire face à toutes ces situations nécessite un effort physique violent, et la réaction de stress est là pour le faciliter. Nous sommes les descendants de ceux qui ont survécu, c'est-à-dire ceux qui ont été capables de courir plus vite ou de taper plus fort grâce à une bonne giclée d'adrénaline.

Aujourd'hui, dans nos vies de citadins, la plupart des situations de stress que nous rencontrons ne nécessitent pas un effort physique violent, fuite ou combat, pour s'en sortir. Passer un examen, faire bonne impression à un rendez-vous d'embauche, essayer de faire marcher un appareil qui tombe en panne sont des situations où l'effort physique est pratiquement inutile. Toute une partie de la réaction de stress devient donc inadaptée. Toutefois, l'adrénaline et sa cousine la noradrénaline ont aussi une action psychique : elles augmentent l'éveil, diminuent le temps de réaction, ce qui peut être utile quand on doit terminer un travail en urgence, ou faire face à un interlocuteur coriace.

Prenons un autre exemple. Vous devez prononcer un petit discours devant un public et être capable ensuite de répondre aux questions. Si vous n'êtes pas du tout stressé (vous connaissez bien votre sujet, et il n'y a pas d'enjeu important), vous risquez de ne pas vous mobiliser assez, de faire des oublis par faute d'attention, et de répondre un peu mollement aux questions. Une réaction de stress insuffisante ne vous permet pas d'aboutir à la meilleure performance. À l'inverse, si votre réaction de stress est très intense (vous connaissez imparfaitement le sujet, l'auditoire est exigeant, il y a un enjeu important pour vous à ce que cette présentation se passe bien), vous risquez d'avoir des signes de trac (palpitations, mains moites, gorge serrée) qui sont en fait la composante physiologique de la réaction de stress, de vous sentir très anxieux avec des pensées comme : « Si je bafouille, c'est la catastrophe », ou « Ils sentent que j'ai le trac ». Sur le plan comportemental, vous risquez effectivement de bafouiller, d'avoir un « trou », de répondre piteusement aux questions. Autrement dit, une réaction de stress trop intense nuit à votre performance.

Comme vous l'imaginez, il existe une réaction de stress intermédiaire : vous arrivez sur la scène un peu tendu, le cœur battant un peu plus vite, l'esprit aux aguets. À ce niveau de stress, vous êtes complètement mobilisé vers votre but : réussir votre présentation.

On peut schématiser le rapport entre la qualité de votre performance et l'intensité de votre réaction de stress par la courbe suivante.

Courbe performance-stress de Yerkes-Dodson

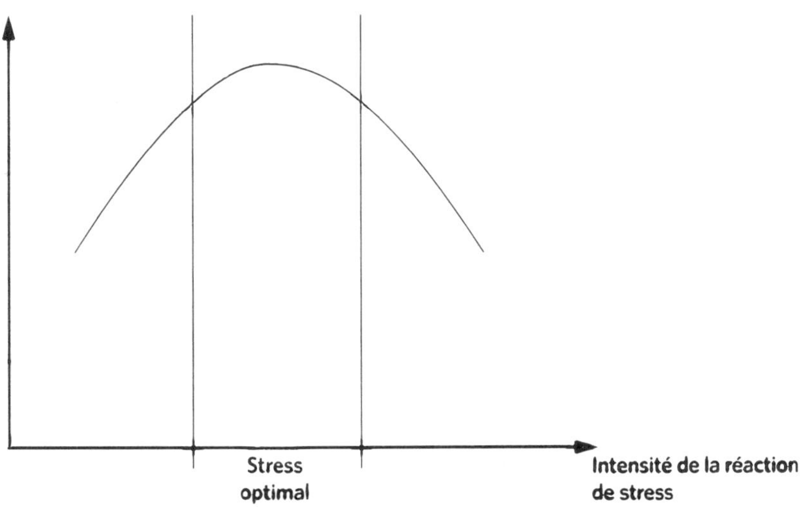

Il existe donc une zone de stress optimal qui vous mobilise au mieux pour réussir votre performance. (Ce niveau dépend bien sûr du type de tâche que vous avez à accomplir, et de sa durée.)

Cette réaction de stress a un coût énergétique, et il sera nécessaire de respecter une phase de récupération. Après votre présentation, vous éprouverez le besoin d'avoir une conversation détendue ou de vous isoler un peu pour récupérer tranquillement. Si votre réaction de stress est trop prolongée, ou se répète de manière trop rapprochée, la fatigue va apparaître.

Très bien, direz-vous, et le type A dans tout ça ?

Retour au type A

Eh bien, le type A a tendance à avoir des réactions de stress plus intenses, plus prolongées et plus fréquentes que la moyenne.

Souvent, il ne respecte pas la phase de récupération, ce qu'il supportera bien tant qu'il est jeune et en pleine forme. Mais plus il avance en âge, plus il risque la « surchauffe ».

Des études se sont intéressées aux réactions physiologiques du type A, confronté à une situation modérément stressante. En voici une. On propose à des type A et des type B de jouer à un jeu vidéo, à chaque fois contre un joueur adverse. On observe alors que chez les type A la fréquence cardiaque, la pression artérielle et le taux sanguin d'adrénaline s'élèvent plus vite et plus haut que chez les type B. Et elles s'élèvent encore plus chez les type A si le joueur adverse s'amuse à leur faire des remarques ironiques au cours de la partie (« Faut te réveiller, dis donc ! »). Poussés à ce niveau de réaction de stress, les type A commencent à faire plus d'erreurs que les type B et à voir leurs performances diminuer[1].

1. Expérience rapportée par R. Dantzer, *L'Illusion psychosomatique*, Paris, Odile Jacob, 1989, p. 201-202.

Cette expérience nous montre qu'il faut éviter de surstresser un type A, car il le fait déjà très bien lui-même.

Avantages du type A	Risques du type A
Impliqué dans l'action.	Manque de recul.
Productif.	Difficulté à ralentir.
Ambitieux.	Sacrifice de la vie familiale.
Combatif.	Trop conflictuel.
Respecté pour son travail.	Rejeté pour son autoritarisme.
Mobilisateur.	Décourageant pour les autres.
Énergique.	Problèmes de santé pour stress excessif.
Promotion rapide.	Risque ensuite de stagner par manque de recul.
Carrière réussie.	Accident de carrière à la suite d'un conflit, ennuis de santé, problèmes conjugaux.

En lisant ce tableau, on comprend pourquoi nous avons choisi de parler des type A dans ce livre sur les personnalités difficiles. Le type A peut être difficile pour les autres, ses collaborateurs, sa famille, mais aussi pour lui-même : il se surmène, se surstresse, et risque des problèmes de santé.

Des études épidémiologiques internationales ont en effet suivi des milliers de type A sur plusieurs années. Elles ont montré différents résultats concordants :

- les type A ont un risque de problèmes coronariens (angine de poitrine et infarctus) double de celui des type B ;
- les type A les plus « hostiles », qui s'irritent facilement contre les autres, ont le risque le plus élevé ;
- ce facteur de risque cardiaque se multiplie avec les éventuels autres facteurs de risque (tabac, cholestérol, surpoids, hypertension, sédentarité).

Ces problèmes de santé du type A ont attiré l'attention des grandes entreprises. Leurs cadres type A sont certes productifs, mais le jour où ils font leur infarctus, ils coûtent cher à la compagnie en perte de productivité et en frais de santé (ceux-ci sont pris en charge par des assurances privées, dont la prime et les « malus » sont payés par l'entreprise). La compagnie a donc intérêt à détecter les type A et leur proposer un programme de gestion du stress et de réduction des autres facteurs de risque cardio-vasculaire.

Éléments habituels des programmes de gestion du stress et leur but

Technique proposée	Objectif
Relaxation.	Modérer la composante physiologique de la réaction de stress ; apprendre à récupérer.
Entraînement à la communication.	Diminuer les comportements agressifs.
Travail sur les pensées.	Apprendre à relativiser, à prendre du recul.
Encourager les comportements de santé : - diététique équilibrée ; - arrêt du tabac ; - exercice physique régulier ; - loisirs réguliers.	Augmenter la résistance au stress et diminuer les autres facteurs de risque cardio-vasculaire.

Les programmes que l'on peut proposer au type A sont donc très variés dans leurs contenus (selon les ingrédients utilisés), leur durée (séances régulières pendant plusieurs mois, stage résidentiel de quelques jours). Ils peuvent se pratiquer en séances individuelles ou en groupes. Leur but commun est d'aider la personne de type A à se construire un programme personnel de gestion du stress, c'est-à-dire à réussir à prendre de nouvelles habitudes durables.

Écoutons Serge, 43 ans, volontaire pour un programme de gestion du stress proposé par son entreprise.

Depuis quelque temps, le directeur des ressources humaines était de plus en plus préoccupé par les problèmes de stress au travail. Nous avions un turn-over très important chez les commerciaux, ce qui est un signe de stress excessif. Et notre directeur financier est parti pour plusieurs mois en arrêt maladie à cause d'un infarctus. Il a dû être opéré, on lui a fait un pontage. Moi-même, je souffre de maux de tête assez régulièrement, et j'ai eu beau essayer quantité de médicaments proposés par différents médecins, rien n'a été très efficace. Par ailleurs, ma femme me reproche d'être de plus en plus tendu, irritable, et après coup je dois reconnaître qu'à la maison je m'énerve souvent pour des choses qui n'en valent pas la peine : ma fille passe un peu trop de temps au téléphone, mon fils tarde à venir à table, et cela suffit pour me faire exploser.

Ces temps derniers, j'avais de plus en plus de mal à m'endormir, et j'arrivais souvent au bureau déjà fatigué par une mauvaise nuit. Alors, quand le directeur des ressources humaines nous a fait passer une note concernant un cabinet extérieur qui pouvait nous aider à gérer notre stress, j'ai accepté. Les horaires proposés étaient réalistes pour des gens très occupés : une séance individuelle de deux heures tous les quinze jours pendant six mois, soit douze séances, puis des séances de « rappel » tous les mois pendant deux autres mois, soit quatorze séances en tout.

J'ai tout de suite aimé la manière de travailler du consultant : nous partions des situations concrètes stressantes que j'avais rencontrées entre les séances, et nous les analysions ensemble. Dès la première séance, il m'a fait remplir un certain nombre de questionnaires concernant mes signes de stress, ma manière de communiquer, mon rapport au temps, mon style de vie. Cela m'a aidé à réaliser un certain nombre de choses : les autres m'énervaient très souvent, mais j'avais tendance soit à me retenir, à ne pas insister, soit au contraire à exploser. Il m'a expliqué que ces deux attitudes étaient des facteurs de stress importants. Par ailleurs, je me suis aussi aperçu que cela faisait des années que je ne préservais plus aucun temps pour mon plaisir personnel : le travail et la vie de famille occupaient tout, à part deux heures de tennis par semaine, mais même cela devenait stressant, car j'essayais de me maintenir à mon niveau d'il y a dix ans sans y parvenir. Enfin, nous avons mis en évidence mon perfectionnisme, qui fait que je ne délègue probablement pas assez, ce qui est une cause de surcharge de travail. Au fil des semaines, nous avons mis au point mon programme de gestion de stress personnel qui était centré sur quatre objectifs :

- *Chaque fois qu'ils m'énervent, communiquer avec les autres de manière affirmée, c'est-à-dire ni inhibée ni agressive. En analysant avec lui les situations de ma vie de bureau, nous faisions ensuite des jeux de rôles où il prenait la place d'un de mes interlocuteurs habituels. J'ai peu à peu appris à faire des critiques de manière efficace, c'est-à-dire en exprimant franchement mon point de vue, mais en critiquant le comportement plutôt que la personne. Auparavant, quand mon assistante ne me préparait pas les dossiers comme je le souhaitais, je ne lui disais rien plusieurs fois, car elle a beaucoup à faire, et je ne voulais pas la stresser pour un détail, et puis un jour je finissais par exploser, du genre : « Bon sang ! Vous ne m'avez pas préparé les dossiers dans l'ordre ! Vous êtes donc incapable de faire attention ! Vous vous foutez de mon travail ! » Après quoi, elle m'en voulait, je m'en voulais, et tout le monde stressait. Maintenant, j'arrive à dire : « La prochaine fois, j'aimerais que vous me prépariez les dossiers dans l'ordre, parce que cela me fait perdre du temps. » Si je la vois déjà un peu stressée, j'ajoute : « Je sais que vous avez déjà beaucoup de choses à penser et que cela en fait une de plus, mais c'est important pour moi. » J'ai commencé à prendre ce style avec mes collaborateurs et tout le monde y gagne en efficacité.*
- *Déléguer plus. J'avais toujours du mal à déléguer, avec l'impression que les choses seraient mieux faites si je les faisais moi-même, ce qui est souvent vrai en plus, car mes collaborateurs ont moins d'expérience que moi. Mais du coup cela me laisse moins de temps pour réfléchir, pour*

prendre du recul, pour faire ce pour quoi je suis aussi payé. Le consultant m'a aidé à établir une liste de ce que je pourrais déléguer, ce qui m'a forcé à réfléchir avec lui sur mon perfectionnisme.

- *Augmenter ma résistance au stress. Dès la première séance, il m'a montré comment me relaxer en quelques minutes, en utilisant la respiration. En m'entraînant régulièrement, j'arrive en quelques respirations à me détendre efficacement, et je le fais plusieurs fois par jour, dès que je sens ma tension monter, entre deux coups de fil, aux feux rouges, et même en réunion, en gardant les yeux ouverts bien sûr ! Du coup, je me sens moins fatigué en arrivant à la maison, et moins irritable. Mes maux de tête ont diminué de moitié.*
- *Réfléchir à mes priorités. Nous sommes encore dans cette phase du programme. Il m'a aidé à réaliser que même si ma carrière reste pour moi primordiale, il est important de me préserver une vie hors du travail. Nous procédons par petites étapes, en voyant comment je pourrais modifier mon emploi du temps pour me laisser plus de libertés, pour moi et ma femme.*

Finalement, je suis très content de ce programme. Pour moi, la gestion du stress, cela évoquait le bain à remous ou la tisane aux herbes, mais j'ai compris que ce n'était pas du tout ça ! En fait, c'est un véritable apprentissage de nouvelles habitudes à pratiquer au quotidien.

Serge nous raconte une expérience réussie de programme de gestion du stress : il a réussi à communiquer de manière moins stressante pour lui et pour les autres, il utilise la relaxation à bon escient, il a réévalué ses priorités, et ses vies professionnelle et familiale vont être plus satisfaisantes. Il a donc dépassé, grâce à l'aide du consultant, le stade où l'on fait une liste de bonnes résolutions que l'on ne tient jamais.

Différentes études ont montré qu'après un programme de gestion du stress bien conçu, la réactivité des type A au stress se modérait. Cette modération était vérifiée par les mesures des variations de leur rythme cardiaque et de leur tension artérielle.

Les comportements de type A au cinéma et dans la littérature

Dans *L'Arrangement* (1969) d'Elia Kazan, Kirk Douglas joue un publicitaire stressé et ambitieux qui remet brutalement toutes ses priorités de cadre arriviste en question à la suite d'un accident de voiture.

Le remarquable film de Robert Wise, *La Tour des ambitieux* (1954), décrit une lutte de pouvoir entre cinq dirigeants d'une grande entreprise d'ameublement pour succéder au président qui vient de décéder. William Holden y exhibe des comportements de super-type A et finit par l'emporter.

Dans *Sept morts sur ordonnance* (1975) de Jacques Rouffio, le docteur Berg (Gérard Depardieu) est un chirurgien impatient, dominateur, qui met un point d'honneur à terminer ses interventions en un temps record, avec l'irritabilité et le sens de la réplique des type A1. Malheureusement, son amour du jeu et son goût du risque le mettent à la merci de Charles Vanel, type B sournois.

Dans la série *Les Sopranos* (1999-2007) de David Chase, Tony (John Gandolfini), boss de la mafia du New Jersey, montre dans sa vie quotidienne l'énergie et les signes d'impatience autoritaire typique d'un type A, que ce soit dans la gestion de son bar à danseuses, la confrontation avec d'autres chefs mafieux. Il a du mal à se contenir face à son fils indolent et sans buts. Au début de la série, il souffre de trouble panique, dont on peut attribuer le déclenchement à un excès de stress, associé à ses vulnérabilités personnelles qu'il mettra au jour avec l'attirante psychiatre, le docteur Melfi (Lorraine Braco).

Dans le sublime *Tree of Life* (2011) de Terence Malik, Brad Pitt incarne un père de famille et directeur d'usine toujours pressé, exigeant et autoritaire, qui éduque durement ses enfants avec des « Il faut une volonté farouche pour s'en sortir dans ce monde » et « Ne laisse jamais quelqu'un te dire que tu ne peux pas faire quelque chose », mais dont la carrière connaît un échec.

Après avoir vu ce que le type A pouvait faire pour lui-même, que pouvez-vous faire pour bien le gérer, surtout s'il n'a aucune notion de gestion du stress ?

Comment gérer les type A

Faites

Soyez fiable et exact

Le type A supporte mal d'attendre, il s'impatiente et devient irritable. Donc, si vous avez affaire à lui, ne rendez pas la situation d'emblée plus difficile en arrivant en retard. Si vous sentez que vous n'arriverez pas à temps au rendez-vous, surtout prévenez-le par téléphone, en indiquant l'heure prévisible de votre arrivée. Cela le calmera aussitôt, car il retrouvera une sensation de contrôle de son emploi du temps : il occupera aussitôt cette tranche de temps par une nouvelle activité en vous attendant. Mais attention, tenez le nouveau délai, ne prenez pas un nouveau risque, annoncez votre retard en prévoyant largement, plutôt que de le remettre sous pression en arrivant plus tard qu'annoncé.

Souvenez-vous, le type A cherche toujours à contrôler son environnement. Tant que vous voulez le garder de bonne humeur, donnez-lui donc l'impression qu'il y arrive : faites ce que vous avez prévu, évitez les oublis et les fautes d'attention, autrement vos relations en souffriront.

Affirmez-vous chaque fois qu'il tente de vous mettre sous contrôle

Laure est jeune médecin. Elle nous raconte ici quelles sont ses relations avec un patron de type A.

Au début, je ne savais pas m'y prendre avec mon patron. Comme il a une grosse activité de recherche, il me donnait toujours du travail à faire : lire une série d'articles et en faire un résumé, mettre en forme les résultats de l'équipe pour rédiger un article, lui soumettre un projet de recherche pour qu'il puisse chercher des financements. C'est un homme hyperactif qui travaille à un rythme intense et a tendance à imposer ce rythme aux autres. Résultat, il me donnait toujours des tâches avec des délais très courts, et comme je n'osais pas le contredire, je devais travailler nuit et jour pour les tenir.

Mon ami trouvait que ma vie devenait infernale. En plus, je prenais du retard, ce qui irritait mon patron au plus haut point. Finalement, mon ami m'a conseillé de négocier les délais que je me laissais jusque-là imposer. Cela m'a paru difficile : comme mon patron travaille lui-même beaucoup, on n'ose pas lui expliquer qu'il nous en donne trop, et puis c'est un homme autoritaire et impressionnant pour une jeune chercheuse comme moi.

Mon ami, qui travaille comme commercial et a l'habitude de négocier avec de gros clients, souvent des gens difficiles, m'a alors proposé de jouer la scène avec lui. Il jouait le rôle de mon patron, aussi irritable que je le lui avais décrit. Nous avons répété plusieurs fois, et au début il arrivait toujours à me faire céder. Il m'a expliqué les erreurs que je faisais en négociant : annoncer tout de suite la date que je voulais, la prévoir trop rapprochée de toute façon, être rigide sur mes positions au début, pour tout lâcher quand il insistait.

Finalement, ce petit entraînement m'a rudement aidée. Quand mon patron m'a proposé à nouveau ses délais de fou, j'ai commencé calmement en le regardant droit dans les yeux : « Je ferai ce travail avec plaisir, monsieur, mais ce délai me paraît trop court. » Puis je l'ai laissé parler, comme mon ami m'a appris. J'ai réussi à obtenir de mon patron le délai de quinze jours que je voulais vraiment (mais j'avais commencé par lui demander trois semaines). Je crois qu'il a été surpris, et la fois suivante il a voulu à nouveau m'imposer les choses en force, mais j'ai tenu bon. Maintenant, le pli est pris, c'est lui qui me demande combien de temps je pense nécessaire pour un nouveau travail. En plus, je sens qu'il a plus de considération pour moi ! J'ai compris que savoir négocier est une des choses les plus importantes de la vie. Quel dommage qu'on ne l'apprenne pas à l'école !

Aidez-le à relativiser

Le type A a tendance à dramatiser toute situation dans laquelle il faut atteindre un objectif. Pour cela, il est prêt à se déclencher une réaction de stress maximale, sans égards pour son organisme. Essayez donc de lui faire lever le nez du guidon et réaliser que tout n'est pas si important. Paul, cardiologue, avait un patient, monsieur M., qui dirigeait une entreprise et était super-type A.

Quand monsieur M. arrivait dans le service pour son rendez-vous, je le devinais simplement au bruit de portes qui battent à la volée et de ses pas précipités dans le couloir. Il faisait irruption dans mon bureau, rouge et essoufflé, en m'expliquant qu'il mettait un point d'honneur à ne jamais arriver en retard. Je lui ai expliqué que cette situation était un bon exemple de la manière dont il se comportait dans la vie : trop de stress ! Nous en avons discuté pour arriver à la conclusion que :

1. *Mieux valait arriver en retard de cinq ou dix minutes que de se mettre dans un état pareil !*
2. *S'il devait courir à ce point, c'est qu'il avait tendance à prévoir trop court, parce qu'il surchargeait son emploi du temps avant mon rendez-vous.*

Comme tous les type A, il a tendance à « remplir » le temps. Il devait donc s'entraîner à prévoir plus large. Je lui ai donné le conseil de toujours retirer au moins 10 % des choses qu'il prévoit de faire dans une journée. « Très bien, m'a-t-il dit, mais si elles ne sont pas faites à temps ? » Je lui ai demandé de regarder son agenda et de passer en revue ce qui exigeait absolument un délai aussi court que ce qu'il avait prévu. Il a fini par convenir qu'il ne pensait pas assez en termes de priorités, que pour lui tout était important.

Paul avait travaillé dans un centre de réadaptation cardiaque, ce qui lui avait donné une bonne habitude des type A venus après l'avertissement du premier infarctus.

Faites-lui découvrir les joies de la détente, la vraie

Anne-Laure, 43 ans, mère de famille, est mariée à un homme de type A qui lui pose des problèmes même le week-end :

Mon mari travaille beaucoup pendant la semaine et, même le week-end, il arrive à se mettre sous pression. D'abord, il ne peut s'empêcher d'établir un emploi du temps : se lever à telle heure, aller faire du vélo deux heures ; puis il se fixe des activités de bricolage, avec un objectif à atteindre avant la soirée. Ce qui fait que si les enfants viennent le déranger, ou que des amis arrivent à l'improviste, il s'énerve parce que cela le retarde. En vacances, quand nous faisons du tourisme, c'est la même chose : il fixe un programme de visites à faire pour toute la famille, garde toujours son guide à la main, et se contrarie si nous ne respectons pas l'étape prévue. Les enfants ont fini par se rebeller, et après deux ou trois grandes crises où tout le monde hurlait, il s'est remis en question. À froid, il a reconnu qu'il exagérait. Depuis, dès qu'il recommence à vouloir imposer son rythme, nous lui envoyons un petit message ironique, et il se modère. Peu à peu, j'ai réussi à l'entraîner à des activités sans objectifs, comme d'aller faire un petit tour dans la campagne, ou en vacances de passer plus de temps à la plage (mais il trouve le moyen de vouloir prendre des leçons de ski nautique !).

Cet exemple met en évidence la distinction entre comportements de type A et ce qu'on pourrait appeler personnalités de type A. En effet, il existe des gens qui vont développer des comportements de type A seulement quand l'environnement les met sous pression. Mais dès qu'ils le peuvent, ils vont se détendre et changer de rythme.

En vacances ou le week-end, ils vont prendre le temps de flâner, de lire pour le plaisir, et s'ils font du sport, ce sera sans vouloir gagner à tout prix.

Mais d'autres personnes, comme le mari d'Anne-Laure, vont réussir à recréer du stress quand rien ne les y oblige. Ils vont établir des emplois du temps et planifier des objectifs même en vacances. On pourrait les qualifier de personnalités de type A.

On comprend que les type A ne se posent pas trop de problèmes tant qu'ils ont encore l'énergie de la jeunesse, mais quand leur vigueur commence à diminuer, leur style de comportement devient épuisant pour eux.

Finalement, le comportement de type A définit un mode de réaction par rapport au temps et au contrôle de l'environnement. Il peut donc être associé à d'autres personnalités difficiles : type A/ personnalité paranoïaque, type A/personnalité narcissique, type A/ personnalité anxieuse, etc.

Ne faites pas

Ne négociez pas avec lui « à chaud »

Le type A a une nature compétitive. Quand vous le contredisez, il va aussitôt vouloir « gagner » et le débat risque de s'échauffer de part et d'autre. Surtout si vous commencez la négociation alors qu'il est déjà stressé par autre chose.

Écoutons Bernard, patron d'une entreprise de nettoyage, nous parler de son associé type A.

Il est important de bien s'entendre avec son associé, mais en même temps il ne faut pas le laisser prendre trop d'ascendant sur vous. Henri et moi, nous sommes assez complémentaires. Il est très attentif à tout, veut tout contrôler du début à la fin, et se dépense sans compter dans des tâches qui m'ennuieraient. Comme il est assez autoritaire et facilement irritable, c'est surtout moi qui m'occupe de l'aspect humain des problèmes, du management de l'entreprise, ce qui m'intéresse plus. Mais j'ai du mal à le contrôler. Souvent, il ne peut s'empêcher d'intervenir à ma place ou de prendre des décisions sans me consulter. Au début, je venais le voir dès que je l'apprenais, j'essayais de lui démontrer combien il avait tort et d'obtenir immédiatement de nouvelles définitions de nos fonctions respectives. Il s'enflammait, tenait bon, et la conversation tournait vite au dialogue de sourds.

Peu à peu, j'ai compris comment mieux faire. Je profite d'un moment où nous sommes tous les deux plus détendus, après la signature d'un bon contrat par exemple, et je lui dis quelque chose comme : « Tiens, la semaine dernière, j'ai appris que tu as décidé cela sans m'en parler. Mais peut-être n'avions-nous pas bien défini qui de nous deux devait le faire. Je te propose d'en reparler lundi. » Du coup, ça lui laisse le temps de réfléchir et souvent c'est lui qui propose une règle qui me convient, comme si l'idée venait de lui. En vrai, j'arrive à peu près à lui faire faire tout ce que je veux, du moment que je le prends dans un bon moment et que je lui laisse le temps de s'approprier la décision.

Avec cette finesse à comprendre l'autre, rien d'étonnant à ce que Bernard soit un bon manager.

Ne vous laissez pas entraîner dans des compétitions inutiles

Les type A ont souvent une manie irritante, ils veulent toujours l'emporter. Lors d'un dîner, ils voudront faire la meilleure plaisanterie, avoir le dernier mot, quitte à lancer un mot d'esprit un peu blessant, car ils vivent ce dîner comme une compétition. Ne vous laissez pas entraîner dans ce jeu dont ils imposent les règles : cela vous amuse moins qu'eux ; de plus, par manque d'entraînement, vous risquez de perdre. Amusez-vous plutôt à leur faire remarquer qu'ils se croient à nouveau en situation de compétition.

Évitez aussi de vous laisser proposer des enjeux qui les motivent plus que vous : vous battre au tennis, courir plus longtemps que vous, skier plus vite que vous, vous battre aux échecs. À moins que la compétition ne vous amuse vous-même, ne vous laissez pas imposer un climat stressant !

Ne dramatisez pas les conflits avec lui

Le type A est irritable et souvent irascible. Mais s'il est indemne d'autres troubles de la personnalité, sa colère peut disparaître aussi vite qu'elle est venue. Pour lui, la colère est une émotion normale de la vie, aussi naturelle que la tristesse ou la joie. En revanche, si vous êtes d'un naturel plus calme, qu'on a du mal à faire sortir de vos gonds, la colère a pour vous une tout autre signification : quand vous vous mettez en colère, c'est un événement grave, exceptionnel, souvent le signe d'une rupture définitive. Le danger est de croire que pour le type A, la colère a le même sens que pour vous. Mais non, faites attention aux siennes, surtout si c'est votre patron, mais n'en faites pas un drame.

Écoutons à nouveau Laure nous parler de son patron :

Les colères du patron sont connues de tout l'hôpital. La première fois que j'en ai été témoin, j'ai été bouleversée. La surveillante venait de lui apprendre qu'elle n'avait pu obtenir un poste supplémentaire d'infirmière, promis pourtant depuis plus d'un an par l'administration. Il est devenu rouge pivoine et a explosé en l'accusant de n'avoir pas défendu la cause du service !

J'étais indignée : tout le monde sait que la surveillante est très dévouée et que ce n'est vraiment pas sa faute si d'autres services encore plus démunis en personnel sont prioritaires. Je le trouvais totalement injuste, et grossier, de se mettre en colère.

Mais ce qui m'a le plus surprise c'est la réaction de la surveillante ; elle le regardait, parfaitement calme, puis quand il a eu fini de parler, elle lui a demandé si elle pouvait partir. Il a eu l'air décontenancé, et elle est sortie de la pièce. Le lendemain je les ai vus se parler à la visite comme si de rien n'était. Elle le connaît depuis dix ans, et elle sait qu'il ne sert à rien de le contredire quand il est en colère. Simplement, elle attend que ça passe, et effectivement ça passe. Mais je ne sais pas si je serai capable de réagir aussi calmement.

Peut-être pas, en effet, car nul n'est tenu de supporter indéfiniment des colères injustes. Peut-être la surveillante pourrait-elle aller voir son patron un jour où il est de bonne humeur, et aborder franchement le problème de ses colères. Si ce patron est juste un type A pur, il est probable qu'il prendra conscience de son travers, et fera un effort pour éviter de se mettre en colère, ce qui n'est probablement pas agréable pour lui non plus. En revanche, s'il a également des traits narcissiques ou paranoïaques, il sera difficile de lui faire comprendre le point de vue d'autrui !

Comment gérer les type A

- Faites
  - soyez fiable et exact ;
  - affirmez-vous chaque fois qu'il tente de vous mettre sous contrôle ;
  - aidez-le à relativiser ;
  - faites-lui découvrir les joies de la détente.

- Ne faites pas
  - ne négociez pas avec lui « à chaud » ;
  - ne vous laissez pas entraîner dans des compétitions inutiles ;
  - ne dramatisez pas les conflits avec lui.

Si le type A est votre chef : gagnez son respect par votre efficacité, mais ne le laissez pas vous imposer son rythme.

Si le type A est votre conjoint : encouragez-le à avoir une bonne hygiène de vie, pour éviter qu'il ne disparaisse prématurément. Si le type A est votre collègue ou collaborateur : sachez le ralentir avant qu'il ne craque ou qu'il ne vous supplante.

Avez-vous des comportements de type A ?

	Plutôt vrai	**Plutôt faux**
1. Je n'aime pas être inactif(ve), même en vacances.		
2. Je m'énerve souvent contre les gens parce qu'ils ne vont pas assez vite.		
3. Mes proches se plaignent de ce que je travaille trop.		
4. J'ai un sens de la compétition très développé.		
5. J'ai tendance à surcharger mon emploi du temps.		
6. Je mange trop vite.		
7. Je supporte mal d'attendre.		
8. Quand je travaille à quelque chose, je pense à ce que je vais faire ensuite.		
9. J'ai plus d'énergie que la moyenne des gens.		
10. Je me sens souvent pressé(e) par le temps.		

CHAPITRE X

LES PERSONNALITÉS DÉPRESSIVES

« Je n'aimerais pas faire partie d'un club qui m'accepterait comme membre. »

Groucho MARX

Papa n'a jamais été ce qu'on appelle un rigolo, nous raconte Thelma. J'ai un souvenir d'enfance très net, je devais avoir environ 6 ans. Je faisais la sieste dans un fauteuil, et puis je me suis brusquement réveillée. Mon père était assis près de moi et me regardait. Mais il avait l'air à la fois triste et accablé, pas du tout l'air d'un père heureux. Son expression m'a tellement surprise que sans trop savoir pourquoi, je me suis mise à pleurer. Il m'a aussitôt prise dans ses bras pour me consoler. Des années plus tard, je lui en ai reparlé, et il se souvenait très bien de la scène, lui aussi. Il m'a expliqué qu'en me voyant dormir, si mignonne et sans défense, il s'était mis à penser à toutes les difficultés de la vie qui m'attendaient, à tous les malheurs contre lesquels il ne pourrait pas me défendre, et que ça l'avait rendu très triste.

C'est typique de mon père : il voyait toujours le côté sombre de tout. Il regarde sa fille dormir, il ne se réjouit pas d'avoir une charmante petite fille, non, il pense à tous les risques de sa vie future !

Je me souviens aussi que chaque fois que nous avons déménagé dans mon enfance, alors que mes frères et ma mère étaient en général tout excités de découvrir notre nouvelle maison, lui se promenait d'un air sinistre d'une pièce à l'autre, en remarquant tout ce qui n'allait pas, y compris la moindre fissure dans le plâtre. Il commençait alors à se faire du souci jusqu'à ce que tout soit parfaitement réparé.

Ce sens du détail a dû lui être utile dans sa profession : il travaillait à la direction de l'équipement. Je suis sûr qu'il voyait immédiatement ce qui n'allait pas dans un dossier de construction de pont ou de bretelle d'autoroute.

Mon père riait si rarement que tout le monde le remarquait. Cela lui arrivait pourtant quand il regardait des vieux films de Charlie Chaplin ou de Laurel et Hardy à la télévision. Je crois que devant l'écran, face à un monde de fiction, il se sentait enfin le droit de se laisser aller un peu, et il riait. La vie réelle ne le faisait jamais rire.

C'était ma mère qui organisait les loisirs du week-end, car, en dehors de son travail, mon père ne prenait aucune initiative. C'était elle qui proposait des promenades à faire, des musées à visiter, et mon père se laissait traîner.

Il travaillait beaucoup, ramenant souvent des dossiers à la maison. Il paraissait toujours fatigué, et quand il se reposait, il s'asseyait dans son fauteuil et regardait dans le vague, l'air triste.

Quand ils étaient invités chez des amis, ma mère me disait qu'il arrivait à faire bonne impression, souriait, faisait même preuve d'humour. Il impressionnait les gens par son air sérieux et sa réputation de grand travailleur. Mais ces sorties l'ennuyaient beaucoup, il les prenait comme un devoir.

Quelques années après sa mort (il a eu un cancer du pancréas), en rangeant des vieux papiers dans la maison de famille, je suis tombée sur son journal intime. J'ai hésité, et puis j'ai voulu le lire pour essayer de mieux comprendre qui était mon père. Son journal n'était pas gai non plus. Il décrivait les événements ordinaires de la vie, mais surtout tous les reproches qu'il se faisait pour n'avoir pas dit ou fait telle chose. Du genre « Aurais dû dire à Dupont de s'occuper plus du dossier Machin », ou « Ai eu une explication un peu rude avec Untel. Il s'est vexé. J'aurais dû être plus diplomate. Je ne suis pas à la hauteur de ma tâche », ou « Je ne m'occupe pas assez des enfants, je ne serai jamais un bon père ». Alors que je dirais que c'était plutôt un bon père, attentif à nous, et nous laissant aussi de la liberté, et mes frères sont du même avis. Et du point de vue professionnel j'ai su qu'il était très estimé par tous les gens qui avaient travaillé avec lui.

Que penser du père de Thelma ?

Le père de Thelma fait preuve d'un pessimisme assez constant : face à différentes situations, il perçoit toujours les risques à venir, que ce soit pour sa petite fille, une nouvelle maison, ou un nouveau dossier. Son humeur habituelle est sombre, comme le montre son expression triste et soucieuse. Il semble éprouver peu de plaisir dans la vie : il ne recherche pas les activités agréables, peut-être parce que rien ne lui paraît vraiment agréable. Cette difficulté à éprouver du plaisir est appelée par les psychiatres anhédonie et se retrouve aussi pendant les dépressions. Enfin, la lecture de son journal nous apprend qu'il éprouve fréquemment des sentiments de culpabilité et d'autodévalorisation.

Ce cher papa est aussi très travailleur, très scrupuleux, et se mène la vie dure. Il est peu sociable, la compagnie des autres le fatigue, sans doute parce qu'il doit estimer qu'il n'est pas un interlocuteur à la hauteur.

Le père de Thelma semble avoir présenté ces caractéristiques pendant toute sa vie. Il ne s'agit donc pas d'une dépression transitoire, mais bien d'une personnalité dépressive.

La personnalité dépressive

- Pessimisme : voit le côté sombre des situations, les risques possibles, surévalue l'aspect négatif, minimise l'aspect positif.
- Humeur triste : habituellement triste, morose, même en l'absence d'événements défavorables.
- Anhédonie : éprouve peu de plaisir, même dans les activités ou les situations habituellement considérées comme agréables (loisirs, événements heureux).
- Autodévalorisation : ne se sent pas « à la hauteur », sentiments d'inaptitude ou de culpabilité (même quand les autres l'apprécient).

Il s'agit là de caractéristiques habituellement retrouvées chez les personnalités dépressives, mais le tableau n'est pas forcément complet pour chaque cas. Comme de nombreuses personnalités dépressives, le père de Thelma est plutôt altruiste et scrupuleux : il travaille beaucoup avec le souci de bien faire, et se préoccupe pour les autres, son entourage professionnel et familial. Ce type de personnalité dépressive est une variante appelée par les psychiatres *Typus melancholicus*. Mais il existe d'autres types de personnalités dépressives moins actives, plus fatigables, ou moins soucieuses des autres.

Comment le père de Thelma voit-il le monde ?

Il ne voit pas la vie en rose, c'est le moins que l'on puisse dire. Il n'a pas non plus une haute opinion de lui-même (bien qu'il soit un père et un fonctionnaire estimé). Et, bien sûr, il n'a pas non plus confiance dans l'avenir, qui lui paraît menaçant pour lui et ses proches. On peut dire de lui qu'il a une triple vision négative :

- vision négative de soi : « Je ne suis pas à la hauteur » ;
- vision négative du monde : « Le monde est dur et injuste » ;
- vision négative du futur : « Les choses vont mal tourner pour moi ou mes proches ».

Cette triple vision négative, de soi, du monde, du futur, s'appelle la triade dépressive. Elle a été observée par le psychiatre américain Aaron T. Beck chez les gens souffrant de dépression aiguë. Mais on la retrouve aussi chez les personnalités dépressives, à une intensité variable.

Écoutons Sabine, assistante dans une pharmacie et personnalité dépressive.

La vie m'a toujours paru difficile. Pourtant, objectivement, j'ai plutôt ce qu'on appelle une vie heureuse : un métier, un mari qui m'aime, deux enfants qui vont bien. Mais j'ai toujours l'impression de me sentir vulnérable, d'être à peine capable de faire face. Mon travail m'ennuie un peu, avec mes études de pharmacienne j'aurais pu entrer dans l'industrie pharmaceutique. Pourtant, j'avais l'impression qu'en tant que cadre, je ne serais jamais capable de jouer le jeu de la compétition, que ce serait trop dur pour moi, qui suis trop sensible. Et quand mon mari me raconte ce qu'il vit au bureau, je me dis que j'ai eu raison. J'aurais pu aussi m'installer et avoir une pharmacie à moi, et avoir l'impression

de travailler pour moi. Mais j'ai été effrayée par l'emprunt qu'il aurait fallu rembourser pendant des années : je ne me sentais pas sûre de tenir aussi longtemps. Que se serait-il passé si, un matin, je ne m'étais plus sentie capable de continuer ?
Mes enfants vont bien, ils m'aiment, mais je trouve que moi-même je ne les aime pas assez. Quand je me sens dans un mauvais jour, avec l'impression que tout me pèse, je dirais presque que leur présence est comme un fardeau de plus, une responsabilité que je me sens à peine capable d'assumer. Pourtant, si je réfléchis, j'ai toujours fait face, j'ai toujours terminé ce que j'avais entrepris, et ça n'arrive pas à me rassurer sur moi-même. Parfois, j'ai l'impression d'avoir complètement raté ma vie, sans bien arriver à dire pourquoi. J'imagine que quelque part, je m'attendais à me sentir plus heureuse. Cependant, je ne fais aucun effort pour sortir, voir des amis, ou même me remettre au piano que j'adorais quand j'étais enfant.
Mon mari est tout l'inverse de moi, très positif, très énergique, et il lui faut bien ça pour me supporter. Parfois, quand je l'énerve avec ma manière de voir tout en noir, ou de ne faire aucun projet agréable, il me dit que je ressemble à ma mère. Et le plus terrible, c'est que c'est vrai !

Sabine décrit bien cette impression de « vie difficile » où tout est effort, qui fait souffrir beaucoup de personnalités dépressives. Et ce sentiment de vulnérabilité, d'être moins fort que les autres, qui la retient de se lancer dans des projets professionnels. Elle n'a pas non plus beaucoup d'initiative pour se trouver des activités agréables. Spontanément, les personnalités dépressives recherchent peu le plaisir, soit que l'effort initial les rebute, soit que leur pessimisme ne leur fasse rien attendre de bon, soit qu'à force de ne plus éprouver de plaisir, elles ne parviennent plus à l'anticiper. Si vous leur proposez une sortie attrayante, un spectacle, elles préféreront souvent « rester à la maison ».

Personnalité dépressive, personnalité ou maladie ?

Les psychiatres désignent certaines formes de dépression chroniques d'intensité moyenne sous le nom de dysthymie. Pour être qualifié de dysthymie par le *DSM-5* (2013), la classification de l'Association américaine de psychiatrie, il faut souffrir d'humeur dépressive toute la journée, au moins un jour sur deux, et ce depuis au moins deux ans.

Les personnes souffrant de dysthymie ont un risque plus élevé de souffrir à un moment de leur vie d'un épisode dépressif majeur.

La dysthymie toucherait, selon les études, de 3 à 5 % des gens au cours de leur vie et, comme pour la dépression, deux fois plus les femmes que les hommes. Comme la moitié des dysthymies commencent avant 25 ans et semblent ensuite durer indéfiniment, il paraît souvent difficile de les différencier d'un trouble de la personnalité.

Par ailleurs, beaucoup de personnes souffrant d'autres troubles de personnalité (en particulier dépendante, évitante) souffrent aussi de dysthymie, sans qu'il soit facile de déterminer si c'est le trouble dépressif qui a favorisé l'apparition de leur trouble de personnalité, ou si ce sont les échecs provoqués par ce trouble qui ont conduit les sujets à sombrer dans la dysthymie.

La distinction entre les différentes formes de dysthymie, et ce que d'autres classifications désignent comme personnalités dépressives, fait l'objet d'un continuel débat entre les spécialistes des troubles de l'humeur. Ce débat est régulièrement alimenté par de nouvelles études, et dépasse l'objet d'un manuel qui se veut pratique.

Une notion capitale cependant : les traitements médicamenteux et les psychothérapies efficaces dans la dépression « ordinaire » semblent également efficaces, sous des formes parfois modifiées, pour les dysthymies et les personnalités dépressives.

C'est pourquoi un de nos conseils vis-à-vis des personnalités dépressives sera de les inciter à consulter.

Et d'où ça vient tout ça, docteur ?

Sabine fait allusion à sa mère, pour constater qu'elle lui ressemble beaucoup. Que faut-il en penser ? Comme il existe des preuves indiscutables d'une part d'hérédité dans la dépression, il est probable qu'il en va de même pour les personnalités dépressives, qui sont comme des formes atténuées, mais permanentes, de dépression. On retrouve d'ailleurs souvent, dans l'entourage familial de personnalités dépressives, un nombre anormalement élevé de parents plus ou moins éloignés qui ont eu des épisodes dépressifs majeurs. Mais la part de l'éducation n'est pas à sous-estimer non plus. Dans le cas de Sabine, on peut imaginer que l'image d'une mère dépressive, fatiguée, réticente à tout projet agréable, lui a fourni un modèle qu'elle continue d'imiter inconsciemment aujourd'hui face aux situations habituelles que rencontrent une mère et une épouse.

Il est probable que tout ce qui, dans l'éducation, contribue à donner à l'enfant une mauvaise image de lui-même, peut augmenter le risque de développer une personnalité dépressive, surtout s'il est déjà prédisposé biologiquement. Certaines éducations traditionnelles, où l'on impose à l'enfant des idéaux de perfection qu'il n'est pas capable d'atteindre, peuvent lui laisser un sentiment d'insuffisance et de culpabilité qui favorisera le développement d'une personnalité dépressive.

Voici le témoignage de Thibaud, 31 ans, notaire, en thérapie.

Je crois que j'ai été élevé dans l'idée que je ne méritais pas d'être heureux. Mon père était exploitant agricole, et il se tuait à la tâche, ne prenant jamais de repos. Il n'arrêtait pas de se faire du souci, s'imaginant toujours au bord de la ruine. C'est vrai qu'il a subi de plein fouet la crise du monde agricole, et qu'il a eu des moments difficiles.

Mes frères et moi avons eu une éducation chrétienne très stricte, centrée sur l'aspect sombre du christianisme. Nous étions des pécheurs, il fallait se souvenir sans cesse que le Christ avait donné sa vie pour le rachat de nos fautes, et ne pas oublier que Dieu nous voyait sans cesse, même quand nous étions seuls. Vous imaginez l'effet que cela avait sur un enfant comme moi, c'est-à-dire assez impressionnable et pas très sûr de lui.

Heureusement, dans l'institution religieuse où j'ai fait ensuite mes études secondaires, l'ambiance était finalement plus gaie qu'à la maison. C'est là que j'ai commencé à être reçu dans les familles de certains de mes camarades, et je me suis aperçu qu'on pouvait être chrétien sans être sinistre.

Mais le pli m'est resté : je me sens très facilement coupable, je me reproche souvent d'être égoïste, de ne penser qu'à moi. (Exactement ce dont m'accusait toujours ma mère.) Pourtant, mes amis m'apprécient, et ma femme me dit qu'au contraire, j'ai un peu trop tendance à me mettre à la place de l'autre, à ne pas défendre mon point de vue.

C'est vrai que dès qu'il s'agit de s'affirmer, de demander quelque chose, je préfère m'effacer, comme si c'était « égoïste » de se défendre. Ma vie est plus heureuse aujourd'hui, mais cela ne résout pas tout : quand j'ai un mouvement de gaieté à la suite d'une bonne nouvelle, d'un événement heureux, j'ai tout de suite l'impression qu'une catastrophe va m'arriver ensuite, comme s'il fallait que tout bonheur soit « puni » par un malheur. J'ai l'impression de ne pas mériter le bonheur, et je crois que c'est une vision du monde que m'ont léguée mes parents, qui, les pauvres, croyaient bien faire.

Thibaud se rend bien compte que sa perception de la vie et du bonheur a été biaisée par une éducation trop stricte et culpabilisante. Mais cela ne l'empêche pas de garder ses « réflexes » de culpabilité.

Contrairement à ce qu'on croit souvent, la prise de conscience ne suffit pas à l'amélioration. Au contraire, certaines personnalités dépressives peuvent ressasser indéfiniment toutes les causes anciennes et éducatives de leur état actuel, sans arriver à s'en sortir. La prise de conscience est une étape souvent utile, mais rarement suffisante.

Les personnalités dépressives ont-elles raison d'être pessimistes sur l'aide qu'on pourrait leur apporter ?

Souvent, les personnalités dépressives ne vont pas rechercher de l'aide auprès d'un professionnel de santé, et ce pour plusieurs raisons.

Huit raisons pour lesquelles les personnalités dépressives ne vont pas chercher un traitement médical ou psychologique

1. Elles ne considèrent pas leur état comme une « maladie », mais pensent simplement que c'est une question de « caractère ».
2. Tant qu'elles arrivent à peu près à faire face à leurs obligations professionnelles et familiales, à faire leur « devoir », elles n'ont pas de raison impérative d'aller chercher une solution à leur problème.
3. Elles croient au pouvoir de la « volonté ». Certes, elles se sentent mal, mais pensent que si « elles se secouent », font preuve de « volonté », elles iront mieux. Cette croyance est souvent partagée par l'entourage qui prodigue des conseils de ce genre.

4. Elles pensent que la médecine ou la psychologie ne peuvent rien pour elles, que leur cas est particulier, que se confier ne sert à rien.
5. Elles pensent que les médicaments ne servent à rien, que ce sont des drogues dont on risque de devenir dépendant, ou qu'ils ne soignent pas la « vraie cause » du problème.
6. Elles sont tellement habituées à se sentir mal qu'elles n'arrivent même plus à imaginer se sentir bien, et donc ne peuvent plus le souhaiter.
7. Elles arrivent à se revaloriser en se donnant une image d'elles-mêmes « dure au mal », ce qui ne cadre pas avec le fait d'aller demander qu'un médecin s'occupe d'elles.
8. Leurs difficultés leur donnent parfois quelques compensations : attention accrue de l'entourage, moyens de pression pour culpabiliser leurs enfants qui ne passent plus les voir, etc.

La dépression non traitée a un coût humain et même économique considérable, et on peut espérer que toujours plus d'informations amèneront plus de personnes à consulter, souvent incitées par leur entourage.

La médecine comme la psychologie peuvent leur apporter non pas des solutions miracles, mais des aides souvent efficaces : les psychothérapies et les médicaments.

Les psychothérapies

En matière de psychothérapies, le choix est assez vaste, et nous y consacrerons le dernier chapitre de ce livre. En ce qui concerne la dépression, elles peuvent revêtir trois formes principales :

• *Les psychothérapies d'orientation psychanalytique* se proposent d'aider le patient dépressif à prendre conscience des « blocages », jusque-là inconscients, qui l'empêchent de se laisser aller à éprouver du plaisir. Il ne s'agit pas d'une simple explication, mais d'une prise de conscience de ces mécanismes inconscients, y compris quand ils se manifestent dans la relation entre le patient et le thérapeute (le « transfert »). La psychothérapie d'orientation psychanalytique doit être adaptée aux problèmes particuliers de la personnalité dépressive. Il vaut mieux que le thérapeute soit plutôt interactif et parle (le patient supportera mal des silences trop prolongés qu'il prendra comme des signes de rejet et de désintérêt pour ce qu'il pense être son inintéressante personne) et n'hésite pas à aborder avec le patient les problèmes immédiats de la vie quotidienne. Le thérapeute doit aussi être capable d'adresser rapidement le patient à un médecin prescripteur en cas de rechute dépressive intense qui nécessiterait un traitement antidépresseur.

• *Les thérapies cognitives*, apparues plus récemment, ont été spécialement conçues pour le traitement de la dépression. Pour simplifier, elles considèrent la dépression comme liée à des anomalies de traitement de l'information par le patient. L'objectif est d'aider le patient à remettre lui-même en question sa vision pessimiste de lui-même et du monde. Le thérapeute intervient surtout en questionnant le patient à la manière de Socrate, pour l'amener à réfléchir lui-même sur ses croyances dépressives. Ces thérapies ont l'avantage d'avoir été « testées » pour la dépression par des études rigoureuses, et on a montré qu'elles avaient un taux de succès voisin de celui des meilleurs antidépresseurs.

• Une troisième forme de thérapie, *la thérapie interpersonnelle*, issue du courant nord-américain de l'ego psychology, a montré des résultats équivalents ou même supérieurs à la thérapie cognitive dans la dépression. Nous en reparlerons plus loin.

Et les médicaments ?

Nous sommes tous les deux – auteur de ce livre – psychothérapeutes, c'est-à-dire que nous croyons que soigner par la parole peut aider un grand nombre de personnes. Mais il nous faut bien reconnaître que nous avons rencontré de nombreuses personnalités dépressives, qui avaient suivi des années de psychothérapies différentes bien conduites par des thérapeutes compétents, et qui continuaient de se heurter aux mêmes difficultés jusqu'au jour où un médecin bien inspiré leur a prescrit l'antidépresseur qui leur convenait !

Écoutons le long périple de Salomé, 42 ans, journaliste.

Depuis l'adolescence, j'ai senti que j'avais plus de problèmes psychologiques que la moyenne. Je me sentais plus fragile que mes amies, il suffisait d'une petite déception pour me faire tout voir en noir. En groupe j'avais souvent l'impression de ne pas savoir quoi dire, alors que mes amies arrivaient à converser pendant des heures en s'amusant. J'ai réussi mes études, mais avant chaque examen, j'avais l'impression que je n'y arriverais pas, que c'était trop difficile pour moi. En fait, j'avais très peu de moments heureux, sauf peut-être quand j'étais seule, tranquille chez moi, et que personne ne me demandait de faire un effort. Je me suis mariée avec le premier garçon qui s'est intéressé à moi, j'avais trop peur que ce soit le dernier. Mon mari est pour moi un mal et un bien. Un mal parce qu'il me renvoie sans cesse cette image de fragilité et d'incapacité : il me critique en me disant que je vois tout en noir, que je ne me secoue pas assez, que s'il m'écoutait on ne verrait personne. Un bien parce qu'il est stable et courageux, que je peux toujours compter sur lui, et c'est une impression rassurante pour quelqu'un qui n'a pas confiance en ses propres forces. Évidemment, comme beaucoup de mes amies à l'époque suivaient des psychothérapies, moi aussi j'ai voulu essayer, en me disant que si je comprenais la cause de mes problèmes, ça les résoudrait peut-être.

Alors j'ai commencé une psychanalyse. Je me suis retrouvée allongée sur le divan, avec derrière moi un analyste qui ne disait pas un mot. Pour quelqu'un qui a du mal à trouver quoi dire, c'était très angoissant. Finalement, au prix d'un effort terrible, j'ai réussi à parler, de ma vie, de mon enfance, de ma tristesse. Mais l'analyste ne disait toujours rien ! Je me sentais complètement méprisée ou rejetée, et je le lui ai dit. Là, il s'est réveillé en me demandant si c'était la première fois que je me sentais comme cela. Je suis repartie sur mes souvenirs, et il est retombé dans son silence. Au bout de six mois, j'ai arrêté. Je pense qu'il avait sa manière de faire, qu'elle peut convenir à d'autres personnes, mais pas à moi, c'était trop dur pour quelqu'un qui craint d'être inintéressante et rejetée.

Une de mes amies m'a conseillé quelqu'un d'autre, une femme psychanalyste elle aussi, mais qui faisait des thérapies en face à face. Ça s'est beaucoup mieux passé, elle réagissait à ce que je disais, je parlais de mon enfance, de ma relation avec mes parents, mais si le besoin s'en faisait sentir, je pouvais aussi lui demander conseil sur un problème urgent. Je crois qu'elle m'a beaucoup aidée. J'ai retrouvé un peu plus de confiance en moi. Déjà, la voir s'intéresser vraiment à moi m'a donné le sentiment que je valais quelque chose. J'ai aussi pris conscience de cette espèce d'entraînement à la culpabilité que m'avait fait subir ma mère, qui elle aussi était dépressive. La thérapie s'est arrêtée d'un commun accord au bout de quatre ans, à la fois parce que j'étais en meilleure forme, et qu'une certaine monotonie commençait à s'installer.

Après cette thérapie, je me sentais un peu mieux, mais j'avais toujours des difficultés, surtout dans mes relations avec les autres : toujours cette impression de ne pas être aussi « bien » que mes interlocuteurs, et l'impression qu'il me fallait deux fois plus d'efforts qu'eux pour mener une vie normale. Après la lecture d'un article je suis allé voir un psychiatre qui utilisait des thérapies cognitives. C'était très différent de la précédente. Nous partions systématiquement des événements de ma vie quotidienne, et il me faisait dire tout ce que j'avais pensé de triste à ce moment-là. C'est ce qu'il appelait mon « discours intérieur ». Ensuite nous examinions ensemble ces pensées dévalorisantes, et il m'aidait à les remettre en question. C'était une thérapie plus courte, prévue pour durer six mois à raison d'une séance par semaine. J'ai l'impression qu'elle m'a donné de bons réflexes. Par la suite, quand j'avais des pensées tristes du genre « Je suis moins bien que les autres » ou « Je n'y arriverai jamais », j'arrivais beaucoup plus vite à les relativiser. J'arrivais à parler avec plus de confiance.

En résumé ces deux thérapies m'avaient aidée, même si vivre au quotidien me coûtait encore beaucoup d'efforts.

Puis, l'hiver dernier, je me suis sentie vraiment déprimée. Je voyais à nouveau les choses en noir. Mon médecin de famille a fini par me convaincre d'essayer un antidépresseur. Je l'ai pris avec beaucoup de réticence car je pensais que mes problèmes étaient très profonds, et que ce n'est pas une petite pilule qui pouvait les résoudre.

Eh bien, ce fut une véritable révolution ! Au début je n'ai rien senti de spécial, mais progressivement, je me réveillais avec plus d'entrain, et au bout d'un mois, je me sentais en pleine forme ! Comprenez-moi bien, ce n'était pas un retour à mon état d'avant la dépression, je me sentais dans une forme que je n'avais jamais connue auparavant ! Je faisais les choses avec plus d'entrain, je me sentais beaucoup moins souvent fatiguée, et en société, je n'éprouvais plus aucune gêne : j'avais toujours quelque chose à dire ! Tout mon entourage a été frappé de mon amélioration.

Quand mon médecin m'a proposé d'arrêter le traitement six mois plus tard, j'ai été un peu réticente, mais j'ai suivi son avis. Au début, je n'ai pas senti de différence, mais quelques semaines plus tard j'avais retrouvé ce que j'appelle mon état gris. J'ai eu du mal à aller lui redemander de me prescrire à nouveau l'antidépresseur qui m'avait si bien réussi. Et de nouveau la forme est revenue. Pour résumer ces trois dernières années, chaque fois que j'ai arrêté l'antidépresseur je me suis retrouvée en quelques mois dans mon état habituel. J'ai consulté d'autres médecins, des psychiatres, des professeurs.

Finalement, j'ai accepté l'idée que je vais probablement continuer de prendre ce traitement pour le reste de mes jours, un peu comme quelqu'un d'hypertendu doit prendre un médicament pour sa tension. Maintenant, je me dis que c'est lorsque je prends mon antidépresseur que je suis dans mon état normal, que je peux profiter de la vie comme les autres. Évidemment, des gens disent que ce n'est pas naturel, mais après tout, les lunettes non plus ce n'est pas naturel, et on ne décide pas pour autant de laisser les myopes dans leur monde flou ! Ce n'est pas ma faute si je suis née avec une humeur réglée sur « triste ». Si un médicament peut me redonner une vision normale des choses, je ne vois pas pourquoi je m'en passerais. Si vous m'aviez tenu ce discours il y a dix ans, j'aurais été horrifiée ! Résoudre ses problèmes avec une pilule ! Mais depuis j'ai fait du chemin, et ma vie est plus heureuse.

Nous avons cité ce long témoignage parce qu'il ressemble à beaucoup d'autres : dans certains cas, un antidépresseur aide considérablement une personnalité dépressive, et il serait dommage de ne pas essayer. Il faut toutefois se souvenir que l'effet de l'antidépresseur ne se manifeste pas avant quelques semaines. Par ailleurs, il n'y a pas encore d'examen de laboratoire qui permette de prédire pour chaque personne quel antidépresseur lui convient le mieux. Il faut donc accepter que le premier antidépresseur essayé ne soit pas forcément le bon médicament, ni peut-être le deuxième, mais laisser quelques mois à son médecin pour trouver celui qui sera efficace pour vous.

Les personnalités dépressives au cinéma et dans la littérature

Salavin, le personnage de Georges Duhamel, avec sa tendance à l'auto-dévalorisation et à la culpabilité, est un bel exemple de personnalité dépressive (avec quelques traits obsessionnels), qui finira d'ailleurs par sacrifier sa vie.

Cesare Pavese, dans son *Journal*, fait preuve d'une humeur triste et d'une faible estime de lui qui évoquent une personnalité dépressive, aggravée par des échecs sentimentaux.

Certains héros de François Nourissier, avec leurs ruminations moroses sur leurs insuffisances et la dureté du monde, ressemblent souvent à des personnalités dépressives, en particulier dans *La Crève*, ou *Le Maître de maison*.

Dans le film de Bertrand Tavernier, *Tous les matins du monde*, Jean-Pierre Marielle incarne monsieur de Sainte-Colombe, un compositeur du XVIIe siècle qui vit en ermite, morose et renfermé, et refuse tout plaisir pour lui et son entourage. Certes, il a été accablé par la mort de sa femme qu'il adorait, mais un tel acharnement dans l'austérité laisse à penser que sa personnalité le prédisposait à une réaction de deuil aussi prolongée.

Melancholia de Lars von Trier (2011), montre une jeune mariée (Kirsten Dunst) incapable de ressentir du bonheur le jour de ses noces, au milieu des réjouissances. De personnalité dépressive, elle vire ensuite à une vraie dépression mais son moral semble s'améliorer à l'annonce d'une catastrophe cosmique qui va anéantir l'humanité. Le réalisateur a déclaré que l'inspiration pour ce film lui était venue d'une séance de thérapie pour son propre épisode dépressif.

Comment gérer les personnalités dépressives

Faites

Attirez par des questions son attention sur le positif

Une personnalité dépressive, devant toute situation, a toujours tendance à en voir l'aspect négatif. Pour elle, la bouteille est toujours à « moitié vide ».

Adeline, 27 ans, documentaliste dans une grande entreprise de mécanique, vient d'être promue à un poste de veille technologique. Elle en parle : « Ça va être plus stressant », « Je ne vais pas y arriver », « La veille technologique n'est pas du tout organisée dans cette entreprise ».

La tentation est bien sûr forte de dire à Adeline : « Tu vois toujours tout en noir ! Arrête de te plaindre ! » De telles réflexions ne lui feront pourtant aucun bien. Elle aura le sentiment de n'être pas comprise, ou d'être rejetée, ce qui accentuera son point de vue dépressif sur la vie. En revanche, lui rappeler sous forme de questions les aspects positifs de la situation, tout en reconnaissant son point de vue, permettra peut-être de lui redonner une vision plus équilibrée.

Exemple : « C'est sûr que ça va être plus stressant, surtout au début, mais est-ce que ça ne va pas aussi être plus intéressant ? », « Pourquoi crois-tu que tu ne vas pas y arriver ? Est-ce que tu n'as pas tendance à dire ça à chaque fois, et pourtant tu y arrives en général ? », « La veille n'est pas organisée ? Mais ça veut dire qu'on te confie une vraie responsabilité ».

L'essentiel est de ne pas affronter brusquement la personnalité dépressive, mais plutôt d'attirer son attention sur la « bouteille à moitié pleine ».

Vous pouvez aussi lui rappeler des situations passées où elle a eu une vision pessimiste de la situation ou d'elle-même, qui ne s'est finalement pas vérifiée.

Entraînez-la dans des activités agréables, à sa mesure

Les personnalités dépressives ont souvent tendance à refuser les occasions de se faire plaisir. Ce refus est souvent dû à plusieurs facteurs intriqués : fatigue, crainte de ne pas être à la hauteur de la situation, attitude culpabilisée vis-à-vis du plaisir, et surtout prévision que la situation ne sera pas plaisante pour elles.

Deux attitudes extrêmes sont à éviter face à une personnalité dépressive :

- Soit l'abandonner à elle-même, ne plus rien lui proposer. « Après tout, elle n'a qu'à faire l'effort. » Cette attitude renforcera la personnalité dépressive dans son négativisme.
- Soit vouloir lui imposer des activités ou des situations qui sont au-dessus de ses forces. Samira, 18 ans, nous parle de ses parents.

En vacances, ça se passe très mal entre mon père et ma mère. Elle est plutôt dépressive, elle n'a pas envie de faire grand-chose, elle resterait bien toute la journée sur une chaise longue, à lire ou à regarder la télé. Mon père, lui, est un grand actif, qui veut à tout prix qu'elle se secoue. Résultat : il l'oblige à aller à la plage même quand elle n'en a pas envie, il l'entraîne dans des randonnées à bicyclette, il invite des amis le soir à dîner, car il aime voir du monde. Au bout d'une semaine de ce régime, ma mère craque, pleure, et ils se font la tête pendant le reste des vacances.

Le père de Samira ferait mieux de comprendre un peu plus le point de vue de son épouse. Il pourrait la laisser tranquille un jour sur deux par exemple, et lui proposer le reste du temps des activités moins soutenues. En amenant son souhait sous la forme d'une demande empathique, et non d'un ordre. Par exemple : « Écoute, ça me ferait très plaisir qu'on aille faire une promenade ensemble. Je sais qu'au départ c'est un effort pour toi, mais je crois que ça peut être un bon moment pour tous les deux. »

Nous ne sous-estimons pas la difficulté de rester aussi calme, positif et compréhensif face à une personnalité vraiment dépressive.

Montrez-lui votre considération de manière ciblée

Les personnalités dépressives ont souvent une mauvaise opinion d'elles-mêmes, ce qui contribue à leur tristesse.

Un des meilleurs médicaments que vous pouvez leur donner est votre affection et votre considération, à condition d'être sincère.

Chaque jour, une petite remarque positive sur ce qu'elle a dit ou fait nourrira un peu son estime d'elle-même, sans qu'elle s'en rende compte. Mais pour qu'il soit efficace et convaincant, votre éloge doit être très précis et centré sur un comportement et non pas sur la personne.

Par exemple, si vous dites à votre assistante dépressive : « Vous êtes une très bonne collaboratrice », elle pensera :

- soit que vous ne vous rendez pas compte de ses insuffisances ;
- soit que vous vous en rendez compte, mais que vous la sentez si bas que vous cherchez à la consoler.

En revanche, si vous lui dites : « Je trouve que vous vous êtes très bien occupée de cette histoire de rendez-vous manqué avec Untel », elle sera plus disposée à accepter cet éloge partiel, reposant sur un fait précis.

Incitez-la à consulter

Ce conseil rejoint les informations données plus haut sur les traitements pour les personnalités dépressives. Ce trouble de la personnalité (ou cette maladie si l'on considère qu'il s'agit d'une dysthymie) est certainement l'un de ceux qui peuvent bénéficier le plus des progrès en matière de médicaments et de psychothérapies. Il serait donc dommage de ne pas chercher une aide qui pourrait être efficace.

Là aussi, il faudra souvent du temps ou de la diplomatie pour amener la personne à consulter. Si elle refuse de voir un psy, proposez-lui d'en parler à un médecin généraliste, ce qui la rebutera moins. Celui-ci arrivera peut-être à la convaincre dans un deuxième temps d'accepter d'essayer un traitement antidépresseur, ou d'aller consulter un psychiatre.

Ne faites pas

Ne lui dites pas de se secouer

« Secoue-toi un peu », « Quand on veut, on peut », « Prends sur toi » ; voilà des conseils qui ont été donnés des millions de fois aux personnalités dépressives depuis que l'humanité existe. S'ils sont répétés sans cesse, c'est qu'ils sont inefficaces. La personnalité dépressive se sentira rejetée, incomprise et dévalorisée, même si elle se soumet à votre exhortation.

Ne lui faites pas la morale

« Tu n'as pas de volonté », « Tu te laisses aller à la facilité », « C'est mal de voir tout en noir », « Regarde-moi, je fais des efforts sur moi-même ». Voilà encore de bien mauvais médicaments ! À votre avis, si on était libre de ses choix, est-ce qu'on choisirait d'être une personnalité dépressive ? Évidemment non. Une attitude moralisatrice et culpabilisante est aussi appropriée que de reprocher à un myope de voir flou ou à une personne qui s'est foulé la cheville de boiter.

Et c'est même sans doute pire, car beaucoup de personnalités dépressives se sentent déjà coupables d'être ce qu'elles sont ; il est donc inutile d'en rajouter.

Ne vous laissez pas entraîner dans son marasme

Les personnalités dépressives, sans le vouloir, nous invitent à partager leur vision du monde et leur manière de vivre. À force de les sentir si tristes, on en est soi-même attristé, ou l'on finit par se sentir vaguement coupable de ne pas partager leur peine. Mais si les brutaliser ne les aidera pas, les rejoindre dans leur tristesse et leur frilosité ne risque pas non plus de les améliorer. Sachez respecter votre besoin de liberté et de gaieté, même si la fréquentation d'une personnalité dépressive risque parfois de vous les faire oublier. Jacques, 32 ans, mari de Marianne, personnalité dépressive, nous raconte.

Au début de notre mariage, j'étais toujours à guetter les moindres mouvements d'humeur de Marianne, prêt à la consoler, à la rassurer. Comme elle se sentait mal en société, j'ai peu à peu arrêté de voir mes amis. J'aime partir le week-end, mais les départs l'angoissent, alors je suis resté les dimanches à la maison avec elle. À la fin, je me sentais tellement frustré et enfermé dans cette vie que j'ai fini par aller voir un psychiatre. C'est lui qui m'a fait prendre conscience qu'en cédant à toutes les exigences de ma femme, je ne l'aidais pas non plus. Je lui ai donc proposé à nouveau des sorties ou des week-ends. Au début, elle a continué à refuser ; alors, à sa grande surprise, j'y suis allé seul. Nous avons eu quelques grandes explications, où je lui ai exprimé que je comprenais qu'elle n'avait pas toujours l'humeur à sortir, et que je respectais ses besoins, mais que je voulais aussi qu'elle respecte les miens. Après une période d'hostilité contre moi, pendant laquelle elle me culpabilisait en me faisant la gueule (là aussi, mon psy m'a aidé à relativiser), elle a fini un jour par préparer ses affaires pour partir avec moi. Depuis, cela va nettement mieux, nous arrivons à partir en week-end presque une fois par mois, et elle m'accompagne chez mes amis. Maintenant, je vais essayer de la convaincre d'aller voir un psychiatre à son tour.

Notre conseil (« incitez-la à consulter ») peut aussi s'appliquer à vous si vous avez un proche dépressif. En effet, les conseils d'un professionnel peuvent être très précieux pour vous aider à faire face, comme dans l'exemple de Jacques. Un psy peut vous faire prendre conscience que vos comportements favorisent involontairement l'attitude dépressive de l'autre. Il vous donnera aussi des conseils pour mieux affronter des situations concrètes et quotidiennes. Enfin, il vous aidera à amener l'autre à consulter, ce qui, répétons-le, nous paraît très souvent utile pour une personnalité dépressive.

Comment gérer les personnalités dépressives

- Faites
  - attirez par des questions son attention sur le positif ;
  - entraînez-la dans des activités agréables, à sa mesure ;
  - montrez-lui votre considération de manière ciblée ;
  - incitez-la à consulter.

- Ne faites pas
  - ne lui dites pas de se secouer ;
  - ne lui faites pas la morale ;
  - ne vous laissez pas entraîner dans son marasme.

Si c'est votre patron : vérifiez régulièrement la santé de votre entreprise.

Si c'est votre conjoint : faites-lui lire ce chapitre.
Si c'est votre collègue ou collaborateur : complimentez-le chaque fois qu'il est positif.

Avez-vous des traits de personnalité dépressive ?

	Plutôt vrai	Plutôt faux
1. Je crois que j'aime moins la vie que la plupart des gens.		
2. Parfois, je préférerais n'avoir jamais existé.		
3. On me reproche souvent de voir les choses en noir.		
4. Il m'est arrivé de ne ressentir aucune joie dans des situations pourtant heureuses.		
5. Parfois j'ai l'impression d'être un fardeau pour mes proches.		
6. Je me sens facilement coupable.		
7. J'ai tendance à ruminer sur mes échecs du passé.		
8. Je me sens souvent inférieur(e) aux autres.		
9. Je suis souvent fatigué(e) et sans énergie.		
10. Je remets à plus tard des activités de loisirs, alors que j'en aurais le temps et les moyens.		

CHAPITRE XI

LES PERSONNALITÉS DÉPENDANTES

« Seul : en mauvaise compagnie. »

Ambrose BIERCE

Je suis quelqu'un d'hypersociable, raconte Vincent, 47 ans, comptable. C'est mon problème, au fond : j'ai trop besoin des autres.

Ça remonte à loin : je me souviens très bien de mes premières années d'école, où j'avais une peur panique de ne pas faire partie des groupes de jeu qui se constituaient, de ne pas être choisi dans les équipes de sport de la cour de récréation. J'étais prêt à accepter les plus mauvais rôles, les plus mauvaises places : être gardien de but ou arrière au foot quand tout le monde voulait être avant-centre pour marquer des buts, ou bien jouer l'Indien ou le traître tandis que les autres se disputaient les rôles de cow-boy sans peur et sans reproches… Grâce à ce genre de stratégie, j'étais finalement assez apprécié et recherché ; j'étais très fier quand les leaders de l'école me recrutaient dans leur camp, et j'étais prêt à en rajouter dans l'abnégation…

Au fond, j'étais un suiveur peu sûr de moi : avec le recul, je m'aperçois en effet que ce n'était jamais moi qui avais des idées ou qui prenais des initiatives. J'aurais eu tellement peur qu'elles ne soient rejetées ou critiquées, et moi avec… De mon côté, je n'aurais jamais osé contredire mes camarades ; c'est comme ça d'ailleurs qu'à un moment, j'ai été conduit à faire les pires bêtises, une année scolaire où je fréquentais un groupe de copains dont le chef était une forte tête. Nous avions saccagé une maison pendant les vacances de ses propriétaires, volé des équipements de sport au lycée, et autres petits exploits du même acabit… Entraîné dans le mouvement, j'avais l'impression que je ne pouvais plus reculer face aux autres, trop heureux de faire partie d'un groupe aussi casse-cou… Quand nous avons été pris, mes parents et mes professeurs ont pensé que j'étais devenu fou : ce n'était vraiment pas mon style de me comporter comme un petit délinquant, j'étais plutôt du genre à dire bonjour à la dame… Mais je n'ai jamais avoué que j'avais été entraîné, comme ils voulaient me le faire dire pour m'éviter le renvoi du lycée…

C'est vrai que je manque complètement de confiance en moi. J'ai toujours l'impression a priori que les autres me sont supérieurs, leurs idées meilleures, leurs choix mieux fondés… Et que mon intérêt c'est donc de les suivre et de profiter de leurs qualités et de leurs initiatives. Je n'ai jamais aucun recul sur les gens. Ce n'est que bien longtemps après que je réalise que j'ai pu me tromper à leur sujet. Et encore, ça me rend malheureux, et de toute façon je ne le leur dis jamais en face. Je ne suis pas assez sûr de mon jugement.

Je suis quelqu'un de très fidèle. J'ai besoin d'être entouré d'amis et de personnes qui me connaissent bien, et dont je sais qu'elles m'apprécient. Je suis en général bien accepté par les gens car je suis altruiste, toujours prêt à rendre service. Dans mon travail, je pense qu'on en abuse un peu : mes collègues ont compris qu'en étant sympas avec moi ils pouvaient obtenir à peu près tout ce qu'ils voulaient. Mais je dois reconnaître qu'ils m'aident également : je suis souvent indécis et je leur demande fréquemment conseil.

J'ai une peur panique de l'erreur ou de l'échec. Je crois que je n'ai jamais pris une décision importante sans avoir demandé l'avis d'à peu près tout le monde autour de moi. Et si je réfléchis bien, dans ma vie, beaucoup de grandes décisions me concernant ont été prises par d'autres que moi… C'est ma mère qui m'a inscrit au club de foot quand j'étais enfant, alors que je n'étais pas très chaud au départ ; je me suis ensuite révélé un bon joueur, collectif, discipliné, les entraîneurs m'appréciaient beaucoup. C'est mon père qui a choisi mon métier : j'ai fait les mêmes études de comptabilité que lui, sur ses conseils. Moi, je me serais plutôt vu en littéraire, mais j'avais le sentiment qu'il était mieux placé que moi pour savoir ce qui me convenait, et où il y avait du travail…

Plus jeune, je plaisais aux filles : j'ai une bonne tête, je suis sociable, sportif, discret, j'écoute beaucoup, je ne juge jamais les gens… J'ai eu un certain nombre de petites amies, tout en restant habiter assez tard chez mes parents : c'était plutôt pratique, je m'entendais bien avec eux, ils étaient de bon conseil, ma mère notamment, à qui je parlais beaucoup des filles avec lesquelles je sortais… Mais, là aussi, c'était rarement moi qui les choisissais, j'étais plutôt choisi par elles. J'avais d'ailleurs du mal à interrompre une aventure, même s'il était manifeste qu'il s'agissait d'une erreur pour tous les deux. Je me demandais toujours si je n'étais pas en train de faire une bêtise. Et puis je n'aimais pas du tout être seul entre deux flirts. J'avais besoin de passer d'une fille à l'autre, ça me rassurait. Si j'y réfléchis bien, je m'aperçois que je n'ai jamais vécu seul ! En fait, j'étais fait pour la vie de couple !

C'est en tout cas ce que m'expliquait ma future épouse, qui a très vite compris ma personnalité. Au début, elle ne m'attirait pas beaucoup, elle était un peu plus âgée que moi, pas tellement mon genre physiquement, assez autoritaire ; elle m'impressionnait un peu, car elle était plus diplômée que moi. C'est elle qui a fait tout le travail d'approche… Mais en fait, nous sommes très complémentaires, et notre couple marche plutôt bien. Elle est très sûre d'elle, exigeante, un peu cassante même, pas facile avec les gens ; moi, je suis plus souple, plus conciliant, plus sociable. Je reconnais que je me repose beaucoup sur elle pour toutes les décisions concernant la marche du foyer, la maison, les vacances, l'éducation des enfants…

Malgré ma vie de famille, j'ai gardé le contact avec beaucoup de monde. J'ai besoin d'avoir en permanence quelques amis très proches à qui je peux demander conseil ; je me confie totalement à eux. Mais je reste en relation avec un maximum de vieux copains ; ma femme me reproche

parfois ce qu'elle appelle ma « collectionnite relationnelle ». Il y a des gens qui ne peuvent rien jeter, eh bien moi, je ne peux quitter personne ! Je suis capable de continuer d'envoyer mes vœux à des gens que je n'ai pas revus depuis vingt ans, et que vraisemblablement je ne reverrai jamais. Je suis comme ça ; je m'investis beaucoup dans mes liens avec les autres ; alors, si une relation s'arrête, j'ai l'impression de perdre un peu de moi-même...
Ça va même plus loin : des fois, je suis angoissé à l'idée qu'un événement puisse se dérouler sans moi : une réunion d'amis à laquelle je ne suis pas invité, une session de travail dans mon entreprise à laquelle on ne m'a pas convié, et j'entre en transe. Comme si j'avais une peur permanente d'être oublié sur le bord de la route... Toujours cette vieille crainte enfantine de n'être pas choisi, et de me retrouver peu à peu tout seul...
Parfois, je m'en veux d'être comme ça. Je réalise à quel point ma façon d'être m'a fait rater des occasions. Par exemple, je regrette de ne pas avoir fait une fac de lettres, ou au moins de ne pas avoir poussé mes études de comptabilité un peu plus loin. Mais je ne me sentais pas très à l'aise dans mon école, je n'avais pas réussi à m'y faire de vrais amis. Et puis ma future femme voulait qu'on se marie et qu'on ait un enfant assez vite, à cause de son âge. Mais, après tout, c'est aussi bien comme ça... Est-ce qu'un diplôme de plus aurait changé ma vie ?

Que penser de Vincent ?

Au travers de son récit, Vincent insiste profondément sur son important besoin d'être accepté par les autres, d'avoir sa place dans des groupes, même si ceux-ci ne correspondent pas totalement à ses propres valeurs ou attentes.

Pour être sûr d'être intégré, Vincent est prêt à de nombreux compromis : il se soumet sans sourciller à l'avis des autres, se garde bien d'exprimer tout désaccord, accepte sans rechigner de faire ce que les autres ne veulent pas faire...

Car ce qui pousse Vincent vers les autres n'est pas seulement le désir d'établir un lien avec autrui, mais aussi et surtout la crainte de se retrouver seul. La solitude est pour lui synonyme de vulnérabilité.

Vincent craint en effet de n'être pas capable de faire seul les bons choix, de prendre seul les bonnes décisions : d'où sa tendance à chercher les réassurances avant toute décision, et au fond à éviter de prendre des initiatives chaque fois que possible. Il est persuadé que les autres personnes détiennent des compétences dont lui-même est dépourvu.

Sa vie dépend beaucoup des autres. À force de laisser le choix à ses partenaires, Vincent laisse ces derniers construire son existence à sa place, s'exposant à mener une vie qui ne lui plaît pas véritablement...

La personnalité dépendante

- Besoin d'être rassurée et soutenue par les autres :
  - est réticente à prendre des décisions sans réassurance ;
  - laisse souvent les autres prendre les décisions importantes pour elle ;
  - a du mal à initier des projets, suit plutôt le mouvement ;
  - n'aime pas se retrouver seule, ou faire des choses seule.
- Crainte de la perte de lien :
  - dit toujours oui pour ne pas déplaire ;
  - très touchée et anxieuse si on la critique ou on la désapprouve ;
  - accepte les besognes peu gratifiantes pour se rendre agréable aux autres ;
  - très perturbée par les ruptures.

Du fait de sa personnalité, dans chacune des relations qu'il développe avec des personnes ou des groupes, Vincent risque de passer assez systématiquement par trois phases :

- Une première phase d'accrochage, durant laquelle il fait des efforts pour vérifier que l'on va l'accepter.
- Une phase de dépendance, où il se repose beaucoup sur la personne ou le groupe, en obtenant d'eux qu'ils le rassurent et prennent des décisions pour lui ; il s'agit d'une sorte de phase d'équilibre, où la symbiose entre Vincent et son environnement le satisfait.
- Une phase de vulnérabilité, dans laquelle il prend conscience de son extrême dépendance à l'autre et commence à redouter ce qui se passerait si la relation s'interrompait ou se refroidissait. C'est à cette phase qu'arrivent très rapidement les personnes présentant des traits de dépendance pathologique, dont nous reparlerons un peu plus loin…

Comment Vincent voit-il le monde ?

Deux convictions profondément ancrées caractérisent la personnalité dépendante : la première, c'est qu'il n'est possible d'arriver à rien si l'on est seul ; la seconde, c'est que les autres sont plus forts que nous-mêmes et qu'ils peuvent nous aider s'ils nous sont bienveillants. Il est donc vital de rechercher en permanence leur soutien, de s'accrocher aussi solidement que possible à eux.

Le sujet dépendant va ainsi rechercher chez les personnes de son entourage en quoi elles vont pouvoir l'aider et le soutenir. L'idée qu'il se fera de lui-même et de ses capacités passera avant tout par l'image que lui renverront les autres. « Accepte tout des autres, car tu as d'eux un besoin vital, et n'entreprends rien par toi-même, car tu n'en es pas capable », nous résumait un jour un patient pour expliquer les messages qu'il pensait avoir reçus de ses parents...

Le dépendant est convaincu qu'il n'y a pas d'autre place pour lui ici-bas que celle de suiveur, de porteur d'eau, comme disent les sportifs pour désigner l'équipier qui se sacrifie pour mettre en valeur un autre plus brillant que lui ; mais ce sacrifice n'est pas gratuit, la victoire du leader permet à l'équipier de l'ombre une certaine sécurité... C'est ce que décrit Guillaume, cadre commercial de 33 ans :

J'ai toujours été abonné aux seconds rôles. Enfant, quand je m'imaginais dans la peau d'un personnage de la littérature ou du cinéma, ce n'était jamais dans celle du héros, mais dans celle de son second : Petit-Jean plutôt que Robin des Bois, le capitaine Haddock plutôt que Tintin, Robin plutôt que Batman. Vivre les mêmes aventures que le héros, mais sans assumer le poids des initiatives. Aujourd'hui, bien que j'aie clairement démonté le mécanisme, ça continue : j'ai toujours tendance à refuser les missions professionnelles où je serai trop en vue, trop exposé, en un mot trop isolé. Je ne m'épanouis que dans une équipe, ou encore mieux dans un tandem avec quelqu'un de plus expérimenté, qui me dit clairement quoi faire...

Sommes-nous tous des dépendants ?

La dépendance fait partie de la nature humaine. L'être humain naît dans un état de dépendance totale : il se reproduit à l'état larvaire – c'est ce qu'on appelle la néoténie – et sa survie, dès les premières minutes de son existence, dépend exclusivement de son entourage. Plus tard, le petit enfant est lui aussi très dépendant de son entourage, non plus seulement pour sa survie physique, mais aussi pour son développement psychologique.

La dialectique dépendance-autonomie est donc au cœur du psychisme humain. Très tôt, les hommes ont compris qu'un certain degré de dépendance était un moyen de se protéger. Dans la Bible, l'Ecclésiaste prononce ainsi ces paroles, qui pourraient être la devise des personnalités dépendantes : « Il vaut mieux être deux qu'isolé… Malheur à l'isolé qui tombe : il n'a personne pour le relever. » On sait que l'équilibre d'un individu dépend souvent de ses capacités à jouer des deux registres, d'être capable de faire preuve d'autonomie comme de dépendance, en fonction des contextes… Si l'incapacité à être autonome est un handicap, nous verrons un peu plus loin que l'impossibilité d'accepter parfois un certain degré de dépendance – que les psychiatres appellent la régression – n'est pas non plus une preuve de bonne santé psychologique…

De nombreux chercheurs ont construit à ce propos des thèses passionnantes. Une des plus remarquables est sans doute celle du psychanalyste anglais Michael Balint, qui décrit dans plusieurs de ses livres comment les besoins de tout être humain le poussent fondamentalement vers la recherche (et le fantasme toute sa vie durant) de ce qu'il appelle « amour primaire », c'est-à-dire un type de relation susceptible de satisfaire tous les besoins de l'individu… Le petit enfant percevrait au départ le monde environnant de cette façon (d'où sa fureur si le biberon arrive trop tard ou trop chaud…). Puis, l'enfant comprend très vite que le monde et les individus qui le constituent ne sont pas à son service absolu ; deux grandes façons de réagir, aussi radicales l'une que l'autre, s'offrent alors à lui.

Une première sur le mode de la nostalgie et de la quête du paradis perdu : il est possible, à condition de bien s'y prendre, d'obtenir des autres qu'ils satisfassent la plupart de nos besoins.

Il n'y a de toute façon pas d'autre solution : nous serons dans l'incapacité absolue de satisfaire nos besoins si nous restons seuls. Cette vision du monde est appelée par Balint « ocnophilie » (du grec *okneo* : « s'accrocher à », mais aussi « hésiter, redouter »...). Elle est très proche de l'attitude dépendante.

Une seconde façon de réagir consiste à décréter que le monde est décevant, que finalement les satisfactions ne peuvent en aucun cas venir de l'entourage, et que dépendre des autres représente le pire danger qui soit. Balint nomme cette attitude le « philobatisme » (néologisme à partir du terme « acro-bate » : celui qui marche sur les extrémités, loin de la terre ferme...). Elle correspond à des sujets qui valorisent à l'extrême leur autonomie, et se montrent réticents à toute forme de dépendance et même d'engagement.

Ocnophilie et philobatisme représentent deux façons extrêmes de réagir au besoin de dépendance présent chez toute personne : en s'en défendant ou en s'y adonnant, de manière excessive dans les deux cas... De bons exemples de ces deux attitudes se retrouvent dans la littérature, au travers des archétypes de comportements amoureux : Don Juan est un philobate effréné en matière de rapports homme-femme, là où Tristan, avec sa dépendance à Iseut et au roi Marc, est un remarquable portrait d'ocnophile...

Pourquoi devient-on dépendant ?

Même si la tendance à la régression est en quelque sorte inscrite dans notre patrimoine, comment expliquer que des personnes soient plus dépendantes que d'autres ? On ignore encore si certaines tendances innées, certains facteurs biologiques peuvent jouer un rôle dans les traits de dépendance. Des spécialistes sont convaincus qu'il en existe en tout cas des signes précoces : ainsi, certaines formes d'anxiété de séparation seraient prédictrices du développement à l'âge adulte d'une personnalité dépendante.

On suspecte fortement certains comportements parentaux, certaines attitudes éducatives, certains événements de vie, de pouvoir induire des traits durables de personnalité dépendante.

Les comportements parentaux

Voici le témoignage de Lætitia, 26 ans, enseignante.

Je me souviens que lorsque j'étais enfant, j'ai été un moment persuadée que mes parents véritables étaient mes grands-parents, mes parents ne m'apparaissant que comme une grande sœur et un grand frère qui cherchaient à s'occuper de moi de manière maladroite et velléitaire... Ma mère m'a eue très jeune, et son père a exigé qu'elle et mon père viennent habiter dans la grande maison familiale, puisque ni l'un ni l'autre n'avaient de métier. J'ai toujours eu l'impression que mon grand-père était un surhomme, capable de résoudre tous les problèmes et détenteur de toutes les vérités. Chaque fois que quelqu'un était d'un avis différent du sien, cela se passait très mal : d'abord, il y avait un conflit, et ensuite les faits donnaient toujours raison à mon grand-père. En tout cas, c'est ce que j'en ai retenu.
Avoir toujours vu mes parents, si peu rassurants, dépendre de lui m'a conféré la certitude qu'il fallait toujours chercher à être aimé et protégé par des personnes fortes... J'ai mis longtemps à comprendre les inconvénients d'une telle attitude. Et ce n'est que récemment que j'ai découvert que ce grand-père omniscient et omnipotent était aussi un redoutable despote, qui avait laminé toutes les personnalités de son entourage...

Les enfants, qui sont des individus très pragmatiques, ne font pas toujours ce que leur conseillent leurs parents, ils reproduisent plutôt ce que ces derniers font, estimant sans doute que la vérité d'un individu se retrouve plus dans ses actes que dans ses paroles... Les attitudes de dépendance excessive d'un ou des deux parents à toute autorité extérieure « contamineront » donc immanquablement leurs rejetons, même s'ils exhortent sans arrêt ceux-ci à s'autonomiser...

Les attitudes éducatives

Un peu de théorie : pour qu'un enfant développe son autonomie, il a besoin de passer par deux étapes. La première, c'est de pouvoir disposer d'une « base arrière » solide, avant de se lancer dans des conduites exploratoires ; l'autonomie, c'est au départ s'éloigner de ceux que l'on aime. Un enfant ne peut se montrer autonome que s'il est convaincu que ceux qu'il aime l'aiment eux-mêmes assez pour accepter et supporter son éloignement. La deuxième, c'est de voir ses efforts d'autonomie renforcés et encouragés par ceux-là mêmes dont on s'éloigne. Faute de quoi, la culpabilité sera trop grande et découragera tout effort d'autonomie.

Il est donc clair que deux types d'attitudes parentales vont pouvoir faciliter l'apparition de traits de personnalité dépendante :

- des parents insécurisants, ne rassurant pas assez leurs enfants sur l'amour ou l'estime qu'ils leur portent, ne leur manifestant pas assez d'intérêt, risquent d'induire chez leurs rejetons la conviction qu'ils doivent redoubler d'efforts pour s'accrocher à des parents dont leur survie dépend ;
- des parents surprotecteurs, à l'inverse, vont communiquer à leurs enfants l'idée qu'ils sont hautement vulnérables et que le monde est plein de dangers, auxquels il est toutefois possible de survivre, à la condition expresse et impérative d'écouter les personnes « qui savent »...

Les événements de vie

Il semble enfin, à écouter les récits de certains de nos patients, que certains événements, surtout les séparations prolongées d'avec l'un des deux parents (ou parfois les deux) puisse induire chez l'enfant la conviction qu'il ne s'est pas assez solidement accroché à eux, d'où leur départ et la tendance ultérieure à s'arrimer fermement à toute relation qui passe… Écoutons Viviane, 56 ans, commerçante.

À l'âge de 4 ans, je suis tombée malade. Je ne sais même pas ce que j'ai eu, on ne me l'a jamais expliqué. Peut-être la tuberculose… Mais c'était sans doute grave pour l'époque, assez pour que le médecin ordonne à mes parents de me faire passer six mois dans un établissement de soins pour enfants, loin de la ville. Je me souviens de mon désarroi absolu quand, revenant de jouer dans le parc où on m'avait conduite sous le prétexte de faire de la balançoire, j'ai découvert que mes parents étaient repartis sans moi. Les gens du centre ont dû m'expliquer la chose, mais je n'en ai aucun souvenir. J'étais persuadée que mes parents ne reviendraient plus. Au bout de quelques jours, j'ai cessé de parler et de manger. Puis, je me suis attachée à une des infirmières, qui m'apportait des abricots de son jardin. Je ne voulais avaler que ça. Peu à peu, elle a réussi à m'apprivoiser, et je me suis remise à me comporter comme une petite fille de 4 ans, à jouer, à parler…

Six mois plus tard, mes parents sont revenus me chercher. Je ne les reconnaissais plus, ça a été terrible, je ne voulais pas quitter l'infirmière. Mes parents étaient tellement culpabilisés qu'ils sont ensuite complètement rentrés dans mon jeu et mon angoisse : je ne faisais plus le moindre geste sans leur avoir demandé auparavant de me donner leur feu vert… Depuis, je ne tolère plus la moindre séparation, et j'ai toujours besoin du soutien et de l'approbation des autres…

Quand la dépendance s'avance masquée...

Comme pour les autres profils de personnalité, il existe des formes de dépendance assez discrètes, pouvant par exemple ne se révéler que dans certaines occasions, rappelant en général les circonstances qui ont rendu la personne dépendante. Écoutons Aurélie, 38 ans, fonctionnaire.

Je suis assez autonome dans mes relations amicales et mon travail. Mes supérieurs n'hésitent pas, par exemple, à me confier des responsabilités importantes, et cela ne me fait pas peur. Mes problèmes viennent plutôt de ma vie sentimentale. Tant que je n'ai pas trop investi quelqu'un, je suis à l'aise ; mais dès qu'une personne se met à beaucoup compter pour moi, je dois faire de violents efforts pour ne pas être toujours pendue à ses basques. Dans ma vie amoureuse, je dois toujours lutter contre l'envie d'une relation fusionnelle. Il n'y a pas de mystère : j'ai vu mon père quitter ma mère, qui n'était pas assez tendre avec lui. C'est elle qui a eu la garde des enfants, mais elle ne s'occupait pas de nous de manière très chaleureuse ; je recherchais toujours l'affection de mes instituteurs, de mes camarades de classe et de tous les adultes que je côtoyais, pour me convaincre que j'étais une petite fille intéressante, malgré le peu d'intérêt que me manifestait ma mère...

Dans d'autres cas, c'est le refus exacerbé de la dépendance, de toute forme de régression, même temporaire, qui va révéler qu'au fond, le sujet se sent vulnérable et doute de lui. Voici le témoignage de Mehdi, 50 ans, dirigeant de PME.

Je sais que je ne suis pas en règle avec mon désir effréné d'être autonome : à deux reprises dans ma vie, j'ai eu de sérieux problèmes, en étant au chômage pendant un an, et en tombant assez gravement malade. Dans les deux cas, j'ai eu besoin de m'appuyer sur les autres, mes amis et ma famille. Eh bien, je peux vous assurer que loin de me réconforter, cela m'a paniqué de recevoir de l'aide... J'ai eu l'impression d'être un parasite, j'avais le sentiment que si la situation se prolongeait, je n'arriverais jamais plus à m'en sortir. Mon entourage ne comprenait pas pourquoi j'étais si désagréable... Ce n'est qu'après coup que j'ai pu réfléchir à tout ça, et leur expliquer... Mais je sais maintenant que je dois cesser de cultiver l'indépendance comme la valeur unique signant la force d'un individu...

Enfin, les personnalités dépendantes se présentent parfois comme des personnes aimables et complaisantes, ne contrariant pas, toujours disponibles pour rendre service, même si cela doit les déranger... Brossant le portrait de celui qu'il appelle le « complaisant », l'auteur grec Théophraste décrit cette attitude : « Celui qui a cette passion, d'aussi loin qu'il aperçoit un homme dans la place, le salue en s'écriant : “Voilà ce qu'on appelle un homme de bien”, l'aborde, l'admire sur la moindre des choses, le retient avec ses deux mains de peur qu'il ne lui échappe ; et, après avoir fait quelques pas avec lui, il lui demande avec empressement quel jour on pourra le voir, et enfin ne s'en sépare qu'en lui donnant mille éloges... » Mais, peu à peu, l'interlocuteur découvre le besoin affectif intarissable de ces sujets, leur caractère envahissant et parfois exigeant... Et cherche alors à s'en éloigner...

Quand la dépendance devient une maladie

Si les tendances à la dépendance sont normalement présentes chez chacun de nous, elles représentent parfois des manières d'être tout à fait pathologiques et entraînent des conséquences particulièrement défavorables pour l'individu.

Lorsque le besoin de dépendance est exacerbé, il entraîne chez le sujet des exigences importantes envers son entourage. Une forte pression, très culpabilisante, peut être développée à l'égard des autres, sur le mode : « Tu ne peux pas m'abandonner, sinon j'irai très mal et tu en seras responsable. » Les études conduites chez les personnes consultant dans les services de psychiatrie ont montré que 5 à 25 % d'entre elles présentaient des traits de personnalité dépendante, alors qu'on évalue que, dans la population générale, ce taux n'est que de 2,5 % environ, avec une majorité de femmes. Chez les patients déprimés et agoraphobes, les traits de personnalité dépendante s'avèrent très fréquents et posent d'ailleurs de nombreux problèmes aux thérapeutes. Les traits de personnalité dépendante sont également retrouvés dans de nombreux autres troubles de la personnalité, comme les personnalités histrioniques et évitantes, dont nous parlerons plus loin.

Les thérapeutes conjugaux observent aussi que les personnalités dépendantes font souvent des choix de partenaires pathologiques, volontiers dominateurs et possessifs. Beaucoup de femmes battues ou d'hommes alcooliques s'avèrent être des personnalités dépendantes.

Enfin, il faut signaler que le sujet dépendant, à force de se convaincre de son incapacité à agir seul, finit au bout d'un certain temps par en devenir réellement incapable… Ses stratégies pour éviter toute prise de risque, toute initiative, ou tout conflit relationnel font de lui une personne authentiquement vulnérable… Écoutons Luce, 66 ans, retraitée.

Quand mon mari est mort, j'ai vécu un véritable cauchemar : j'ai réalisé que j'étais une infirme sociale absolue. Je n'étais jamais allée seule à la banque ou chez un notaire. Je ne savais pas me servir d'un chéquier, lire une carte routière, remplir une déclaration d'impôts… Toutes ces démarches, c'est mon mari qui les faisait, et cela m'arrangeait tellement. Il m'a fallu tout réapprendre seule. À ce moment, j'ai été très tentée de me raccrocher de nouveau à une aide extérieure, à mes amis et ma famille, d'appeler la terre entière à mon secours. Mais le psy qui me suivait, à cause de la dépression très grave que j'avais faite à l'époque, me l'a très fermement déconseillé, et m'a aidée à me prendre en charge moi-même. Il m'a fallu plusieurs années, mais je crois que maintenant, c'est acquis…

Quelques personnalités dépendantes au cinéma et dans la littérature

Don Quichotte et Sancho Pança, Don Juan et Leporello, Sherlock Holmes et le docteur Watson… Dans le sillage de tout héros gravite une personnalité dépendante, personnage discret, dévoué, n'ayant pas d'opinion ou de vie autonome en dehors des aventures qu'il vit aux côtés de son héros. La bande dessinée a également produit nombre de ces tandems célèbres : Obélix et le capitaine Haddock présentent, par exemple, de nombreux traits de personnalité dépendante.

La dépendance amoureuse représente une autre forme d'inspiration pour les écrivains. Dans *Belle du seigneur*, Albert Cohen campe dans le personnage d'Ariane le portrait d'une dépendance extrême à l'être aimé. *Le Printemps romain de Mrs Stone*, de Tennessee Williams, décrit comment une femme de 50 ans perd identité et dignité au travers de l'amour qu'elle éprouve pour un homme beaucoup plus jeune qu'elle.

Le personnage de *La Dentellière*, de Pascal Lainé, est un portrait pathétique d'une jeune femme dépendante, incapable d'exister par elle-même, qui séduit puis lasse un jeune intellectuel prétentieux.

Le cinéma fait lui aussi une grande consommation de personnages dépendants. Dans *L'Emmerdeur*, d'Édouard Molinaro (1974), Jacques Brel interprète un représentant de commerce qui s'accroche drolatiquement à Lino Ventura, qui l'a sauvé d'une tentative de suicide. Le film de Stanley Kubrick, *Barry Lyndon* (1975), montre Marisa Berenson dans le rôle de Lady Lyndon, belle aristocrate vivant toujours dans l'ombre de figures masculines, ne manifestant jamais la moindre velléité d'autonomie, autrement que par des regards énigmatiques et douloureux… Mais le personnage le plus achevé reste sans doute celui de *Zelig* (1984), mis en scène et joué par Woody Allen, qui décrit les difficultés d'un être incapable de savoir qui il est vraiment, tant il fait preuve d'un mimétisme total avec ses interlocuteurs successifs, adoptant leurs opinions, leur style de vie, et même leurs caractéristiques physiques et vestimentaires.

Dans la série *Mad Men* (2007-2015) de Matthew Weiner, l'épouse du publicitaire Don Draper (Jon Hamm), Betty (January Jones) est d'abord une sage femme au foyer à qui son éducation a appris l'importance pour une épouse d'être « *sweet and perfect* ». Elle est dépendante financièrement et affectivement de son mari dominateur et multi-infidèle. Réussira-t-elle à s'en émanciper ? (Pas de spoiler !)

Comment gérer les personnalités dépendantes ?

Faites

Renforcez ses initiatives plutôt que ses réussites, aidez-la à banaliser les échecs

La peur de l'échec et de ses conséquences est au cœur des difficultés à agir de nombreuses personnalités dépendantes. Entouré de personnes qu'il imagine plus compétentes que lui, le dépendant redoute les critiques sur ses initiatives. Ne renforcez donc pas cette façon de voir les choses et soyez toujours attentif, lorsque vous serez amené à le critiquer, à valoriser ses initiatives, même si les résultats ne sont pas au rendez-vous... Écoutons Félix, 21 ans, étudiant.

Une des premières personnes qui m'a aidé à prendre confiance en moi a été un de mes professeurs de gymnastique au lycée. Je voulais faire du tennis, et mes parents m'avaient inscrit à un de ses cours particuliers. Alors que j'avais une peur panique d'être ridicule et de le décevoir, il m'a pris à part dès le début de l'année et m'a dit : « Je me fiche complètement de tes résultats et je ne te demande pas d'être bon. Ce que je veux, c'est que tu oses et que tu te lances, c'est comme ça que tu apprendras, et c'est normal qu'au début tu n'y arrives pas. » Je ne sais pas pourquoi, mais ça a représenté comme un déclic pour moi, on ne m'avait jamais parlé comme ça. Il me félicitait si j'avais essayé de monter au filet, ou si j'avais essayé d'appuyer mon service, même si toutes mes balles partaient dehors pendant une heure... Il savait toujours à la fin souligner ce sur quoi j'avais fait des efforts...

Si elle vous demande conseil, demandez-lui d'abord son point de vue personnel avant de lui répondre

Le sujet dépendant va avoir insidieusement tendance à vous faire prendre les décisions à sa place. Vous serez souvent tenté de rentrer dans son jeu : pour l'aider, pour gagner du temps, parce que vous penserez qu'effectivement vous êtes mieux placé pour prendre la décision, parce qu'il est flatteur d'être placé en position d'expert ou de sage... Mais souvenez-vous du proverbe chinois : « Si tu veux aider un homme, ne lui donne pas un poisson, mais apprends-lui plutôt à pêcher. » Voici ce que dit Mélanie, 26 ans, secrétaire.

Je me souviens d'une fille qui était passée en stage au bureau. Elle était incapable de prendre la moindre initiative toute seule et venait sans arrêt me demander conseil. En général, les nouveaux font tous comme ça au début, puis peu à peu ils se débrouillent seuls. Mais chez elle, ça ne passait pas... Au bout d'un moment, j'ai compris son problème, et j'ai arrêté de lui répondre sans réfléchir. Je lui disais à chaque fois : « Je vais te donner mon avis, mais dis-moi d'abord ce que toi tu ferais, ou ce que toi tu penses. » Au début, elle était un peu déconcertée, elle croyait que je la narguais, ou que je cherchais à la coincer en vérifiant ses connaissances, puis elle est rentrée dans le jeu. À la fin, elle avait de moins en moins besoin que nous la rassurions, et ne faisait que nous demander notre avis de temps en temps, au lieu de chercher à nous faire faire son boulot.

Parlez-lui de vos faiblesses et de vos doutes, n'hésitez pas à lui demander vous-même des conseils et de l'aide

Ce type d'attitude de votre part va présenter deux avantages. Le premier, c'est que vous allez valoriser peu à peu le sujet dépendant, en inversant les rôles et en l'aidant à sortir de son personnage d'éternel demandeur et de conseillé permanent.

Le second, c'est que vous allez l'aider à cesser de voir les autres comme des personnes qui lui sont supérieures en tout. Un des meilleurs moyens de faire changer les gens n'est pas tant de leur expliquer ce qu'ils doivent faire ou penser, mais de leur montrer l'exemple. En montrant à la personne dépendante que vous avez parfois des doutes sur vous-même, ou que ses conseils vous intéressent, vous lui prouverez plus radicalement que par de longs discours, que l'on peut être à la fois sûr de soi et autonome (comme vous l'êtes bien sûr vous-même) tout en ayant besoin de l'aide des autres. Écoutons Joël, 40 ans, courtier en assurances.

Quand j'ai effectué mes premiers pas professionnels, j'ai eu la chance de rencontrer un supérieur extraordinaire : il était toujours prêt à me donner des conseils et à me faire profiter de son expérience, mais aussi, il n'hésitait pas à me faire part de ses hésitations et à me demander régulièrement mon avis quand il hésitait. Au début, j'étais terrifié à l'idée de lui dire des choses inintéressantes ou surtout erronées : quelle horreur s'il avait pris une mauvaise décision par ma faute ! Mais il avait aussi une capacité tout à fait exceptionnelle à accepter les échecs et à les dédramatiser. Découvrir combien quelqu'un que j'admirais autant était capable de douter et d'avoir aussi besoin de l'avis des autres m'a fait beaucoup de bien…

Poussez-la à multiplier ses activités

Vous pouvez aider le dépendant à multiplier les occasions de rencontres et d'échanges, quitte au début à l'accompagner dans ces activités. Même s'il y développe d'autres relations d'accrochage, au moins la multiplication des sources de dépendance est-elle un premier pas vers l'autonomie... Voici le témoignage de Virginie, 32 ans, graphiste.

Quand ma sœur est arrivée à Paris, elle a eu beaucoup de mal à s'intégrer. Elle avait toujours été très dépendante de mes parents et elle a eu tendance à beaucoup s'accrocher à moi, je l'avais toujours dans les jambes. J'avais beau lui dire de s'inscrire à des clubs de sport, à une chorale, d'inviter des collègues de bureau, rien n'y faisait... Alors, j'ai pris le taureau par les cornes, et pendant deux mois, je lui ai un peu mâché le travail : nous avons choisi ensemble de nous inscrire à un club de marche, elle a organisé des dîners chez elle où elle invitait quelques collègues et certains de mes amis que je lui avais présentés... Au bout d'un moment, j'ai pu me retirer du circuit, elle se débrouillait sans moi. Ou plutôt, elle se débrouillait avec d'autres que moi.

Faites-lui comprendre que vous pouvez faire des choses sans elle, sans qu'elle prenne cela pour un rejet

Si vous avez des rapports réguliers, amicaux ou professionnels, la personne dépendante se sentira souvent meurtrie (sans jamais oser vous le dire directement) par le fait que vous ayez une vie en dehors d'elle, comme organiser une soirée entre amis sans l'inviter, mettre sur pied un projet professionnel sans l'y inclure. Ne cherchez pas à lui cacher de telles initiatives, ou ne cédez pas à la culpabilité en l'y intégrant secondairement... Tenez-la au courant sincèrement, expliquez-lui pourquoi vous ne l'avez pas invitée et, au moins les premières fois où vous lui ferez « subir » ce traitement, donnez-lui rapidement une preuve de votre estime intacte en l'invitant à une autre soirée ou une autre réunion de travail. Écoutons Jean, 29 ans, informaticien.

Dans mon entreprise, j'ai un collègue très gentil mais très possessif. J'ai mis longtemps à comprendre comment il fonctionnait, car il ne dit pas les choses en face : simplement, il boude un peu, il se montre triste... Il ne supporte pas que des choses aient lieu sans lui ; à un moment, nous avions créé un groupe de réflexion sur le multimédia et ses retombées sur notre profession. Pour moi, c'était plutôt un pensum que de prendre deux soirées par mois pour travailler en groupe là-dessus. Comme je savais qu'il avait des enfants et une vie de famille, je ne l'avais pas invité : il l'a très mal pris. Je crois qu'il a dû penser que nous le jugions incompétent ou inintéressant. Une autre fois, une collègue avait organisé une fête chez elle, et comme elle a un très petit appartement, elle ne l'avait pas invité, car ils n'étaient pas intimes. Quand le lendemain il l'a appris, il n'a rien dit, mais il a fait pendant quinze jours une espèce de réaction dépressive, jusqu'à ce que j'aille lui en parler pour comprendre : il se sentait exclu du service. Nous savons maintenant qu'il faut lui expliquer ce genre de situations pour qu'il se sente moins rejeté...

Ne faites pas

Ne prenez pas les décisions à sa place,
même si elle vous en fait la demande expresse ;
ne volez pas à son secours
à chaque fois qu'elle est en difficulté

La tentation est grande pour les personnes naïves ou bien intentionnées d'aider les sujets dépendants : leur détresse face à de nombreuses décisions quotidiennes est réelle, et il ne s'agit pas (ou rarement) de roublardise ou de paresse. Mais chaque aide ou conseil direct renforce la tendance ultérieure à redemander de l'aide, et – plus grave encore – augmente le sentiment d'incapacité et d'autodévalorisation de l'individu dépendant. Maintenant, voici Maxime, 46 ans, ingénieur.

Ma première femme était quelqu'un de très dépendant et immature. Je crois que ce qui lui avait plu chez moi, c'est que j'ai toujours l'air sûr de moi, même quand je ne le suis pas : c'est ma façon de me rassurer moi-même ! Mais je suis complètement tombé dans son piège : elle se reposait totalement sur moi, ce qui me plaisait et me valorisait beaucoup dans les premiers temps de notre couple. Au bout d'un moment, la situation s'est gâtée : je suis d'un naturel jaloux et je ne supportais pas qu'elle s'éloigne de moi. Et comme elle était assez jolie, elle était souvent courtisée. Nous avons eu des disputes assez violentes, au cours desquelles elle me reprochait de l'étouffer, de ne rien faire pour la mettre en confiance ou lui permettre de progresser ! Au fond, je crois qu'elle cherchait à séduire d'autres hommes pour se rassurer sur elle-même. Mais je ne pouvais pas tolérer ça. Nous avons fini par nous séparer…

Ne critiquez pas frontalement ses initiatives, même ratées

Encourager une personne dépendante à ne plus l'être réclame beaucoup de patience : une fois que vous l'aurez convaincue de prendre des décisions et des initiatives, vous aurez à assurer les suites, car le sujet dépendant ne manquera pas de se retourner ensuite vers vous, pour obtenir votre opinion sur les résultats, ou pour vous faire constater le désastre… Car il vous faudra être réaliste : le dépendant, même s'il est moins incompétent qu'il ne le croit, l'est peut-être plus que vous ne le pensez ! Gardez-vous donc de lui appliquer votre système de jugement, en lui exprimant qu'il y a certaines initiatives qu'il vaut mieux éviter de prendre ;

chacune de ses tentatives doit être renforcée, même si vous êtes en droit de critiquer la manière dont il l'a conduite, et d'être sincère sur ses résultats. Écoutons Martin, 52 ans, médecin.

Je crois que j'ai fait de graves erreurs avec mes enfants, notamment ma fille aînée. J'ai été un père trop sévère, et ma femme une mère trop protectrice. Je cherchais à la rendre plus performante et plus autonome, mais je croyais à l'époque qu'il fallait être d'autant plus sévère et exigeant que l'enfant était peu motivé. J'ai toujours pensé que ma fille était une je-m'en-foutiste, douée mais paresseuse. C'était sans doute un peu vrai, mais à vouloir mettre la barre trop haut pour elle, je crois que je n'ai fait que la faire douter davantage de ses capacités. Elle a fini par me le reprocher des années plus tard ; elle m'a dit que c'est à cause de moi qu'elle est si dépendante de l'avis des autres, qu'elle n'ose prendre aucune décision de peur de se l'entendre reprocher, comme je lui reprochais ses initiatives malheureuses. C'est vrai que je pestais si elle ne faisait rien, mais que je n'étais pas non plus satisfait si elle ne faisait pas les choses correctement, ou du moins selon mes critères…

Ne l'abandonnez pas complètement à son sort « pour lui apprendre à se débrouiller seule »

Par lassitude ou par calcul, vous serez parfois tenté de pousser le dépendant à l'action, comme on pousse une personne à l'eau. Pour la forcer à réagir… Cette stratégie réussit rarement avec les personnes dépendantes, qui en ressortent le plus souvent angoissées, avec la conviction accrue de leur incapacité à se débrouiller seules. Si on veut les aider à devenir autonomes, mieux vaut être plus progressif. Ce qui est la voie la plus difficile, car elle nécessite une grande vigilance : le dépendant, même s'il approuve toujours en apparence le principe d'apprendre à se débrouiller seul, va en fait chercher en permanence des raisons lui permettant de redemander de l'aide ou de ne pas se tenir à ses objectifs. Écoutons Jean-Philippe, 65 ans, professeur retraité.

Notre fils était très dépendant de nous, sa mère l'ayant toujours surprotégé. Au moment de ses 18 ans et de son entrée en faculté, j'ai décidé de le pousser hors du nid et de devenir plus exigeant avec lui : je lui ai donné une petite somme d'argent mensuelle et je lui ai dit que désormais il devrait se débrouiller sans nous. Je l'ai poussé à s'inscrire à une faculté située à l'autre bout de la France, où était dispensé l'enseignement qu'il voulait suivre. L'expérience a vite tourné à la catastrophe ; il nous téléphonait tous les soirs pendant des heures, et j'ai appris plus tard qu'il appelait aussi sa mère dans la journée ; il ne s'était fait aucun ami, se nourrissait en dépit du bon sens. Quand ma femme est allée lui rendre visite après quelques semaines, elle a failli tomber à la renverse devant l'état de saleté et de désordre de sa chambre d'étudiant. Pas étonnant ! Chez nous, elle passait son temps derrière lui à ranger, nettoyer et devancer le moindre de ses désirs ; il était incapable de s'acheter un œuf et de le faire cuire… Nous avons dû céder à ses demandes de revenir faire d'autres études près de chez nous, car en plus il était très malheureux d'être aussi éloigné…

Ne lui laissez pas payer le prix de sa dépendance (offrir des cadeaux et faire les « sales boulots »)

Pour s'assurer de vos bonnes grâces, le dépendant va chercher à acheter celles-ci : en se montrant extrêmement serviable, en n'hésitant pas à vous faire des cadeaux, en acceptant de se charger de tout ce qui peut être pénible ou fastidieux. Ce faisant, il vous entraîne dans un engrenage subtil, où votre culpabilité va vous pousser à lui retourner l'ascenseur sous la forme qu'il attend : en vous montrant protecteur et en l'acceptant dans votre sillage. L'admiration et le dévouement des personnalités dépendantes de votre entourage ont leur prix… Voici le témoignage d'Octave, 28 ans, chercheur en biologie.

La première fois que mes parents m'ont envoyé en colonie de vacances, j'étais très inquiet de l'accueil que les autres enfants et les moniteurs allaient me faire. Alors, je me souviens que j'avais tendance à me porter volontaire pour toutes les corvées : débarrasser la table, faire la vaisselle, aller vider les poubelles… Avec l'argent que m'avaient donné mes parents, quand nous allions au village, j'achetais des sucreries et des bandes dessinées pour toute la chambrée. Au bout d'un moment, cela a marché : j'étais le chouchou de certains moniteurs et j'étais admis dans les jeux de mes camarades. J'avais l'impression à l'époque que c'était le seul moyen pour moi de me faire une place au soleil…

Ne l'acceptez pas en permanence « dans vos jambes »

La vulnérabilité parfois touchante des personnalités dépendantes, leur réelle sollicitude, et leur talent à s'immiscer peu à peu dans les vies d'autrui les transforment parfois en parasites sympathiques de nos existences. Si nous ne posons pas des limites claires à leurs demandes d'aide et à leur aversion de la solitude, nous nous retrouverons parfois envahis sans en avoir clairement pris conscience. Et, là encore, la banalisation de la dépendance présente un double inconvénient : dérangeante à certains moments pour celui qui joue le rôle de l'objet d'ancrage, elle est aussi profondément dévalorisante pour le dépendant, qui se voit une fois de plus confirmer son peu d'importance, puisqu'on l'accepte aussi facilement sans guère prêter attention à lui. Enfin, écoutons Olivier, 32 ans, conseil en recrutement.

Je me souviens d'un camarade de faculté qui était toujours accroché à mes basques. À la fin, je prenais avec lui des libertés que je n'aurais jamais osé adopter avec d'autres : quand il me téléphonait, cela prenait souvent des heures, alors je faisais d'autres choses en même temps, comme lire, ranger, écrire… Parfois il s'incrustait chez moi, et je vaquais à mes occupations habituelles, en continuant plus ou moins de lui parler. À la fin, il était comme une sorte de plante verte ou d'animal domestique, il s'installait dans un coin avec un bouquin, et je l'oubliais…

Comment gérer les personnalités dépendantes

- Faites
  - renforcez ses initiatives plutôt que ses réussites, aidez-la à banaliser les échecs ;
  - si elle vous demande conseil, demandez-lui d'abord son point de vue personnel avant de lui répondre ;
  - parlez-lui de vos faiblesses et de vos doutes, n'hésitez pas à lui demander vous-même des conseils et de l'aide ;
  - poussez-la à multiplier ses activités ;
  - faites-lui comprendre que vous pouvez faire des choses sans elle, sans que cela soit un rejet.

- Ne faites pas
  - ne prenez pas les décisions à sa place, même si elle vous en fait la demande expresse ; ne volez pas à son secours à chaque fois qu'elle est en difficulté ;
  - ne critiquez pas frontalement ses initiatives, même ratées ;
  - ne l'abandonnez pas complètement à son sort « pour lui apprendre à se débrouiller seule » ;
  - ne lui laissez pas payer le prix de sa dépendance (offrir des cadeaux et faire les « sales boulots ») ;
  - ne l'acceptez pas en permanence « dans vos jambes ».

Si c'est votre patron : soyez son indispensable bras droit et demandez une augmentation.

Si c'est votre conjoint : même si cela vous flatte, n'oubliez pas que vous vous lasserez un jour ou l'autre de prendre toutes les décisions importantes.
Si c'est votre collègue ou collaborateur : renvoyez-le gentiment à ses responsabilités.

Avez-vous des traits de personnalité dépendante ?

	Plutôt vrai	**Plutôt faux**
1. Je demande l'avis des autres avant de prendre des décisions importantes.		
2. J'ai du mal à terminer une conversation ou à prendre congé de quelqu'un.		
3. J'ai souvent des doutes sur ma valeur.		
4. Dans les groupes, je propose rarement des activités, des sujets de conversation ou des idées nouvelles. J'ai plutôt tendance à suivre le mouvement.		
5. J'ai besoin d'avoir des personnes très proches sur lesquelles compter.		
6. Je suis capable de me sacrifier pour les autres.		
7. Par crainte d'un conflit avec mes interlocuteurs, je cache souvent mon opinion.		
8. Je n'aime pas perdre les gens de vue ou me séparer d'eux.		
9. Je suis très sensible aux désaccords et aux critiques.		
10. On me dit souvent que je mérite mieux que ce que j'ai.		

(À remplir tout seul, ne demandez pas leur avis aux personnes de confiance de votre entourage !)

CHAPITRE XII

LES PERSONNALITÉS PASSIVES-AGRESSIVES

Laura, 28 ans, nous parle d'une collègue, Julie, qui travaille dans le même bureau qu'elle dans une agence bancaire.

À première vue, Julie est une employée comme les autres. Elle a l'air de faire son travail, de s'entendre avec ses collègues, elle ne « fait pas de vagues ». C'est ce que je pensais en arrivant dans ce bureau. Mais après quelques semaines, j'ai compris que sous cette apparence tranquille se cachait un véritable combat entre Julie et notre chef, André. En particulier, j'ai remarqué qu'à chaque réunion, alors qu'André laisse tout le monde s'exprimer, Julie ne dit presque rien, et surtout elle prend un air buté, hostile, comme si elle s'ennuyait. Toutefois, si André s'adresse directement à elle, elle lui répond en prenant un air aimable, mais on sent bien que c'est factice, et lui s'en rend compte aussi.

Dès que nous nous retrouvons après la réunion, Julie commence à discuter les décisions d'André, ou les nouvelles consignes délivrées par la direction de la banque. Comme elle est intelligente, elle a un vrai talent pour trouver le point faible. Après, elle s'arrange pour respecter les nouvelles procédures, mais de manière tellement rigide et appliquée que cela ralentit considérablement son travail. Elle le sait très bien, mais a sans doute trouvé ce moyen pour « saboter » la procédure sans qu'on puisse rien lui reprocher. Elle essaie de nous persuader que nous nous faisons toujours avoir, qu'André est moins compétent que nous, que la banque nous traite comme des moins-que-rien.

Évidemment, en la pratiquant régulièrement, on s'habitue à entendre le même son de cloche de sa part et on relativise. Mais il y a quelques mois, elle a réussi à influencer une nouvelle jeune embauchée, Jennifer, et à la convaincre de son point de vue. Complètement « remontée », Jennifer s'est mise à discuter les décisions d'André en réunion, ou à refuser du travail supplémentaire. André a très vite compris ce qui s'était passé : il a convoqué Julie pour lui passer un savon. Julie est sortie en claquant la porte. Le lendemain, elle n'est pas venue, et nous avons appris qu'elle avait pris quinze jours de congé maladie.

En l'absence de Julie, Jennifer s'est calmée et a fini par entendre notre point de vue : André a ses défauts, mais c'est plutôt un brave type, assez juste, et soucieux que tout se passe bien. Quand Julie est revenue, je suis allée la voir pour lui expliquer que, puisque nous étions toutes dans le même bateau, il fallait s'efforcer de garder une bonne ambiance. Mais elle a nié être responsable du moindre conflit. André et les conditions de travail étaient les seuls responsables de la mauvaise atmosphère.

Elle a recommencé à faire la gueule en réunion, à rendre son travail en retard. André vient de demander sa mutation. Mais elle la refuse et est allée voir les syndicats. L'atmosphère au bureau devient irrespirable. Le plus curieux c'est qu'en dehors du travail, Julie est plutôt sympathique. Au début, nous allions parfois le week-end au cinéma ensemble ou faire du shopping, et elle était gentille et de bonne humeur. Mais dès qu'elle arrive au bureau, elle se transforme en fée Carabosse. Au fond, je crois qu'une partie de son problème vient qu'elle est trop qualifiée pour le type de travail qu'on lui donne. Elle a une maîtrise d'histoire, ce qui est beaucoup plus d'études que nous toutes, mais avec l'état du marché du travail, elle doit se contenter de ce poste administratif. Au lieu de l'accepter ou d'essayer de trouver autre chose, elle en veut à la hiérarchie.

Que penser de Julie ?

Au travail, Julie semble n'être là que pour s'opposer. Elle discute les décisions, fait traîner son travail, essaie de rallier les autres à son opposition. On a l'impression qu'elle perçoit comme offensant tout ce que la hiérarchie lui demande de faire. D'après le récit de sa camarade Laura, André est plutôt ce qu'on appelle un bon chef qui essaie d'apaiser les tensions. Si Julie lui en veut, ce n'est donc probablement pas en tant qu'individu, mais parce qu'il représente une figure d'autorité. Par ailleurs, Julie remet en question la légitimité de toute la hiérarchie de la banque, et est convaincue qu'elle est injustement traitée. On peut donc dire que Julie semble caractérisée par une intolérance à être commandée.

Mais cette intolérance ne s'exprime pas ouvertement. Elle ne s'oppose pas bruyamment à ses chefs. Elle fait traîner le travail qu'on lui demande de faire, ne participe pas aux discussions en réunion, pour ensuite mieux condamner ce qui s'est dit. Elle ne monte pas directement au combat, se contentant d'y pousser une jeune collègue un peu naïve.

Face à ses chefs, Julie fait de la résistance passive, ou s'oppose de manière détournée.

Hors du travail, quand on ne lui demande rien, Julie peut être une camarade tout à fait agréable, ce qui prouve que son problème est centré sur les situations avec rapport d'autorité.

Intolérance à être commandée, résistance passive : Julie présente les caractéristiques de la personnalité passive-agressive.

La personnalité passive-agressive

- Résiste habituellement aux exigences des autres dans les domaines professionnels ou personnels.
- Discute exagérément les ordres, critique les figures d'autorité.
- Mais de manière détournée : fait « traîner » les choses, est volontairement inefficace, boude, « oublie », se plaint d'être incomprise ou méprisée, ou injustement traitée.

Au cours d'un séminaire en entreprise, lorsqu'on décrit cette personnalité à un groupe de cadres ou de dirigeants, c'est sans doute celle qui déclenche chez eux les réactions les plus hostiles. Il est vrai qu'il peut être particulièrement éprouvant d'avoir un collaborateur passif-agressif. On est assuré de travailler dans une mauvaise ambiance, de voir ses décisions apparemment acceptées, mais non suivies d'effet, de découvrir des retards et des erreurs dans l'exécution du travail. Certaines personnalités passives-agressives savent se maintenir à la limite du supportable, d'autres franchissent la limite et se retrouvent mutées ou licenciées. Comment expliquer ce comportement parfois presque suicidaire ?

Comment les personnalités passives-agressives voient-elles le monde ?

La devise de la personnalité passive-agressive pourrait être : « Se soumettre est une défaite. » Un ordre, mais parfois une simple demande, déclenche chez elles un sentiment de révolte et de frustration. Mais elles vont rarement exprimer cette révolte de manière sincère, car leur autre devise pourrait être : « On risque trop à dire ce qu'on pense. » Leur agressivité face à l'autorité va donc s'exprimer souvent par la passivité, d'où le nom donné à ce type de personnalité.

Nous sommes tous témoins de comportements passifs-agressifs : au restaurant, le serveur qui, après que vous lui avez fait remarquer que vous attendiez toujours d'être servi, repart d'un pas encore plus nonchalant vers la cuisine, l'enfant à qui vous avez dit d'aller dans sa chambre faire ses devoirs et qui se contente de s'allonger sur son lit, votre fille qui, après que vous lui avez rappelé qu'elle reste trop longtemps sur son téléphone, traîne pour venir à table, l'aide-soignante qui tarde à venir parce qu'elle trouve que vous la sonnez trop souvent, votre assistante qui se met en congé de maladie après que vous lui avez fait une remontrance. Toutes ces situations ont en commun d'impliquer deux personnes avec entre elles un rapport d'autorité : patron et collaborateur, client et personnel de service, parent et enfant.

Mais vous-même, n'avez-vous jamais fait preuve de comportements passifs-agressifs ? À la phrase : « Si on ne me demande pas quelque chose gentiment, je m'arrange pour ne pas le faire », répondriez-vous plutôt vrai ou plutôt faux ? Alors, sommes-nous tous des passifs-agressifs ?

Personnalité passive-agressive : personnalité ou comportement ?

Pour qu'un trouble de la personnalité soit reconnu comme tel, il faut que certains comportements soient présents de manière presque constante, dans tous les domaines de la vie de l'individu, et tout au long de sa vie. Or, s'il est facile de trouver des individus ayant des comportements passifs-agressifs dans certaines circonstances où ils n'ont pas envie d'obéir, il est peut-être plus difficile d'en repérer avec une personnalité passive-agressive, c'est-à-dire ayant des comportements passifs-agressifs dans presque toutes les situations où on leur fait une demande ou on leur donne un ordre.

Par exemple, beaucoup d'adolescents passent par une phase de révolte contre l'autorité et adoptent des comportements passifs-agressifs à la maison ou à l'école : ils boudent, ne font pas leur travail, irritent leurs parents en ne participant pas aux tâches ménagères, etc. Mais il s'agit d'une phase normale de leur développement psychologique et de la constitution de leur identité. Il suffit souvent d'ailleurs qu'ils quittent le foyer familial pour cesser de s'opposer à leurs parents, ou qu'ils trouvent une activité qui les intéresse pour arrêter de traîner les pieds. Il ne s'agit donc nullement d'un trouble de la personnalité, mais d'un style de comportement transitoire et fréquent à cet âge.

Après de nombreux débats, le diagnostic de personnalité passive-agressive a été retiré de la liste des troubles de personnalité des grandes classifications psychiatriques. Mais pour beaucoup de praticiens, la réalité de ce profil ne fait pourtant pas de doute. Ils soutiennent qu'il existe de vraies personnalités passives-agressives, pour qui l'opposition indirecte à toute forme d'autorité est un véritable style de vie. Écoutons Charlotte, 32 ans, venue en thérapie après une succession d'échecs professionnels et sentimentaux.

Au fur et à mesure que nous parlons de ma vie, je prends conscience qu'une situation se répète toujours depuis mon adolescence : dès que je me sens contrainte par quelqu'un, parents, patron, amant, je ne le supporte pas et je m'arrange pour le pousser à bout, et ça se termine par une rupture. Je ne sais pas comment font les autres : est-ce qu'ils sont plus dociles que moi, ou est-ce qu'ils arrivent à se défendre d'une manière plus diplomatique ?

Par exemple, avec tous les hommes que j'ai fréquentés, il y a toujours un moment où je trouve qu'ils prennent des décisions sans m'en parler, comme s'il était normal que je me soumette. Alain, par exemple, m'appelait au bureau pour me dire : « Tiens, ce week-end, j'ai prévu qu'on aille faire un tour en Normandie. » Je me sentais aussitôt exaspérée, mais je ne disais rien. J'aime la Normandie, mais je ne supportais pas que ce soit lui qui décide pour moi. Alors je m'arrangeais pour traîner au bureau le vendredi soir en disant que j'avais trop de travail, et comme il demandait de me dépêcher, je me trouvais au contraire encore plus de dossiers à mettre à jour.

Finalement, je terminais trop tard pour que nous puissions partir le soir même, et il devait remettre le départ au samedi matin. Mais le lendemain, je me plaignais d'être fatiguée, et puis je trouvais le week-end trop court pour que ça vaille la peine de partir.

Au début, il était sincèrement désolé, mais à la fin, il s'énervait de plus en plus contre moi. Du coup, j'exerçais des représailles sur le plan sexuel en lui disant souvent que je n'avais pas envie de faire l'amour. Évidemment, il a fini par me quitter, et j'ai réalisé après coup que c'était un type charmant que beaucoup de filles auraient rêvé d'avoir.

Au travail, j'ai eu le même genre d'attitude. D'une certaine manière, je guettais la décision un peu injuste, ou la recommandation un peu autoritaire, pour immédiatement traîner des quatre fers, faire de l'opposition en douce, ou bouder. Tous mes chefs m'ont prise assez vite en grippe ; j'arrivais à me maintenir assez longtemps en poste parce que par ailleurs je suis plutôt compétente, et quand ils me laissaient un peu d'autonomie je leur donnais satisfaction. Cela aurait pu s'arranger, mais je n'étais jamais satisfaite, je leur réclamais toujours plus d'autonomie, de liberté jusqu'à ce que cela casse entre nous.

Je réalise que cette intolérance à toute forme d'autorité affecte tous les domaines de ma vie. Quand je trouve une contravention sur mon pare-brise, je la déchire immédiatement, malgré les conséquences qui me sont déjà arrivées : une saisie sur mon compte de tous les arriérés, augmentés de pénalités. Même à l'hôtel, le jour du départ, cela m'irrite d'avoir à quitter ma chambre avant midi et je m'arrange pour traîner.

Je ne sais pas pourquoi je suis comme ça. Ou plutôt je m'en doute un peu. Mon père était quelqu'un de très autoritaire, qui voulait faire marcher tout le monde à la baguette. Pendant des années, j'ai vu ma mère lui faire la gueule, se plaindre d'être fatiguée. Quand ils devaient sortir ensemble, elle mettait des heures à se préparer jusqu'à ce qu'il explose. Il voulait être aussi autoritaire vis-à-vis de moi et de ma sœur. Il voulait contrôler nos horaires de sortie, la manière dont nous étions habillées, sélectionner les amis que nous avions le droit de fréquenter. Ma sœur aînée s'est opposée violemment à lui (d'ailleurs elle lui ressemble) et elle a très vite claqué la porte. Mais moi, je n'osais pas, j'avais peur de ses colères, alors comme ma mère, je me suis mise à m'opposer plus sournoisement, en traînant les pieds, en travaillant mal à l'école, en me tenant mal à table. À la fin, quand j'arrivais à le mettre en colère, j'en tirais une obscure satisfaction. Je crois que le modèle que me donnait ma mère y est pour quelque chose.

Charlotte est arrivée à une bonne prise de conscience de son problème, ce qui est une étape souvent nécessaire, mais pas suffisante pour accomplir un vrai changement. Nous la verrons faire des progrès ultérieurs.

Les personnalités passives-agressives au cinéma et dans la littérature

Dans *Le Chat* (1971) de Pierre Granier-Deferre (d'après un roman de Simenon), Jean Gabin et Simone Signoret incarnent un couple vieillissant qui se déchire à coups d'injures et de comportements passifs-agressifs. À ne pas voir avant de se marier.

Dans *Ouragan sur le Caine* d'Herman Wouk (film d'Edward Dmytryk, 1954) que nous avons déjà cité pour la personnalité paranoïaque du commandant de bord, un des officiers en second, le lieutenant Keefer, se soumet apparemment à son chef pour ensuite discuter ses ordres et monter l'équipage contre lui, tout en passant le plus clair de son temps allongé sur sa couchette, avec une satisfaction toute passive-agressive.

Dans la série *Mentalist* (2008-2015) de Bruno Heller, Patrick Jane (Simon Baker) est un enquêteur anticonformiste, mais aux intuitions et déductions géniales, qui travaille au sein d'une équipe de policiers d'un analogue californien du FBI. Mais quand il est contrarié par la direction de l'enquête ou les ordres de ses supérieurs, il se replie dans de longues siestes sur son canapé, en prétextant y chercher l'inspiration, ce qui exaspère tout le monde.

Comment gérer les personnalités passives-agressives

Faites

Soyez aimable

Les personnalités passives-agressives sont très susceptibles à tout ce qui peut ressembler à un manque de considération. Leur demander quelque chose de manière abrupte ou d'un air distant va immédiatement exciter leur hostilité. D'ailleurs, mettez-vous à leur place : comment avez-vous réagi la dernière fois que votre chef vous a ordonné sèchement de faire quelque chose ? Même si vous étiez d'accord avec sa décision, vous avez eu envie de ne pas l'appliquer, parce que son air d'autorité vous avait irrité. Imaginez donc que les personnalités passives-agressives éprouvent souvent cette sensation de colère rentrée, et vous comprendrez qu'être aimable avec elles augmentera les chances que tout se passe bien.

Et, donc, même s'il existe un certain rapport d'autorité entre vous, prenez une seconde de plus pour avoir l'air aimable, ou pour ajouter une phrase empathique, qui montre que vous comprenez son point de vue.

Par exemple, vous êtes au restaurant, vous avez passé votre commande il y a plus de dix minutes, et rien ne vient. Vous attirez l'attention de la serveuse qui a l'air plutôt maussade. Comparez les versions suivantes.

• Première version : « J'attends depuis dix minutes ! C'est incroyable ! Activez-vous un peu ! »

• Deuxième version : « Je suis très pressé. Je sais que vous avez beaucoup de monde, mais j'apprécierais si vous pouviez me servir rapidement. »

Aucune des deux versions ne garantira un résultat, mais avec la première, vous êtes sûr de provoquer une nouvelle réaction passive-agressive. La serveuse va peut-être vous apporter vite votre plat, mais s'arrangera pour vous punir d'une manière ou d'une autre, en « oubliant » d'apporter un couvert par exemple, en disparaissant au moment où vous voulez payer l'addition, ou en installant près de vous des convives bruyants.

Dans une pièce de Jean Anouilh, le majordome d'une famille bourgeoise, à la suite d'une révolution, devient le gardien de la famille qu'il servait auparavant. (Les révolutionnaires décident en effet de laisser vivre cette famille bourgeoise dans sa maison, mais de la transformer en musée permanent, pour que le peuple puisse venir voir quelle était la vie quotidienne des bourgeois avant la révolution.) Il leur avoue que du temps de l'Ancien Régime, lorsqu'il était exaspéré par leur comportement autoritaire, il se vengeait sournoisement : avant de leur servir la soupe, il urinait dedans ! Ce qui est le comble du comportement passif-agressif, l'agression n'est pas simplement indirecte, elle devient même invisible pour celui qui est visé ! Les bonnes manières facilitent la vie en société, et encore plus les relations avec les personnalités passives-agressives.

Voici un autre exemple. Vous avez absolument besoin que votre assistante mette en forme une présentation avant le lendemain. Comme elle a déjà beaucoup de travail, cela va l'obliger à rester plus tard que prévu au bureau.

- Première version : « Tenez, j'ai besoin absolument que ce PowerPoint soit prêt pour demain. »
- Deuxième version : « Je vois que vous avez un programme chargé (expression d'empathie) mais j'ai absolument besoin de cette présentation demain matin. Comment pouvez-vous vous arranger ? »

Dans ce deuxième exemple, vous laissez à votre assistante une marge d'autonomie : elle va mettre en forme la présentation et vous êtes prêt à l'aider à modifier ses priorités. D'une certaine manière, vous l'invitez à participer à l'organisation de son travail. Nous allons voir l'intérêt de cette approche.

Demandez-lui son avis chaque fois que c'est possible

Je travaille pour une maison de prêt-à-porter, nous dit Inès, et suis responsable du choix des tissus. Mon assistant doit ensuite se charger de les commander ou de les faire fabriquer. J'avais pris l'habitude de lui donner la liste des tissus que j'avais choisis et de lui laisser gérer la suite. Mais quand il commandait auprès des fabricants, si un problème se présentait, il ne faisait aucun effort pour le résoudre ou pour négocier, se laissant dicter le point de vue du fournisseur. Ensuite, quand l'échantillon n'arrivait pas tel que je l'avais prévu, ou arrivait avec retard, il m'expliquait que le fournisseur lui avait fait des difficultés. C'était souvent vrai, mais j'étais sûre qu'il aurait été capable de les résoudre s'il avait voulu, car c'est un garçon intelligent.

J'ai vu le moment où j'allais devoir moi-même gérer les problèmes avec les fabricants, alors que je suis déjà surchargée de travail, et puis à quoi sert-il d'avoir un assistant ? J'ai failli avoir une grande explication avec lui, mais comme j'ai remarqué qu'il était susceptible, je me suis dit que nous arriverions vite à la rupture : il supportait peut-être mal de se sentir un simple exécutant. La fois suivante, je lui ai montré mes choix pour la collection suivante et je lui ai demandé ce qu'il en pensait, s'il avait des suggestions. Il a paru surpris, puis il m'a fait quelques remarques, certaines assez justifiées d'ailleurs. J'ai prêté attention à toutes et j'en ai suivi quelques-unes. Cette fois-ci, il n'y a eu aucun problème avec les fabricants, il a su défendre mon point de vue, auquel il avait participé.

Beaucoup de gens pourraient souhaiter avoir un chef comme Inès, qui réfléchit un peu au lieu de vouloir imposer brutalement sa volonté. Inès redécouvre une vérité psychologique fondamentale, vérifiée par bien des études sur le terrain : On est d'autant plus satisfait de son travail que l'on a eu l'impression de participer aux décisions le concernant.

Tout un courant de la psychologie de la motivation se trouve appliqué dans les projets d'« entreprises libérées » où une grande responsabilité est laissée aux salariés dans l'organisation de leur travail, avec des résultats intéressants[1].

Bien sûr, ce n'est pas possible pour toutes les décisions, mais souvent la hiérarchie, en ne veillant pas assez à faire participer les salariés aux décisions concernant leur travail, va provoquer quantité de freinages et de « sabotages » plus ou moins volontaires. C'est parfois toute une équipe qui devient passive-agressive, et souvent à la suite d'une erreur de management.

Aidez-la à s'exprimer directement

Le comportement passif-agressif est une manière indirecte d'exprimer son agressivité. La personne qui agit ainsi a l'impression de courir moins de risques qu'en exprimant directement son désaccord (et elle a parfois raison). Mais, dans bien des cas, l'inviter

1. I. Getz, B. Carney, *Liberté & Cie*, Paris, Flammarion, 2016.

à exprimer directement son désaccord permet d'en discuter et de résoudre (en partie) le conflit sous-jacent. Écoutons Franck, responsable d'une équipe de consultants en formation.

Julien est un jeune consultant récemment arrivé dans l'équipe. Au début, il m'a fait bonne impression : il paraissait dynamique, intelligent, soucieux de bien faire. Je l'ai chargé d'animer et de promouvoir un stage en binôme avec Charles, un consultant plus expérimenté. Après quelques semaines, je me suis aperçu que quelque chose n'allait pas. En réunion, Julien avait l'air maussade. Ses évaluations par les stagiaires étaient à la limite de l'acceptable, et il ne trouvait guère de nouveaux clients. J'ai demandé à Charles ce qu'il en pensait. Il m'a dit que Julien animait sans vigueur les séquences du stage dont il était responsable. Par ailleurs, Charles devait souvent le rappeler à l'ordre pour qu'il suive exactement le programme, programme élaboré par Charles.

J'ai réfléchi. Charles est un consultant un peu autoritaire, qui joue de son expérience auprès des jeunes. J'ai convoqué Julien pour le laisser s'expliquer, mais il en a été incapable. À toutes mes questions, il répondait que tout allait bien. J'avais beau le confronter à ses résultats très moyens, il refusait d'en dire plus.

Finalement, j'ai conclu l'entretien en lui disant : « Je pense que vous n'êtes pas sincère avec moi. Et cela m'ennuie, car si nous ne pouvons pas nous parler, je n'ai aucun moyen d'améliorer la situation, ce qui est très dommage pour tout le monde. » Il est parti sans rien dire. Mais le lendemain, il est venu me voir, tout gêné, et il m'a péniblement expliqué ce dont je me doutais : Charles voulait tout contrôler, gardait pour lui les séquences d'animation intéressantes sous prétexte que Julien manquait d'expérience, et avait refusé toutes les modifications que Julien avait suggérées.

J'ai pris plusieurs décisions : le mettre en binôme avec Julie, une consultante plus ouverte, et le charger d'imaginer le contenu d'un nouveau stage dans un autre domaine. Quand il aura un peu plus de légitimité dans la maison, je lui demanderai de retravailler avec Charles.

Mais pourquoi ne m'a-t-il pas tout dit la première fois ? Parce qu'il est trop poli, je crois, qu'il débute, et c'est le genre de garçon qui a peur de contrarier.

Tout serait trop simple si les personnes avec des comportements passifs-agressifs s'exprimaient sincèrement dès que vous les y invitez. Un certain nombre n'oseront pas par timidité, comme dans l'exemple précédent. D'autres auront des raisons plus complexes comme dans celui qui suit, raconté par Hervé, 36 ans, en thérapie de couple avec sa femme Marine.

Un des comportements de Marine qui m'exaspérait le plus survenait après le dîner. Pendant que je lis mon journal, elle range la vaisselle dans la machine à laver la vaisselle, et elle nettoie elle-même quelques ustensiles qui ne vont pas dans la machine. Mais elle fait tout ça bruyamment, en heurtant les objets. Quand, énervé, je me lève pour aller lui proposer de l'aide, elle me répond d'un air fermé que non, tout va bien, et que d'ailleurs je ne saurais pas ranger les choses aussi bien qu'elle. Je reviens m'asseoir, elle termine ses rangements en faisant moins de bruit, mais le lendemain soir ça recommence. Quand je lui dis qu'elle fait trop de bruit, elle me répond que je n'ai qu'à aller faire un tour dehors.
J'ai fini par aborder le problème en séance, avec la thérapeute. Il a fallu un temps fou pour faire dire à Marine qu'elle se sentait énervée contre moi le soir parce que je ne parlais pas beaucoup avec elle. Incroyable, alors que c'est moi qui essaie de faire des efforts de conversation qui tombent à plat ! C'est là que j'ai compris que ranger la vaisselle en faisant du bruit était une manière de me punir, et qu'elle avait tellement de ressentiment contre moi que mes efforts d'améliorer les choses n'aboutiraient pas, elle avait trop de rancœur à écouler contre moi.
Je crois que je ne corresponds pas à ce qu'elle attendait d'un mari, et que même en faisant chacun un effort maximal, nous n'arriverons pas à nous entendre. Nous avons commencé à envisager un divorce, et la thérapeute nous aide à ce que cela se passe sans trop de heurts.

Cet exemple rappelle d'abord qu'une thérapie de couple n'a pas forcément pour but de maintenir un couple à tout prix, mais parfois de l'aider à se séparer. L'exemple de Marine nous montre aussi que parfois les comportements passifs-agressifs jouent surtout le rôle de représailles, et que la personne ne souhaite pas forcément une explication qui la priverait du moyen détourné de se venger. Dans ce cas, faites-lui quand même remarquer son comportement, elle ne pourra plus feindre qu'il est involontaire. Si Hervé avait dit à Marine : « Tu fais énormément de bruit. J'ai l'impression que c'est pour me dire quelque chose », elle aurait sûrement nié, mais aurait eu plus de mal à continuer à faire du bruit.

Une autre variante de cette situation est bien connue :

« Mais pourquoi fais-tu la gueule ?

– Non, pas du tout, je ne fais pas la gueule. » (Mais je vais continuer à la faire toute la soirée pour te punir de n'avoir pas assez fait attention à moi pendant ce dîner avec tes amis.)

Rappelez-lui les règles du jeu

Aujourd'hui, les enfants sont élevés de manière beaucoup moins autoritaire qu'il y a une ou deux générations. Comparez l'éducation que vous avez reçue de vos parents et celle que vous donnez à vos enfants. Bien souvent, vous constaterez que vous laissez plus de libertés à vos chers petits que celles qui vous étaient accordées au même âge. Qui interdit encore à ses enfants de parler à table, ou ne les autorise à parler que si on leur pose une question ? Même évolution à l'école : les sanctions sont plus rares, les enseignants et le fameux censeur ne sont plus craints comme ils le furent par des générations d'élèves. En classe, les élèves s'expriment plus, sont prêts à discuter ce que propose l'enseignant, qui les y invite d'ailleurs. Même à l'armée, bastion historique de l'autorité, les histoires d'adjudant autoritaire ne font plus rire personne parce qu'elles correspondent de moins en moins à la réalité. Autrement dit, les nouvelles générations sont habituées dès l'enfance à s'exprimer et à participer.

Que se passe-t-il alors quand elles arrivent dans le monde du travail et qu'elles sont confrontées à un chef autoritaire ? Sans doute le supporteront-elles beaucoup moins bien que leurs aînés qui avaient été habitués dès l'enfance à des parents autoritaires, puis à des maîtres autoritaires, puis à un adjudant autoritaire. Aujourd'hui, pour beaucoup de jeunes, le monde du travail est la première expérience de contraintes à accepter sans discussion. Il n'est donc pas étonnant que beaucoup de subordonnés supportent mal d'être « commandés » et remettent en question la légitimité de leur chef. De plus, les jeunes salariés ont souvent un niveau de qualification que leur chef n'avait pas à leur âge, ils ont une raison de plus de discuter ses décisions. Ou de manifester leur mécontentement par des comportements passifs-agressifs, l'expression ouverte leur paraissant trop risquée, vu le triste état du marché du travail.

On ne peut donc qu'encourager un management participatif chaque fois qu'il est possible, puisqu'il correspond aux habitudes et aux besoins des nouvelles générations, et aux valeurs d'une société qui favorise des rapports plus égalitaires, que ce soit dans la famille, à l'école, dans le couple, même dans la relation médecin-malade où les patients veulent que leur médecin leur explique les décisions médicales. Mais ce n'est pas toujours possible, et les comportements passifs-agressifs existeront aussi longtemps que les relations d'autorité.

Face à ces comportements répétés de mauvaise volonté, il peut être utile de rappeler la règle du jeu. Nous proposons ci-après un petit discours managérial que vous pourrez utiliser face à un collaborateur passif-agressif, quand tous vos essais de conciliation auront échoué. L'objectif essentiel est de dépassionner le rapport d'autorité.

« Depuis quelques semaines, votre attitude dans le travail me pose un problème : voici quelques exemples… (*décrire des comportements précis*). J'ai l'impression que vous n'acceptez pas d'avoir à faire certaines tâches que je vous demande (*donner votre point de vue*). Je vous ai offert l'occasion d'exprimer votre point de vue, mais vous ne l'avez pas fait (*décrire un comportement précis*). Je comprends que cela vous est peut-être difficile d'avoir à faire un travail qui n'est pas toujours amusant. Peut-être même considérez-vous cela comme dévalorisant ? (*expression d'empathie*). Mais je dois vous rappeler qu'il y a ici une règle du jeu. Vous êtes payé pour faire bien le travail que j'attends de vous (*rappel de la règle du jeu*). Ce n'est pas une règle amusante, et vous pouvez penser que vous mériteriez un autre travail plus intéressant (*expression d'empathie*). C'est possible. Peut-être même pensez-vous que je ne suis pas assez qualifié pour être votre chef, et je vous laisse la liberté de le penser (*expression d'empathie*). Mais si vous voulez continuer à travailler avec moi, il vaut mieux que vous acceptiez la règle (*rappel de la règle du jeu*). Voici donc ce que j'attends de vous pour les semaines à venir… »

Il y a deux messages dans ce discours :

- Montrer à l'autre que vous lui consacrez de l'attention, que vous le reconnaissez comme un être avec des émotions et des pensées autonomes.
- Rappeler que la relation d'autorité entre vous n'est pas personnelle, du fait d'une supposée supériorité de votre part, mais une règle du jeu indépendante de lui et de vous, attachée à la situation.

Nous n'aurons pas la naïveté de croire qu'un discours de ce style va résoudre tous les problèmes, mais nous vous recommandons de l'essayer.

Ne faites pas

Ne faites pas semblant de ne pas remarquer son opposition

Après tout, si votre conjoint ou votre collaborateur « fait la gueule », il peut être tentant de ne pas réagir, en attendant que cela passe. La plupart du temps, cette attitude est une erreur. En effet, n'oubliez pas qu'un comportement passif-agressif est une manière de vous dire quelque chose. Si vous faites semblant de ne percevoir aucun message, l'autre va être tenté de faire monter les enchères jusqu'à ce que vous réagissiez. Donc, dès que vous remarquez ce qui ressemble à de la mauvaise volonté, de la bouderie, des représailles cachées, réagissez immédiatement par une question.

Par exemple, face à un(e) conjoint(e) à l'air maussade : « J'ai l'impression que tu es contrarié(e). Est-ce que je me trompe ? » Par cette question, vous empêchez l'autre de s'installer confortablement dans son comportement passif-agressif. Dans une relation de longue durée (conjoint, collaborateur), vous allez ainsi l'entraîner à exprimer plus vite et plus franchement ses points de désaccord.

Ne la critiquez pas à la manière d'un parent

Le comportement passif-agressif est une forme de révolte contre l'autorité. Notre premier modèle d'autorité fut celui de nos parents, ce qui explique deux faits :

- Nous avons tendance à formuler nos critiques de la même manière que celles que nous entendions de nos parents, c'est-à-dire en utilisant un discours moralisateur qui fait appel aux notions de bien et de mal.
- Nous supportons très mal les critiques formulées ainsi, car nous détestons nous sentir traités comme des enfants.

Donc, essayez de bannir de la formulation de vos critiques les formules telles que : « Votre comportement est inadmissible », « C'est honteux », « Ce que vous faites est très mal ». Au lieu de faire appel aux notions du bien et du mal décrivez les conséquences du comportement que vous critiquez.

- *Ne dites pas* : « Vous êtes encore arrivé en retard. C'est inadmissible. Vous vous comportez de manière impolie vis-à-vis de tout le monde » (discours moralisateur).
- *Dites* : « Ce matin vous êtes à nouveau arrivé en retard à la réunion. Cela perturbe le travail du groupe (conséquences sur le travail) et cela me contrarie » (conséquences sur vous).

Toute la difficulté vient du fait que le discours moralisateur est celui qui nous vient le plus spontanément aux lèvres, puisque c'est celui que nous avons entendu pendant toute notre enfance et notre adolescence, à l'âge de l'apprentissage.

Ne vous laissez pas entraîner dans le jeu des représailles réciproques

Écoutons Mina, 16 ans, parler à son thérapeute de la relation « épanouissante » avec sa mère divorcée qui recommence à fréquenter un homme :

Comme ça m'énerve que Maman passe tant de soirées au-dehors avec son nouvel ami, je m'arrange pour rentrer encore plus tard qu'elle, ce qui l'inquiète. Du coup, elle me punit en diminuant mon argent de poche, avec peut-être l'espoir que je sortirai moins avec un budget plus faible. (Elle se trompe, j'ai un petit ami qui m'invite toujours.) Je riposte en « oubliant » de participer aux activités ménagères. Maman répond en ne faisant plus la lessive de mon linge. Moi je passe des heures au téléphone, et je sais que ça l'énerve. Résultat, elle m'a annoncé qu'elle partait tout le week-end avec son ami. C'est vrai que l'ambiance à la maison est devenue irrespirable.

Mina et sa mère sont entrées dans un jeu de représailles réciproques, ce qui arrive souvent dans la vie familiale ou conjugale. Il est à remarquer que le véritable enjeu de la situation – Mina voudrait que sa mère fasse plus attention à elle – n'a jamais été exprimé clairement par cette adolescente rebelle. Sans doute parce qu'elle refuse de se reconnaître un tel besoin d'affection et d'attentions, elle qui se considère probablement comme une adulte. Dans cette histoire il a fallu que le thérapeute l'aide à reconnaître le besoin qu'elle avait encore de sa mère, puis l'encourage à l'exprimer directement à sa mère.

Comment gérer les personnalités passives-agressives

- Faites
  - soyez aimable ;
  - demandez-lui son avis chaque fois que c'est possible ;
  - aidez-la à s'exprimer directement ;
  - rappelez-lui les règles du jeu.

- Ne faites pas
  - ne faites pas semblant de ne pas remarquer son opposition ;
  - ne la critiquez pas à la manière d'un parent ;
  - ne vous laissez pas entraîner dans le jeu des représailles réciproques.

Si c'est votre patron : changez-en, il risque de vous entraîner dans sa chute.

Si c'est votre conjoint : entraînez-le (la) à s'exprimer ouvertement.

Si c'est votre collègue ou collaborateur : relisez ce chapitre avant de le rencontrer.

Avez-vous des traits de personnalité passive-agressive ?

	Plutôt vrai	**Plutôt faux**
1. La plupart des chefs ne méritent pas de l'être.		
2. Je supporte mal d'avoir à obéir à quelqu'un.		
3. Il m'est arrivé souvent de laisser traîner volontairement un travail, parce que j'en voulais à celui qui me l'avait demandé.		
4. On me reproche de « bouder ».		
5. Il m'est arrivé de ne pas aller à une réunion volontairement, puis de dire que je n'avais pas été mis(e) au courant de l'horaire.		
6. Quand un proche m'a contrarié(e), je ne lui donne plus signe de vie sans lui dire pourquoi.		
7. Si on ne me demande pas quelque chose gentiment, je ne le fais pas.		
8. Il m'est arrivé de « saboter » volontairement mon travail.		
9. Plus on me presse, plus je vais lentement.		
10. J'en veux en permanence à mes chefs.		

CHAPITRE XIII

LES PERSONNALITÉS ÉVITANTES

« Ô que j'ayme la solitude !
Que ces lieux sacrez à la nuit,
Esloignez du monde et du bruit,
Plaisent à mon inquiétude ! »

Marc-Antoine Girard de SAINT-AMANT, 1617
(qui a inspiré le célèbre « O solitude »
du compositeur anglais Henry Purcell)

Quand nous étions adolescentes, raconte Marie, 25 ans, ma sœur Lucie sortait beaucoup moins que moi. Elle avait deux ou trois vieilles copines, avec qui elle se retrouvait toujours pour se faire des confidences, mais elle allait rarement dans les soirées en invoquant les prétextes les plus divers : fatigue, travail à terminer, crainte de s'ennuyer, disait-elle. Quand nous y allions ensemble, elle avait l'air intimidée, elle me suivait partout, et il fallait que je commence moi-même à parler à des amis pour qu'elle ose se glisser dans la conversation. Si peu d'ailleurs, et toujours pour approuver ce que disaient les autres.

En classe, elle était bonne élève, mais sa grande peur était d'être obligée de passer l'oral du bac, elle me disait qu'elle aurait tellement le trac qu'elle le raterait sûrement. Finalement elle l'a eu du premier coup à l'écrit.

En famille, ça se passait bien avec maman, qui est un peu comme elle, douce et effacée. En revanche, j'ai toujours eu l'impression qu'elle avait peur de papa, qui est quelqu'un d'autoritaire, assez tyrannique, toujours prêt à décider à la place des autres. Quand j'ai commencé à me révolter contre mon père (j'ai fini par quitter la maison en claquant la porte), elle se contentait de ne jamais entrer en conflit avec lui.

Elle n'avait pas de petit ami. Je sais qu'elle était très amoureuse d'un garçon, mais elle ne lui en a jamais montré le moindre signe. Au point de vue scolaire, alors qu'elle avait d'assez bonnes notes pour faire des études longues, elle a préféré faire un BTS de comptabilité.

Elle est très consciencieuse, très appréciée de son patron, et j'ai beau lui dire d'aller demander une augmentation, elle n'ose pas le faire. Au fond, quand je pense à elle, j'ai l'impression qu'elle a toujours été quelqu'un qui vit au-dessous de ses moyens.

Que penser de Lucie ?

Lucie montre une peur intense de toutes les situations où elle court le risque d'être rejetée ou embarrassée : oral d'examen, rencontre dans une soirée, montrer de l'intérêt à quelqu'un qui vous attire. On pourrait dire qu'elle souffre d'une hypersensibilité au rejet.

Pour supprimer ce risque d'être rejetée, elle évite toutes les situations « à risque », en fréquentant surtout des vieilles amies dont elle n'a rien à craindre. Lorsqu'elle rencontre des gens nouveaux, elle le fait sous la protection de sa sœur et s'arrange pour éviter toute contradiction en approuvant tout ce qu'on lui dit. Elle arrive de même à éviter toute confrontation avec son père, à un âge où il est pourtant habituel d'entrer en conflit avec ses parents.

Cette crainte exagérée de l'échec et du rejet lui fait préférer des situations qu'elle est certaine de maîtriser. Elle n'a de relations qu'avec des amies de longue date dont elle est sûre d'être appréciée. Elle ne risque pas la confrontation avec son père. Elle choisit une profession dans un cadre routinier, où elle est sûre de se faire accepter grâce à sa conscience professionnelle. Elle n'ose ni demander une augmentation, ni courir le risque d'aller chercher un autre employeur. On a l'impression qu'elle trouve son poste bien assez bon pour elle, ce qui suppose qu'elle a une faible estime de soi.

Lucie a toutes les caractéristiques de la personnalité évitante.

La personnalité évitante

- Hypersensibilité : craint particulièrement d'être critiquée ou moquée, a peur du ridicule.
- Évite d'entrer en relation avec les gens tant qu'elle n'est pas assurée d'une bienveillance inconditionnelle de la part de l'autre.
- Évite les situations où elle craint d'être blessée ou embarrassée : nouvelles rencontres, poste en vue, développement d'une relation intime.
- Dévalorisation de soi : faible estime de soi, sous-évalue souvent ses capacités et dévalorise ses réussites.
- Par peur de l'échec, se maintient souvent dans un rôle effacé, ou à des postes inférieurs à ses capacités.

En fait, selon les chercheurs, il existerait deux types de personnalités évitantes :

- Certaines, peut-être le cas de Lucie, peuvent être décrites comme de grands anxieux qui arrivent quand même à nouer des relations positives avec quelques personnes.

• D'autres, à la fois anxieuses et très susceptibles, n'arrivent pas à faire assez confiance pour nouer des relations positives durables et vivent dans une douloureuse solitude.

La différence entre ces deux catégories se joue probablement dans l'enfance, selon la qualité de la relation avec les parents.

Bien sûr, il ne suffit pas d'avoir le trac avant un oral pour être qualifié de personnalité évitante. Ni de balbutier devant la personne dont on est secrètement amoureux. Rappelons que, pour parler de troubles de la personnalité, il faut que les caractéristiques citées dans chaque chapitre (ici hypersensibilité, faible estime de soi) soient durables et concernent pratiquement tous les domaines de la vie, que ce soit au travail, entre amis, dans la rue, ou en famille.

Beaucoup d'adolescents, garçons ou filles, passent par une phase du développement de leur caractère qui ressemble fort à la personnalité évitante : incertains de ce qu'ils valent, « complexés », ils sont timides, rougissent, craignent plus que tout d'avoir l'air ridicule ou embarrassé. Ils ne vont pas entrer dans une « bande », ils refuseront d'aller aux soirées, et préféreront passer de longues heures à échanger des confidences avec des amis de longue date. Mais cette phase d'incertitude et de « cafouillage » est banale, c'est une étape souvent inévitable du développement d'une personnalité. Peu à peu les expériences réussies, le sentiment d'être accepté et reconnu par les autres vont leur donner plus de confiance en eux. Et d'anciens adolescents timides deviennent souvent des adultes épanouis.

Pour les personnalités évitantes, cette évolution heureuse ne se produit pas. Elles restent incertaines d'elles-mêmes, et cherchent la sécurité à tout prix, même à celui d'une vie un peu étriquée.

Comment Lucie voit-elle le monde ?

Lucie vit dans la peur d'être ridicule, maladroite et rejetée. Ce n'est pas qu'elle considère les autres comme particulièrement hostiles, mais elle pense qu'elle n'a pas assez d'atouts pour leur plaire. Elle ne se sent pas « à la hauteur » et craint que cela ne se remarque. Une de ses croyances pourrait être : « Je suis inférieure. » Une autre de ses croyances est sans doute : « Au contact des autres, je pourrais être blessée. » C'est cette deuxième croyance qui va amener Lucie à limiter ses contacts avec le monde, à se restreindre aux relations de longue date, qu'elle connaît assez pour penser ne rien craindre d'elles.

Écoutons Jacques, 42 ans, professeur de faculté.

Du plus loin que je me souvienne je me suis toujours senti « timide » et inférieur aux autres. Le fait que mon père soit militaire n'a pas arrangé les choses. D'abord, il était autoritaire, et j'avais peur de lui, surtout de ses colères, qui effrayaient aussi ma mère. J'ai donc passé mon enfance et mon adolescence à « filer doux » de peur de le fâcher, ou même d'attirer son attention sur moi. Ensuite, nous déménagions à chaque fois qu'il changeait de poste, et je me retrouvais presque tous les deux ans dans une nouvelle école, j'étais toujours le « nouveau ».

Je me souviens comme d'un cauchemar de ces jours de rentrée où, le cœur battant, j'attendais mon tour d'être appelé dans une nouvelle classe. Entrer dans la salle sous le regard de mes nouveaux camarades et du professeur était pour moi une torture. Je n'osais pas me lier aux autres, et quand j'étais arrivé peu à peu à me faire un ou deux copains, souvent arrivait pour mon père une nouvelle affectation dans une autre ville.

Mon adolescence a été difficile, comme vous pouvez l'imaginer. Dans les premières années de fac, j'ai fini par me faire accepter dans une « bande » de garçons et de filles. J'approuvais tout ce qu'ils disaient, comme pour me fondre dans le groupe. J'étais toujours prêt à rendre service, à prêter mes affaires, à aider aux déménagements. Quand on fêtait l'anniversaire de l'un d'entre nous, c'était toujours moi qui apportais le plus beau cadeau. Bien sûr, j'étais toujours trop « gentil », mais je ne m'en rendais pas vraiment compte. Les autres m'acceptaient, certains m'aimaient bien, je crois, mais un ou deux garçons ne pouvaient s'empêcher de temps en temps de me faire des petites réflexions ironiques, auxquelles j'étais incapable de réagir. Je pense que dans un groupe plus brutal, je serais devenu le bouc émissaire. Les filles m'aimaient bien, j'étais plus sensible que les autres, et elles aimaient me prendre comme confident, rôle que j'acceptais volontiers. Mais évidemment c'était difficile d'en sortir, et quand je suis tombé amoureux de certaines d'entre elles, j'ai commencé à beaucoup souffrir en n'osant pas me déclarer, et mes rares tentatives n'ont pas abouti.

J'ai fini par me sentir attiré par une fille encore plus maladroite que moi, dont le jugement ne me faisait pas peur. Comme elle était d'un milieu social « inférieur » au mien, je ne me sentais pas intimidé par sa famille. Mon choix professionnel s'est imposé à moi : comme j'étais persuadé que je n'avais aucune chance de m'adapter à la rude compétition du monde du travail, j'ai tout fait pour rester là où je me sentais bien : à l'université. J'ai passé toutes les étapes nécessaires et ai obtenu un poste de maître de conférences.

J'ai commencé à aller mieux, parce que la fac était un environnement plus rassurant : mes collègues universitaires ne sont pas méchants, et je n'ai pas à les voir très souvent. En plus je suis devenu un spécialiste assez reconnu de ma discipline, et je contribue à la renommée de mon université. Je m'ennuyais un peu avec ma femme, mais elle me rassurait et je me réfugiais dans le travail.

Tout a basculé quand une de mes étudiantes est tombée amoureuse de moi. Bien sûr, j'ai résisté par scrupule, mais elle a été plus forte. Elle ressemblait aux filles que je n'osais pas approcher quand j'avais 20 ans.

Je crois que me sentir aimé par une fille aussi séduisante et aussi brillante m'a donné une confiance en moi que je n'avais jamais eue. C'est terrible à dire, mais je crois qu'elle a été comme une sorte de thérapie. Finalement, notre liaison s'est terminée, et ma femme n'a jamais rien su (ou a fait semblant de ne se douter de rien). Je suis très tourmenté, parce que cette nouvelle confiance en moi me donne envie d'une vie différente. Je réalise que je ne suis plus celui qui a épousé ma femme pour se rassurer. En même temps j'ai de l'affection pour elle et je ne voudrais pas la faire souffrir, sans compter ce qui arriverait aux enfants. Parfois je me dis que je serais plus tranquille si j'étais resté timide.

Cet exemple montre qu'un changement *a priori* bénéfique pour un individu peut être une source de nouvelles difficultés, problème qui se pose parfois à la suite d'une thérapie réussie. Par ailleurs, l'adultère a souvent un prix psychologique élevé pour l'un ou plusieurs des protagonistes, et ne peut être recommandé comme thérapie !

Quand la personnalité évitante devient une maladie

L'anxiété sociale est cette crainte qui nous saisit quand nous nous exposons au jugement d'autrui : prendre la parole en public, arriver dans une pièce où plusieurs personnes nous attendent, commencer la conversation avec une personne inconnue, sont des situations où la plupart d'entre nous éprouvent un peu d'anxiété. Mais, chez certaines personnes, cette anxiété est trop intense et devient une véritable phobie : elles vont chercher à éviter toutes les situations « à risque », c'est-à-dire celles où elles s'exposent au regard et au jugement d'autrui. Les phobies sociales sont centrées sur certaines situations : peur de parler en public, de rencontrer quelqu'un à l'improviste, d'écrire ou de signer des chèques sous le regard d'autrui, de rougir...

Pour résumer, on peut distinguer trois types d'anxiété face au regard des autres[1] :

- l'anxiété sociale « normale » que nous éprouvons tous dans certaines situations : être présenté à quelqu'un de prestigieux, passer un oral d'examen ou un entretien d'embauche, faire connaissance avec quelqu'un qui nous attire ;
- les phobies sociales, qui provoquent une anxiété plus forte, et un évitement systématique de certaines situations redoutées ;
- l'anxiété de la personnalité évitante, plus insidieuse, avec une crainte presque permanente d'être jugé et rejeté.

Et d'où ça vient tout ça, docteur ?

Des études ont montré chez certains enfants de 3 à 6 mois une anxiété particulière à la nouveauté, et qui se retrouvait à l'âge adulte.

Comme dans les autres troubles de la personnalité, les causes de la personnalité évitante varient selon les cas. La génétique joue un rôle comme dans tous les troubles anxieux. Les personnalités évitantes ont souvent d'autres personnes anxieuses chez leurs ascendants ou dans leur fratrie. Mais il semble vraisemblable que des expériences éducatives peuvent aussi donner à l'individu le sentiment qu'il est inférieur et risque d'être rejeté : une éducation trop sévère, un frère ou une sœur apparemment très « supérieurs », des difficultés scolaires, une infériorité physique peuvent certainement

1. C. André, P. Légeron, *La Peur des autres*, Paris, Odile Jacob, 1995.

contribuer à forger une personnalité évitante, dans une proportion variable. Un père ou une mère très évitants peuvent aussi constituer pour l'enfant un modèle face aux difficultés de la vie, sans compter la part génétique possible du comportement anxieux.

Comme dans tous les autres troubles de la personnalité, la part de l'inné et de l'acquis est difficile à déterminer.

Et ça se soigne ?

Parmi les troubles de la personnalité, la personnalité évitante est certainement celle qui a le plus à attendre des traitements modernes.

En plus des psychothérapies, dont nous parlerons à la fin de ce livre, certains médicaments peuvent aider les personnalités évitantes et les phobiques sociaux.

Depuis les années 1980, les psychiatres se sont aperçus que certains antidépresseurs, habituellement prescrits pour le traitement de la dépression, étaient aussi très efficaces sur la « timidité » des personnalités évitantes.

Celui dont les médias ont le plus parlé est le Prozac. Son succès mondial tient bien sûr au fait que c'est un antidépresseur efficace et, en général, bien supporté. Mais, surtout, des patients jusque-là timides et effacés ont décrit qu'en prenant ce médicament ils se sentaient moins anxieux, plus sûrs d'eux, plus à l'aise avec les autres. Cet « effet Prozac » s'est mis à faire la une des magazines. Du coup, beaucoup de gens se sont mis à l'« essayer », même sans être particulièrement déprimés, dans le but d'augmenter leur confiance en eux et leur aisance en société. Ils demandaient à leur médecin un médicament non pas pour guérir une maladie, mais pour mieux affronter les exigences de la vie moderne. Car, que l'on s'en réjouisse ou que l'on s'en indigne, la vie dans notre société impose beaucoup de circonstances où l'on doit être à l'aise face à de nouvelles connaissances, et se maintenir au meilleur de sa forme dans une vie professionnelle exposée.

Effectivement, certaines de ces personnes se sont trouvées beaucoup mieux sous l'effet du traitement ! Elles se sentaient moins vulnérables face aux autres, plus sûres d'elles-mêmes dans leur vie quotidienne. En fait, quand on interroge soigneusement ces « miraculés du Prozac » sur leur état avant le traitement, on s'aperçoit que certains d'entre eux avaient auparavant des caractéristiques de personnalités évitantes, de dysthymies, ou de phobies sociales, mais n'avaient jamais reçu de traitement spécifique.

Le Prozac n'est pas le seul médicament à agir sur ce sentiment de vulnérabilité face à autrui. À l'heure où nous écrivons ces lignes, il existe toute une série d'antidépresseurs de la famille des inhibiteurs de recapture de la sérotonine. Ils ont en commun de modifier la circulation de la sérotonine, une molécule naturellement présente dans le cerveau.

Toutefois, ils ne constituent pas le remède miracle pour toutes les personnalités évitantes car :

- ils ne sont pas efficaces dans tous les cas ;
- certaines personnes voient paradoxalement leur anxiété augmenter, d'où la nécessité de suivre attentivement le début du traitement ;
- ils ne dispensent pas toujours d'une psychothérapie : en fait, le médicament et la psychothérapie sont souvent plus efficaces associés, que chacun des deux séparément. Prendre un médicament et suivre une psychothérapie n'est donc pas du tout contradictoire, chacun des deux peut potentialiser l'autre. En conclusion, personnalités évitantes, allez discuter de votre cas avec votre médecin, qui vous recommandera peut-être d'aller voir un psychiatre.

Les personnalités évitantes au cinéma et dans la littérature

Jean-Jacques Rousseau, dans *Les Confessions*, décrit plusieurs épisodes d'embarras extrême et de rougissement en société. On peut d'ailleurs penser qu'être une personnalité évitante favorise un travail intellectuel de longue haleine qui nécessite souvent une vie régulière et une solitude relative.

Lewis Carroll, souffrant d'un bégaiement, semble avoir été mal à l'aise toute sa vie avec les adultes, leur préférant la compagnie des petites filles, en particulier Alice Liddell, pour laquelle il écrivit *Alice au pays des merveilles*. Mais son intérêt pour un monde de rêverie et les disciplines abstraites – logique, mathématiques – peut orienter aussi vers une personnalité schizoïde.

Dans l'une des plus belles nouvelles de Tennessee Williams, *La Jeune Fille en verre*, le narrateur décrit sa jeune sœur qui vit en recluse auprès de sa mère. Sa peur des autres l'empêche d'aller suivre des cours de dactylographie pour lesquels sa mère a payé son inscription, mais elle n'ose pas le lui avouer. Elle vit en compagnie de ses deux livres favoris et de sa collection d'animaux en verre filé. « Je ne pense pas que ma sœur était réellement folle, dit le narrateur, simplement les pétales de son esprit étaient comme repliés par la peur. »

Le personnage de cette sœur évitante réapparaît dans la pièce de Williams *La Ménagerie de verre*.

Dans *Le Fanfaron* (1962) de Dino Risi, Jean-Louis Trintignant campe un jeune homme timide et évitant, qu'un flamboyant Vittorio Gassman entraîne dans une folle équipée à travers l'Italie.

Le personnage créé par Schuster et Siegel, Superman, dès qu'il retire sa tenue de surhomme revient à l'état de Clark Kent, timide reporter à lunettes au *Daily Planet*. Clark montre des traits de personnalité évitante, en particulier par son incapacité à déclarer sa flamme à une de ses collègues, la belle Lois Lane.

Dans *Fous d'Irène* (2000), des frères Farrelly, Jim Carrey incarne un motard de la police qui fuit devant tout conflit. Il est donc incapable de faire respecter l'ordre, face à ses concitoyens qui se moquent ouvertement de lui, y compris sa femme qui le trompe. Il développe alors un trouble de personnalité multiple sous la forme de Hank, son double brutal, et sans peur, un vrai psychopathe en uniforme, bien loin de sa personnalité évitante de départ !

Comment gérer les personnalités évitantes

Faites

Proposez-lui des objectifs de difficulté très progressive

La personnalité évitante se sent inférieure et craint d'être rejetée ou ridiculisée. Mais elle peut être rassurée. Comme dans tous les troubles liés à l'anxiété, le meilleur moyen de faire diminuer celle-ci est de confronter progressivement les gens aux situations qu'ils redoutent, et de leur faire réaliser eux-mêmes que ça ne se passe pas si mal.

Le mot « progressivement » est important. Dans l'espoir de l'aider à surmonter ses peurs, n'invitez pas une personnalité évitante à une soirée au milieu de trente personnes qu'elle ne connaît pas. Elle aura peur de ne pas savoir se présenter, de paraître ridicule, de ne pas savoir quoi dire à tant d'inconnus. Proposez-lui plutôt d'abord d'aller au cinéma avec vous et une de vos amies qu'elle connaît un peu. Voir un film ensemble n'est pas une situation trop difficile, et si vous allez prendre un verre ensuite, il y aura toujours un sujet de conversation. Même si la personnalité évitante a du mal à donner sincèrement son avis.

Au travail, confiez-lui d'abord des fonctions peu exposées à la contradiction des autres, et où elle connaît bien la tâche qu'on lui demande. Peu à peu, elle prendra assez d'assurance pour passer à une étape supérieure. Écoutons Jean-Luc, directeur commercial.

Maria a eu des débuts difficiles dans l'entreprise, c'est vrai. Elle est arrivée ici pour son premier job : attachée commerciale, ce qui correspondait apparemment à son expérience en stage et à son CV. Elle devait suivre quelques clients, enregistrer leurs demandes et essayer de les satisfaire, en allant en parler à l'équipe de production. Je me suis vite aperçu que ce travail était pour elle une torture : elle ne savait pas résister aux demandes des clients, et après n'était pas non plus capable de faire accepter ces demandes aux gens de la production. Au premier incident, tout le monde s'est plaint d'elle : les clients pour dire qu'elle n'avait pas tenu ses promesses, les gens de la production pour dire qu'elle se laissait mener par les clients qui avaient des demandes excessives. Elle était tellement découragée qu'elle m'a aussitôt présenté sa démission. Comme je pensais qu'elle avait du potentiel, je l'ai refusée.

Nous avons eu une grande explication. Elle a fini par me dire que dès que je lui avais confié ce job elle avait senti que c'était au-dessus de ses capacités, mais qu'elle n'avait pas osé me le dire. Je lui ai expliqué que, dans la vie, il faut dire exactement ce qu'on pense dans au moins neuf situations sur dix, c'est mon point de vue en tout cas. Finalement, comme un de mes commerciaux, Tim, réclamait une assistante depuis des mois, je lui ai donné ce poste. Elle a une fonction plus administrative, et elle travaille très bien. J'ai aussi demandé à Tim de l'emmener avec lui au moins deux jours par semaine, pour qu'elle le voie en train de négocier avec les clients. Elle en a pris de la graine. Peu à peu, il commence à lui laisser faire de petites négociations. Je crois qu'on a plutôt réussi avec elle.

Là aussi, pour une Maria qui a eu la chance de rencontrer une entreprise où les gens et les circonstances lui ont permis de faire des progrès, combien de personnalités évitantes ont-elles été découragées, licenciées, ou végètent-elles dans un poste inférieur à leur potentiel ?

Montrez-lui que son avis vous importe

Les personnalités évitantes ont tendance à penser que leur avis n'est pas de grande valeur, et que – qui plus est – si elles vous contredisent, vous allez les rejeter. C'est à vous de les détromper, en leur exprimant que c'est leur avis que vous souhaitez, et non pas un simple écho du vôtre.

N'espérez pas y arriver du premier coup. La personne évitante ne se dévoilera qu'après avoir été mise en confiance au cours de plusieurs rencontres rassurantes.

En revanche, dès qu'elle réalisera que vous êtes sincère, que son avis vous intéresse, elle s'enhardira peu à peu, et vous aurez contribué à lui redonner confiance en elle.

Écoutons Alban, cadre dans le marketing.

Je crois que je dois beaucoup à mon premier patron. J'étais quelqu'un d'assez timide et mal dans ma peau, et vous imaginez que dans mon premier job, je rasais plutôt les murs. En réunion, j'étais très mal à l'aise, en redoutant particulièrement les « tours de table » où chacun donne son avis à tour de rôle. Surtout qu'à chaque avis nouveau les autres participants se mettaient souvent à contredire et il fallait savoir défendre son point de vue dans une discussion animée. En général, je me contentais de dire que j'étais d'accord avec celui qui venait de parler. Mon patron l'a remarqué, et un jour il m'a demandé mon avis en premier. Plus d'échappatoire possible !

D'une voix tremblante, j'ai commencé par dire que je n'avais pas d'avis particulier sur la question du jour, ce qui était faux. Tout le monde me regardait. Un autre se serait acharné, mais mon patron a aussitôt demandé son avis au suivant. J'aurais voulu rentrer sous terre. À la

fin de la réunion, il m'a demandé de le suivre dans son bureau. J'étais paniqué, et cela se voyait. Il a commencé par me complimenter sur mon travail de ces derniers mois, pour me mettre à l'aise. Puis il m'a demandé ce qui m'intéressait le plus dans mon travail. Là, j'ai osé m'exprimer, ce n'était pas difficile. J'étais plus détendu. Alors, il m'a dit : « Écoutez, j'ai souvent l'impression qu'en réunion vous avez du mal à donner votre avis. Je tiens à ce que vous le donniez, tout le monde en profitera. Même si personne n'est d'accord, une nouvelle opinion permet toujours de faire avancer la conversation. O.K. ? »
À partir de ce jour, j'ai mis un point d'honneur à donner mon avis, même quand cela me coûtait. Je n'arrivais pas toujours à tenir tête ensuite dans la discussion qui suivait, mais, en général, mon patron interrompait quand il trouvait que la discussion avait assez duré. Au fil du temps, je me suis senti de plus en plus à l'aise. En même temps, j'avais commencé une thérapie de groupe qui m'a fait du bien. Mais j'ai eu de la chance, car je crois qu'à l'époque, quand j'étais jeune et timide, un patron dur aurait pu me « casser » définitivement.

La crainte de déplaire est le fardeau des personnalités évitantes, mais vous pouvez l'utiliser comme un stimulant en leur montrant que vous les apprécierez d'autant plus qu'elles seront moins évitantes. C'est ce qu'a réussi le patron d'Alban.

Montrez-lui que vous acceptez la contradiction

Les personnalités évitantes ont tendance à penser que contredire quelqu'un conduira forcément à un conflit dans lequel elles perdront leurs moyens et seront ridiculisées. (C'est d'ailleurs parfois ce qu'arrivent à provoquer certains chefs très autoritaires qui parviennent à rendre tous leurs collaborateurs évitants : ceux-ci apprennent vite que le moindre désaccord exprimé est sanctionné. Très vite, ils deviennent des virtuoses du « Tout à fait, monsieur » ou du « Absolument, madame ».)

Si la première fois qu'une personnalité évitante ose vous donner son avis vous lui montrez immédiatement que vous n'êtes pas d'accord, elle risque d'être bouleversée et renforcée dans sa croyance qu'il vaut mieux se taire. Il est donc très important d'éviter de la contredire d'emblée ; dites que son opinion vous fait réfléchir, approuvez tout ce qui dans sa réponse vous paraît intéressant. Si vous devez absolument la contredire, par exemple en situation de travail, commencez toujours par la remercier d'avoir donné son avis. Puis expliquez le pourquoi de votre position, sans dévaloriser la sienne.

Exemple : « Vous pensez donc que nous devrions prospecter de nouveaux clients. Merci de me donner franchement votre point de vue et de participer à la recherche d'une solution. Évidemment, chercher de nouveaux clients paraît une solution intéressante. Mais pour différentes raisons, que je vais vous expliquer, cela ne me paraît pas le moment. »

Mon Dieu, diront certains, mais quand on travaille, on n'est pas chez le psy ! Si quelqu'un me dit quelque chose que je pense être une mauvaise idée, je le lui dis et puis c'est tout ! On n'a pas de temps à perdre !

D'abord, la phrase citée ci-dessus ne prend après tout qu'une quinzaine de secondes à prononcer, il y a pire comme perte de temps. Ensuite, en encourageant votre collaborateur anxieux à parler, à exprimer ses idées, vous mettez au jour un nouveau gisement de matière grise, et vous utilisez au mieux ses capacités. Beaucoup d'entreprises ont succombé non pas parce qu'elles ont manqué d'idées ou de prévisions intelligentes, mais parce qu'elles n'ont pas su écouter les personnes qui leur permettaient d'avancer.

Si vous voulez la critiquer, commencez par un éloge plus général, puis ciblez votre critique sur un comportement

Les personnalités évitantes commettent, comme tout le monde, des erreurs, et même leur comportement risque de finir par vous énerver. Mieux vaut leur en faire la remarque, car ne pas critiquer quelqu'un, c'est lui faire perdre une chance de s'améliorer.

Comme elles sont hypersensibles à la critique, il convient de leur faire comprendre :

- que vous ne critiquez pas leur personne, mais un de leurs comportements ;
- que leur faire une critique n'empêche pas que vous puissiez les apprécier le reste du temps ;
- que vous comprenez leur point de vue.

Ouf ! Cela fait beaucoup de choses à faire comprendre, direz-vous. Mais ça n'est pas si compliqué.

Prenons l'exemple de Fabrice, un dentiste qui veut faire remarquer à son assistante Myriam qu'elle devrait mieux résister aux demandes pressantes des clients impatients, et ne pas mettre trop de rendez-vous rapprochés.

« Myriam, dira-t-il, je sais que vous voulez bien faire, et que ce n'est pas facile de résister aux demandes des clients (*je comprends votre point de vue*). Mais quand il y a trop de rendez-vous rapprochés, c'est trop fatigant pour moi, et en plus on prend du retard (*description des conséquences*). Et donc j'aimerais que vous fassiez un effort, en donnant aux clients non urgents des rendez-vous plus éloignés (*critique sous forme de demande*). »

Voilà, Myriam se sentira moins déstabilisée et aura appris un peu plus que « critique » n'est pas synonyme de « rejet ».

Avec une personnalité évitante, imaginez que vous dialoguez avec un étranger qui fait l'effort de parler français. Vous n'allez pas le critiquer ou vous moquer de lui à chacune de ses fautes de grammaire. Au contraire, vous allez lui montrer que vous appréciez sa bonne volonté à parler votre langue, ce qui ne vous empêchera pas de lui indiquer de temps en temps la formule correcte.

Assurez-la de la constance de votre soutien

À ce stade, vous avez bien compris que les personnalités évitantes ont plus que les autres besoin d'être rassurées pour progresser. Or, ce qui nous rassure le plus, c'est de sentir que quelqu'un nous apprécie pour ce que nous sommes, même si nous commettons des erreurs. C'est le talent qu'ont certains professeurs, de donner à leurs élèves le sentiment qu'ils les respectent et les apprécient quels que soient leurs résultats, pourvu qu'ils jouent le jeu et fassent des efforts. C'est dans cette ambiance rassurante que les enfants et les adultes apprennent le plus vite de nouveaux comportements.

Ainsi, avec les personnalités évitantes, montrez que vous appréciez leur bonne volonté, même si les résultats ne sont pas parfaits.

Incitez-la à consulter

De toutes les personnalités « difficiles », les personnalités évitantes sont sans doute celles qui ont le plus à attendre des progrès de la médecine et de la psychologie. Psychothérapie, nouveaux médicaments, thérapies de groupe peuvent les aider à progresser, parfois de manière spectaculaire. Écoutons Lucie, cette jeune fille dont parlait sa sœur Marie au début de ce chapitre.

Ma sœur me disait qu'à force de m'effacer devant les autres j'allais avoir une vie de deuxième choix. Je comprenais ce qu'elle voulait dire, mais je pensais qu'une vie de deuxième choix était ce que je méritais, car je me trouvais moins intelligente et moins jolie qu'elle.

En fait, je crois que j'ai accepté d'être comme j'étais jusqu'à ce que je commence à travailler. Mais là, j'ai vraiment réalisé que mon attitude me conduisait à me faire exploiter. Je n'arrivais pas à négocier tout le travail qu'on me donnait à faire, les autres se déchargeaient sur moi, et en plus je n'étais pas augmentée. Je crois que tout le monde, mon patron compris, était content que je sois une « bonne poire ».

En plus, comme mes sœurs s'étaient mariées, elles sortaient beaucoup moins et il n'y avait plus de soirées où je pouvais les suivre. Entre mon travail qui m'épuisait et mon petit studio où je me retrouvais le soir toute seule, en me disant que je ne me marierais jamais, puisque je ne connaissais personne, j'ai commencé à déprimer sérieusement.

Ma sœur (encore elle) s'en est aperçue et m'a conseillé d'aller consulter un psychiatre qui avait soigné une de ses amies. Un psychiatre ! Ça m'a fait tellement peur que j'ai aussitôt refusé ! Finalement, ma sœur a dû m'accompagner pour que j'accepte d'y aller.

Je me suis sentie très intimidée la première fois, c'était une dame d'une quarantaine d'années, l'air assez distinguée. Mais je me suis vite aperçue qu'elle s'intéressait à ce que je lui disais et qu'elle m'encourageait quand j'avais du mal à m'exprimer.

Cette attitude encourageante m'a déjà fait du bien : j'ai osé peu à peu être moi-même devant quelqu'un de prestigieux pour moi, sans me sentir jugée ou rejetée. C'est elle qui m'a fait me rendre compte que j'avais de l'humour quand j'osais me laisser aller.

La partie difficile de la thérapie a été de me faire prendre conscience de ma croyance fondamentale « je suis inférieure aux autres ». Après quelques mois de thérapie, j'arrivais à remettre en question cette croyance en discutant avec elle : j'acceptais mes qualités d'être humain, que j'étais digne d'estime, que je n'étais pas « inférieure ».

Mais dans la vie courante, mes vieux réflexes reprenaient le dessus, et je recommençais à m'effacer. À un moment, elle m'a proposé de participer à un groupe d'affirmation de soi qu'elle animait avec un autre psychiatre. Je me suis retrouvée au milieu de dix personnes aussi mal à l'aise que moi, ce qui était très intimidant au début, mais rassurant par la suite. Les deux thérapeutes nous demandaient de raconter des situations de la vie courante dans lesquelles nous nous étions senties embarrassées, puis nous les reproduisions en jeu de rôles avec un autre participant. J'ai joué comme cela plein de « demandes d'augmentation » avec d'autres participants qui jouaient le rôle de mon patron qui repoussait ma demande. En fait, j'avais presque autant le trac dans le jeu de rôles que dans la situation réelle, mais à force de répéter, je me suis sentie de plus en plus sûre de ce que j'allais faire. Quand j'ai obtenu ma première augmentation, j'étais toute contente de raconter ça au groupe, et tout le monde a applaudi ! Je jouais aussi comme partenaire pour les jeux de rôles des autres, et j'étais contente de contribuer à leurs progrès. Ce groupe a vraiment été une expérience dans ma vie ! Je suis restée amie avec deux filles rencontrées là-bas, et nous nous voyons souvent. J'ai moins peur de ne pas me marier ; depuis que j'ai l'air plus détendue, j'intéresse beaucoup plus les garçons.

Ce n'est pas un conte de fées ! Il existe des thérapies adaptées aux difficultés des personnalités évitantes, pour peu qu'elles soient motivées à changer.

Ne faites pas

N'ironisez pas à son propos

Les personnalités évitantes sont hypersensibles. Une petite flèche d'ironie, qui picoterait un autre, risque de les blesser cruellement. Même un humour bienveillant peut être mal interprété par une personnalité évitante, qui, rappelons-le, se sent inférieure face aux autres. N'en usez qu'après une relation solidement établie.

Ne vous énervez pas

Avec ses hésitations, sa tendance à laisser tomber la conversation, à paraître mal à l'aise ou embarrassée, une personnalité évitante peut finir par vous énerver, et vous risquez un jour de la critiquer un peu rudement !

Attendez-vous alors à la voir devenir encore plus évitante et anxieuse la prochaine fois que vous la rencontrerez. Par votre critique agressive, vous aurez renforcé ses deux croyances de base : « Je suis inférieure » et « Les autres vont me rejeter ». Bravo ! Vous aurez réalisé une sorte de thérapie à l'envers. Si un jour vous vous énervez, essayez de rattraper les choses par la suite en venant lui reparler quand vous êtes plus calme.

Écoutons Fabrice, le dentiste dont l'assistante, Myriam, est une personnalité évitante qui a des difficultés à s'opposer aux clients.

J'étais très stressé par toute une suite de rendez-vous de patients trop rapprochés, mais j'arrivais à tenir le coup en pensant à celui de 16 heures qui s'était annulé et à la pause-café que j'allais pouvoir prendre. Mais arrivé 16 heures, Myriam m'apprend qu'il y a un patient dans la salle d'attente ! Sur sa demande insistante, elle avait donné rendez-vous à ce patient à la place de l'annulation. J'étais tellement frustré à l'idée de cette pause perdue que j'ai explosé : je lui ai reproché de ne pas savoir tenir un carnet de rendez-vous, de ne pas se soucier de moi, de travailler sans réfléchir. Tout ça était assez injuste, elle ne se trompe jamais dans les rendez-vous, elle se soucie au contraire beaucoup de moi, mais ce jour-là je n'en pouvais plus ! Je l'ai vue rougir, baisser les yeux, elle était incapable de me répondre. Elle avait l'air si bouleversée que ça m'a calmé. Les jours suivants, elle avait peur dès que je m'approchais d'elle. Du coup, elle s'est mise à faire des erreurs. Il m'a fallu des semaines et une longue explication, avant de la voir reprendre confiance.

Ne la laissez pas se dévouer pour toutes les corvées

Les personnalités évitantes évitent les groupes, mais parfois elles sont forcées d'en faire partie, par exemple au travail. Pour être sûres de ne pas être rejetées par les autres, elles sont souvent prêtes à « payer » leur place dans le groupe en se rendant les plus utiles possible. (Ce comportement se voit aussi chez les personnalités dépendantes, décrites plus haut.) Elles chercheront à rendre service, à se dévouer pour se garantir d'un éventuel rejet par le groupe. Au travail, cette tendance est parfois exploitée par des collègues ou des chefs peu scrupuleux. Écoutons Lise, surveillante de soins dans un grand hôpital parisien.

Maëlys est une jeune infirmière nouvellement arrivée. J'ai vite remarqué qu'elle était très timide, elle n'osait pas prendre la parole en réunion. Elle semblait surtout soucieuse de se faire accepter, suivant la conversation mais sans trop intervenir, souriant aux plaisanteries des autres. Mais par ailleurs elle m'a paru très compétente et très consciencieuse, et j'ai toute confiance en elle. Peu à peu je me suis aperçue que s'installait une situation malsaine. Je laisse aux infirmières une certaine autonomie pour qu'elles établissent elles-mêmes leur planning en s'arrangeant pour une répartition équitable des week-ends et des jours de congé. Mais je me suis aperçue que Maëlys était de week-end plus souvent qu'à son tour. Bien plus, elle remplaçait parfois au pied levé une collègue qui le lui avait demandé, ce qui augmentait encore son quota de jours de week-end. J'ai compris ce qui se passait : ses collègues avaient senti sa faiblesse, sa difficulté à s'opposer, et en profitaient pour lui refiler les jours dont elles ne voulaient pas !
Lors de la réunion, j'ai signalé que la répartition du trimestre suivant ne me paraissait pas équitable, sans citer Maëlys nommément, et que j'attendais un nouveau planning. Tout le monde a eu l'air gêné, mais un

peu plus tard elles m'ont rapporté un planning décent. Ensuite, j'ai eu un entretien avec Maëlys et je lui ai expliqué qu'elle ne devait pas se « laisser faire ». J'ai senti qu'elle prenait ma remarque comme une réprimande et était encore plus bouleversée. Il a fallu une demi-heure de conversation pour qu'elle se sente plus détendue et comprenne que j'avais une bonne opinion d'elle. Cela fait six mois maintenant, et elle a pris plus d'assurance.

Cet exemple montre aussi quel rôle capital peut jouer un chef compréhensif pour redonner de la confiance en soi à une personnalité évitante comme Maëlys. Malheureusement, beaucoup de chefs, eux-mêmes stressés, pressés, et accaparés par des collaborateurs plus bavards ou revendicateurs, ne consacreront pas le temps ou l'attention nécessaires aux personnalités évitantes, qui cherchent d'ailleurs à se faire oublier.

Comment gérer les personnalités évitantes

- Faites
  - proposez-lui des objectifs de difficultés très progressives ;
  - montrez-lui que son avis vous importe ;
  - montrez-lui que vous acceptez la contradiction ;
  - si vous voulez la critiquer, commencez par un éloge plus général, puis ciblez votre critique sur un comportement ;
  - assurez-la de la constance de votre soutien ;
  - incitez-la à consulter.

- Ne faites pas
  - n'ironisez pas à son propos ;
  - ne vous énervez pas ;
  - ne la laissez pas se dévouer pour toutes les corvées.

Si c'est votre conjoint : bravo, vous avez réussi à ne pas lui faire peur !

Si c'est votre patron : vous travaillez probablement dans une administration publique.
Si c'est votre collaborateur ou collègue : relisez ce chapitre.

Avez-vous des traits de personnalité évitante ?

	Plutôt vrai	Plutôt faux
1. Il m'est arrivé de refuser des invitations par peur de me sentir mal à l'aise.		
2. Ce sont plutôt mes amis qui m'ont choisi(e) et non l'inverse.		
3. Dans la conversation, je préfère souvent me taire de peur de dire des choses inintéressantes.		
4. Si je me suis senti(e) ridicule devant quelqu'un, je préfère ne jamais plus le revoir.		
5. Je suis moins à l'aise en société que la moyenne des gens.		
6. Par timidité, j'ai manqué plusieurs occasions dans ma vie personnelle ou professionnelle.		
7. Je ne me sens à l'aise qu'en famille ou avec de vieux amis.		
8. J'ai souvent peur de décevoir les gens, ou qu'ils ne me trouvent pas intéressant(e).		
9. Il m'est très difficile d'engager la conversation avec une nouvelle connaissance.		
10. Il m'est arrivé plus d'une fois de prendre un peu d'alcool ou des tranquillisants juste pour me sentir mieux avant de rencontrer des gens.		

CHAPITRE XIV

ET TOUTES LES AUTRES PERSONNALITÉS ?

Nous n'avons pas la prétention de penser que nous avons réussi à décrire tous les types de personnalités difficiles dans les chapitres précédents. D'abord parce que, pour reprendre notre comparaison météorologique évoquée au début de ce livre, il n'y a pas que des cumulus, des nimbus, ou des stratus, mais aussi des cumulonimbus, ou des nimbostratus, c'est-à-dire des formes mixtes. Sans compter les cirrus !

Pour les personnalités, il en va de même. Certaines d'entre elles sont une association de traits appartenant à plusieurs types. Nous pouvons déjà en citer deux, parce qu'elles semblent plus souvent associées que par le simple hasard.

La personnalité narcissique-histrionique

Ce type de personne montre le comportement théâtral et séducteur de la personnalité histrionique, mais avec le sentiment de supériorité et la susceptibilité de la personnalité narcissique. Si l'on caricature, cette personnalité mixte ressemble à une grande star qui, en arrivant dans le hall d'un palace, fait tout pour être remarquée (histrionique) puis, une fois installée, excède le personnel par des exigences incessantes et faites sur le ton du commandement (narcissique). Par rapport aux histrioniques « pures », ces personnalités sont moins influençables, ce sont plus de fortes têtes. Par rapport aux narcissiques pures, elles sont plus dépendantes de l'attention d'autrui, et leur estime de soi est plus fragile. Sous une forme modérée, ces personnalités mixtes sont assez fréquentes, alternant parfois des périodes plus narcissiques quand elles sont en pleine forme et plus histrioniques quand elles ont besoin d'aide et de réconfort.

> Dans la série historique *Dynasty*, Alexis, le personnage de femme fatale joué par Joan Collins, est une belle illustration de personnalité narcissique-histrionique. D'une manière générale, les séries télévisées *soap opera* américaines abondent en personnalités narcissiques et histrioniques, bons supports de scènes de séduction ou de disputes impitoyables.
>
> On peut aussi citer la redoutable Sally Spectra d'*Amour, gloire et beauté*.

La personnalité évitante-dépendante

Des études ont montré que lorsque des personnes ont été classées personnalités évitantes par des psychiatres, et qu'on les soumet à une nouvelle évaluation par d'autres confrères, elles se retrouvent cette fois avec le diagnostic de personnalité dépendante. Il y a donc un certain recoupement entre les deux diagnostics.

Idéalement, un « évitant pur » fuit tout contact social qui risquerait de lui faire éprouver de l'embarras ou du trac, et le « dépendant pur » recherche au contraire la compagnie des autres en étant prêt à tout pour se faire accepter. Mais la réalité est souvent plus complexe : l'évitant est quand même amené à avoir des contacts sociaux, à l'école, au travail par exemple, ou parce qu'il a des désirs amoureux. Comme il craint d'être ridicule ou « pas à la hauteur », il va chercher à se faire accepter en étant particulièrement serviable, docile et « gentil », ce qui lui donne des comportements de « dépendant ». Inversement, le dépendant va se sentir très mal à l'aise en cas de conflit, même minime, de peur d'être abandonné, et va se troubler, rougir, être embarrassé, ou même fuir, ce qui peut lui donner des comportements d'« évitant ».

Nous avons cité ces deux formes mixtes, car elles sont fréquentes, mais il en existe bien d'autres, qui font de chaque personnalité difficile une singularité.

En dehors des formes mixtes, il existe d'autres types de personnalités difficiles que nous n'avons pas citées dans les chapitres précédents, soit en raison de leur rareté, soit parce que nous pensons qu'elles sont tellement difficiles que notre premier conseil serait non pas de les rejeter, mais de vous tenir à une prudente distance. Et si les circonstances de la vie font que vous êtes en contact régulier avec l'une d'elles, en famille ou au travail, nous vous recommandons d'aller chercher de l'aide auprès d'un professionnel de santé. Voici donc ce « casting » pour tragi-comédie.

Personnalité schizotypique

Ces personnalités ont des croyances et des perceptions bizarres concernant les autres, elles-mêmes et le reste du monde. « Bizarre » se définit bien sûr par rapport aux croyances traditionnelles du groupe culturel auquel l'individu appartient. Un paysan haïtien qui croirait que les morts sortent de leur cercueil pour se venger dans ce monde ne serait pas « bizarre », un cadre parisien qui croirait la même chose le serait plus.

Dans nos sociétés, les personnalités schizotypiques vont être attirées par l'ésotérisme, les religions orientales, les croyances *New Age*, mais en restant souvent solitaires car elles ont tendance à être méfiantes et à se sentir mal à l'aise en groupe. Elles voient volontiers des « signes » partout (par exemple, un patient schizotypique, apercevant une camionnette de livraison d'une grande marque de bière, y voit aussitôt le signe que sa mère voulait qu'il l'appelle au téléphone, car elle consommait des bières de cette marque). Elles croient aussi souvent à la réincarnation (« J'ai senti que c'était ma sœur morte qui parlait à travers moi »), aux phénomènes paranormaux ou aux extraterrestres. Il ne s'agit pas pour elles d'un simple sujet d'intérêt, mais de croyances profondes, qu'elles « sentent » dans leur vie de tous les jours.

Dans la série télévisée *Twin Peaks*, de David Lynch, la « Dame à la bûche » semble être une personnalité schizotypique : plutôt en retrait, elle tient toujours dans ses bras une bûche, à laquelle elle parle tendrement, et en reçoit des messages télépathiques. Toute cette admirable série baigne d'ailleurs dans une ambiance hautement schizotypique avec apparitions étranges, signes surnaturels, magie indienne, transformations corporelles, hallucinations terrifiantes, et le personnage principal, l'agent du FBI Dale Cooper, a lui-même des croyances bizarres et des comportements un peu aberrants (il enregistre ses pensées du jour sur dictaphone en s'adressant à une secrétaire, Diane, qui en fait n'existe pas). Ce qui ne veut pas dire que les auteurs de *Twin Peaks* soient des personnalités schizotypiques, mais que les artistes peuvent imaginer des expériences au-delà du champ étroit de leur propre personnalité. (Dostoïevski faisait remarquer qu'il n'avait pas eu besoin de tuer une vieille dame à coups de hache pour décrire les ruminations mentales de l'assassin dans *Crime et châtiment*.)

Il semblerait exister une certaine parenté entre personnalité schizotypique et schizophrénie : on trouve un taux plus élevé que la moyenne de personnalités schizotypiques dans la parenté des patients atteints de schizophrénie. Cependant, par rapport aux patients schizophrènes, les personnalités schizotypiques gardent un meilleur contact avec la réalité et n'ont que rarement des hallucinations comme dans les épisodes aigus de schizophrénie. Certains psychiatres pensent que la personnalité schizotypique est une forme mineure de schizophrénie.

Ces personnalités ont souvent du mal à s'adapter à la vie en société, à moins de trouver un emploi où leur bizarrerie ne sera pas une gêne (un poste isolé), ou un groupe où ils seront bien acceptés et où ils ne se sentiront pas persécutés (compagnons de travail connus de longue date, comme dans les sociétés agricoles).

Si vous avez une personnalité schizotypique dans votre entourage, les conseils que nous pourrions donner ressembleraient à ceux que nous avons donnés pour la personnalité schizoïde, en particulier celui de respecter son besoin de tranquillité, mais nous pensons que, là encore, mieux vaut l'assistance d'un professionnel. Comme elles ont souvent du mal à s'adapter à la vie en société, les personnalités schizotypiques ont un risque élevé de dépression et de suicide.

Personnalité sadique

Ce trouble peu attachant de la personnalité se caractérise par un ensemble de comportements ou d'attitudes destinés à faire souffrir autrui ou à le dominer. Le sadique recherche la souffrance et la soumission de l'autre « pour le plaisir » et non pas comme des moyens d'atteindre un autre but. (Par exemple, frapper quelqu'un pour le dévaliser n'est pas forcément un comportement sadique : le but premier de l'agresseur est de voler sa victime, pas de la faire souffrir.)

Une personnalité sadique peut s'arranger pour ne pas enfreindre la loi, mais rechercher la souffrance de l'autre par des comportements « autorisés ». Humilier quelqu'un en public par des remarques blessantes, punir ses enfants plus que nécessaire, terrifier ses subordonnés par des menaces de sanction, maltraiter les animaux, s'amuser de la souffrance d'autrui, contraindre les autres à des comportements humiliants ou dégradants peuvent être les signes d'une personnalité sadique. Le trouble apparaît dès l'adolescence et en écrasante majorité chez les garçons.

Dans les sociétés guerrières, les comportements sadiques étaient souvent valorisés comme preuve de virilité et moyen aussi de terrifier les tribus adverses. D'un point de vue évolutionniste, on pense que le sadisme donnait un avantage pour soumettre ses rivaux et exterminer ses ennemis, et donc augmenter les chances de se perpétuer. Chez certaines tribus indiennes d'Amérique du Nord, les adolescents devaient faire la preuve de leur virilité en torturant longuement les prisonniers (encore une atteinte au mythe du « bon sauvage » !)[1]. Chez les Vikings, autre société guerrière, un chef du IXe siècle fut surnommé l'« Homme aux petits enfants », car lors de la prise de villes ennemies, il interdit à ses hommes d'embrocher les enfants au bout de leurs lances, comme c'était pourtant l'usage jusque-là. Cette interdiction impressionna si vivement ses compatriotes qu'ils lui donnèrent ce tendre surnom[2]. Cela donne une idée du niveau de sadisme « naturel » de l'époque, qui a malheureusement resurgi souvent

1. *Relation de quelques missions des pères de la Compagnie de Jésus dans la Nouvelle-France par le Révérend Père F.J. Bressani*, Montréal, Presses de la Vapeur, 1852.
2. D. Boorstin, *Les Découvreurs*, Paris, Robert Laffont, « Bouquins », 1992.

dans l'histoire. Dans une lignée moins sanglante, mais parfois très cruelle, les jeunes sadiques peuvent aujourd'hui s'épanouir en tant que participants actifs de certains « bizutages », où ils trouveront plaisir à humilier et à asservir des camarades d'études plus jeunes.

Si les personnalités sadiques sont obligées de se « retenir » dans une démocratie stable, les guerres et les révolutions leur ouvrent des perspectives inespérées de se réaliser. Ils seront toujours volontaires pour interroger les suspects, garder les camps de concentration, exercer des représailles et terrifier la population civile. Une des horreurs de la guerre est que le comportement sadique peut finir par devenir une norme qu'adoptent des personnalités auparavant normales. Un des mérites des démocraties est de tenter de contrôler et de punir ce type de comportement chez leurs soldats même en temps de guerre. Dans les armées des dictateurs, les sadiques passent plus rarement en cour martiale.

La personnalité sadique est près d'une fois sur deux associée à un autre trouble de la personnalité (surtout paranoïaque, narcissique et antisociale).

Les personnalités sadiques au cinéma

Dans le film *Le cuisinier, le voleur, sa femme et son amant* (1989) de Peter Greenaway, le personnage joué par le colossal Michael Gambon paraît à la fois un redoutable sociopathe (c'est un des chefs redoutés de la pègre) et une flamboyante personnalité sadique : au cours de grands dîners gargantuesques, il aime humilier et terroriser son entourage par sa violence verbale et physique. Il fait tuer l'amant de sa femme d'une manière horrible. Plus tard, celle-ci lui renverra en quelque sorte son sadisme à la figure.

Dans le magistral *Docteur Jekyll et Mister Hyde* (1941), de Victor Fleming (d'après le roman de Stevenson), le bon Docteur Jekyll, joué par Spencer Tracy, se transforme involontairement en un sadique exceptionnel, Mister Hyde, qui ne cesse de jouir de la souffrance qu'il provoque chez les autres, en particulier Ingrid Bergman, qu'il prend plaisir à humilier et à terrifier.

Dennis Hopper, dans l'angoissant *Blue Velvet* (1986) de David Lynch, martyrise de la même manière une femme dépendante jouée par Isabella Rossellini, dans un effrayant modèle de relation sadomasochiste.

Presque tous les films de Quentin Tarentino comprennent une scène où un personnage prend un plaisir sadique à torturer ou à tourmenter sa victime impuissante avec une jubilation bavarde avant de la tuer.

Mais ne nous faisons pas d'illusions, le sadisme n'existe pas seulement chez les criminels de guerre ou les *serial killers*, il sommeille en chacun de nous et peut se réveiller dans diverses circonstances : entraînement par un chef charismatique, effet de groupe, besoin de compenser une frustration, désir de vengeance.

Personnalité à conduite d'échec

L'existence de ce trouble de la personnalité a été très discutée, et d'ailleurs il n'est plus inclus dans la dernière version du *DSM*. La personnalité à conduite d'échec décrit des gens qui semblent « saboter » volontairement leur existence, alors qu'ils auraient les possibilités de faire autrement. Comme d'habitude, pour parler de personnalité, il faut que la conduite d'échec se manifeste dès l'adolescence dans différents domaines de la vie : travail, relations sociales et sentimentales, loisirs, et que le sujet ait la possibilité d'obtenir un succès, mais qu'il ne la saisisse pas.

Par exemple, un étudiant va arriver très souvent en retard à des examens qu'il avait pourtant bien préparés ; une femme choisit toujours des partenaires brutaux et volages pour lesquels elle va se sacrifier ; un homme ne tient pas ses engagements vis-à-vis d'amis, alors qu'il lui aurait été facile de le faire, et provoque une brouille. Un salarié se maintient dans des emplois sous-qualifiés et sous-payés, alors que ses diplômes et ses compétences lui permettraient d'obtenir plus. Malade, la personnalité à conduite d'échec ne va pas consulter de médecin, jusqu'à arriver à des complications sévères, puis prend irrégulièrement son traitement, même s'il est efficace et bien supporté.

S'il lui arrive quelque chose d'heureux, la personnalité à conduite d'échec va aussitôt annuler cet événement positif, par exemple en provoquant un accident coûteux pour elle. Un cadre félicité et augmenté pour une belle performance va peu de temps après commettre une faute professionnelle qui conduit à son licenciement.

De telles conduites provoquent évidemment la colère et le rejet de l'entourage : « Mais bon sang, il le fait exprès ou quoi ? »

En fait, ce trouble de la personnalité n'a pas de reconnaissance officielle pour plusieurs raisons. D'abord, les études montrent qu'il est très souvent associé à un autre trouble de la personnalité, en particulier la personnalité dépendante, évitante, passive-agressive, borderline. On pense donc qu'il n'existe peut-être pas de personnalité à conduite d'échec, mais des comportements d'échec communs à différents troubles de la personnalité. Par exemple, face à la possibilité d'une promotion, les différentes personnalités ci-dessus peuvent faire du « sabotage » pour différentes raisons :

Les personnalités difficiles face à une perspective de promotion : les raisons d'un éventuel comportement d'échec

- La personnalité dépendante va « saboter » par peur d'avoir à prendre des responsabilités personnelles.
- La personnalité évitante par peur d'être plus visible pour plus de monde.
- La personnalité passive-agressive pour « punir » son chef qui comptait sur elle, mais à qui elle en veut.
- La personnalité borderline par un doute soudain sur ses vraies envies, accompagné d'un brutal changement d'humeur.
- La personnalité dépressive par peur de ne pas être à la hauteur de la promotion, qu'elle pense d'ailleurs ne pas mériter.

Un autre inconvénient du diagnostic de personnalité à conduite d'échec est qu'il conduit parfois à des dérives dangereuses, regroupées sous l'expression « blâmer la victime[1] ».

Par exemple, ce diagnostic dessert les femmes battues par leur mari et qui cependant restent avec eux. En les diagnostiquant comme « personnalités à conduite d'échec », les avocats des maris pouvaient rendre responsables ces femmes de la situation conjugale en « blâmant la victime », et tenter en plus de leur faire retirer la garde des enfants. En fait, les femmes battues sont beaucoup plus souvent victimes d'un état de stress traumatique chronique qui les plonge dans un état anxiodépressif invalidant. Et quant à celles qui ont un trouble de la personnalité, il s'agit plus souvent

1. L. B. Rosewater, « A critical analysis of the proposed self-defeating personality disorder », *Journal of Personality Disorders*, 1987, 1, p. 190-195.

de personnalités dépendantes qui ne quittent pas le foyer conjugal par peur d'être incapables de se débrouiller seules. On est loin du fameux « masochisme féminin » que les féministes n'ont toujours pas pardonné à Freud.

« Blâmer la victime » peut aussi être utilisé par les thérapeutes. Quand un patient ne va pas mieux malgré toutes nos tentatives pour l'aider, il est commode et tentant de lui faire porter la responsabilité de l'échec du traitement : « C'est une personnalité à conduite d'échec. » (Il existe une variante psychanalytique : « Ses résistances sont trop fortes » ou « Il a une jouissance masochiste à se mettre en échec ».)

Pour toutes ces raisons, le diagnostic de « personnalité à conduite d'échec » n'est guère utilisé aujourd'hui.

Les personnalités modifiées par un événement traumatique

Depuis longtemps, les psychiatres ont observé des modifications de personnalité chez des gens qui ont traversé des épreuves épouvantables. Une des premières observations en est le syndrome KZ[1], modification de personnalité observée chez les survivants des camps de concentration nazis et japonais, puis l'histoire continuant, chez les prisonniers des camps vietcongs et chez les réfugiés cambodgiens[2]. En plus des violences subies, la dénutrition sévère et prolongée pourrait contribuer aux troubles observés. Ce « syndrome du survivant » peut persister des années après l'épreuve et

1. P. Chodoff, « Late effects of the concentration camp syndrome », *Archives of General Psychiatry*, 1963, 8, p. 323-333.
2. J. D. Kinzie et coll., « Post-traumatic stress disorders among survivors Cambodgian concentration camps », *American Journal of Psychiatry*, 1984, 141, p. 645-650.

se manifester par un ensemble de symptômes chroniques : anxiété, désintérêt, retrait social, émoussement affectif, troubles du sommeil, sentiment permanent d'être toujours menacé.

Tous ces symptômes peuvent aussi s'observer à un degré variable dans les troubles de stress post-traumatique que l'on observe chez les victimes d'agression ou les survivants d'accidents graves ou de catastrophes. Pour diminuer le risque de séquelles psychologiques, il est important que la personne concernée soit traitée au plus tôt après l'accident, idéalement dans les heures qui suivent. Le traitement est d'abord psychologique et consiste à faire raconter à la victime son traumatisme, mais dans le contexte d'une relation thérapeutique rassurante avec un interlocuteur spécialement formé.

Le diagnostic précoce et le traitement du stress post-traumatique sont un vrai problème de santé publique car les personnes qui n'auront pas été prises en charge psychologiquement auront un risque de développer plus tard des troubles chroniques coûteux pour elles, leurs familles et pour la société.

Les personnalités modifiées par un événement traumatique au cinéma

Au début du film de Ted Kotcheff *Rambo* (1982), Sylvester Stallone est un ancien combattant de la guerre du Vietnam qui présente quelques symptômes d'un trouble de stress post-traumatique sévère : désinsertion, perte d'intérêt, retrait social, sentiment de qui-vive. Après qu'il a été arrêté par un policier sadique, les mauvais traitements auxquels on le soumet lui font revivre dans l'angoisse ses souvenirs de prisonnier aux mains du Vietcong et provoquent la réapparition brutale de sa personnalité de combattant, à la grande joie des spectateurs adolescents mâles...

Deux films noirs récents mettent en scène des personnages d'anciens combattants à la personnalité qui semble avoir été modifiée par des traumatismes de la guerre, même si on ne connaît pas leur caractère antérieur.

Dans *Maryland* (2015) d'Alice Winocour, Vincent (Matthias Schoenaerts) est un taciturne soldat de retour d'Afghanistan que la médecine militaire déclare inapte au service, et qui trouve un job de garde du corps auprès de Jessie (Diane Kruger), épouse d'un riche homme d'affaires libanais, confinée dans une luxueuse villa de la Côte d'Azur. Il éprouve pour elle un élan qu'il est incapable d'exprimer, mais saura montrer sa valeur pour la protéger.

Dans *A Beautiful Day* (2017) de Lynne Ramsey, Joaquin Phoenix incarne un ancien combattant, impassible mais tourmenté par d'effrayants flashback traumatiques et des impulsions suicidaires. Il vit avec sa vieille maman dont il prend grand soin et ne la quitte que pour des missions rémunérées de récupération d'adolescentes enlevées à leur famille, dans lesquels il se montre capable d'une extrême violence contre les ravisseurs.

Dans un registre très différent, les médecins observent aussi des changements de personnalité durables après des atteintes du cerveau de différentes origines (traumatisme crânien, intervention neurochirurgicale), mais cela sort du cadre de ce livre.

Et les personnalités multiples ?

Bien que ce trouble soit rare, il excite l'intérêt du public et des psychiatres. La personnalité multiple n'est d'ailleurs pas considérée comme un trouble de la personnalité proprement dit, mais comme une affection de nature différente.

La personne atteinte se présente successivement sous plusieurs personnalités, parfois très différentes par leur âge, leur niveau culturel, leur sexe et leur caractère. Et, dans la forme typique, chaque personnalité a une amnésie des autres, c'est-à-dire ne se souvient pas ou peu de ce que les autres personnalités ont pu dire, faire ou penser. Le nombre moyen de personnalités n'est nullement égal à deux comme dans *Docteur Jekyll et Mister Hyde* de Stevenson, mais varie entre cinq et dix par patient. La personnalité « hôte » est celle qui correspond à l'identité sociale du patient, mais n'est pas forcément celle qui vient chercher de l'aide.

Fait remarquable en psychiatrie, le facteur déclenchant de ce trouble semble connu : on retrouve dans presque tous les cas un événement traumatique dans l'enfance, et qui a été vécu sans soutien affectif.

Nous avons été témoins d'une séance de thérapie entre un psychiatre spécialiste de ce trouble et un de ses patients qui avait au moins trois personnalités : l'une, normale, personnalité « hôte », correspondait à l'identité du patient, un employé de bureau quinquagénaire, apprécié de ses collègues et de sa famille, mais souffrant fréquemment d'épisodes dépressifs. L'autre, qui provoquait la surprise générale quand elle se manifestait, était celle d'un petit garçon de 5 ans, geignard et dépendant. Cette personnalité prenait possession du patient en général à la suite de petits conflits dans la vie courante. Le patient avait une troisième personnalité, celle d'un homme agressif et querelleur, qui avait été impliqué dans plusieurs rixes avec des inconnus. Quand le patient revenait à sa personnalité normale, il ne gardait aucun souvenir des heures où il s'était comporté en enfant plaintif ou en homme bagarreur.

Au cours de la séance, par une injonction hypnotique, le psychiatre provoqua le retour de la personnalité d'enfant. Le patient se mit à parler les yeux fermés, avec le vocabulaire et la voix d'un enfant de 5 ans au bord des larmes, comme aucun imitateur n'aurait pu le jouer. Le psychiatre fit raconter à « l'enfant » une scène d'un lointain passé, complètement oubliée par l'adulte. Son père, délinquant notoire, se cachait pour échapper à un gang rival qu'il avait escroqué. Les hommes du gang trouvèrent le patient, à l'époque âgé de 5 ans, et lui demandèrent de révéler où se trouvait son père. Comme il refusait d'avouer, l'un d'eux sortit un couteau et, appuyant la lame sur le poignet du petit garçon, il menaça de lui couper la main. Terrorisé, celui-ci avoua, et son père fut retrouvé et tué par les membres du gang.

Par la suite, l'enfant ne put raconter à personne son rôle dans l'affaire. Une partie de sa personnalité resta fixée à l'âge du traumatisme. Cette personnalité réapparaissait quand le patient se sentait stressé par un conflit, même minime, mais qui provoquait une émotion probablement parente du bouleversement de ses 5 ans. La personnalité de l'homme agressif et querelleur correspondait peut-être à une identification avec le père (ou un de ses assassins).

Sans être tous aussi dramatiques, les événements traumatiques retrouvés à l'origine des personnalités multiples impliquaient souvent un risque vital, comme des catastrophes, des agressions ou des violences sexuelles, mais on retrouve aussi fréquemment des incestes. Le trouble est surtout décrit chez les femmes, mais peut-être est-il sous-diagnostiqué chez les hommes. Une des personnalités de la personnalité multiple a souvent les caractéristiques de la personnalité borderline, avec des comportements impulsifs et autodestructeurs, ce qui n'est pas surprenant quand on sait que les incestes et les abus sexuels sont souvent repérés dans l'enfance de près d'un tiers des patients borderline.

Un trouble voisin est la fugue dissociatrice : l'exemple classique est celui de la jeune fille sage et rangée qui périodiquement fugue de la maison et passe plusieurs jours dans une errance avec des partenaires de rencontre, commet des délits, consomme de l'alcool et des stupéfiants, puis se retrouve à la maison avec un retour à sa personnalité habituelle et une amnésie de son comportement des derniers jours.

Tout le monde ne développe pas un trouble de personnalité multiple après un inceste ou un traumatisme. Certaines personnes y semblent prédisposées par une plus grande capacité à « dissocier » leur conscience en différents états. Les phénomènes dissociatifs décrivent un ensemble d'expériences qui vont du fugace sentiment de dépersonnalisation (l'impression pendant quelques secondes de n'être pas la même personne) à des états de transe, en passant par des sensations d'être hors de soi et de s'observer en train d'agir, et enfin l'état d'hypnose dans lequel le sujet se met dans un état de conscience différent de la veille et du sommeil. Il semble justement que les sujets les plus facilement hypnotisables soient les plus prédisposés à avoir des troubles dissociatifs après avoir vécu un traumatisme. L'hypnose est d'ailleurs une technique thérapeutique utilisée à la fois dans le traitement des personnalités multiples et celui des troubles de stress post-traumatique. Dans les deux cas, pratiquée dans une atmosphère rassurante, elle vise à ramener à la conscience du sujet des souvenirs et des émotions insupportables qu'il a « évacués », dissociés de sa conscience par des mécanismes dits dissociatifs, pour se protéger. Les phénomènes dissociatifs et leur aspect le plus spectaculaire, le trouble de personnalité multiple, sont un sujet vaste et complexe, véritable spécialité dans la spécialité, dont nous ne donnons ici qu'un petit aperçu.

(N.B. Il semble s'être produit une véritable épidémie de trouble de personnalité multiple en Amérique du Nord. Cette augmentation apparemment spectaculaire tient sans doute à plusieurs raisons : comme le trouble est mieux connu, il est plus souvent reconnu et diagnostiqué par les professionnels de santé, mais on peut aussi penser qu'un véritable phénomène de mode amène des patients influençables et hypnotisables à se fabriquer eux-mêmes des personnalités multiples, parfois avec l'aide involontaire d'un thérapeute obsédé par le sujet[1].)

1. H. Merskey, « The manufacture of personality : The production of multiple personality disorder », *British Journal of Psychiatry*, 1992, 160, p. 327.

Bien sûr, sans faire partie des personnalités multiples, nous pouvons présenter des facettes différentes de notre personnalité selon les situations. Qui ne connaît des individus sûrs d'eux-mêmes au travail et mal à l'aise en famille, ou inversement, ou des tyrans domestiques devenant aimables et serviables avec leurs amis ?

D'autres encore...

Nul doute que vous découvrirez d'autres personnalités difficiles que nous n'avons pas décrites, mais nous espérons que ce livre vous aidera à mieux les comprendre, et parfois à les apprécier en tant qu'êtres humains.

CHAPITRE XV

COMMENT CLASSER LES PERSONNALITÉS ?

Dès l'Antiquité, Hippocrate, un médecin du siècle de Périclès, cherchait à classer ses semblables selon leur personnalité. À l'époque, on pensait que le caractère de chacun dépendait surtout du type de fluide qui prédominait dans son organisme. Ayant observé ce qui coulait des blessures et des vomissements, les anciens Grecs différenciaient ainsi le sang, la lymphe, la bile noire et la bile jaune. Hippocrate aboutit à la classification suivante.

Fluide prédominant	Type de personnalité	Caractéristiques
Sang	Sanguin	Vif, émotif
Lymphe	Lymphatique	Lent, froid
Bile jaune	Bilieux	Coléreux, amer
Bile noire	Mélancolique	Sombre, pessimiste

Cette classification présente plusieurs intérêts : elle montre que le désir de classer ses semblables est fort ancien (IVe siècle avant Jésus-Christ). Elle a conservé une influence dans le langage courant, puisque l'on entend dire, encore aujourd'hui, qu'une personne est « sanguine » ou « lymphatique ». Elle constitue une tentative intéressante pour mettre en rapport une caractéristique biologique et un trait de personnalité (nous verrons qu'Hippocrate rejoint en cela les recherches les plus récentes sur la personnalité).

Malgré tout, nous sentons bien que la classification d'Hippocrate a quelque chose d'imparfait : si nous arrivons à reconnaître des personnes qui correspondent à un type « pur » de sanguin ou de mélancolique, la majorité des gens ne rentrent pas dans les cases du tableau. C'est qu'il existe plus de types de personnalité que les quatre types d'Hippocrate.

Au cours de l'histoire, d'autres chercheurs ont essayé d'améliorer la classification d'Hippocrate en augmentant le nombre de catégories, ou en mettant en rapport des caractéristiques physiques avec la personnalité. Par exemple, en 1925, un neuropsychiatre allemand, Ernst Kretschmer, associe le fait d'être plutôt grand et mince à une personnalité froide et renfermée, tandis que le petit et rond est émotif, instable et sociable. Il ajoute deux autres catégories, l'athlétique et le dysplasique (pas gâté par la nature), aboutissant à quatre grands types de personnalité.

Les quatre grands types de personnalité d'après Kretschmer (1925)

Type	Physique	Personnalité	Au cinéma, joué par
Pycnique	Petit et rond	Expansif, gai, spontané, réaliste	Gérard Jugnot Jack Black Danny De Vito
Leptosome	Grand et mince	Réservé, froid, rêveur	Jean Rochefort Clint Eastwood
Athlétique	Large carrure et musclé	Impulsif, coléreux	Lino Ventura Harvey Keitel James Gandolfini
Dysplasique	Mal développé, anomalies	Asthénique, se sent inférieur	N'a pas réussi dans le cinéma

Mais là encore, on pourra dire qu'il existe plus de quatre types de personnalités dans la vie, et même plus de huit ou seize si on ajoute les formes mixtes. Kretschmer était sensible à cette remarque et admettait qu'il y avait une continuité entre les différents types, avec une infinité de formes intermédiaires.

De plus, des études statistiques sur un grand nombre d'individus ont montré que les relations entre le type physique et la personnalité étaient beaucoup moins simples que ne le pensait Kretschmer.

Les deux classifications d'Hippocrate et de Kretschmer établissent des catégories de personnalité ; ce sont des classifications dites catégorielles. On voit tout de suite leur avantage : elles aboutissent à des descriptions assez évocatrices de types humains que l'on peut reconnaître quand on les rencontre. On voit aussi leurs inconvénients : l'espèce humaine est plus variée que les quelques catégories de la classification. Toute classification essaie de diviser en classes discontinues des objets ou des phénomènes souvent continus.

D'autres chercheurs ont alors envisagé de ne plus essayer de classer les personnalités par catégories, mais par dimensions.

Les approches dimensionnelles de la personnalité

Pour faire une comparaison, classons les voitures par marques et par modèles. C'est une classification catégorielle, dans laquelle je retrouverai tous les modèles de chaque marque. Mais je peux aussi les noter de 0 à 10 selon certaines caractéristiques : fiabilité, performances, confort, coût d'entretien, etc. C'est là une approche dimensionnelle, qui ne tient compte ni de la marque ni du modèle, mais des qualités de la voiture. En fait, les revues d'automobiles vont utiliser les deux types de classification, car les dimensions des performances n'ont pas le même sens pour une petite voiture urbaine et un coupé grand tourisme. Pour un test comparatif, on regroupera les petites urbaines en une seule catégorie, puis on leur appliquera une classification dimensionnelle.

Qu'en est-il de l'approche dimensionnelle de la personnalité humaine ? Les deux grandes questions qui se posent aux chercheurs sont bien sûr : quelles dimensions choisir ? Comment peut-on décomposer une personnalité en deux, quatre ou seize dimensions quand on sait que, s'agissant d'une voiture, donc de quelque chose de plus simple qu'un humain, les critiques automobiles sélectionnent au moins une dizaine de critères d'évaluation ? Comment les mesurer ? Une fois la dimension choisie, par exemple la tendance à se méfier, quels sont les types de tests ou de questions qui permettront d'être sûr qu'on a bien évalué la méfiance, et seulement cette dimension ?

Les tentatives de réponse à ces deux questions sont recherchées par une discipline scientifique : la psychométrie qui propose des mesures quantitatives de la personnalité par des tests psychologiques validés par des statistiques, et dont les résultats paraissent dans des articles plutôt ardus. Nous n'allons pas tenter de vous expliquer ici les méthodes de cette science, mais plutôt vous donner des exemples de classifications dimensionnelles pour vous montrer le mélange d'imagination et de rigueur qui anime les chercheurs.

Un des pionniers des classifications dimensionnelles fut le psychologue américain R. B. Cattell, qui appliqua la statistique à l'étude de la psychologie. Cattell commença par étudier tous les mots de la langue anglaise utilisés pour décrire le caractère : il en dénombra quatre mille cinq cents ! En regroupant les synonymes, il parvint à ne garder qu'environ deux cents qualificatifs. Puis, en évaluant des milliers de sujets à l'aide de ces adjectifs, et en étudiant statistiquement les résultats, il remarqua que certains des adjectifs étaient toujours associés dans les évaluations, c'est-à-dire qu'ils évaluaient la même dimension du caractère. On pouvait encore réduire le nombre de qualificatifs évaluant la personnalité. À la suite de plusieurs années d'étude, Cattell et son équipe de psychologues et de statisticiens parvinrent à isoler seize traits de personnalité, qu'un test, le 16PF, permet de mesurer pour chaque individu. Mis au point dans les années 1950, ce test est encore utilisé de nos jours.

Les dimensions du 16PF

en retrait	sociable
moins intelligent	plus intelligent
instable émotionnellement	stable
émotionnellement soumis	dominant
réservé	enthousiaste
opportuniste	consciencieux
timide	sans inhibition
endurant	délicat
confiant	méfiant
pratique	imaginatif
franc	sournois
placide	appréhensif
conservateur	radical
dépendant	indépendant
manque de contrôle	maître de soi
décontracté	tendu

Sur chaque dimension, le sujet obtient une note intermédiaire entre les deux caractéristiques extrêmes.

Exercice : un jeu de société pour s'énerver entre amis

Écrivez les seize dimensions du 16PF sur une feuille, en laissant à chaque ligne cinq cases entre les deux adjectifs extrêmes. Demandez à un proche de vous évaluer en cochant une case sur chaque dimension. De votre côté, notez-vous vous-même. Puis comparez son évaluation à la vôtre ! Discutez du pourquoi des différences. Après quoi, inversez les rôles. Prévoyez un arbitre.

Le test probablement le plus utilisé au monde par les professionnels de santé est le MMPI, ou Minnesota Multiphasic Personality Inventory. Il fut élaboré dans les années 1930 par Hathaway et Mckinley et révisé ensuite. Il explore dix composantes de la personnalité à l'aide de plus de cinq cents questions sur soi-même auxquelles le sujet répond vrai ou faux. Des analyses statistiques complexes ont aussi permis d'établir quatre échelles de validité qui permettent de savoir si l'état mental du sujet n'a pas perturbé la passation du test, ou s'il n'a pas cherché à fausser les résultats dans un sens ou dans un autre.

Un modèle plus récent, mais apparemment plus simple, est celui d'un chercheur anglais, Eysenck. Après beaucoup d'études et d'analyses statistiques, Eysenck propose de classer la personnalité selon deux grands axes.

- Un axe introversion-extraversion : l'individu extraverti est celui qui est à la recherche de récompenses et d'encouragements, facilement enthousiaste, dépendant de son environnement extérieur, plutôt spontané et sociable. À l'inverse, l'introverti a un grand contrôle de lui, est plutôt tranquille, réservé, poursuit ses buts indépendamment des circonstances extérieures, a tendance à planifier ses actions. Chaque personne peut être située entre ces deux extrêmes sur l'axe extraversion-introversion.

• Un axe neuroticisme-stabilité : le « neurotique » est agité facilement et durablement par des émotions pénibles comme l'anxiété, la tristesse, le remords. Le « stable », au contraire, est peu émotif et, quand il a été perturbé, revient facilement à une humeur normale.

Lorsqu'on passe le test de personnalité d'Eysenck, on peut se situer quelque part sur le schéma suivant, dans une vision dimensionnelle de la personnalité, où nous avons placé quelques personnages de bandes dessinées.

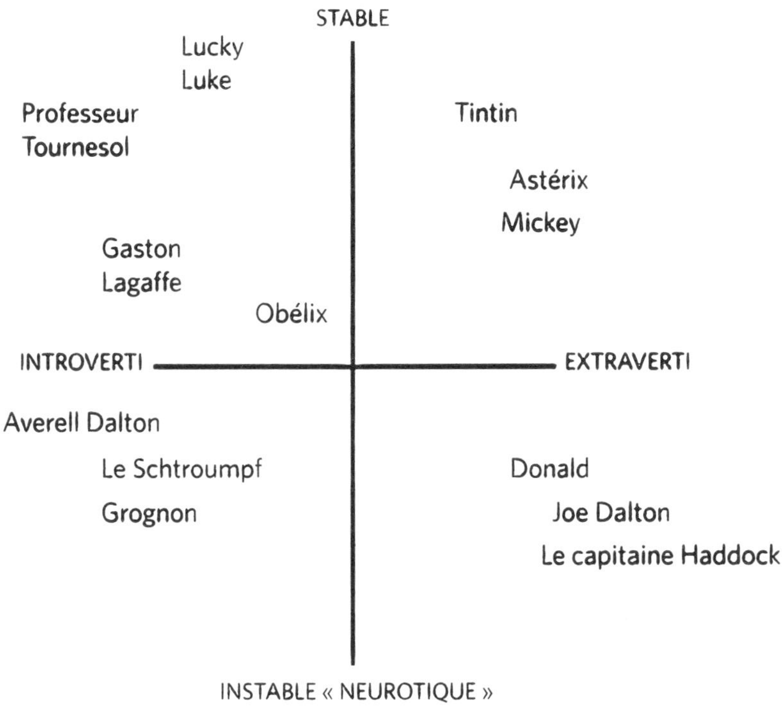

La classification d'Eysenck

Eysenck a ajouté une troisième dimension, le psychoticisme, qui rassemble des traits comme froideur, agressivité, impulsivité, égocentrisme. Ces trois dimensions peuvent être évaluées par un autoquestionnaire où l'on doit répondre par « vrai » ou « faux » à cinquante-sept questions simples.

D'autres chercheurs ont découvert des limites au modèle d'Eysenck : presque toutes les « personnalités difficiles » ont un score élevé de neuroticisme et le test d'Eysenck ne permet pas de les différencier entre elles. Il semblerait donc que la dimension neuroticisme englobe en fait plusieurs dimensions et ne permette pas de faire des différenciations assez fines entre des personnes certes tourmentées, mais différentes. Par ailleurs, la prise de tranquillisants diminue à la fois le neuroticisme et l'introversion, ce qui laisse supposer que ces deux dimensions ne sont pas strictement indépendantes l'une de l'autre.

Pour résoudre ces difficultés, de nouveaux modèles sont proposés par d'autres chercheurs. L'un d'entre eux fait l'objet de la plus grande attention de la communauté scientifique : celui de Robert Cloninger, de l'Université de Saint-Louis. À la suite d'études portant aussi bien sur les animaux de laboratoire que sur les humains, en particulier sur les personnalités des vrais et faux jumeaux, il propose sept composantes de la personnalité. Dans un premier temps, il différencie quatre dimensions qu'il considère comme faisant partie d'un tempérament, c'est-à-dire probablement innées, car se manifestant dès le plus jeune âge et transmises par l'hérédité. Ces quatre dimensions gouvernent les premiers apprentissages, souvenez-vous du dernier bébé que vous avez fréquenté.

Les quatre dimensions du tempérament selon Cloninger

1. Recherche de la nouveauté. La personne ou le bébé qui a une forte note sur cette dimension aura tendance à explorer activement son environnement, à réagir avec intérêt à la nouveauté, à éviter activement la frustration.

2. ÉVITEMENT DE LA PUNITION. Tendance à se faire du souci, à adopter un profil bas pour éviter les mauvaises surprises, à s'abstenir dans le doute, de peur de conséquences fâcheuses.
3. DÉPENDANCE À LA RÉCOMPENSE. Besoin d'approbation des autres, de soutien, de récompenses rapprochées.
4. PERSISTANCE. Tendance à continuer résolument une activité malgré la fatigue ou la frustration.

À titre d'exemple amusant et simplificateur, au restaurant, le monsieur-dépendance-à-la-récompense va immédiatement commander son plat favori, dont il se délecte par avance ; le monsieur-recherche-de-la-nouveauté va vouloir essayer un plat nouveau qu'il ne connaît pas ; le monsieur-évitement-de-la-punition va surtout chercher à repérer dans le menu tout ce qu'il digère mal pour l'éviter ; le monsieur-persistance, un peu en retard, va longuement chercher une place de parking autour du restaurant sans s'irriter ni se décourager, malgré sa faim.

Cloninger ajoute à son modèle trois autres dimensions, qui définissent ce qu'il appelle le caractère. À la différence du tempérament, surtout inné, le caractère selon Cloninger serait plus influencé par les expériences éducatives.

Les trois dimensions du caractère selon Cloninger

1. DÉTERMINATION (*SELF-DIRECTEDNESS*). Cette composante est associée à une bonne estime de soi, une croyance dans son pouvoir d'influer sur sa propre vie et son environnement, une capacité à se fixer des buts.
2. COOPÉRATION. Acceptation et compréhension des autres, empathie, altruisme sont les caractéristiques associées à cette deuxième dimension.

3. AUTOTRANSCENDANCE. Les personnes ayant un score élevé sur cette dimension ont le sentiment que leur vie a un sens, une sensation d'appartenance au monde, une vision spiritualiste plutôt que matérialiste.

Le modèle de Cloninger possède la caractéristique des vraies hypothèses scientifiques : on peut le tester, imaginer des situations ou des expériences pour le mettre à l'épreuve ; autrement dit, le vérifier ou l'infirmer.

Par exemple, les quatre dimensions du tempérament peuvent être étudiées chez l'animal, pour tester si elles sont transmises par l'hérédité. Des questionnaires mis au point pour évaluer les dimensions chez l'homme permettent de comparer les résultats obtenus par certaines personnes avec leur évaluation par d'autres tests, d'autres psychologues, ou les témoignages de personnes qui les connaissent depuis longtemps et qui les ont observées dans différentes situations.

Les résultats peuvent faire l'objet d'analyses statistiques pour voir si les sept composantes sont vraiment indépendantes les unes des autres. On peut aussi comparer des individus ayant eu des résultats similaires pour voir s'il n'y a pas entre eux des différences que n'aurait pas « vues » le modèle, etc.

Un modèle consensuel, les Big Five

Dans les années 1980, les psychologues américains Costa et McRae ont développé le modèle des Big Five. En collectant tous les mots destinés à décrire le caractère dans différentes langues et en les regroupant selon qu'ils sont plus ou moins fréquemment associés pour décrire les mêmes personnes, des chercheurs de plusieurs pays sont arrivés à un résultat commun : la personnalité humaine pourrait se décrire sous toutes les latitudes selon cinq grandes dimensions, appelées justement les Big Five.

Pour chaque dimension, un individu se situe entre les deux extrêmes élevé (↗) ou bas (↘) de la dimension, selon qu'il accumule plus ou moins de qualificatifs correspondant à la description de la dimension.

Les Big Five : où vous situez-vous sur chacune de ces dimensions ?

Ouverture élevée : ↗ Imaginatif(ve), préfère la variété et l'innovation, ouvert(e) aux valeurs des autres...	**Ouverture basse :** ↘ Centré(e) sur le présent, préfère l'habituel, domaines d'intérêts peu nombreux, conservateur(trice)...
Contrôle élevé : ↗ Compétent(e), consciencieux(se), centré(e) sur le résultat, concentré(e), réfléchi(e)...	**Contrôle bas :** ↘ Souvent mal préparé(e), peu soucieux(se) du résultat, distractible, spontané(e)...
Extraversion élevée : ↗ Amical(e), sociable, affirmé(e), aime l'excitation, enthousiaste...	**Extraversion basse :** ↘ Aime être seul(e), effacé(e), lent(e), pas de besoin d'excitation, formel(le), ...
Altruisme élevé : ↗ Confiant(e), ouvert(e), serviable, conciliant(e), humble, facilement ému(e)...	**Altruisme bas :** ↘ Méfiant(e), réservé(e), avare de son aide, se sent supérieur(e) aux autres, froid(e)...
Stabilité émotionnelle élevée : ↗ Détendu(e), longanime, difficile à décourager, rarement embarrassé(e), gère bien son stress...	**Stabilité émotionnelle basse :** ↘ Soucieux(se), coléreux(se), facilement découragé(e), facilement embarrassé(e), stressé(e)...

Bien sûr, pour avoir un résultat plus objectif et plus précis, mieux vaut passer un test spécialement conçu pour mesurer les Big Five[1].

1. Une version abrégée en ligne : https://www.idrlabs.com/short-big-five/test.php.

Et selon votre profil sur ces cinq dimensions, vous serez plus ou moins sensible à certains aspects du bonheur, ce qui tend à confirmer la recherche, en particulier pour le rapport entre joie et extraversion, satisfaction et contrôle.

Relation entre composante de personnalité et vision du bonheur

Composante(s) dominante(s) de votre personnalité	**Type de bonheur auquel vous êtes particulièrement sensible**	**Personnage représentatif**
Extraversion ↗	Joie	Séraphin Lampion La Castafiore
Ouverture ↗	Joie de la découverte	Tintin
Altruisme ↗	Contentement Bonheur relationnel	Señor Oliveira
Contrôle ↗	Engagement dans l'activité Satisfaction du but accompli	Nestor
Stabilité émotionnelle ↗	Équanimité ?	Professeur Tournesol *À l'inverse* : Capitaine Haddock

Toutefois, l'intérêt des Big Five réside justement dans la part variable de plusieurs composantes de la personnalité d'un seul individu :

- Professeur Tournesol : son « score » est haut en stabilité émotionnelle, mais il est aussi élevé en ouverture, comme en témoigne son intérêt pour les inventions nouvelles dans des domaines variés, et en contrôle nécessaire pour mener des recherches de longue haleine.
- Tintin, représentant de l'ouverture, cote aussi fort en altruisme : il est sensible à la souffrance des autres, et apprécie quand les gens s'entendent bien.
- Quant au capitaine Haddock, sa tendance à la colère, à l'irritabilité et au découragement lui donne probablement un haut

score en neuroticisme, opposé à la stabilité émotionnelle. Le fait qu'il soit alcoolique n'est pas un hasard, l'alcool étant un grand anesthésique des émotions négatives. Mais il est aussi élevé en altruisme, choqué par l'injustice et prêt à aider.

Comme tous les vrais modèles scientifiques, les modèles de Cloninger ou des Big Five évolueront ou seront remplacés par d'autres qui expliqueront mieux la réalité. Ainsi la connaissance progresse-t-elle, comme en astronomie, comme en médecine, par des confrontations entre les théories et les faits d'observation.

L'étude de la personnalité constitue donc un champ de recherche en pleine évolution, et qui pourra apporter une aide précieuse en matière d'éducation des enfants, de prévention des troubles psychologiques, et de perfectionnement des psychothérapies.

CHAPITRE XVI

LES ORIGINES DES PERSONNALITÉS DIFFICILES

Comme nous l'avons déjà dit, la part de l'inné et de l'acquis est très difficile à déterminer dans la formation de la personnalité, surtout qu'il ne s'agit pas d'un rapport simple, mais plutôt d'une interaction complexe où les deux facteurs s'enchevêtrent à différentes étapes de la vie.

Sur les origines de la personnalité, la période des grandes théories globales a laissé peu à peu la place à des études tentant de mettre en relation événements de vie, traits de personnalité, hérédité. Nous nous sommes contentés jusqu'ici d'évoquer quelques faits d'observation, quand ils ont été confirmés par plusieurs études (par exemple, la fréquence des incestes et maltraitances sexuelles dans l'enfance des personnalités borderline, ou l'influence des facteurs génétiques pour la personnalité schizotypique). De toute façon, l'accord se fait chez les chercheurs pour dire qu'une personnalité est le produit complexe de prédispositions innées, transmises par l'hérédité, et d'influences de l'environnement qui agissent dès les premiers jours sur le bébé (et dans certains cas avant sa naissance). La discussion porte, et portera longtemps, sur la part respective de l'hérédité et de l'environnement, qui varie sans doute d'un individu à l'autre et selon, comme nous le verrons, la caractéristique qu'on étudie.

La personnalité peut-elle être héréditaire ?

En France, l'idée que certains traits de personnalité puissent être transmis par l'hérédité choque pour plusieurs raisons.

Quatre raisons qui font que beaucoup de gens sont choqués quand on leur parle de génétique des personnalités

• La tradition judéo-chrétienne. Selon la religion, l'homme possède un libre arbitre, il est libre de pécher ou de faire le bien. L'idée que certains traits de caractère soient génétiquement déterminés heurte cette tradition religieuse, puisqu'elle sous-entendrait que notre liberté est bien moindre qu'on ne le pense. (Mais la parabole des talents, dans le Nouveau Testament, peut être comprise comme une reconnaissance de l'inégalité génétique entre les individus.)
• La tradition républicaine. Cette tradition met l'accent sur l'égalité des chances que l'on doit donner à tous, et la valeur de l'éducation dans le développement d'un individu. Parler de différences génétiques peut être perçu comme une acceptation des inégalités, ou une dévalorisation de l'éducation. (En fait, il n'y a aucune contradiction entre reconnaître une influence génétique dans la personnalité et accorder une grande importance à l'éducation.)
• La tradition psychanalytique. Elle met l'accent sur l'importance des événements de l'enfance dans la formation de la personnalité. Défendre l'influence des gènes peut être vécu par certains psychanalystes comme une tentative de minimiser l'intérêt de leur discipline.

• DES SOUVENIRS HORRIBLES. Des abominations ont été commises par les nazis au nom de théories génétiques délirantes. Ces dogmes racistes n'avaient rien à voir avec la recherche génétique actuelle mais, depuis, le mot « génétique » a gardé une odeur de soufre.

Cependant, des études de plus en plus nombreuses confirment que certains traits de personnalité sont en partie transmis par l'hérédité. (Ce que savaient déjà les mères et les pères de familles nombreuses.) Mais comment peut-on affirmer cela pour les êtres humains ? Comment peut-on différencier l'inné de l'acquis ?

Confrontés à ce problème, les chercheurs ont imaginé différents types d'études pour étudier l'influence respective de l'hérédité et de l'environnement.

• *Études de jumeaux.* On peut comparer la fréquence d'un trait de caractère ou d'un trouble psychologique chez les jumeaux identiques, dits « vrais » jumeaux, qui ont le même matériel génétique, et chez les « faux » jumeaux qui se ressemblent comme des frères ou des sœurs ordinaires. Si un trait de caractère présent chez le jumeau A se retrouve plus fréquemment chez le jumeau B, quand ils sont de « vrais » jumeaux, que chez les faux, cela montre qu'il existe une part génétique dans la formation de ce trait de caractère.

• *Encore plus intéressant* : on étudie de vrais jumeaux élevés séparément (cela arrive), ce qui permet de mieux différencier les effets de l'hérédité et de l'éducation.

• *Études d'adoption.* On peut aussi comparer les traits de personnalité des enfants adoptés dès la naissance avec ceux de leurs « vrais » parents biologiques, ainsi que les traits de leurs parents adoptifs qui les ont élevés. Si certaines caractéristiques psychologiques des parents biologiques se retrouvent plus souvent chez les enfants adoptés, alors qu'elles ne sont pas présentes chez les parents adoptifs, cela laisse penser qu'elles ont été transmises par l'hérédité. Ce type d'étude a permis de montrer par exemple qu'il existait une prédisposition héréditaire à certains types d'alcoolisme ou de schizophrénie.

• *Études familiales*. Il s'agit ici de rechercher la fréquence d'une caractéristique chez les membres de la famille plus ou moins éloignés. Ce type d'étude a permis de montrer par exemple que les personnalités schizotypiques se retrouvent plus fréquemment dans la parenté des patients schizophrènes, ce qui laisse penser que les deux troubles ont une base génétique commune.

Mais attention, le fait qu'une prédisposition soit génétique, transmise par l'hérédité, ne veut pas dire qu'elle ne peut pas être modifiée par l'éducation ou l'environnement. Par exemple, quelqu'un de prédisposé génétiquement à l'alcoolisme pourra très bien rester sobre toute sa vie si son éducation l'aide à apprendre d'autres manières de gérer ses tensions, et s'il sait se tenir à l'écart d'un milieu ou de circonstances trop tentatrices.

Et l'influence de l'environnement ?

Ce n'est pas parce qu'on s'intéresse à la génétique des traits de personnalité qu'on nie l'influence des événements de l'enfance ou de l'éducation. De nombreuses équipes de recherche s'intéressent non seulement à ce que racontent les patients sur leur enfance ou leur vie, mais aussi aux informations rapportées par des observateurs extérieurs comme l'état civil ou les services sociaux ou médicaux. Parmi celles-ci, citons :

– les caractéristiques sociodémographiques de la famille ;
– les deuils précoces ;

- les maladies graves de certains membres de la famille ;
- les violences conjugales, maltraitances, abus sexuels ;
- et quand on peut l'observer, le style d'éducation ou de communication au sein de la famille.

Un bel exemple de recherche sur les influences respectives de l'hérédité et de l'environnement est celui d'une maladie : la schizophrénie.

Grâce aux études sur des enfants adoptés à la naissance, on a montré que l'hérédité joue un rôle dans la schizophrénie (si un des parents biologiques est schizophrène, l'enfant a 10 % de risques de le devenir, si les deux le sont, il a 50 % de risques).

Mais en étudiant le style de communication dans les familles des adolescents qui semblaient le plus à risque de devenir schizophrènes (personnalité schizotypique), on a aussi montré que dans les familles qui communiquaient le plus mal, le risque pour les adolescents de devenir schizophrène était augmenté, et, chez ceux qui le devenaient, les rechutes étaient plus fréquentes dans les familles trop critiques et trop impliquées émotionnellement.

Vérification de l'hypothèse : quand on entraîne la famille à mieux communiquer, il s'ensuit une diminution de la fréquence et de la durée des rechutes de la personne schizophrène. Mais ces études ont été discutées, car il existe peut-être un effet inverse : plus l'adolescent a des symptômes sévères, plus la famille est perturbée et communique mal.

Génétique/environnement : quelques données encore disparates[1]

Il existe plusieurs arguments en faveur des influences génétiques dans les troubles de la personnalité :

- si un jumeau a une personnalité obsessionnelle, l'autre jumeau a plus de risques d'être obsessionnel si c'est un « vrai » jumeau ;
- on trouve plus de personnalités schizotypiques dans la parenté des patients schizophrènes que dans une population témoin ;
- on trouve plus de troubles de l'humeur (dépressions) dans la parenté des personnalités borderline que dans une population témoin ;
- on trouve plus de personnes atteintes de troubles délirants dans la parenté des personnalités paranoïaques que dans une population témoin.

La parenté dont nous parlons s'étend aux ascendants et aux collatéraux, c'est-à-dire à des personnes élevées dans des foyers différents.

La personnalité anxieuse que nous avons décrite est proche du trouble anxieux généralisé pour lequel on trouve plus de troubles anxieux dans la parenté. De même, la personnalité dépressive est difficile à distinguer de la dysthymie, pour laquelle on trouve une composante héréditaire avec les autres formes de dépression.

---

1. P. McGuffin, A. Thapar, « The genetics of personality disorders », *British Journal of Psychiatry*, 1992, 160, p. 12-23.

Retour à des évaluations dimensionnelles des traits de personnalité

Mais plutôt que de parler des « personnalités difficiles », qui sont des catégories, revenons un peu aux aspects dimensionnels de la personnalité. Ils permettent des analyses plus fines. Par exemple, en étudiant la parenté d'une personnalité obsessionnelle, il est possible qu'un chercheur ne trouve personne d'autre dans la famille qui corresponde aux critères de la personnalité obsessionnelle. On pourrait en déduire qu'il n'y a aucune influence héréditaire dans la personnalité obsessionnelle. Mais si ce même chercheur se met à évaluer les membres de la famille avec une échelle qui mesure l'« obsessionnalité » (tendance à l'ordre, à la précision et au scrupule), il va peut-être s'apercevoir que certaines personnes de la famille, même si elles ne sont pas classées personnalités obsessionnelles, ont un score plus élevé que la moyenne de la population sur cette échelle.

Dans ce cas, on pourra suspecter que la dimension « obsessionnalité » est en partie héritable. On pourra tenter de le vérifier en s'intéressant à des jumeaux élevés dans des environnements différents. La personne qui est une personnalité obsessionnelle n'est en quelque sorte que la partie émergée de l'iceberg de l'« obsessionnalité » dans cette famille.

En conclusion, sur cette partie génétique, les différents types d'études de jumeaux (vrais, « faux », élevés ensemble, séparés) ont montré des résultats relativement similaires d'une étude à l'autre.

À titre d'exemple, nous donnons ci-dessous les résultats d'une étude portant sur cent soixante-quinze paires de jumeaux adultes. Après beaucoup de précautions méthodologiques, les auteurs arrivent à des conclusions voisines des études précédentes :

l'hérédité jouerait une part importante (plus de 45 % d'influence sur la variance de la dimension[1]) pour les caractéristiques suivantes, par ordre décroissant :

- le narcissisme (au sens de grandiloquence, besoin d'admiration, d'attention, d'approbation) (64 %) ;
- les problèmes d'identité (59 %) (sentiment chronique de vide, image de soi instable, pessimisme). Ce résultat a surpris les chercheurs eux-mêmes, qui s'attendaient à ce que cette dimension soit plutôt influencée par les expériences éducatives ;
- la « dureté » (manque d'empathie, égocentrisme, mépris, sadisme) (56 %) ;
- la recherche d'excitation (50 %) ;
- l'anxiété (49 %) ;
- l'instabilité émotionnelle (49 %) ;
- l'introversion (47 %) ;
- l'évitement social (47 %) ;
- la suspicion (48 %) ;
- l'hostilité (dominance, hostilité, rigidité) (45 %).

Malgré tout, cela laisse à l'environnement éducatif environ la moitié de l'influence possible, ce qui prouve que s'intéresser à la génétique n'amène pas à se désintéresser des facteurs environnementaux. Toutefois, les deux facteurs jouent parfois dans le même sens : un enfant déjà prédisposé génétiquement à l'anxiété pourra recevoir une éducation anxiogène de la part du parent anxieux, ou un enfant prédisposé à la suspicion pourra avoir comme modèle un parent soupçonneux, etc., à moins que l'autre parent ou un autre proche ait des caractéristiques compensatrices.

Pour les traits obsessionnels, l'hérédité ne compterait que pour 39 % de la dimension.

---

1. Rappelons que la variance est la moyenne des carrés des écarts par rapport à la moyenne.

Inversement, cette même étude trouve que l'hérédité ne semble guère jouer de rôle dans les dimensions comme :

- la suggestibilité-soumission ;
- l'insécurité affective (peur de la séparation, recherche de la proximité, difficulté à supporter la solitude) ;
- les problèmes d'intimité (inhibition sexuelle, peur de l'attachement).

Ces trois dernières dimensions concernent les relations avec des personnes très proches, et on peut penser qu'elles sont très influencées par les apprentissages précoces d'attachement mère-enfant.

Une petite note environnementale de plus : les personnalités dépendantes sont plus fréquentes chez les petits « derniers » ou « dernières », ou chez les personnes ayant souffert d'une maladie chronique dans leur enfance.

En conclusion, les données sur les origines des personnalités difficiles sont encore assez parcellaires, les mécanismes impliqués, à la fois génétiques et environnementaux, ouvrent un champ de recherche passionnant pour les années à venir, à explorer sans *a priori* idéologique.

CHAPITRE XVII

PERSONNALITÉS DIFFICILES ET CHANGEMENT

« Mon seul regret dans la vie est de ne pas avoir été une autre personne. »

Woody ALLEN

Vivre, c'est changer pour s'adapter tout en restant soi-même. Ce processus de changement personnel, qui correspond à un travail d'ajustement progressif entre nos semblables et nous-mêmes, s'accomplit souvent de manière inconsciente. Dans le cas des personnalités difficiles, ce changement se fait mal, imparfaitement, incomplètement. Mais comment changer des façons d'être problématiques ? Est-ce au sujet, et à lui seul, de faire des efforts ? Est-ce à l'entourage, qui s'agace ou qui souffre des comportements du sujet, de faire pression sur lui ? Est-ce au « psy », enfin, d'intervenir pour modifier certains traits de personnalité ? On s'en doute, aucune de ces questions ne trouve de réponse simple…

Se changer

« Quand on s'est trompé, on se dit : la prochaine fois, je saurai comment faire. Alors qu'on devrait se dire : la prochaine fois, je sais déjà comment je ferai... » Par ces quelques mots, et avec le pessimisme qui caractérise son œuvre, l'écrivain italien Cesare Pavese soulignait cruellement cette évidence : il est particulièrement difficile de modifier sa personnalité. Dans toutes les langues et à toutes les époques, les proverbes abondent pour traduire cela : « On ne se refait pas », « Chassez le naturel, il revient au galop »...

Comment expliquer que l'esprit humain, capable de composer des symphonies ou d'envoyer des sondes sur Mars, s'avère impuissant à modifier quelques habitudes comportementales ? Changer volontairement sa manière d'être représente sans doute l'entreprise la plus difficile qui soit. Y compris pour des personnalités exceptionnelles : une très intéressante étude conduite sur environ trois cents personnages célèbres des deux siècles derniers montrait une forte proportion de personnalités difficiles, pour ne pas dire franchement pathologiques. On y retrouve nombre de nos gloires nationales, comme Pasteur et Clemenceau. Ces hommes capables de modifier le cours de l'histoire, des sciences ou des arts n'avaient pu modifier leur propre caractère. Mais, après tout, ce caractère n'a-t-il pas contribué à leur grandeur ? La créativité de certains grands artistes aurait-elle survécu à une psychothérapie rondement menée, ou à un traitement antidépresseur bien conduit ? Et si Churchill n'avait été doté d'une personnalité difficile, compliquée de surcroît d'alcoolisme, peut-être n'aurait-il pas fait preuve de la même détermination face à Hitler et à la menace nazie ?

Mais si les personnalités difficiles peuvent se révéler, voire s'épanouir, dans des circonstances exceptionnelles, elles vont la plupart du temps s'avérer peu adaptées à la vie quotidienne... Pour quelles raisons éprouve-t-on autant de mal à se changer soi-même ?

« J'ai toujours été comme ça ! »

Notre personnalité se construit dès les premiers jours de notre vie (et même avant pour certains traits comportant une part de prédisposition génétique). Lorsque nous prenons clairement conscience que nos façons d'être devraient être changées, nous avons au moins 20 ou 30 ans, et le sillon est déjà profondément creusé. Plus une habitude comportementale est précoce, plus les efforts à faire pour la modifier vont s'avérer importants, ce qui entraîne souvent un sentiment de découragement anticipé de la part des sujets qui veulent changer. Écoutons Yasmine, 27 ans, personnalité évitante.

Je sais qu'il faudrait que j'aille davantage vers les gens, que je sois moins sensible à la critique, que je me pose moins de questions sur ma valeur aux yeux des autres... Mais je n'y arrive pas, tout cela me semble une tâche tellement énorme, tellement compliquée, tellement longue que je renonce à l'avance. En y réfléchissant, je m'aperçois qu'au fond je n'ai jamais essayé de bousculer mes habitudes et mes certitudes. Je fais le constat, je m'en désole, et puis c'est tout. J'ai toujours été comme ça : enfant, je redoutais le regard des autres, et je me protégeais en me tenant à l'écart. Mes parents m'ont transmis leur propre façon de voir les choses : nous ne sommes pas grand-chose, et il vaut mieux que les autres ne s'en aperçoivent pas... Tant d'années passées avec ça dans la tête, est-ce que cela peut se modifier ?

« Un problème, quel problème ? »

Du fait de l'ancienneté de leur façon d'être, les sujets à la personnalité difficile ne perçoivent pas toujours leurs comportements comme inadaptés. En général, c'est leur entourage, familial, amical, ou professionnel, qui attire leur attention sur leurs attitudes, de manière directe, par des remarques ou des critiques, ou indirecte, par une mise à distance ou un refroidissement de la relation. Et encore, ces messages de l'entourage ne sont-ils pas toujours perçus ou acceptés comme fondés : il n'est jamais facile de remettre en question à chaud ses propres attitudes (« Je ne m'énerve pas, je m'explique », vous diront les personnalités de type A). Pourtant, la prise de conscience du problème posé aux autres est souvent la première étape, indispensable, de tout processus de changement personnel. Écoutons Yanis, 34 ans, ingénieur, personnalité obsessionnelle.

C'est en vivant avec une petite amie pour la première fois que j'ai commencé à réaliser que ma façon d'être posait des problèmes. Jusque-là, j'avais vécu chez mes parents, qui étaient un peu comme moi et qui avaient l'habitude de me supporter comme je suis… Mais partager mon quotidien avec une personne qui n'avait pas les mêmes habitudes s'est vite avéré un enfer. Je suis plutôt du genre maniaque, j'aime que les choses soient à leur place, j'ai besoin d'exactitude et de régularité, je n'exprime pas facilement mes sentiments, je suis têtu… Cette copine était tout l'inverse. Mon côté vieux garçon qui l'avait beaucoup attendrie au début l'a peu à peu exaspérée. Elle me reprochait sans arrêt d'accorder plus de temps à mon travail et aux objets qu'à elle-même. Au bout d'un moment, elle a fait exprès de mettre du désordre, a commencé à me critiquer devant nos amis, à leur révéler des petits détails vexants à mon sujet… J'en ai été extrêmement malheureux, et nous avons fini par nous séparer. Je lui en ai beaucoup voulu pendant longtemps, et je l'ai même traitée d'hystérique lors de certaines disputes. Mais, avec le recul, je m'aperçois qu'elle n'avait pas tort, au fond. C'était la première fois que quelqu'un m'approchait suffisamment pour que mes problèmes apparaissent...

« C'est plus fort que moi ! »

Freud et les psychanalystes ont depuis longtemps identifié, sous le nom de « compulsion de répétition », la tendance incoercible qui parfois nous conduit à répéter systématiquement les mêmes erreurs, à notre corps défendant. Même dûment identifiés, nos traits de caractère ont une remarquable tendance à persévérer et, malgré toutes nos bonnes résolutions, à se manifester lorsque nous sommes confrontés à ce que nous pourrions appeler des « situations-gâchettes ». Voici le témoignage d'Amandine, 45 ans, infirmière, personnalité passive-agressive.

J'ai essayé tant de fois de changer que je me demande si c'est quelque chose de possible dans mon cas. J'ai lu des livres, j'ai écouté les bons conseils de tous mes proches, j'ai même suivi une psychanalyse. Je crois avoir compris beaucoup de choses sur moi-même et ma vision du monde, en tout cas sur ce qui cloche en moi et qui me fait souffrir. Mais j'ai l'impression d'être comme un mauvais élève qui prend de bonnes résolutions en début d'année scolaire, et chez qui, au fil des jours, les mauvaises habitudes reviennent s'installer. J'arrive à prendre sur moi quelques jours, et puis tout recommence. Il suffit que je sois de nouveau confrontée à certaines situations, où j'ai l'impression qu'on m'impose quelque chose, et je me sens instantanément devenir comme une enfant boudeuse et hostile...

« J'ai de bonnes raisons pour agir ainsi... »

Même si elles posent de nombreux problèmes, les attitudes adoptées par les personnalités difficiles ne sont jamais dénuées de tout fondement. Il y a parfois, nous l'avons montré dans cet ouvrage, des avantages à certains traits de caractère, même excessifs : le sujet à la personnalité dépendante obtient souvent de l'aide, le paranoïaque ne se fait pas facilement duper, l'obsessionnel oublie rarement ses clefs... Ces « bénéfices secondaires » sont dérisoires en regard de la masse des inconvénients associés, mais les sujets y trouvent parfois une justification à leurs systèmes de pensée et à leurs comportements. Écoutons Hadrien, 24 ans, étudiant :

Ma mère était une hyperanxieuse, nous avons passé notre enfance totalement surprotégés. La maison était comme une station orbitale, et la moindre escapade, plus compliquée et périlleuse qu'une sortie dans l'espace ! À la plage, nous avions droit au bob, aux lunettes de soleil, aux chaussures antipiqûres d'oursin, à la crème solaire toutes les heures, etc. Quand nous avons commencé à quitter la maison pour nous rendre à des soirées, nous devions téléphoner une fois arrivés, même trois pâtés de maisons plus loin. Elle montait en épingle chaque incident, en soulignant combien cela démontrait que ses précautions étaient finalement justifiées. À chaque pépin, sa première phrase était : « J'en étais sûre », « Je m'en doutais », ou « Je te l'avais bien dit ». Comme elle prédisait toujours le pire, elle finissait par avoir raison de temps en temps. Elle parvenait à nous en convaincre nous aussi. Elle avait son stock d'histoires édifiantes, racontant comment la seule fois où elle avait laissé ma sœur dormir chez une amie, celle-ci avait attrapé une bronchite, ou de quelle façon le petit voisin s'était fait accrocher par une voiture en faisant du vélo sans ses parents. À nos yeux d'enfants, la marche du monde semblait lui donner raison. Ce n'est qu'à l'adolescence que nous avons commencé à réaliser que la vie était possible sans tout ce fatras de précautions étouffantes...

« C'est ma personnalité »

Nous sommes fortement attachés, et c'est logique, à notre personnalité, avec ses qualités et ses défauts ; elle représente une grande part de notre identité. Mais il nous arrive aussi de souhaiter modifier certaines habitudes : être moins anxieux, plus souple, moins jaloux, plus optimiste, moins susceptible, etc. Le plus souvent, nous avons conscience que ce changement ne remettra pas gravement en question ce que nous sommes ; et si c'est le cas, nous sommes prêts à l'accepter. Mais ce n'est pas toujours le cas des personnalités difficiles, qui vont souvent renoncer à s'engager dans un processus de changement par crainte de ne plus être soi-même, et de « perdre leur personnalité », un peu comme on perdrait son âme. Pourtant, ce risque de « changer de personnalité » demeure théorique. Nous le verrons un peu plus loin, la plupart des psychiatres et psychologues parlent plutôt d'aménagements ou d'assouplissements pour qualifier leur travail auprès des personnalités pathologiques ; aucun ne tente ni ne souhaite aboutir à un bouleversement radical...

Cependant la confusion entre changer de personnalité et changer sa personnalité reste encore fréquente dans l'esprit de beaucoup de gens. Des traits de caractère pathologiques représentent plus souvent un carcan qu'une garantie de liberté individuelle, et le meilleur moyen d'accéder à ce que l'on a vraiment envie d'être et de faire est de s'en détacher plutôt que de le cultiver jalousement. Mais cet attachement à ses défauts représente en quelque sorte une forme particulière de « culte de la personnalité », où l'autocélébration de ses travers rend aveugle et sourd à leurs inconvénients. Lucien, 67 ans, contremaître à la retraite, personnalité de type A, témoigne :

Je ne me laisse pas faire, et il vaut mieux ne pas me marcher sur les pieds. Les gens qui me connaissent savent bien qu'il ne faut pas trop me chatouiller. Je suis comme ça, et je ne vois pas pourquoi je changerais, je suis bien comme ça, après tout. Parfois, je sais que je vais un peu trop loin, mais je n'ai pas envie de toujours chercher à me contrôler, je suis à prendre ou à laisser. Tant pis si je me fâche avec les gens, c'est ma personnalité, je ne vais pas devenir un ectoplasme pour plaire aux autres, non ?

Ego-syntonie et ego-dystonie

En psychiatrie et en psychologie, autant que les symptômes eux-mêmes, la manière dont les individus ressentent leurs propres difficultés, et les acceptent ou non, compte énormément. Dans certains cas, la personne se sentira dérangée par ses travers : le sujet déprimé va se révolter contre son incapacité à agir, le phobique va avoir honte de ses peurs, etc. L'individu perçoit un caractère intrusif à ses difficultés, qui le pousse à agir d'une manière qui ne correspond pas à ses propres valeurs, ou à l'image qu'il aimerait avoir de lui-même. Il est conscient du caractère inadapté de ses conduites, et aspire à s'en défaire. Ce type de rapport à ses symptômes est appelé « ego-dystonique ».

À l'inverse, une attitude de plus grande tolérance vis-à-vis de ses troubles, oscillant de la méconnaissance à l'acceptation, est appelée « ego-syntonique ». Le sujet considère alors que ses traits difficiles font partie intégrante de sa personnalité, et qu'ils correspondent peu ou prou à ses valeurs personnelles ou à sa vision du monde. La motivation au changement est alors bien plus faible que dans la première attitude. Les tabacologues, par exemple, connaissent bien ce phénomène et savent que leurs patients ne sont véritablement prêts au sevrage que lorsqu'ils sont « motivés », c'est-à-dire lorsque le comportement tabagique leur est devenu indésirable. Il est inutile de tenter d'arrêter le tabac tant que le fumeur n'est pas passé d'un tabagisme ego-syntonique à un tabagisme ego-dystonique. Le succès n'est pas garanti pour autant, mais il devient possible...

La plupart des personnalités difficiles sont ego-syntoniques. D'où leur grande résistance au changement. À l'état d'équilibre, un sujet à la personnalité difficile est rarement motivé à changer. Il faudra souvent la pression des proches ou des circonstances, ou une succession de difficultés et d'échecs, voire une dépression, pour que la personne s'interroge sur elle-même et remette en question ses attitudes habituelles. Peut-être parce qu'ils en souffrent plus, certains types de personnalités difficiles (anxieux, dépressifs, dépendants) ont parfois plus conscience de leur trouble que d'autres (paranoïaques, narcissiques, type A...)

Aider à changer

Ainsi, le changement arrive souvent par l'entourage. L'agacement ou la gêne éprouvés face à une personnalité difficile, mais aussi parfois la tristesse de voir quelqu'un que l'on aime s'enferrer dans des attitudes autodestructrices, sont à l'origine de nombreuses pressions et interventions plus ou moins directes. Comme le notait La Rochefoucauld : « On ne donne rien si libéralement que ses conseils »... Mais de nombreux problèmes surgissent souvent autour de telles bonnes intentions et bons conseils. Les pressions exercées sur un sujet pour le pousser à changer peuvent être très mal vécues et perçues comme coercitives. Elles risquent même dans certains cas de renforcer encore plus ses convictions : c'est là le cas des sujets à la personnalité paranoïaque, pour qui rien n'est plus suspect que des phrases comme « Ne craignez rien, nous ne vous voulons que du bien »... L'envie de faire changer l'autre est aussi à la source de bien des déboires conjugaux : des couples se bâtissent parfois sur le désir idéalisé de faire changer l'un des deux membres (une femme épousera un alcoolique dans l'espoir de le rendre abstinent... et se dira par la suite déçue par son conjoint), tandis que d'autres se défont parce que l'un des deux, pourtant choisi en connaissance de cause, n'a pu s'adapter à l'évolution des goûts de son partenaire (un homme rompra sa liaison avec une femme plus jeune et très dépendante, lassé qu'elle ne « mûrisse » pas...). Enfin, les espoirs déçus de changement de la part d'un entourage qui pense avoir fait des efforts se transforment vite en rejet de l'individu à la personnalité difficile, qui au fond n'avait rien demandé à personne, ni aide ni opprobre...

Mais existe-t-il des règles simples permettant d'améliorer l'efficacité des efforts de changement ? Nous vous en avons livré un certain nombre tout au long de cet ouvrage, mais voici quelques remarques qui en synthétisent les principaux aspects...

Comprendre et accepter

En général, un sujet à la personnalité difficile ne se comporte pas de façon problématique par plaisir, mais par appréhension : il agit par crainte (d'être abandonné, incompris, agressé, d'être ou de mettre les gens qu'il aime en danger...). Ne pas être attentif à cette cause première, ne pas chercher à voir la vulnérabilité derrière l'attitude dérangeante, c'est s'engager tout droit sur la voie du conflit ou du malentendu. Écoutons Simon, 49 ans, architecte.

Un de mes confrères m'agaçait beaucoup par son côté narcisse. Il se comportait toujours de manière à tirer la couverture à lui devant nos clients, estimait que tout lui était dû, et qu'il n'avait pour sa part aucun effort à faire pour les autres. Nous sommes souvent entrés en conflit au début. Il m'agaçait énormément et m'était très antipathique. Puis, en l'observant, j'ai découvert qu'il n'était pas aussi sûr de lui qu'il en avait l'air. En fait, il cherchait à se persuader qu'il était supérieur aux autres plus qu'il n'en était vraiment persuadé lui-même. J'ai eu un instant la tentation de le déstabiliser en le lui disant, ou de ne plus lui communiquer les informations importantes. Puis j'ai compris que cela ne servirait à rien. Alors nous avons eu quelques explications franches, je lui ai posé des limites, et nous avons commencé à cohabiter : il sait jusqu'où ne pas aller avec moi, et de mon côté j'accepte de lâcher du lest sur des points de détail. Le fait d'avoir identifié sa faille m'aide à mieux le comprendre et à mieux le tolérer.

Et finalement, je me suis aperçu qu'il m'avait apporté quelque chose, et qu'il n'avait pas tout à fait tort sur certains points : j'ai appris à son contact à me mettre en avant, moi qui étais jusque-là persuadé que ma valeur devait être reconnue, même si je restais dans l'ombre…

Une telle compréhension ne doit pas être confondue avec du laxisme ou de l'indifférence. Pas plus qu'elle ne doit conduire à des attitudes de « psychologie de comptoir », saupoudrée de ce que les « psys » appellent des « interprétations sauvages » : « Mon pauvre ami, tu dois avoir un bien gros problème pour te comporter comme ça, je suppose que cela vient de ton enfance… » L'acceptation de l'autre conduit finalement à réfléchir sur soi : comment se fait-il que nous soyons intolérants à tel ou tel comportement, là où d'autres réagissent moins vigoureusement que nous ? Quelles sont celles de nos propres valeurs qui sont heurtées ? En quoi sont-elles supérieures à celles de la personne que nous prétendons faire changer ? Et que peut nous apprendre et nous apporter le sujet à la personnalité difficile, qui, comme tout le monde, a aussi ses bons côtés ? Nos agacements et nos jugements sur les personnalités difficiles témoignent aussi de nos propres faiblesses. Comme le notait malicieusement Paul Valéry : « Tout ce que tu dis parle de toi. Singulièrement quand tu parles d'un autre. »

Respecter la difficulté à changer

Si le changement personnel est aussi difficile, même une fois que le sujet a pris conscience de son problème et s'avère motivé, c'est parce qu'il représente un processus de « démolition-reconstruction » long et coûteux. Il ne s'agit pas seulement d'apprendre certaines règles de conduite, comme pourrait le faire un enfant, mais préalablement de se débarrasser de celles que l'on avait précédemment faites siennes... C'est ce qui explique la longueur du processus de changement et les nombreuses « rechutes » qui l'accompagnent. Une des premières règles en la matière est de laisser le temps au sujet de « digérer » le changement... Écoutons Natacha, 35 ans, médecin du travail :

Mon conjoint est un peu schizoïde ; quand nous nous sommes connus, ses copains l'appelaient l'Autiste... Mais moi, j'aime bien les gens qui réfléchissent avant de parler. Pourtant, quand nous avons eu notre premier fils, je me suis inquiétée, car je trouvais qu'il ne lui parlait pas assez, qu'il ne s'en occupait pas avec autant d'affection que je l'aurais souhaité. J'avais toujours pensé qu'il se décoincerait avec ses enfants... Je craignais que notre fils n'en souffre. Je lui ai fait beaucoup de reproches dans les premiers mois, mais plus je critiquais, plus il se bloquait. Puis je me suis calmée, je me suis dit qu'au lieu de le persécuter, je n'avais qu'à lui ouvrir la voie. Après tout, c'était lui-même un fils unique, il ne connaissait rien aux bébés. Je ne lui donnais plus d'ordres ni ne lui faisais de critiques. Mais quand il s'y prenait comme je le souhaitais, je lui montrais que j'étais contente. Peu à peu, il a changé, au rythme de notre fils : celui-ci a maintenant trois ans, et il adore son père qui le lui rend bien ; il a appris à exprimer à son fils toute son affection, et ils dialoguent avec plus de facilité. Mon mari est même devenu un peu plus extraverti avec le reste de la famille...

Une autre règle importante sera d'accepter des changements imparfaits ou incomplets : la réalité des personnalités difficiles est enracinée dans une histoire personnelle (et parfois dans un tempérament biologique) qu'il serait vain de vouloir « corriger » à 100 %. C'est ce que nous raconte Yanne, 42 ans, cadre :

Ma collègue de bureau est une grande maniaque. Elle veut toujours que tout soit à sa place et selon ses vues. Comme nous partageons le même bureau et beaucoup de matériel, nous avons eu de gros conflits au départ, quand je suis arrivée dans l'entreprise. Elle avait mis la personne qui m'avait précédée à sa botte, mais moi, je ne me suis pas laissé faire ! En huit jours, c'était la guerre ! Il fallait tout ranger selon ses désirs, respecter certains horaires, tout recommencer à la moindre erreur... Un véritable esclavage. Je l'ai traitée de vieille sardine, puis je me suis calmée, après avoir failli démissionner. J'ai décidé de négocier pied à pied ; cela a été plus facile pour moi une fois que je me suis aperçue qu'elle avait aussi des qualités : elle est plutôt serviable et gentille, si on respecte ses manies et ses rituels. Et puis elle est très fiable, ça me dépanne, moi qui suis un peu tête en l'air. Elle m'a plusieurs fois tirée de situations professionnelles délicates. Alors, je supporte certaines de ses manies, pas toutes, mais les moins gênantes pour moi. Du coup, elle cherche moins à m'imposer les autres. Pour l'instant, nous vivons en bonne entente...

S'adresser à la personne sans faire la morale

Lorsqu'on souhaite faire évoluer quelqu'un, la question fondamentale se trouve finalement être : « Au nom de quoi le pousser à changer sa façon d'être ? » De quel droit puis-je décider de ce qui est bien et de ce qui ne l'est pas, et l'imposer, ou du moins le suggérer fortement à quelqu'un ? La réponse est simple : c'est exactement ainsi qu'il ne faut pas présenter les choses ! Même si certaines façons d'être semblent présenter nombre d'avantages (être souple plutôt qu'être rigide, positif plutôt que plaintif, autonome plutôt que dépendant...), toute démarche normative ou moralisatrice va être peu efficace pour motiver autrui à changer. D'abord parce que personne n'aime être traité comme un enfant à qui l'on apprendrait ce qui est bien ou mal. Ensuite parce que le problème des personnalités difficiles, c'est qu'elles ont justement une vision des choses trop rigide et normative : elles agissent davantage en fonction de règles personnelles préétablies qu'en fonction des situations ou des individus en face d'elles.

Inutile donc de surenchérir en termes de normes supplémentaires, elles ne feront que les détourner à leur profit (« tu m'avais dit qu'il ne fallait pas que je demande l'avis des autres, eh bien voilà le résultat... ») ou les caricaturer (« puisqu'on ne peut plus faire de critiques dans cette maison, je ne dirai plus rien... »). Toute motivation au changement ne peut réussir que si elle s'établit à l'échelle individuelle : le sujet à la personnalité difficile modifiera ses attitudes parce que d'autres personnes lui parleront, avec sincérité et sans agressivité, des difficultés qu'il leur occasionne. C'est pourquoi, de manière générale, et comme nous avons cherché à le montrer tout au long de ce livre, il vaudra mieux parler de ses besoins propres plutôt que des obligations de l'interlocuteur, partir de situations concrètes plutôt que s'appuyer sur des grands principes, parler du comportement plutôt que de la personne, décrire plutôt que juger, etc. C'est ce que nous montre le récit de Marina, 33 ans, mère au foyer :

Mon mari est un grand jaloux, et nous avons longtemps eu des disputes violentissimes. Je le traitais de fou furieux, je lui disais qu'il délirait, qu'il devait se faire soigner, et qu'il n'avait pas à me surveiller, que j'étais libre de faire ce que je voulais et de parler à qui je voulais... Finalement, je suis allée chez un psy pour chercher à comprendre, puisque lui ne voulait pas y mettre les pieds, ni tout seul, ni avec moi. Le psy m'a fait réfléchir sur moi-même, mais surtout il m'a aidée à fonctionner différemment avec mon mari. Par exemple, au lieu de l'agresser en retour, j'ai appris à lui faire part directement de mes émotions : lui dire que j'étais triste qu'il ne me fasse pas confiance, ou en colère qu'il empiète sur ma liberté... Il ne l'a pas vraiment pris avec le sourire, mais ça le déstabilisait plus que mes sermons précédents. Et du moins, nos disputes ne dégénéraient plus. Peu à peu, elles sont devenues de plus en plus rares. J'ai l'impression que j'ai réussi à le calmer sur ce plan...

Ne pas céder sur l'essentiel

La tentation est grande pour l'entourage des personnalités difficiles, surtout pour les proches et la famille, de céder à leurs exigences et de rentrer dans leur jeu. La pression est en effet constante, et augmente vite si l'on refuse d'obtempérer : colères, bouderies, pleurs, culpabilisation... Mais si on cède trop souvent, on apprend à la personnalité difficile qu'il suffit de s'obstiner pour obtenir ce qu'elle veut. Elle saura bien évidemment s'en souvenir... Écoutons Nicole, 61 ans, retraitée :

Une de mes belles-filles est très autoritaire et veut tout régenter lors des réunions de famille. Elle exaspère tout le monde en se permettant de donner des conseils à la pelle, en expliquant combien ses enfants et son mari sont les plus beaux et les plus intelligents, etc. En plus, elle ne supporte aucune remarque, et son sens de l'humour est très limité dès qu'il s'agit d'elle-même. Dans la famille, tout le monde est entré dans son jeu, un peu par habitude, un peu par lâcheté, pour éviter les conflits ; car si on fait quelque chose qui lui déplaît, elle fait la gueule, ou refuse de voir la famille pendant des semaines entières. Un jour, le mari de ma plus jeune fille, nouvel arrivant dans la famille, s'est énervé contre elle et ses exigences : il lui a demandé de ne plus donner de leçons de pédagogie. Elle l'a mal pris, et n'a plus reparu pendant six mois. Tout le monde a trouvé qu'il y était allé un peu fort, et lui-même était assez culpabilisé. Mais moi, je pensais qu'il avait bien fait, et je l'ai soutenu, même si cette histoire m'a fait de la peine. Et en fait, quand ma belle-fille a fini par réapparaître dans les réunions familiales, elle s'est montrée beaucoup plus réservée, moins exigeante. Je crois que la leçon avait porté. Nous continuons de beaucoup la protéger et de lui éviter les critiques, mais elle-même s'abstient désormais de critiquer les autres à tout bout de champ…

Avec les personnalités difficiles…

Faites	Ne faites pas
• Essayez de changer ses comportements	• Vouloir changer sa vision du monde
• Comprenez ses craintes et ses appréhensions derrière ses comportements difficiles	• Penser qu'il s'agit uniquement d'une question de mauvaise volonté
• Acceptez un changement progressif	• Exiger un changement rapide
• Exprimez vos besoins et vos limites	• Faire la morale
• Acceptez un changement incomplet	• Exiger la perfection, puis tout laisser tomber
• Tenez bon sur l'essentiel	• Compatir ou rentrer dans son jeu

Changement, psychiatrie et psychologie...

La rencontre entre les psychiatres (ou psychologues) et les personnalités pathologiques peut survenir dans différentes circonstances. La plus fréquente est sans doute celle d'un patient venu consulter pour une autre difficulté : il semble en effet que 20 à 50 % des personnes consultant en psychiatrie souffrent de troubles de la personnalité. Leur demande de soins porte en fait sur les conséquences de ces troubles : dépressions, états anxieux, alcoolisme, etc. D'autres fois, ce n'est pas le patient lui-même qui vient consulter, mais son entourage, inquiet ou lassé, qui appelle au secours. Les psychiatres en savent quelque chose, eux qui sont si souvent alertés par des coups de téléphone de proches, tous porteurs du même message : « Je ne sais plus quoi faire, il (elle) ne veut pas venir consulter, et pourtant notre vie est gâchée par son comportement, que peut-on faire ? » Plus rarement, enfin, ce sont les patients qui consultent d'eux-mêmes, avec le sentiment qu'ils ont un problème de personnalité, et qu'ils luttent contre des tendances qui les dépassent.

En fait, malgré leur grande fréquence, de 10 à 15 % de la population générale, la psychiatrie ne s'intéresse aux personnalités difficiles en tant que telles que depuis assez peu de temps. Les personnalités pathologiques sont en effet des patients difficiles à soigner : lorsqu'ils sont anxieux ou déprimés, les résultats thérapeutiques sont moins bons avec eux qu'avec des patients ne présentant pas de troubles de la personnalité (ce qui n'est pas gratifiant pour le narcissisme des thérapeutes). Mais depuis quelques années, de plus en plus de travaux sont consacrés à l'amélioration des moyens de leur venir en aide, que ceux-ci soient médicamenteux ou psychothérapiques.

Médicaments et personnalité

Certains patients, lorsque leur médecin s'apprête à leur prescrire des psychotropes, manifestent de la réticence, craignant que ces traitements ne modifient leur personnalité. Les antidépresseurs ou les tranquillisants, prescrits à bon escient, vont effectivement modifier la vision du monde des sujets : sous anxiolytiques, les anxieux seront moins déstabilisés par leurs inquiétudes ; sous antidépresseurs, les déprimés appréhenderont les événements avec moins de pessimisme ou de désespoir. Certains neuroleptiques vont aider les patients impulsifs à mieux se contrôler, certains régulateurs de l'humeur vont leur permettre d'éviter les montagnes russes émotionnelles. Bien que ces changements soient parfois spectaculaires, les sujets ainsi traités ne perçoivent pas que leur personnalité a été modifiée. Ils ont simplement le sentiment que leurs souffrances ont été allégées, ce qui est déjà beaucoup, ou qu'ils sont redevenus eux-mêmes, qu'ils ont retrouvé leur personnalité, mais libérée du fardeau de leurs souffrances.

Des médicaments : dans quels cas ?

1. On ne prescrit de médicaments psychotropes que dans le cas de souffrances significatives de la personne.
2. Le plus souvent, il s'agit de l'aider à diminuer certains symptômes associés à son trouble de personnalité : anxiété, dépression, impulsivité, etc.
3. L'amélioration de ces symptômes, dits « émotionnels », aide fréquemment à l'amélioration du trouble de personnalité lui-même.
4. Il n'existe pas à ce jour de médicament soignant spécifiquement tel ou tel trouble de personnalité.

5. Dans tous les cas, une prescription médicamenteuse ne doit pas être une « prescription orpheline » mais s'accompagner au minimum d'un suivi psychologique, et dans l'idéal, d'une psychothérapie.

Mais il arrive aussi que certains antidépresseurs aient un effet plus large, comme le Prozac et ses successeurs, qu'on appelle les « sérotoninergiques » (ainsi nommés pour leur mode d'action principal sur la sérotonine, important neurotransmetteur cérébral). Efficaces sur les troubles dépressifs et certains troubles anxieux, ces molécules semblent aussi capables de modifier certains traits de personnalité, comme la vulnérabilité excessive aux critiques des personnalités évitantes, ou le négativisme et le pessimisme des personnalités dépressives. Mais leur efficacité reste très variable et imprévisible d'un sujet à un autre.

Certains travaux récents sur la neurobiologie des tempéraments et des personnalités sont peut-être les signes avant-coureurs d'une évolution profonde en matière de traitement médicamenteux des troubles de la personnalité : il est possible que nous disposions un jour de « signatures » repérables en neuro-imagerie, de tel ou tel trouble psychique ou trait de personnalité, et que ces signatures nous orientent vers l'efficacité correctrice de tel ou tel médicament.

Les questions qui vont peu à peu être soulevées sont très importantes, tant pour les individus que pour la collectivité. Est-ce au fond une bonne ou une mauvaise chose que des molécules s'avèrent réellement efficaces sur des traits de personnalité ?

Pour l'heure, la prescription de médicaments dans le cadre de troubles de la personnalité avérés devrait systématiquement être accompagnée de mesures psychothérapiques, susceptibles d'aider les thérapeutes et les patients à mieux comprendre et accompagner les changements obtenus. Faute de quoi, il existe un risque de mauvais usage des médicaments prescrits : surconsommation et dépendance, ou bien mauvaise observance (les médicaments ne sont pas pris de manière régulière ou prolongée).

Psychothérapie ou psychothérapies ?

Il existe de multiples formes de psychothérapies, mais il est possible, du moins en ce qui concerne la prise en charge des personnalités difficiles, de les regrouper en deux grands courants.

Le premier de ces courants est bien entendu la psychanalyse et ses multiples formes dérivées. La première des méthodes psychothérapiques, en âge et en importance, du moins en France, est basée sur le principe qu'une prise de conscience progressive par le sujet de l'origine et des mécanismes de ses difficultés est de nature à l'aider à les surmonter. D'autant mieux que cette prise de conscience aura lieu dans le cadre d'une relation thérapeutique codifiée, facilitant le « transfert », c'est-à-dire l'actualisation sur la personne du thérapeute des conflits infantiles du patient. Si la psychanalyse a pour elle de bénéficier d'une théorisation particulièrement riche et complexe et de représenter une expérience intellectuelle passionnante, ses multiples querelles d'école et son *a priori* défavorable envers toute forme d'évaluation scientifique ont été la cause d'un certain recul de sa position auprès des chercheurs et des praticiens. Et en matière de troubles de la personnalité, peu d'études concluantes ont été conduites à ce jour.

Le deuxième courant est celui des thérapies comportementales et cognitives. D'apparition plus récente que la psychanalyse, ce sont aussi elles qui font l'objet du plus grand nombre de publications scientifiques internationales. Les thérapies comportementales et cognitives reposent sur un principe simple : pour modifier un comportement ou une façon de penser, le plus efficace reste de comprendre comment ils ont été appris, et d'aider activement le patient à en apprendre d'autres. Derrière ce principe, issu des sciences de l'apprentissage, se cache en fait tout un ensemble de techniques variées, qui ont fait la preuve de leur efficacité dans de nombreux troubles. Appliquées depuis quelques années aux troubles de la personnalité, les thérapies comportementales et cognitives y obtiennent de bons résultats.

Caractéristiques simplifiées des deux grandes familles de psychothérapies pratiquées en France pour les troubles de la personnalité

Thérapies psychodynamiques	**Thérapies comportementales et cognitives**
• Surtout centrées sur le passé, ou sur l'interface passé-présent	• Surtout centrées sur l'ici et maintenant
• Tournées vers la reviviscence et la compréhension des éléments de l'histoire personnelle	• Tournées vers l'acquisition de compétences à gérer les difficultés actuelles
• Thérapeute neutre	• Thérapeute interactif
• Peu d'informations spécifiques délivrées par le thérapeute sur la thérapie	• Beaucoup d'informations spécifiques délivrées par le thérapeute sur les troubles et sur la thérapie
• Objectifs et durée non déterminés	• Objectifs et durée déterminés
• Objectif principal : la modification de la structure psychique sous-jacente (ce qui permettra la modification des symptômes et des conduites)	• Objectif principal : la modification des symptômes (ce qui permettra la modification de structures psychiques plus profondes)

Au-delà des différences théoriques, il faut savoir que bien souvent, les thérapeutes proposent à leurs patients des thérapies intégratives, associant des éléments issus de la vision psychanalytique (travail sur le passé) et de la vision comportementale et cognitive (travail sur les modes de réaction présents).

En attendant, nous avons choisi de décrire ici les thérapies cognitives, qui représentent une approche récente et validée en matière de prise en charge des troubles de la personnalité.

Les thérapies cognitives

Vous êtes assis dans une salle de restaurant en train d'attendre un ami. À quelques tables de vous, une personne vous regarde à la dérobée, mais avec insistance. Dans ce genre de situation, différentes pensées peuvent apparaître à votre esprit : positive (« je dois lui plaire »), négative (« il me trouve moche »), neutre (« il me rappelle quelqu'un »). Ces pensées sont ce que l'on appelle des cognitions, c'est-à-dire des pensées automatiques survenant à votre conscience en réponse aux situations de votre vie. Ces cognitions sont le témoignage de la manière dont nous percevons et interprétons le monde qui nous entoure. C'est ce que les philosophes stoïciens avaient découvert, voilà près de deux mille ans, lorsqu'ils écrivaient, comme Marc Aurèle : « Si quelque objet extérieur te chagrine, ce n'est pas lui, c'est le jugement que tu portes sur lui qui te trouble. » De nos jours, les cognitivistes ont repris à leur compte ce vieux principe, sous l'appellation plus technique de « traitement de l'information ».

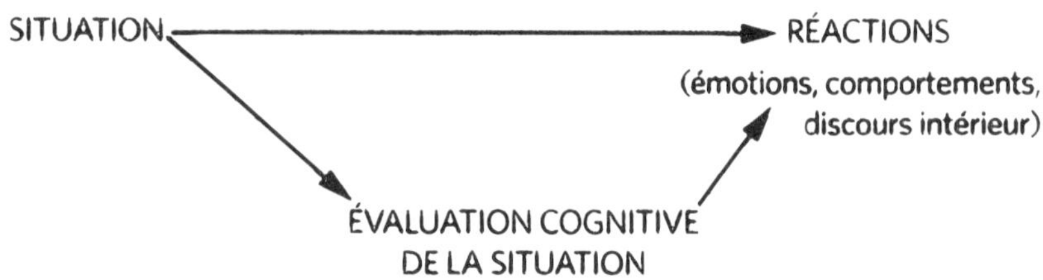

Le traitement de l'information

La théorie du traitement de l'information postule que la manière dont nous évaluons une situation conditionne autant nos réactions que la situation elle-même. Reprenons notre exemple de la salle de restaurant : si vos cognitions sont du type « je plais à cette personne », vous pourrez (si vous êtes un tout petit peu histrionique et si vous aimez plaire) ressentir des émotions plutôt agréables, vos comportements seront alors de lui sourire ou de vous mettre sous votre meilleur profil, et vos pensées vagabonderont sur le thème « j'ai un certain charme... ». Si par contre vous présentez quelques traits de personnalité évitante, vos cognitions seront plutôt « cette personne est en train d'observer mes défauts », ce qui entraînera des émotions désagréables de gêne et d'inconfort, et des comportements d'évitement (fuir son regard ou demander à changer de place). Ainsi, une même situation pourra être évaluée de manière très différente selon les sujets, et donc entraîner des réactions particulièrement variées d'un individu à l'autre.

Comprendre clairement de quelle manière nous interprétons les événements qui nous arrivent est une des principales clés pour modifier nos attitudes.

Comment voyez-vous le monde ?

Pour les cognitivistes, la plupart de nos attitudes et de nos comportements reposent donc avant tout sur notre vision du monde.

Cette vision du monde est composée de croyances, souvent inconscientes, qui vont concerner soi-même (par exemple : « Je suis faible et vulnérable », ou au contraire « Je suis un être exceptionnel »), les autres personnes (« Les gens sont plus forts et plus compétents que moi », ou « Il ne faut faire confiance à personne »), ou le monde en général (« Il peut exister un danger derrière toute situation anodine »). Ces croyances représentent des convictions, en général apprises durant l'enfance, au contact de nos proches ou à la suite d'événements de vie, qui sont profondément ancrées en nous, et finissent par passer inaperçues à nos propres yeux, un peu comme des lunettes à verres colorés, que l'on n'aurait plus conscience d'avoir sur le nez...

Ces croyances sont souvent regroupées en ce que les cognitivistes appellent des « constellations », comme par exemple l'association « je suis vulnérable » et « les autres sont forts et capables » chez le sujet à la personnalité dépendante. De telles constellations cognitives vont pousser les sujets à se construire des règles de vie, représentant autant de stratégies précises destinées à faciliter leur adaptation au monde tel qu'ils le perçoivent. Pour rester dans notre exemple de la personnalité dépendante, de telles règles seront par exemple : « Je dois être soumis aux autres, pour obtenir leur bienveillance », ou « En cas de problème, je ne dois prendre aucune décision seul »...

Personnalité	Croyances et visions du monde	Règles personnelles
Borderline	« Je suis fragile, pas maître de mes réactions. » « Il ne faut pas qu'on m'abandonne ou qu'on me mette à l'écart, sinon je suis en danger. » « Je suis capable du pire. »	« Quand je vais trop mal, il faut que je fasse quelque chose pour mettre fin à ma souffrance. Je suis incapable de me calmer ou d'attendre que ça passe. » « Quand on me cherche, on me trouve. » « Je dois absolument éviter de me retrouver face à moi-même et mes démons. J'ai besoin de faire des choses, d'être avec des gens sinon je dérape. »

Personnalité	Croyances et visions du monde	Règles personnelles
Psychopathe	« Dans la vie, il y a les forts, je préfère me trouver du côté des forts. » « Pas vu, pas pris. » « Les règles sont faites pour être transgressées. »	« Je préfère prendre qu'attendre. » « Je me fiche des problèmes des autres, chacun pour soi. »
Narcissique	« Je suis exceptionnel(le). » « Les autres passent après moi. »	« Tout m'est dû. » « Il faut que l'on sache que je suis remarquable. »
Anxieuse	« Le monde est plein de dangers. » « Si on n'est pas vigilant, on court de gros risques. »	« Je dois toujours anticiper les problèmes, et toujours prévoir le pire. »
Paranoïaque	« Je suis vulnérable. » « Les autres peuvent être contre moi, et me cacher des choses. »	« Je dois toujours me méfier, et aller au-delà de ce qui est dit ou montré par les autres. »
Histrionique	« On ne s'intéressera pas à moi spontanément. » « Séduire, c'est prouver sa valeur. »	« Pour faire ma place, je dois attirer l'attention. » « Je dois éblouir et charmer complètement les autres. »
Obsessionnelle	« Il faut que les choses soient parfaitement faites. » « L'improvisation et la spontanéité ne conduisent à rien de bon. »	« Je dois tout contrôler. » « Tout doit être fait dans les règles. »
Schizoïde	« Je ne suis pas comme les autres. » « La vie sociale est source de complications. »	« Je dois rester isolé(e), ne pas m'engager dans des relations intimes. »
Comportements de type A	« Seule la première place compte. » « Les gens doivent être fiables et compétents. »	« Je dois relever tous les défis. » « Je dois aller le plus vite possible dans l'exécution des tâches. »

Personnalité	Croyances et visions du monde	Règles personnelles
Dépressive	« Nous sommes ici-bas pour souffrir. » « Je n'ai pas droit à trop de plaisir. »	« On se réjouit toujours trop tôt. » « Je dois travailler dur pour être à la hauteur. »
Dépendante	« Je suis faible et peu capable. » « Les autres sont forts. »	« En cas de problème, je dois immédiatement chercher de l'aide. » « Je ne dois pas contrarier les autres. »
Passive-agressive	« Je mérite mieux que ce que j'ai. » « Les gens ne valent pas mieux que moi, mais cherchent toujours à dominer. » « Ils peuvent être agressifs si on les contredit trop ouvertement. »	« Je n'ai pas à me laisser faire, je sais ce qui convient. » « Quand on n'est pas d'accord, il faut résister indirectement. »
Évitante	« Je n'ai pas d'intérêt. » « Si les autres voient qui je suis, ils me rejetteront. »	« Je ne dois pas me révéler. » « Je dois me tenir à l'écart sinon je ne serai pas à la hauteur. »

Des scénarios stéréotypés... ?

L'entourage des personnalités difficiles est en général frappé par le caractère répétitif des comportements de ces sujets : le paranoïaque dont la vie est faite d'une succession de brouilles et de conflits, l'histrionique qui passe régulièrement de l'idéalisation à la déception, le dépendant toujours dans le sillage de ses protecteurs...

Effectivement, l'ensemble des phénomènes cognitifs que nous venons de décrire, croyances de base et règles qui en découlent, débouche sur des attitudes spécifiques à chaque profil de personnalité, en réaction à certains types d'événements, que nous appellerons des « situations-gâchettes ». Celles-ci représentent en quelque sorte le « démarreur » de réactions répétitives, prévisibles et stéréotypées, que ces réactions soient des émotions, des comportements ou des pensées. Toujours dans notre exemple d'un sujet évitant, si ce dernier reçoit une critique, l'ensemble des phénomènes que nous avons décrits va faire que cet événement déclenchera chez lui des émotions de désarroi et d'angoisse, des comportements de soumission et de recherche d'approbation, et des pensées du type : « Si on me critique, je suis en danger d'être rejeté définitivement », « Il vaut mieux sacrifier mon point de vue pour aplanir le conflit », « L'autre doit avoir raison »...

Ces « scénarios » que vont jouer les sujets à la personnalité difficile rappellent finalement le principe des « remakes » au cinéma, ou des séries télévisées : ce sont toujours des variations sur un même thème, au caractère hautement prévisible. Il semble que les leçons de la vie n'aient guère de prise sur les sujets à la personnalité difficile, qui auront tendance à ignorer ou à déformer tous les éléments susceptibles de remettre en question leurs croyances : ainsi, une personnalité évitante persuadée de n'avoir aucun intérêt pour les autres aura tendance, si on lui manifeste de l'attention, à penser que c'est par pitié, par condescendance, ou par calcul. Elle ne remettra ainsi pas en cause sa croyance « je n'ai pas d'intérêt ».

Personnalité	Situations déclenchantes	Réactions prévisibles
Borderline	Impression que les gens s'éloignent, deviennent distants. Fatigue, baisse de moral... Consommation d'alcool ou de drogues.	Sentiment que la vie ne vaut pas la peine. Envie de se faire du mal. Envie d'agresser verbalement les autres, envie de casser des objets. Envie de s'étourdir d'alcool ou de drogues.

Personnalité	Situations déclenchantes	Réactions prévisibles
Psychopathe	Être confronté au succès d'autrui, à ses richesses, à ses chances. Se sentir agressé ou dévalorisé. Se trouver en situation d'impunité (pas de témoins, éloignement des personnes ou des instances régulatrices).	Tout faire pour obtenir les mêmes avantages, quitte à se servir directement... Riposter de manière disproportionnée et violente (physiquement ou socialement). Passer à l'acte et se lancer dans la transgression.
Narcissique	Ne pas être le premier. Par exemple, ne pas recevoir des égards que l'on estime nécessaires.	Rappeler sèchement ses mérites et ses prérogatives. Monopoliser la parole pour parler de soi et de ses œuvres.
Anxieuse	Absence de repères ou d'informations clairement rassurants. Inconnu, incertitudes. Par exemple, ne pas avoir de nouvelles d'un proche qui est en voyage.	S'inquiéter, rechercher le maximum d'informations. Prendre préventivement le maximum de précautions.
Paranoïaque	Situations floues, contradiction. Par exemple, savoir que les autres ont parlé de nous en notre absence.	Faire des interprétations abusives, se noyer dans les détails. Accuser, soupçonner. Se fâcher définitivement.
Histrionique	Personnes attirantes ou inconnues, situations de groupe. Par exemple, être présenté à une personne de sexe opposé.	Chercher à séduire et à obtenir de l'intérêt de la part de l'interlocuteur.
Obsessionnelle	Tâches à accomplir rapidement. Nouveauté, imprévisibilité, perte de contrôle sur les événements. Par exemple, devoir faire les choses vite et imparfaitement par manque de temps.	Vérifier, revérifier. Planifier. Douter, ruminer.
Schizoïde	Promiscuité, rapprochements forcés. Par exemple, partir en vacances au sein d'un groupe organisé.	Se mettre dans son coin, ne pas parler de soi. Ne pas manifester d'intérêt pour les autres.

Personnalité	Situations déclenchantes	Réactions prévisibles
Comportements de type A	Être en situation de compétition. Être empêché d'agir. Par exemple, attendre indûment dans une file d'attente.	S'énerver, hausser le ton, chercher à contrôler la situation, même agressivement.
Dépressive	Échec réel ou supposé. Gratifications jugées imméritées. Par exemple, ne pas arriver à terminer un travail.	Travailler encore plus dur, s'interdire les plaisirs. S'accuser de ne pas être à la hauteur.
Dépendante	Décisions à prendre seul, tâches importantes à accomplir, solitude. Par exemple, passer un week-end seul.	Essayer d'obtenir l'aide ou la présence des autres. Tout leur concéder pour cela.
Passive-agressive	Accepter une autorité ou une supériorité quelconque, obéir à des ordres. Par exemple, devoir accepter une décision avec laquelle on n'était pas d'accord.	Faire de la résistance. Ergoter sur des détails, insister sur les problèmes à venir. Adopter une attitude négativiste. Bouder.
Évitante	Se dévoiler, être confronté au jugement des autres. Par exemple, devoir parler de soi à des personnes importantes pour nous.	Éviter la confrontation. Adopter une attitude distante ou inhibée en situation sociale. Prendre la fuite.

Que faire, docteur ?

Face à ces manifestations, les thérapeutes cognitivistes vont se donner pour but d'aider le sujet à avoir une conscience meilleure de ses modes de pensée. Puis, dans un second temps, d'en modifier le cours. La difficulté réside, nous l'avons décrit précédemment, dans l'enracinement très profond de ces mécanismes de pensée et dans leur caractère identitaire aux yeux du sujet (« c'est ma personnalité »). Pour pouvoir réussir dans une démarche aussi intrusive, les thérapeutes cognitivistes adoptent une démarche très spécifique et très codifiée, et un style de relation tout à fait original dans le monde de la psychothérapie.

La relation avec le thérapeute cognitiviste

Le comportement des cognitivistes durant la thérapie est en effet assez différent de ce à quoi s'attendent la plupart des patients, pour lesquels un psychothérapeute est forcément quelqu'un qui parle peu, écoute beaucoup, et ne donne que rarement son avis (attitude qui correspond au modèle psychanalytique classique).

La thérapie cognitive s'inscrit dans une relation dite socratique : pas de « bons conseils » dans l'absolu (il ne s'agit pas de se poser en gourou ou en directeur de conscience) mais une série de propositions, de questions et d'aide à la prise de conscience par le patient de son fonctionnement psychologique dysfonctionnel, un peu à la manière dont le philosophe grec Socrate « accouchait les âmes » de ses disciples…

Car le thérapeute cognitiviste est un thérapeute actif et interactif, qui répond à toutes les questions que peut se poser son patient, ne refuse aucun sujet de dialogue, s'implique et s'engage dans la thérapie. Il va donner des consignes et des exercices à son patient, lui préciser les grandes directions à développer, l'assister dans la construction de nouvelles stratégies relationnelles au quotidien. En effet, beaucoup de sujets n'ont pas une vision claire des efforts qu'ils doivent entreprendre, et ont dans un premier temps besoin d'être guidés et orientés. Mais, par ailleurs, le cognitiviste est aussi un thérapeute exigeant et prescriptif, qui va demander à son patient de réaliser certaines tâches, de pratiquer certains exercices, c'est-à-dire d'être lui-même l'artisan de sa guérison.

Le thérapeute cognitiviste est enfin explicite et pédagogue, et il va passer du temps à faire découvrir à son patient les mécanismes de ses difficultés, à lui conseiller certaines lectures, à lui décrire le pourquoi de ses conseils et interventions thérapeutiques. Il considère qu'un patient bien informé et comprenant ce qui se passe au cours de sa thérapie sera mieux à même de s'impliquer et de faire des efforts.

Durant le déroulement de la thérapie, le cognitiviste devra au passage éviter de se laisser lui-même piéger dans la relation que son patient tentera d'établir avec lui : l'histrionique cherchera bien sûr à séduire son thérapeute ou du moins à lui plaire, le paranoïaque ne lui donnera pas si facilement sa confiance, le dépendant s'accrochera désespérément à ses conseils sans chercher à se prendre en charge lui-même, etc. Dans ce domaine, les cognitivistes rejoignent les psychanalystes, depuis longtemps attentifs au phénomène du « transfert » du patient vers son thérapeute...

Nous avons illustré dans le tableau suivant quelques-unes des cognitions pouvant survenir à l'esprit des patients à la personnalité difficile en cas de retard de leur thérapeute. Avec ce que vous savez désormais sur ces personnalités, amusez-vous un instant à imaginer quelles vont être leurs réactions face au thérapeute au moment où celui-ci va les recevoir, avec une demi-heure de retard... Dans le cadre d'une thérapie cognitive, le thérapeute serait amené à faire prendre conscience à son patient de ce type de pensées.

Personnalité	Discours intérieur en cas de retard du thérapeute
Borderline	« S'il ne veut pas me soigner, il n'a qu'à me le dire en face. Je ne m'en sortirai pas, ni avec lui ni avec d'autres. Autant me foutre en l'air tout de suite. Ici et maintenant ? »
Psychopathe	« Il se fiche de moi, je vais lui montrer que je ne me laisse pas faire... »

Personnalité	Discours intérieur en cas de retard du thérapeute
Narcissique	« Il se moque de moi ou quoi ? Pour qui se prend-il ? »
Anxieuse	« Il a dû avoir un malaise entre deux patients. Il faudrait peut-être appeler les pompiers... »
Paranoïaque	« Qu'est-ce qu'il cherche à me prouver ? Il doit tester mes réactions... »
Histrionique	« Je ne lui plais pas. Mais pourquoi donc ? »
Obsessionnelle	« J'ai dû me tromper d'heure, et peut-être de jour. Comment ça se fait ? Je vais revérifier dans mon agenda... Ce médecin ne me paraît pas bien fiable... »
Schizoïde	« Il y a un de ces mondes dans cette salle d'attente... »
Comportements de type A	« Qu'est-ce qu'il fabrique ? Je suis en train de perdre un temps précieux. J'aurais déjà pu passer cinq ou six coups de téléphone, et relire plusieurs dossiers... »
Dépressive	« Ma journée est fichue. Mais je n'avais qu'à pas commencer cette psychothérapie, maintenant je dois assumer... »
Dépendante	« On est bien dans cette salle d'attente, je pourrais y venir bouquiner de temps en temps. J'espère qu'il me gardera aussi longtemps que la fois précédente, malgré son retard... »
Passive-agressive	« Ça ne va pas se passer comme ça. Moi aussi, je peux ennuyer les autres... »
Évitante	« J'ai dû dire quelque chose d'idiot la dernière fois, il en a marre de m'entendre et il fait traîner... Et si je rentrais chez moi ? »

Prendre du recul...

La thérapie cognitive est une thérapie essentiellement pragmatique et empirique : son point de départ est l'observation attentive et exhaustive de toutes les situations dans lesquelles des difficultés apparaissent.

Le thérapeute demande ainsi à son patient d'être vigilant face à la répétition systématique de certains scénarios conflictuels ou douloureux avec son entourage. La tâche n'est en général pas facile, et prend un certain temps car les patients présentent un certain degré de méconnaissance du rôle qu'ils sont amenés à jouer dans leurs propres difficultés. Comment aider un sujet à la personnalité paranoïaque à prendre conscience qu'il pousse lui-même son entourage à lui faire des cachotteries pour s'éviter des explications sans fin ? Comment montrer à un grand narcissique que les antipathies qu'il suscite ne sont pas seulement dues à la jalousie, mais aussi à l'irritation de le voir si peu respectueux des droits des autres ?

Les choses peuvent être facilitées quand le sujet à la personnalité difficile vient consulter à l'occasion de difficultés psychologiques surajoutées : dépression le plus souvent, mais aussi troubles anxieux et autres. De tels contextes facilitent l'abord de difficultés sur lesquelles le sujet, « bien portant » malgré ses déséquilibres, n'est pas habitué à se pencher. Au travers de dialogues répétés reprenant avec précision les événements de la semaine écoulée, mais aussi au travers de relevés d'auto-observation comme celui que nous présentons ici, le thérapeute va apprendre à son patient à clairement identifier ses principales situations-gâchettes, et les cognitions qui vont en découler.

Relevé d'auto-observation de Rebecca, patiente de 35 ans, chirurgien-dentiste, à la personnalité narcissique en période dépressive

Situations-gâchettes	Émotions	Cognitions
J'appelle ma mère, qui ne me demande pas de nouvelles de ma santé.	Contrariété	Elle se fiche totalement de ce qui peut m'arriver.
Mon fils aîné m'envoie sur les roses alors que je lui demandais un service.	Tristesse	Plus personne ne me respecte.
Le médecin refuse de passer faire une visite à domicile car il est débordé.	Colère	Qu'est-ce que c'est que ce petit généraliste qui se prend pour une star ?

Situations-gâchettes	Émotions	Cognitions
Conflit avec mon mari.	Inquiétude	Il ne fait plus aucun effort à mon égard.
Une amie me parle longuement au téléphone de ses problèmes de cœur.	Agacement	Qu'est-ce qu'elle croit ? Moi aussi, j'ai des ennuis, et plus sérieux que les siens même. Elle pourrait abréger.
Soirée où je reste à l'écart.	Rancœur	Ce sont des ingrats. Quand ils sont tristes, je vais vers eux, mais eux ne le font pas pour moi.

À partir de ce minutieux travail d'auto-observation, le thérapeute identifie peu à peu les principaux thèmes sur lesquels les traits de personnalité difficile de son patient vont se manifester. Il va alors l'amener à prendre conscience que ses cognitions ne sont pas des faits mais des hypothèses et l'aider à imaginer des hypothèses alternatives.

Dans notre exemple, la patiente est réellement persuadée que sa mère se fiche de sa santé, et que ses amis sont des ingrats. Alors que le thérapeute souhaite simplement qu'elle réalise que ce sont ses points de vue sur la situation, la lecture qu'elle en a faite, mais que ses interlocuteurs verraient sans doute les choses différemment. Par exemple, que sa mère ne pose pas de questions sur sa santé pour ne pas la forcer à aborder un sujet peut-être pénible pour elle ; ou que son généraliste est un médecin dévoué mais débordé ce jour-là.

Cet élargissement du point de vue du patient représente un des points clés de la psychothérapie. Peu à peu, en soulignant le côté répétitif des situations-problèmes, le thérapeute conduira son patient à identifier les règles et les croyances enfouies en lui, et qui régissent sa vision du monde et sa façon de s'y comporter. Pour la patiente de notre exemple, une de ses croyances fondamentales était : « Les gens devraient toujours et prioritairement me manifester de l'attention, je le mérite bien. »

Une fois identifiées, ces croyances seront longuement évaluées et discutées, de manière à en comprendre les avantages pour le patient, mais aussi à en souligner les inconvénients. Le thérapeute ne cherche pas à changer radicalement les convictions de son patient : ces dernières ne sont pas totalement absurdes, mais simplement excessives et trop rigides. On cherche donc à les assouplir, et à en modifier le côté catégorique.

Discussion d'une croyance de Rebecca, personnalité narcissique

Croyance : « Les gens me doivent de l'attention »	
Avantages de la croyance	**Inconvénients de la croyance**
« Je me débrouille pour qu'on s'occupe de moi, j'aime ça. »	« Je sais que j'agace beaucoup de personnes. »
« Les gens sont égoïstes, il faut les rappeler à l'ordre pour obtenir des choses d'eux. »	« Je suis trop dépendante du regard des autres. »
« Je suis quelqu'un de bien, je mérite l'intérêt des autres. »	« Je suis trop tournée vers moi-même. »
« Il faut faire sa propre promotion et défendre ses propres intérêts, sinon personne ne s'en charge à votre place. »	« Je finis par douter de moi, car l'attention que je reçois n'est jamais spontanée, je n'en laisse pas le temps aux autres. »

La plupart du temps, ce travail d'approfondissement sur les croyances passe par la compréhension de leur genèse. Dans le cas de Rebecca, plusieurs explications paraissaient plausibles : son père était un professeur de chirurgie lui-même très narcissique, et sa mère s'était toujours montrée trop protectrice et valorisante envers ses enfants, leur inculquant un sentiment de supériorité sociale et intellectuelle dès leur plus tendre enfance ; la famille élargie était composée de personnes assez brillantes et superficielles, et pour faire sa place lors des réunions ou vacances familiales, il fallait apprendre très tôt à se mettre en avant. Rebecca était une jeune femme intelligente et plutôt jolie, qui avait toujours eu l'habitude d'être regardée et courtisée... Il était donc assez facile de comprendre pourquoi les croyances narcissiques avaient pris autant de poids chez elle. L'abord de son histoire personnelle lui permit de comprendre que ce qui lui avait toujours paru être une évidence (« j'ai droit à des égards ») n'était en fait qu'une construction mentale, explicable par son environnement personnel. Ce qui représentait un prélude à son assouplissement...

Changer sa manière d'être

Mais cette prise de conscience ne représente qu'une partie de l'approche cognitive, qui est aussi tournée vers la modification concrète des manières d'agir du sujet. Une des meilleures façons de modifier ses convictions reste encore de modifier ses comportements. C'est pourquoi la plupart des cognitivistes sont aussi des comportementalistes et vont largement utiliser des méthodes comportementales pour parachever leurs interventions cognitives.

Par exemple en faisant vérifier au patient si ses prédictions sont aussi fondées qu'il le pense : ce sont les « épreuves de réalité ». Ainsi, le thérapeute peut être amené à demander à son patient anxieux de partir en week-end sans avoir réservé d'hôtel, et sans prendre de carte routière, pour vérifier si le résultat est catastrophique ou acceptable (pour infirmer la croyance : « le pire est toujours possible », et autonomiser le sujet de l'obéissance à la règle : « toujours anticiper et prévoir »). Il peut aussi encourager un patient obsessionnel à accomplir imparfaitement ou incomplètement une tâche, comme de tondre seulement la moitié de sa pelouse, ou de repeindre une étagère de manière bâclée (pour infirmer la croyance : « si tout n'est pas fait dans les règles, c'est la catastrophe »).

Une autre manière de modifier le style habituel du sujet va être de l'aider à s'exposer à ce qu'il redoute. Oser dire non de temps en temps permettra à une personnalité dépendante de réaliser que cela n'entraîne pas forcément conflits et rejet. Accepter des invitations fera découvrir à la personnalité évitante qu'il y a parfois des bons moments à vivre en société.

Enfin, il est souvent nécessaire d'entraîner, à l'aide de jeux de rôles, certains sujets à modifier leur style relationnel. Apprendre au sujet narcissique à poser des questions et à écouter ses interlocuteurs peut lui permettre de comprendre pourquoi tout le monde n'est pas toujours de son avis. Montrer au passif-agressif qu'il est possible d'exprimer son désaccord avec le sourire et les yeux dans les yeux lui permettra de découvrir que beaucoup de différends peuvent être ainsi discutés et résolus. Ces entraînements aux « compétences sociales » sont très fréquemment bénéfiques aux personnalités difficiles.

UNE ÉVOLUTION DES THÉRAPIES COGNITIVES ADAPTÉE AUX TROUBLES DE PERSONNALITÉ : LA THÉRAPIE DES SCHÉMAS

S'appuyant sur le principe de la thérapie cognitive, une nouvelle approche a enrichi notre compréhension des troubles de personnalité. Elle a notamment montré comment, à partir d'une croyance inadaptée, comme celles que nous avons évoquées un peu plus haut, plusieurs réactions peuvent être inconsciemment choisies par la personne, expliquant qu'à partir d'une même vision du monde, ses attitudes existentielles puissent grandement différer.

Prenons l'exemple d'une croyance telle que : « Je suis inférieur(e) aux autres. » Trois réactions à cette croyance sont possibles :

• La soumission à la croyance : la personne va alors agir comme si elle était réellement inférieure aux autres, se tenir en retrait, se laisser dominer ou exploiter sans réagir, ne pas oser exprimer ses besoins ou faire valoir ses droits.
• L'évitement de la croyance : la personne va tout faire pour ne pas se trouver dans des situations qui vont réveiller et activer la croyance. Pour ne pas se sentir inférieure aux autres, elle va éviter le plus possible les contacts sociaux, notamment dans les situations de compétitions, qu'elles soient ludiques (jeux de société, sports) ou professionnelles (accepter une promotion ou une mission exposée). Ou dans les situations de séduction (renoncer à une vie sentimentale pour ne pas risquer d'être rejeté(e) à cause de son infériorité supposée).
• La compensation de la croyance : la personne va lutter de toutes ses forces pour combattre sa croyance et ses doutes intimes. Dans notre exemple, elle va essayer sans arrêt de prouver sa compétence, sa valeur, se sentir jugée et menacée dans toutes sortes de situations sociales, et prendre les devants pour afficher ses compétences. Ce dernier mode de réaction est bien sûr fréquemment retrouvé chez les personnalités narcissiques, dont les comportements d'autopromotion masquent parfois des doutes et des peurs profondes. De même, chez certaines personnalités histrioniques, pour se convaincre qu'elles sont dignes d'être aimées ou désirées.

Plusieurs études contrôlées ont confirmé l'efficacité de la thérapie des schémas, notamment dans le cas des personnalités borderline.

Quelques autres thérapies peuvent être proposées aux troubles de personnalité

C'est le cas par exemple des thérapies s'appuyant sur la méditation de pleine conscience. Cette dernière consiste à s'entraîner quotidiennement à poser son esprit dans l'instant présent pour observer et comprendre son fonctionnement mental : dans quel état est mon corps, quelles pensées traversent mon esprit, quelles envies et quelles impulsions sont en train de naître en moi, en réponse à la situation que je suis en train de vivre ou de revivre mentalement ? Dans ces approches, il est souvent proposé de travailler sur l'autobienveillance, d'apprendre à observer comment l'on s'agresse souvent soi-même par des reproches ou des autocritiques, en réponse à ses insuffisances supposées. La méditation permet de cultiver bienveillance et autobienveillance, ce qui améliore nombre de troubles de personnalité, et notamment les personnalités borderline, promptes aux autoagressions et même aux automutilations corporelles.

L'EMDR (*Eye Movement Desensitisation and Reprocessing*) est une thérapie aux allures étranges : on demande au patient de suivre du regard le doigt du thérapeute qui se déplace régulièrement de droite à gauche de son champ visuel, tout en laissant revivre en lui certains moments traumatiques ou douloureux de son passé, anciens ou récents. De nombreuses études scientifiques ont confirmé que cette thérapie était sans doute la plus fréquemment efficace, dès lors que les personnes avaient vécu un événement traumatique important, et souffraient de séquelles liées à cet événement, ce qu'on appelle le stress post-traumatique : cauchemars récurrents, peurs des situations leur rappelant l'événement, flash-back de l'événement (souvenirs soudains et intrusifs, très angoissants). Les événements traumatiques, mais aussi les maltraitances verbales dans l'enfance, sont souvent retrouvés dans certains troubles de personnalité, et doivent être systématiquement recherchés. Si les patients restent émotionnellement marqués par l'évocation de ces souvenirs, l'EMDR est souvent un bon moyen de ramener la charge émotionnelle de ces souvenirs à un niveau simplement désagréable, et non plus traumatique, et donc encore toxique au présent.

Un long chemin...

Quelles que soient les écoles et quels que soient les thérapeutes, tout le monde s'accorde à reconnaître que les psychothérapies des personnalités difficiles sont longues et – elles aussi ! – difficiles. Elles nécessitent de ce fait des thérapeutes expérimentés et capables de maintenir la motivation de leurs patients. Les thérapies cognitives des troubles de la personnalité durent en général assez longtemps, fréquemment plusieurs années. Des études contrôlées ont été conduites auprès de sujets à la personnalité évitante, mais aussi auprès de personnalités plus fragiles encore, comme des personnalités dites borderline, marquées par l'instabilité et l'impulsivité, notamment dans les relations affectives : ces travaux ont permis de conclure à l'efficacité des techniques cognitivo-comportementales, associées à des entraînements à la méditation et au recul émotionnel. Il faut cependant noter que la plupart de ces recherches ont été conduites par des équipes spécialement entraînées, capables d'une disponibilité importante : dans l'étude sur les patients borderline, un numéro de téléphone vingt-quatre heures sur vingt-quatre était fourni aux patients, etc. Leur transposition à des contextes de psychothérapie habituels (un seul thérapeute, travaillant seul, pas toujours joignable, devant se consacrer aussi à tous ses autres patients…) doit donc se faire de façon prudente.

Mais il est permis aujourd'hui de penser que le développement considérable des recherches sur la neurobiologie des tempéraments et des troubles de personnalité va permettre de mettre au point des traitements de plus en plus satisfaisants pour des personnes qui mettent souvent en échec leurs thérapeutes, et surtout continuent de vivre avec leurs difficultés.

Pour conclure

À l'issue de cet ouvrage, nous ne souhaitons pas vous laisser sur le sentiment que l'humanité n'est peuplée que de personnalités difficiles, bizarres, compliquées et fatigantes !

La majorité des humains n'aspirent qu'à vivre heureux et en paix avec leurs voisines et voisins. Certes, ils ne s'y prennent pas toujours de la meilleure façon, ni de la plus logique ou la plus compréhensible, mais l'aspiration est là, et les rend le plus souvent faciles à vivre, sous réserve d'un peu de bienveillance et de tolérance mutuelles.

Et puis, cette multitude de personnalités difficiles est une preuve vivante de ce que nous aimons bien nommer « psychodiversité » : de même que la biodiversité (variété des espèces) dans le monde végétal ou animal est une source de richesses et une garantie d'adaptation à tous les milieux possibles, aux changements de climat ou de conditions environnementales, ainsi la psychodiversité assure aux sociétés humaines une autre forme de richesse, à savoir qu'il se trouvera toujours suffisamment d'obsessionnels pour vérifier les erreurs des autres, d'histrioniques pour animer les soirées ennuyeuses, d'évitants pour offrir des temps de repos et de silence après le passage des narcissiques et des type A, etc.

Autre avantage des personnalités difficiles, elles peuvent nous aider à progresser nous-mêmes !

D'abord, nous l'avons vu, en nous amenant régulièrement à nous demander si nous ne sommes pas parfois, nous aussi, des personnalités difficiles pour les autres, au moins par moments.

Ensuite, en nous inspirant de leurs manières d'être… pour nous efforcer de ne pas leur ressembler ! C'est l'utilité de ce qu'on appelle des contre-modèles, ces personnes qui nous montrent clairement les réactions à éviter !

Enfin, en nous apprenant à développer des attitudes bien utiles à la vie en société : curiosité pour autrui et son fonctionnement psychologique, flexibilité et créativité envers ses réactions, tolérance et bienveillance, et puis bien sûr affirmation de soi ! Ce qui nous aide à mieux gérer les personnalités difficiles nous aidera aussi face aux situations difficiles.

Bibliographie commentée

Nous avons fait le choix de ne pas mentionner les ouvrages épuisés, et de toujours donner la version la plus récente des livres cités, et non la version originale.

Ouvrages généraux sur les personnalités

Livres destinés aux professionnels de santé

Quentin Debray et Daniel Nollet, *Les Personnalités pathologiques. Approche cognitive et thérapeutique*, Paris, Masson, 2011 (6e éd.).
Traité clair et vivant sur les troubles de la personnalité, avec un exposé des différentes hypothèses sur leurs origines respectives.

Richard Davidson et Sharon Begley, *Les Profils émotionnels. Apprendre à les connaître et à mieux vivre avec*, Paris, Les Arènes, 2018.
Un ouvrage novateur et peut-être précurseur : comment nos personnalités peuvent être expliquées par nos modes de réaction émotionnels aux événements de vie, comment la neuro-imagerie permet de différencier ces profils de réaction selon les individus, et comment les psychothérapies de demain pourraient s'inspirer de tout cela pour mieux prédire quels traitements vont s'avérer adaptés ou non.

Julien Hansenne, *Psychologie de la personnalité*, Bruxelles, De Boeck, 2018 (5e éd.).

Michael Ashton, *Psychologie de la personnalité et des différences individuelles*, Bruxelles, De Boeck, 2015.
Deux grands manuels (l'un américain, l'autre européen) scientifiques et exhaustifs sur la personnalité : comment elle se mesure et s'évalue, ses classifications, ses origines, ses mécanismes, etc.

DSM-5. Manuel diagnostique et statistique des troubles mentaux, traduit de l'américain, sous la direction de Marc-Antoine Crocq et Julien-Daniel Guelfi, Paris, Elsevier-Masson, 2015.
Traduction de la cinquième version de la classification de l'Association de psychiatrie américaine, utilisée dans le monde entier. Cet ouvrage contient tous les critères diagnostiques des différents troubles de la personnalité.

Articles scientifiques

O. Plaisant, J. Guertault, R. Courtois, C. Réveillère, G. A. Mendelsohn et O. P. John, « Histoire des "Big Five" : OCEAN des cinq grands facteurs de la personnalité. Introduction du Big Five Inventory français ou BFI-FR », *Annales médico-psychologiques, revue psychiatrique*, 2010, 168 (7), p. 481-486. (En ligne : https://hal.archives-ouvertes.fr/hal-00672284/document.)
Article décrivant très clairement l'histoire du modèle des Big Five par les auteurs de la traduction et validation d'un questionnaire de Big Five en langue française. A. Pelissolo, « Le modèle de personnalité de Cloninger et le questionnaire TCI », http://chu-mondor.aphp.fr/wp-content/blogs.dir/163/files/2014/08/Le-TCI-et-le-modèle-de-Cloninger-A.-Pelissolo1.pdf.
Un article complet sur le modèle de Cloninger, avec une comparaison avec celui des Big Five.

Personnalités borderline

LIVRES DESTINÉS AU GRAND PUBLIC

Bernard Granger et Daria Karaklic, *Les Borderlines*, Paris, Odile Jacob, 2014.
Un livre clair et complet, avec des exemples, écrit par un professeur de psychiatrie et une psychologue spécialistes du trouble.

Martin Desseilles, Bernadette Grosjean et Nader Perroud-Linehan, *Le Manuel du borderline*, Paris, Eyrolles, 2014.
Dominique Page, *Borderline. Retrouver son équilibre*, Paris, Odile Jacob, 2006.
Deux bons essais, destinés à la fois aux patients et à leur entourage, souvent démuni pour les comprendre et les aider.

Déborah Ducasse et Véronique Brand-Arpon, *Borderline : cahier pratique de thérapie à domicile*, Paris, Odile Jacob, 2017.
Un manuel très concret, plein de petites recommandations pratiques.

Benedict Carey, « Expert in mental illness reveals her own fight », New York Times, 23 juin 2011. (En ligne : https://www.nytimes.com/2011/06/23/health/23lives.html?searchResultPosition=5.)
L'histoire de Marsha Linehan, spécialiste mondiale du trouble, et révélant son passé d'adolescente borderline.

LIVRES DESTINÉS AUX PROFESSIONNELS DE SANTÉ

Otto Kernberg, *Les Troubles limites*, Toulouse, Privat, 1989.
Un grand classique d'inspiration psychanalytique riche d'une expérience clinique impressionnante.

Marsha Linehan, T*raitement cognitivo-comportemental du trouble de la personnalité borderline*, Genève, Médecine & Hygiène, 2000.

Le livre qui a été une révolution dans la compréhension et la prise en charge psychologique de ces personnalités, associant notamment thérapies comportementales, cognitives et méditation.

Marsha Linehan, *Manuel d'entraînement aux compétences TCD*, Genève, Médecine & Hygiène, 2017.
Le manuel de mise en œuvre des exercices pratiques du traité précédent, à proposer aux patients.

Articles scientifiques

L. W. Choi-Kain et coll., « What works in the treatment of borderline personality current behavioral », *Neuroscience Reports*, 2017, 4, p. 21-30.
A. Feliu-Soler et coll., « Fostering self-compassion and loving-kindness in patients with borderline personality disorder : A randomized pilot study », *Clinical Psychology and Psychotherapy*, 2017, 24 (1), p. 278-286.
J. Giesen-Bloo et coll., « Outpatient psychotherapy for borderline personality disorder. Randomized trial of schema-focused therapy vs transference-focused psychotherapy », *Archives of General Psychiatry*, 2006, 63, p. 649-658.
J. G. Gunderson, A. N. Sabo, « The phenomenological and conceptual interface between borderline personality disorder and PTSD », *American Journal of Psychiatry*, 1993, 150, 1, p. 19-27.
M. S. Harned, K. E. Korslund, M. M. Linehan, « A pilot randomized controlled trial of Dialectical Behavior Therapy with and without the Dialectical Behavior Therapy Prolonged Exposure protocol for suicidal and self-injuring women with borderline personality disorder and PTSD », *Behaviour Research and Therapy*, 2014, 55, p. 7-17.
M. Linehan et coll., « Cognitive-behavioral treatment of chronically parasuicidal borderline patients », *Archives of General Psychiatry*, 1991, 48, p. 1060-1064.
S. N. Ogata, K. R. Silk, S. Goodrich, « Childhood sexual and physical abuse in adult patient with personality disorder », *American Journal of Psychiatry*, 1990, 147, p. 1008-1013.

J. M. Oldham, « Borderline personality disorder and suicidality », *The American Journal of Psychiatry*, 2006, 163 (1), p. 20-26.

J. Paris, « Clinical features of borderline personality disorders », *in* W. J. Livesley et R. Larstone (dir.), *Handbook of Personality Disorders, Theory Research and Treatment*, New York, The Guildford Press, 2018 (2ᵉ éd.).

H. J. Scheibner et coll., « Self-compassion mediates the relationship between mindfulness and borderline personality disorder symptoms », *Journal of Personality Disorders*, 2017, 31, p. 1-19.

Personnalités psychopathiques

Thierry H. Pham, « Fuyez les individus délétères », *Cerveau et psycho*, novembre 2019, 115, p. 42-47.

Une interview éclairante d'un universitaire spécialiste du trouble.

Paul Babiak et Robert D. Hare, *Snake in Suits*, édition révisée, New York, Harper Collins, 2019.

Un livre fondateur sur les « psychopathes à succès » par des pionniers de la recherche sur la psychopathie, et inventeurs de l'échelle la plus utilisée pour la mesurer.

Inserm (dir.), *Troubles de conduites chez l'enfant et l'adolescent. Synthèse et recommandations*, rapport, Paris, Les Éditions Inserm, 2005. (En ligne : http://www.ipubli.inserm.fr/bitstream/handle/10608/141/expcol_2005_trouble_synthese_fr.pdf?sequence=3.)

Contient les propositions de l'Inserm pour le trouble des conduites.

Le collectif « Pas de zéro de conduite », http://www.pasde0deconduite.org/.

Livres destinés aux professionnels de santé

Abigail Marsh, *Altruistes et psychopathes. Leur cerveau est-il différent du nôtre ?*, Paris, Humensis Sciences, 2019.
Un point scientifique passionnant sur le cerveau des psychopathes, et leur mise en parallèle avec leurs opposés (non pathologiques, eux), les altruistes. Aborde plutôt les formes extrêmes de psychopathie, mais reste précieux pour comprendre l'ensemble de ces personnalités.

Kevin Dutton, *La Sagesse du psychopathe*, Paris, Larousse Sciences, 2019.
Un regard provocant sur ce trouble : les psychopathes peuvent-ils avoir leur place dans la société, et même nous inspirer par leur détachement et leur intrépidité ? Concerne plutôt, à l'inverse de l'ouvrage précédent, les personnalités adaptées…

Haute Autorité de santé, « Prise en charge de la psychopathie. Recommandation de bonnes pratiques », 2006. (En ligne : https://www.has-sante.fr/jcms/c_272478/fr/prise-en-charge-de-la-psychopathie.)
Le compte rendu d'une audition d'une variété de professionnels de tous les secteurs concernés par le sujet de la psychopathie (santé, justice, social).

Articles scientifiques

S. A. Johnson, « Understanding the violent personality : Antisocial personality disorder », *Forensic Research and Criminology International Journal*, 2019, 7 (2), p. 76-88.

R. De Oliveira-Souza et coll., « Gender and hemispheric asymmetries in acquired sociopathy », *Frontiers in Psychology*, 2019, 7 (2), p. 76-88.

Jane M. Murphy, « Psychiatric labeling in cross-cultural perspective », *Science*, 1976, 191 (1019), p. 1026.

K. A. Kiehl, M. B. Hoffman, « The criminal psychopath, history neuroscience, treatment and economics », *Jurimetrics*, 2011, 51, p. 355-397.

Excellente somme en particulier sur les études de neuro-imagerie (partie IV).

Personnalités narcissiques

Livres destinés au grand public

Laurent Schmitt, *Le Bal des ego*, Paris, Odile Jacob, 2014.
Jean Cottraux, *Tous narcissiques*, Paris, Odile Jacob, 2017.
Marie-France Hirigoyen, *Les Narcisse*, Paris, La Découverte, 2019.

Trois traités passionnants sur les personnalités narcissiques, le premier proposant un regard psychiatrique, le second un regard comportemental, le troisième psychanalytique.

Didier Pleux, *De l'enfant roi à l'enfant tyran*, Paris, Odile Jacob, 2006.
Didier Pleux, *Les Adultes tyrans*, Paris, Odile Jacob, 2014.

Deux ouvrages montrant comment, à force de ne plus apprendre à leurs enfants à supporter la frustration (en leur disant simplement « non, ce n'est pas possible »), de nombreux parents aimants fabriquent des enfants tyrans, aux nombreux traits de personnalité narcissique. Et qui ont tendance à rester des tyrans une fois devenus adultes…

Livres destinés aux professionnels de santé

Christopher Lasch, *La Culture du narcissisme*, Paris, Flammarion, « Champs », 2018.

Un ouvrage théorique, dont la thèse centrale est que le culte de soi, dont la société de consommation se sert pour mieux vendre, transforme les citoyens en consommateurs et les écarte autant des combats politiques que du bonheur.

Otto Kernberg, *La Personnalité narcissique*, Paris, Dunod, 2016. Réédition française d'un grand classique écrit par un des premiers psychiatres à avoir identifié et décrit la personnalité narcissique.

Articles scientifiques

S. M. Bergman, M. E. Fearrington, S. W. Davenport, J. Z. Bergman, « Millennials, narcissism, and social networking : What narcissists do on social networking sites and why », *in* S. M. Bergman et coll., *Personality and Individual Differences*, 2011, 50, p. 706-711. (En ligne : http://citeseerx.ist.psu.edu/viewdoc/download?doi=10.1.1.592.7352&rep=rep1&type=pdf.)

J. T. Cheng et coll., « Are narcissists hardy or vulnerable ? The role of narcissism in the production of stress-related biomarkers in response to emotional distress », *Emotion*, 2013, 13 (6), p. 1004-1011.

J. M. Twenge, Joshua D. Foster, « Birth cohort increases in narcissistic personality traits among American college students, 1982-2009 », *Social Psychological and Personality Science*, 2010, 1 (1), p. 99-106.

A. Vater, S. Moritz, S. Roepke, « Does a narcissism epidemic exist in modern western societies ? Comparing narcissism and self-esteem in East and West Germany », *PLoS One*, 2018, 13 (5), e0198386. (En ligne : https://journals.plos.org/plosone/article?id=10.1371/journal.pone.0198386.)

J. W. Westerman et coll., « Are universities creating millennial narcissistic employees ? An empirical examination of narcissism in business students and its implications », *Journal of Management Education*, 2012, 36 (1), p. 5-32.

Personnalités anxieuses

Livres destinés au grand public

Jean-Luc Ducher, *Vaincre son anxiété par soi-même*, Paris, Odile Jacob, 2018.

En 100 questions-réponses, l'essentiel sur les différentes formes d'anxiété, qui peuvent toucher en fait toutes les personnalités difficiles.

Albert Ellis, *Dominez votre anxiété avant qu'elle ne vous domine*, Paris, J'ai Lu, 2014.
Par l'un des pères de la thérapie cognitive, un ouvrage classique, déjà ancien mais dont les conseils restent précieux.

Scott Stossel, *Anxiété. Les tribulations d'un angoissé chronique en quête de paix intérieure*, Paris, Pocket, 2017.
Le récit passionnant d'une personnalité anxieuse, de sa vie, de ses symptômes mais aussi de sa recherche des explications scientifiques à ses difficultés, et des solutions pour les alléger. Documenté et plein d'humour : réconfortant !

Articles scientifiques

R. Durham, T. Allan, « Psychological treatment of generalized anxiety disorder », *British Journal of Psychiatry*, 1993, 163, p. 19-26.
R. C. Durham et coll., « Cognitive therapy, analytic psychotherapy and anxiety management training for generalized anxiety disorder », *British Journal of Psychiatry*, 1994, 165, p. 315-323.
C. Favarelli, S. Pavanti, « Recent life events and panic disorder », *American Journal of Psychiatry*, 1989, 146, p. 622-626.
J. Kenardy, L. Fried, H. C. Kraemer, C. B. Taylor, « Psychological precursors of panic attacks », *British Journal of Psychiatry*, 1992, 160, p. 668.
K. S. Kendler et coll., « Generalized anxiety in women : A population-based twin study », *Archives of General Psychiatry*, 1992, 49, p. 267.
S. Markett et coll., « Anxious personality and functional efficiency of the insular-opercular network : A graph-analytic approach to resting-state fMRI », *Cognitive, Affective and Behavioral Neuroscience*, 2016, 16, p. 1039-1049.

Personnalités paranoïaques

Livres destinés au grand public

Hannah Arendt, *La Nature du totalitarisme*, Paris, Payot, 2018.
Un traité montrant comment la logique (et bien souvent les personnalités) paranoïaque est à l'œuvre dans les totalitarismes, qu'ils se réclament du fascisme ou du communisme.

Robert Conquest, *La Grande Terreur*, Paris, Robert Laffont, « Bouquins », 2011.
Quand un paranoïaque (Staline) prend le pouvoir et se met en tête d'éliminer ses ennemis et de punir les mauvaises volontés, le bilan est de plus de 20 millions de morts. Un récit historique documenté et glaçant.

A. L. Hinton, *Why Did They Kill ? Cambodia in the Shadow of Genocide*, préface de R. J. Lifton, University of California Press, 2004.
Une analyse en profondeur des causes de l'autogénocide cambodgien, par un anthropologue et un psychiatre.

Henri Locard, *Le Petit Livre rouge de Pol Pot*, Paris, L'Harmattan, 2000.
Rassemblés par un spécialiste du Cambodge, 300 slogans des Khmers rouges qui ressemblent parfois au discours intérieur d'un paranoïaque « de combat ».

Articles scientifiques

B. Crespi et coll., « A genetic locus for paranoia », *Biological Letter*, 2018, 14, 20170694.

A. H. Moncany, « La paranoïa : des aliénistes au *DSM-5* », *Annales médico-psychologiques*, 2018, 176 (7), p. 687-690.

C. Prudent et coll., « La classification de la paranoïa dans la psychiatrie américaine contemporaine : une revue de la littérature », *L'Évolution psychiatrique*, 2017, 82 (1), p. 191-216.

Personnalités histrioniques

Articles scientifiques

E. M. Cale, S. O. Lilienfeld, « Histrionic personality disorder and antisocial personality disorder : Sex-differentiated manifestations of psychopathy ? », *Journal of Personality Disorders*, 2002, 16 (1), p. 52-72.

F. Novais, A. Araújo, P. Godinho, « Historical roots of histrionic personality disorder », *Frontiers in Psychology*, 2015, 6, p. 1463.

A. Ritzl et coll., « Facial emotion recognition deficits and alexithymia in borderline, narcissistic, and histrionic personality disorders », *Psychiatry Research*, 2018, 270, p. 154-159.

M. Savci et coll., « Histrionic personality, narcissistic personality, and problematic social media use : Testing of a new hypothetical model », *International Journal of Mental Health and Addiction*, en ligne le 24 octobre 2019.

S. J. Van der Wal et coll., « Longitudinal relationships between personality disorder dimensions and depression in a community sample », *Neurology, Psychiatry and Brain Research*, 2018, 30, p. 56-61.

Personnalités obsessionnelles

Livres destinés au grand public

Alain Sauteraud, *Je ne peux pas m'arrêter de laver, vérifier, compter*, Paris, Odile Jacob, 2002 (2e édition).

Franck Lamagnère, *TOC ou pas TOC ? Reconnaître un trouble obsessionnel compulsif et le guérir*, Paris, Odile Jacob, 2016.

Deux livres d'aide, précieux et accessibles, pour les personnes souffrant de TOC et leur entourage, par les deux meilleurs spécialistes français du trouble et de son traitement.

Frédéric Fanget, *Toujours mieux ! Psychologie du perfectionnisme*, Paris, Odile Jacob, 2010.
Un livre pratique très utile pour affronter une des dimensions gênantes de la personnalité obsessionnelle.

Livres destinés aux professionnels de santé

Alain Sauteraud, *Les Troubles obsessionnels-compulsifs. Le manuel du thérapeute*, Paris, Odile Jacob, 2005.
Un remarquable manuel destiné aux soignants, ou aux lecteurs motivés.

Anne-Hélène Clair et Vincent Trybou, *Comprendre et traiter les TOC. Données actuelles et nouvelles perspectives pour le trouble obsessionnel compulsif*, Paris, Dunod, 2019 (2e édition).
La description d'une méthode thérapeutique originale pour les personnalités obsessionnelles souffrant aussi de TOC.

Articles scientifiques

J. S. Abramowitz et coll., « New directions in the cognitive-behavioral treatment of OCD : Theory, research, and practice », *Behavior Therapy*, 2018, 49, p. 311-322.
A. Asnaani et coll., « The effect of treatment on quality of life and functioning in OCD », *Comprehensive Psychiatry*, 2017, 73, p. 7-14.

Personnalités schizoïdes

Articles scientifiques

M. L. Cook et coll., « On the continuity between autistic and schizoid personality disorder trait burden. A prospective study in adolescence », *The Journal of Nervous and Mental Disease*, 2020, 208 (2), p. 94-100.

C. Wang et coll., « Inhibitory brainstem reflexes under external emotional-stimuli in schizoid and histrionic personality disorders », *Personality and Individual Differences*, 2020, 158 (1), 109843.

Comportements de type A

Livres destinés au grand public

Dominique Servant, *Soigner le stress et l'anxiété par soi-même*, Paris, Odile Jacob, Paris, 2003.

Frédéric Chapelle et Benoît Monié, *Bon stress, mauvais stress : mode d'emploi*, Paris, Odile Jacob, 2007.

Charly Cungi, *Savoir gérer son stress en toutes circonstances*, Paris, Pocket, 2010.

Dominique Servant, *Plus serein. Abécédaire du stress et de l'équilibre intérieur par soi-même*, Paris, Odile Jacob, 2016.

Quatre bons manuels pratiques pour aider les personnalités de type A à réguler leur stress.

Patrick Légeron, *Le Stress au travail. Enjeu et santé*, Paris, Odile Jacob, 2015.

Les personnalités de type A sont performantes au travail, mais souvent au détriment de leur santé. Descriptions et solutions par un des meilleurs spécialistes français de la question.

Livres destinés aux professionnels de santé

Robert Dantzer, *L'Illusion psychosomatique*, Paris, Odile Jacob, 2001.

Henri Laborit, *Éloge de la fuite*, Paris, Gallimard, « Folio », 1985.

Deux ouvrages historiques, devenus des classiques sur le sujet du stress. Le premier centré sur la biologie, le second portant un regard plus sociologique sur la question.

Articles scientifiques

T. M. Dembrovski et coll., « Antagonistic hostility as a predictor of coronary heart disease in the multiple risk factor intervention trial », *Psychosomatic Medicine*, 1989, 51, p. 514-522.

R. Rosenman et coll., « Coronary heart disease in the Western Collaborative Group Study. Final follow-up experience of 8 1/2 years », *Journal of the American Psychological Association*, 1975, 233, p. 872-877.

Personnalités dépressives

Livres destinés au grand public

Michael Addis et Christopher Martell, *Vaincre la dépression. Une étape à la fois*, Montréal, Les Éditions de l'Homme, 2009.

Un livre pratique pour lutter contre la procrastination, l'inhibition, les ruminations, les évitements, bref tous les petits pièges du quotidien dans lesquels tombent souvent les personnalités dépressives.

E. M. Cioran, *Syllogismes de l'amertume*, Paris, Gallimard, 1952.

Un recueil d'aphorismes sombres et mordants, évoquant l'univers de la personnalité dépressive, d'un auteur qui écrivait : « La vie est une faute de goût » ! Une lecture finalement plus stimulante que déprimante !

Cesare Pavese, *Journal*, Paris, Gallimard, 1958.

Fritz Zorn, *Mars*, Paris, Gallimard, 1982.

Deux récits à la première personne de personnalités dépressives, dont on essaiera de ne pas s'inspirer (la première se suicida, la seconde mourut d'un cancer) ou seulement comme contre-modèles.

Andrew Solomon, *Le Diable intérieur. Anatomie de la dépression*, Paris, Albin Michel, 2002.

À la fois récit personnel et enquête scientifique, ce gros livre est passionnant et offre un survol très riche de tous les aspects de la dépression : ses origines biologiques, psychologiques ou sociales, ses différents visages et ses traitements.

Livres destinés aux professionnels de santé

Aaron Beck, *La Thérapie cognitive et les troubles émotionnels*, Bruxelles, De Boeck, 2017.
Un livre de référence sur la thérapie cognitive, qui reste très utile pour le travail sur les pensées négativistes et défaitistes des personnalités dépressives.

Franck Bellivier et Emmanuel Haffen (dir.), *Actualités sur les maladies dépressives*, Paris, Lavoisier, 2018.
Un manuel de référence sur tous les visages possibles des troubles dépressifs.

Articles scientifiques

D. N. Klein, « Depressive personality : Reliability, validity, and relation to dysthymia », *Journal of Abnormal Psychology*, 1990, 99, p. 412-421.
D. N. Klein, G. A. Miller, « Depressive personality in non-clinical subjects », *American Journal of Psychiatry*, 1993, 150, p. 1718-1724.
K. A. Phillips et coll., « A review of the depressive personality », *American Journal of Psychiatry*, 1990, 147, p. 830-837.

Personnalités dépendantes

Livres destinés au grand public

Géraldine Prévot-Gigant, *50 exercices pour sortir de la dépendance affective. Pour ne plus vivre uniquement par le regard des autres*, Paris, Eyrolles, 2015.

Un petit manuel pratique, proposant des exercices concrets au quotidien, ce qui est une très bonne façon de se tester et de renforcer ses résolutions.

François-Xavier Poudat, *La Dépendance amoureuse*, Paris, Odile Jacob, 2009.
Un livre plutôt centré sur la dépendance au sein des relations sentimentales, mais qui rappelle clairement que dans la dépendance amoureuse, le problème vient davantage de la dépendance que de l'amour !

Rébecca Shankland et Christophe André, *Ces liens qui nous font vivre. Éloge de l'interdépendance*, Paris, Odile Jacob, 2020.
La dépendance aux autres est inévitable, et il est dangereux de penser que l'on pourrait vivre absolument sans attaches. Mais l'« interdépendance positive » défendue par les auteurs de ce livre consiste à accepter ses multiples liens de dépendance, et à les multiplier plutôt qu'à les raréfier ou les éviter. Et aussi à ouvrir les yeux sur ce que nous apportons, nous aussi, aux autres.

Sylvie Tennenbaum, *Vaincre la dépendance affective. Pour ne plus vivre uniquement par le regard des autres*, Paris, Albin Michel, 2010.
Explications et conseils accessibles, même si l'on n'est pas un(e) expert(e) en matière de psychologie.

Livres destinés aux professionnels de santé

M. Balint, *Les Voies de la régression*, Paris, Payot, 1972.
Une réflexion psychanalytique originale et iconoclaste sur les mécanismes de la dépendance et de la peur de la dépendance.

Nicole et Antoine Guédeney, *L'Attachement. Approche théorique*, Paris, Masson, 2016.
Un autre manuel éclairant les liens entre troubles de l'attachement dans l'enfance et traits de personnalité dépendante à l'âge adulte.

Gwénolé Loas, *Psychopathologie de la personnalité dépendante*, Paris, Dunod, 2006.
Un manuel pour les soignants, qui explore les mécanismes et les moyens thérapeutiques à proposer. Qui souligne aussi comment les personnalités dépendantes sont exposées aux addictions et aux troubles des conduites alimentaires.

Blaise Pierrehumbert, *Le Premier Lien. Théorie de l'attachement*, Paris, Odile Jacob, 2003.
Une mise au point scientifique sur les sources de nombreuses formes de dépendance : les troubles de l'attachement.

Articles scientifiques

R. Feldman et coll., « Maternal-preterm skin-to skin contact enhances child physiologic organization and cognitive control across the first 10 years of life », *Biological Psychiatry*, 2014, 75, p. 56-64.

J. C. Morey, « Personality disorders in DSM III and DSM IIIR : Convergence coverage and internal consistency », *American Journal of Psychiatry*, 1988, 145, p. 573-578.

J. H. Reich et coll., « Dependant personality associated with phobic avoidance in patients with panic disorder », *American Journal of Psychiatry*, 1987, 44, p. 323-326.

Personnalités passives-agressives

Articles scientifiques

O. Laverdière et coll., « Interpersonal problems associated with passive-aggressive personality disorder », *The Journal of Nervous and Mental Disease*, 2019, 207 (10), p. 820-825.

J. Magnavita, « The treatment of passive-agressive personality disorder : A review of current approaches. Partie 1 », *International Journal of Short-Term Psychotherapy*, 1993, 8, p. 29.

J. McCann, « Passive-agressive personality disorder : A review », *Journal of Personality Disorders*, 1988, 2 (2), p. 170-179.
S. Wetzler, L. Morey, « Passive-agressive personality disorder : The demise of a syndrome », *Psychiatry*, 1999, 62, p. 49-59.

Personnalités évitantes

LIVRES DESTINÉS AU GRAND PUBLIC

C. André, P. Légeron, *La Peur des autres*, Paris, Odile Jacob, 2000.
Écrit pour les personnes évitantes et souffrant d'anxiété sociale, ce livre est devenu un classique.

Marti Olsen Laney, *Introverti et heureux*, Montréal, Éditions de l'Homme, 2004.
Le fait d'être plutôt introverti et sans grands besoins de contacts sociaux intensifs n'est pas toujours une pathologie : c'est ce que rappelle cet intéressant essai.

Chantal Joffrin Le Clerc, Franck Lamagnère, *Je n'ai plus peur du jugement des autres. Cahier d'exercices d'assertivité*, Paris, Odile Jacob, 2014.
Charly Cungi, *Savoir s'affirmer en toutes circonstances*, Paris, Pocket, 2011.
Frédéric Fanget, *Affirmez-vous ! Pour mieux vivre avec les autres*, Paris, Odile Jacob, 2011 (2e éd.).
Frédéric Fanget, *Osez ! Thérapie de la confiance en soi*, Paris, Odile Jacob, 2006.
Quatre manuels très pratiques, qui seront précieux aux personnalités évitantes désireuses de progresser dans leurs échanges sociaux.

Livres destinés aux professionnels de santé

Frédéric Fanget et Bernard Rouchouse, *L'Affirmation de soi. Une méthode de thérapie*, Paris, Odile Jacob, 2007.
Un classique, proposant de nombreux exercices thérapeutiques par jeux de rôles.

Articles scientifiques

I. Olsson, A. A. Dahl, « Avoidant personality problems – Their association with somatic and mental health, lifestyle, and social network. A community-based study », *Comprehensive Psychiatry*, 2012, 53 (6), p. 813-821.

A. Snir, E. Bar-Kalifa, « Affective instability as a clinical feature of avoidant personality disorder », *Personality Disorders : Theory, Research, and Treatment*, 2017, 18 (4), p. 389-395.

F. A. Torvik et coll., « Longitudinal associations between social anxiety disorder and avoidant personality disorder : A twin study », *Journal of Abnormal Psychology*, 2016, 125 (1), p. 114-124.

A. Weinbrecht, L. Schulze, J. Boettcher et coll., « Avoidant personality disorder : A current review », *Current Psychiatry Reports*, 2016, 18, p. 29.

Personnalités sadiques

Articles scientifiques

J. Brown, « Sexual sadism disorder : An introduction for mental health professionals », *Forensic Scholars Today*, 2018, 4 (1).

R. A. Plouffe et coll., « The assessment of sadistic personality : Preliminary psychometric evidence for a new measure », *Personality and Individual Differences*, 2017, 104, p. 166-171.

B. Trémolière, H. Djeriouat, « The sadistic trait predicts minimization of intention and causal responsibility in moral judgment », *Cognition*, 2016, 146, p. 158-171.

Personnalités multiples

Livre destiné au grand public

Daniel Keyes, *Les Mille Et Une Vies de Billy Milligan*, Paris, Le Livre de Poche, 2009.

Une biographie à peine romancée d'une personnalité multiple (24 visages) ayant existé. L'auteur est psychologue, mais éclaire ce trouble sans faire de développements théoriques.

Livres destinés aux professionnels de santé

Ian Hacking, *L'Âme réécrite*, Paris, Les Empêcheurs de penser en rond, 2006.

Une analyse critique et historique du concept de personnalité multiple, qui connut effectivement déjà plusieurs périodes de vogue puis de recul, durant ces deux derniers siècles.

Jo Ringrose, *Understanding and Treating Dissociative Identity Disorder (or Multiple Personality Disorder)*, Londres, Routledge, 2018.

Sans doute le meilleur manuel pour la prise en charge de ces troubles, souvent liés à des passés traumatiques.

Article scientifique

M. J. Romero-López, « A review of the dissociative disorders : From multiple personality disorder to the posttraumatic stress », *Anales de Psicología*, 2016, 32 (2), p. 448-456.

Les origines des personnalités difficiles

LIVRE DESTINÉ AU GRAND PUBLIC

Judith Rich Harris, *Pourquoi nos enfants deviennent ce qu'ils sont. De la véritable influence des parents sur la personnalité de leurs enfants*, Paris, Pocket, 2004.

La remise en question de ce qui a longtemps été un dogme en psychologie : l'influence majeure des parents sur la personnalité de leurs enfants. Pas si importante qu'on ne le croit, selon l'auteur de cet ouvrage : l'influence de la génétique, des autres enfants, de la société serait bien plus grande qu'on ne le pense.

LIVRE DESTINÉ AUX PROFESSIONNELS DE SANTÉ

Dragoslav Miric, *Évolution et troubles de personnalité*, Bruxelles, Mardaga, 2012.

Un intéressant traité montrant, d'après les théories de la psychiatrie évolutionniste, comment les personnalités difficiles ont finalement, tout au long de l'évolution, rendu service à l'espèce humaine, en l'aidant à accomplir certaines découvertes ou à organiser le fonctionnement des sociétés.

ARTICLES SCIENTIFIQUES

T. J. Boucherd, D. T. Lykken, M. McGue, N. Segal, A. Telegen, « Sources of human psychological differences », *The Minnesota Study of Twins Reared Apart*, *Science*, 1990.

K. L. Jang, P. A. Vernon, « Genetics », *in* J. L. Liveslesy, R. Larstone (dir.), *Handbook of Personality Disorders*, New York, The Guilford Press, 2018.

Un état récent de la question dans la « bible » des troubles de la personnalité.

K. S. Kendler, S. H. Aggen, N. Czajkowski, E. Roysamb et coll., « The structure of genetic and environmental risk factors for DSM IV personality disorders : A multivariate twin study », *Archives of General Psychiatry*, 2008, 65 (12), p. 1438-1446.

Livesley et coll., « Phenotypic and genetic structure of traits delineating personality disorders », *American Journal of Psychiatry*, 1998, 55 (10), p. 941-948.

Changement et psychothérapie

Livres destinés au grand public

James Clear, *Un rien peut tout changer. De minuscules changements vont transformer votre vie*, Paris, Larousse, 2019.
Un ouvrage très accessible expliquant comment la mise en place progressive de petites habitudes de vie peut arriver à provoquer de grands changements de comportement, et de personnalité.

Jean Cottraux, *La Répétition des scénarios de vie*, Paris, Odile Jacob, 2003.
Pourquoi recommence-t-on toujours les mêmes erreurs ? Qu'est-ce qui nous pousse à reproduire une histoire qui, fondamentalement, ne nous convient pas ? Et comment faire pour en changer ? C'est le programme, fort utile, proposé par cet ouvrage.

Stéphanie Hahusseau, *Comment ne pas se gâcher la vie*, Paris, Odile Jacob, 2003.
Un self-help book par une spécialiste française de la thérapie des schémas. Explore toutes les croyances toxiques et propose des solutions adaptées.

Peter Kramer, *Prozac, le bonheur sur ordonnance ?*, Paris, First Édition, 1994.
Écrit par un psychanalyste surpris lui-même par les effets d'un médicament. Un essai extraordinairement complet et passionnant sur les personnalités dépressives et évitantes et les mécanismes du

changement. Beaucoup plus subtil que son titre ne le laisse penser. (D'ailleurs le titre américain était *Listening to Prozac*.)

Nicolas Marquis (dir.), *Le Changement personnel. Histoires, mythes et réalités*, Auxerre, Éditions Sciences humaines, 2015.
Un survol scientifique accessible des connaissances psychologiques sur le changement personnel.

Jacques Van Riller, *La Nouvelle Gestion de soi. Ce qu'il faut faire pour vivre mieux*, Bruxelles, Mardaga, 2012.
Une somme régulièrement mise à jour sur les mécanismes du changement personnel, avec les sources scientifiques et les applications pratiques.

Jeffrey Young et Janet Klosko, *Je réinvente ma vie*, Montréal, Éditions de L'Homme, 2018.
Un self-help book à l'anglo-saxonne, consacré aux croyances fondamentales des personnalités difficiles et à leur vision du monde.

Livres destinés aux professionnels de santé

Jean Cottraux et Ivy Blackburn, *Psychothérapies cognitives des troubles de la personnalité*, Paris, Masson, 2006.
Analyse des troubles de la personnalité selon les approches cognitives cliniques, avec des exemples d'évaluation et une description des thérapies.

François Roustang, *Comment faire rire un paranoïaque*, Odile Jacob, Paris, 2000.
Une passionnante série de réflexions sur les processus du changement en psychothérapie et les concepts de la psychanalyse. Écrite par un psychanalyste libre-penseur.

J. E. Young, J. S. Klosko et M. E. Weishaar, *La Thérapie des schémas. Approche cognitive des troubles de la personnalité*, Bruxelles, De Boeck, 2017.

Un manuel pour les soignants, présentant une approche intégrative moderne des troubles de la personnalité.

Articles scientifiques

N. De Klerk et coll., « Schema therapy for personality disorders : A qualitative study of patients' and therapists' perspectives », *Behavioural and Cognitive Psychotherapy*, 2017, 45 (1), p. 1-15.

J. R. Keefe et coll., « In cognitive therapy for depression, early focus on maladaptive beliefs may be especially efficacious for patients with personality disorders », *Journal of Consulting and Clinical Psychology*, 2016, 84 (4), p. 353-364.

L. Marwood et coll., « Meta-analyses of the neural mechanisms and predictors of response to psychotherapy in depression and anxiety », *Neuroscience and Biobehavioral Reviews*, 2018, 95, p. 61-72.

J. C. Muran et coll., « The effect of alliance-focused training on a cognitive-behavioral therapy for personality disorders », *Journal of Consulting and Clinical Psychology*, 2018, 86 (4), p. 384-397.

J. Paris, « Estimating the prevalence of personality disorders in the community », *Journal of Personality Disorders*, 2010, 24 (4), p. 405-411.

F. Post, « Creativity and psychopathology : A study of 291 world-famous men », *British Journal of Psychiatry*, 1994, 165, p. 22-34.

C. W. Slotema et coll., « Feasibility of EMDR for posttraumatic stress disorder in patients with personality disorders : A pilot study », *European Journal of Psychotraumatology*, 2019, 10 (1), 1614822.

S. M. Sotsky et coll., « Patients predictors of response to psychotherapy and pharmacotherapy : Findings in the NIMH treatment of depression collaborative research program », *American Journal of Psychiatry*, 1991, 148, p. 997-1008.

C. D. J. Taylor et coll., « Does schema therapy change schemas and symptoms ? A systematic review across mental health disorders », *Psychology and Psychotherapy : Theory, Research and Practice*, 2017, 90, p. 456-479.

A. C. Videler et coll., « Schema therapy for personality disorders in older adults : A multiple-baseline study », *Aging and Mental Health*, 2018, 22 (6), p. 738-747.

Table

DES MÊMES AUTEURS
CHEZ ODILE JACOB

François Lelord et Christophe André

La Force des émotions. Amour, colère, joie…, 2001.

L'Estime de soi. S'aimer et mieux vivre avec les autres, 1999 ; nouvelle édition 2011.

François Lelord

Hector et les lunettes roses pour aimer la vie, 2018.

Hector veut changer de vie, 2014.

Petit Hector apprend la vie, 2010.

Le Nouveau Voyage d'Hector à la poursuite du temps qui passe, 2006.

Hector et les secrets d'amour, 2004.

Le Voyage d'Hector ou la Recherche du bonheur, 2002 ; adapté au cinéma : *Hector and the Search for Happiness* (2013) de Peter Chelsom, avec Simon Pegg et Rosamund Pike.

Liberté pour les insensés. Le roman de Philippe Pinel, 2000.

Les Contes d'un psychiatre ordinaire, 1993.

Christophe André

Ces liens qui nous font vivre. Éloge de l'interdépendance (avec Rébecca Shankland), 2020.

Et n'oublie pas d'être heureux. Abécédaire de la psychologie positive, 2014.

Sérénité. 25 histoires d'équilibre intérieur, 2012.

Les États d'âme. Un apprentissage de la sérénité, 2009.

Imparfaits, libres et heureux. Pratiques de l'estime de soi, 2006.

Psychologie de la peur. Craintes, angoisses et phobies, 2004.

Vivre heureux. Psychologie du bonheur, 2003.

La Peur des autres. Trac, timidité et phobie sociale (avec Patrick Légeron), 2000.

Christophe André (directeur d'ouvrage collectif)

Méditez avec nous. 21 méditants experts vous conseillent et vous guident, 2017.

Les psys se confient. Pour vous aider à trouver l'équilibre intérieur, 2015.

Secrets de psys. Ce qu'il faut savoir pour aller bien, 2011.

Guide de psychologie de la vie quotidienne, 2008.

Cet ouvrage a été imprimé sur du papier
dont les fibres de bois proviennent
de forêts durablement gérées

IMPRIM'VERT®

Cet ouvrage a été composé
en Adobe Garamond Pro et en Whitney
par Nord Compo
à Villeneuve-d'Ascq (Nord)

CET OUVRAGE
A ÉTÉ ACHEVÉ D'IMPRIMER
SUR ROTO-PAGE
PAR L'IMPRIMERIE FLOCH À MAYENNE
EN FÉVRIER 2021

N° d'édition : 7381-5301-X – N° d'impression : 97768
Dépôt légal : février 2021

Imprimé en France